Beck'sche Reihe
BsR 369

Das Jahrbuch Dritte Welt

- informiert in Übersichten und Einzelbeiträgen über die wichtigsten Ereignisse, Tendenzen und Probleme der Entwicklungsländer im Berichtsjahr

- zeigt Zusammenhänge auf, analysiert Ursachen und weist auf Folgeprobleme hin

- gibt geographische, ethnologische, historische, wirtschaftliche, ökologische, gesellschaftliche, kulturelle und politische Hintergrundinformationen

- konzentriert und veranschaulicht die Informationen durch Tabellen, Chroniken, Schaubilder und Karten

- weist für die gezielte Weiterarbeit auf ausgewählte Literatur hin

- entwickelt sich mit jedem Jahresband zu einem umfassenderen, jeweils auf dem neuesten Stand befindlichen Handbuch der Dritten Welt

- enthält deshalb jeweils ein Gesamtregister der in den bisherigen Jahrbüchern erschienenen Beiträge sowie eine Chronik der wichtigsten Dritte-Welt-Ereignisse im Berichtsjahr

- wendet sich an alle, die fundierte und aktuelle Informationen über die Entwicklungsländer – über ihr Verhältnis untereinander und zur übrigen Welt – suchen: Entwicklungsfachleute und Entwicklungshelfer, Politiker, Geschäftsleute, Journalisten, Wissenschaftler und Lehrer, Studenten und Schüler, an die gesamte breite entwicklungspolitisch interessierte Öffentlichkeit.

Die bisher erschienenen Bände 1983–1987 sind noch lieferbar.

Jahrbuch
Dritte Welt
1989

Daten · Übersichten · Analysen

VERLAG C.H.BECK MÜNCHEN

Herausgegeben vom
Deutschen Übersee-Institut Hamburg

Redaktion
Dr. Joachim Betz
Dr. Volker Matthies

Mit Karten, Schaubildern, Tabellen und Übersichten

CIP-Kurztitelaufnahme der Deutschen Bibliothek

Jahrbuch Dritte Welt 1989: Daten, Übersichten, Analysen /
hrsg. vom Dt. Übersee-Inst. Hamburg. – München: Beck
  Erhielt früher e. ff-Aufnahme
  ISSN 0724-4762
– Orig.-Ausg. – 1988 (Beck'sche Reihe ; 369)
  ISBN 3 406 33125 4
NE: GT

Originalausgabe
ISBN 3 406 33125 4

ISSN 0724-4762

Einbandentwurf von Uwe Göbel, München
© C. H. Beck'sche Verlagsbuchhandlung (Oscar Beck), München 1988
Gesamtherstellung: Appl, Wemding
Printed in Germany

Inhalt

I. Die Dritte Welt im Berichtszeitraum

Joachim Betz/Volker Matthies
Die Dritte Welt im Berichtszeitraum 11
Tendenzen der Weltwirtschaft/Wirtschaftliche Liberalisierung mit Hindernissen/Machtwechsel, Demokratisierung und innere Konflikte/Nord-Süd-Beziehungen/Krisenherde und Kriege: Entschärfung von Konflikten

II. Überregionale Beiträge

Klaus Fritsche
Sowjetische Dritte-Welt-Politik unter Gorbatschow . . . 33
Siebzig Jahre sowjetische Dritte-Welt-Politik/Außenhandelsbeziehungen/Kredit- und Entwicklungshilfe/Perspektiven sowjetischer Dritte-Welt-Politik/„Neues Denken" und „Perestroika"/Sozialismus und Dritte Welt/Neue Formen der Wirtschaftsbeziehungen/Umgestaltung der außenpolitischen Beziehungen/Zusammenfassung/Literaturhinweise

Peter Meyns
Sozialismus in der Dritten Welt 53
Der lange Schatten der Oktoberrevolution/Abschied von der marxistischen Stadientheorie/Friedliche und gewaltsame Übergänge zum Sozialismus: das Beispiel Afrika/Sozialismus und nationale Besonderheiten/Afrikanischer Sozialismus, wissenschaftlicher Sozialismus – was nun?/Klassenstruktur und Sozialismus in Afrika/Die Rolle des Staates und die Verwirklichung der Demokratie/Reform und Marktsozialismus/Literaturhinweise

Klaus Dicke
Krise und Reform der UNESCO 72
Die UNESCO und die Krise des Multilateralismus/Entstehungsgeschichte und Aufgaben der UNESCO/Politischer Wandel in der UNESCO/Hintergründe und Verlauf der UNESCO-Krise/Auswege aus der Krise?/Literaturhinweise

III. Aktuelle Entwicklungsprobleme

Joachim Betz
Schuldenkrise ohne Ende? 89

Jörg Meyer-Stamer
Technologie und Dritte Welt 101
Neue Technologien I: Mikroelektronik/Kostenloser Technologietransfer/Management des Technologietransfers/Neue Technologien II: Bio-, Gentechnologie/Resümee: Enttäuschte Hoffnungen

Herbert Wulf
Abrüstung und Entwicklung: Ziele der UNO-Konferenz 110
Eine überflüssige Konferenz?/Ursachen – weitgehend ausgeklammert/Literaturhinweis

IV. Regionale Beiträge

Wolfgang Berner
Afghanistan 1978–1988. Zehn Jahre Revolution,
Konterrevolution und Krieg 117
Mythos und Selbstzerstörung der „Saur-Revolution"/Widerstandsbewegung und Befreiungskampf/Protektorat ohne Perspektive unter Karmal und Najibullah/Literaturhinweise/Chronik

Ursula Braun
Flottenaufmarsch am Golf 138
Veränderte Einschätzung des militärischen Kräfteverhältnisses/Irans neue Strategie/Haltung der Golfratsstaaten/Ersuchen um Tankerschutz/Anlaufen der Begleit-Operation/Verminung/Auswärtige Flottenpräsenz und erste Zusammenstöße/Nach kurzer Pause: erneute Kampfhandlungen/Arabische Golfstaaten und gesamtarabische Solidarität/Die Supermächte/Iran stimmt politischer Lösung zu/Friedensverhandlungen auf der Grundlage der UNO-Resolution/Literaturhinweise

Alexander Flores
Westbank und Gazastreifen: Hintergründe des Aufruhrs . 157
Wirtschaftliche Folgen der Besatzung/Landbeschlagnahme, Infrastrukturmaßnahmen, jüdische Siedlungen/Politische Unterdrückungsmaßnahmen/Palästinensische Reaktionen/Literaturhinweise/Chronik

Rolf Hanisch
Politische Systeme und politische Entwicklung
im Nahen Osten 171
Regime mit traditionaler Legitimierung/Bürokratisch-autoritäre Regime/Regime mit konkurrierenden Parteien

Sabine Kurtenbach
Zentralamerika: Frieden in Sicht? 187
Von der Contadora-Initiative über den Arias-Plan zum Gipfeltreffen von Esquipulas/Irangate – die US-Zentralamerikapolitik/Das Abkommen von Guatemala – Theorie und Praxis. El Salvador, Guatemala, Nicaragua, Honduras und Costa Rica/Literaturhinweise

Mechthild Minkner
Panama und die USA: Krise um einen General? 207
Die Krise als strukturelles Phänomen/Konjunktureller Charakter der Krise/Die Krisenakteure/Literaturhinweise/Chronik

Reinhard Stockmann
Kolumbien im Griff der Gewalt 228
Zwischen Kokain und Kaffee/Wirtschaftliche Entwicklung/Soziale Entwicklung/Die „neue Gewalt": Guerilla, Todesschwadronen und Drogenmafia – gesellschaftliche und wirtschaftliche Auswirkungen/Reformen zur Ursachenbekämpfung der Gewalt/Literaturhinweise/Chronik

Ernst Hillebrand
Burkina Faso in der Ära Sankara: Eine Bilanz 248
Die Politik der Massenmobilisierung und -partizipation/Die Politik gegenüber dem öffentlichen Dienst/Agrarpolitik und ländliche Entwicklung/Zusammenfassende Bewertung/Literaturhinweise

Citha D. Maaß
Sri Lanka: Frieden durch Intervention Indiens? 263
Radikalisierung des Konflikts/Vorschläge für eine Provinzreform/Das Abkommen vom Juli 1987 und seine Folgen/Literaturhinweise

Manfred Pohl
Südkorea 1987/88: Der schwierige Weg zur Demokratie 278
„Drei Wochen im Juni": Die Demokratisierung von 1987/Die Präsidentschaftswahlen vom Dezember 1987/Neues Wahlrecht für die Nationalversammlung – Eindrucksvolle Wahlerfolge für die Opposition/Literaturhinweise/Chronik

Erhard Louven
Industriewirtschaftliche Reformen in der VR China ... 296
Einleitung/Statistische Daten über den Wandel/Langfristige Reformziele/Probleme der Industriewirtschaft/Die außenwirtschaftliche Öffnung/Abschließende Bemerkung

V. Aktuelle Süd-Süd-Ereignisse

Rolf Hofmeier
Afrika: 25jähriges OAU-Jubiläum:
Bekräftigung der Ziele bei anhaltenden Konflikten
und Wirtschaftsproblemen 318

Munir D. Ahmed
Orient: Arabische Liga und Golfkrieg 324

Angelika Pathak
Asien: Ethnische Konflikte und Flüchtlingsprobleme im
Grenzgebiet zwischen Indien und Bangladesch 327

VI. Anhang

Chronik der wichtigsten Dritte-Welt-Ereignisse 1987/88 . 337

Gesamtregister 1983–1989 340

Verzeichnis der Karten

Afghanistan 119
Politische Regime im Nahen Osten 1988 175
Panama 209
Südkorea 279

Verzeichnis der Schaubilder, Tabellen und Übersichten

Die Generaldirektoren der UNESCO 76
Mitglieder- und Haushaltsentwicklung der UNESCO 79
Außenverschuldung der Entwicklungsländer 92
Gewalt und Politik im Nahen Osten 1946–1988 178
Wirtschaftsindikatoren Kolumbiens, 1970–1987 230
Produktionszahlen für die wichtigsten landwirtschaftlichen Produkte 1982/83 bis 1985/86 in Burkina Faso 259
Stimmverteilung bei den Präsidentschaftswahlen Dezember 1987 in Südkorea 289
Wahlen zur Nationalversammlung am 26. April 1988 in Südkorea .. 292
Wichtige Wirtschaftsindikatoren der 4. und 6. Fünfjahrespläne der VR China 297

I. DIE DRITTE WELT IM BERICHTSZEITRAUM

1. Tendenzen der Weltwirtschaft

Das Jahr 1987 war geprägt von einem eher durchschnittlichen Wachstum der Weltwirtschaft (3%, 1986: 3,2%) das sich zusammensetzt aus einem gegenüber 1986 höheren Wachstum in den Industrieländern (3,1 gegenüber 2,7%), insbesondere in Japan, Großbritannien und Italien, und abnehmenden Raten in den Entwicklungsländern (3,1 gegenüber 4,1%). Für 1988 wird mit einer Wachstumsverlangsamung in den Industrieländern (auf 2,8%), insbesondere in den Vereinigten Staaten, und einer Beschleunigung in den Staaten der Dritten Welt (auf 3,7%) gerechnet.

Das schwächere Wachstum in den Entwicklungsländern geht rechnerisch hauptsächlich auf das Konto der dürrebedingten Wachstumsverlangsamung in Indien und die starke Abschwächung in Brasilien (3 gegenüber 8%). Regional bestehen wie in den Vorjahren erhebliche Unterschiede: In Asien lag das Wachstum bei 6,6%, bedingt durch nach wie vor rasch steigende Fertigwarenexporte Taiwans, Südkoreas und auch der VR China. Am anderen Ende befinden sich die Staaten des Mittleren Osten (−1%), die nach wie vor unter den Einkommensverlusten der niedrigen Ölpreise leiden; die afrikanischen Staaten, deren Wachstumsrate (0,9%) das Bevölkerungswachstum abermals deutlich unterschritt und die mittlerweile in ihrem Pro-Kopf-Einkommen auf den Stand von 1970 zurückgefallen sind, allerdings nun durch weitreichende Stabilisierungsprogramme die Basis für einen gewissen Aufschwung gelegt haben (erwartete Wachstumsrate für 1988: 3,1%); die lateinamerikanischen Staaten, deren Wachstum 1987 (2,3%) gerade zum Erhalt des Pro-Kopf-Einkommens ausreichte, bei denen aber verschuldungsbedingt nicht mit einer Beschleunigung für 1988 gerechnet werden kann (Schätzung: 2,1%). Der Welthandel nahm 1987 etwas zu (volumenmäßig 4,9 gegenüber 4,6%), wobei die Ausfuhrsteigerung der nichterdölexportierenden Entwicklungsländer (10%) besonders beeindruckend war. Die Zunahme konzentrierte sich auf die Fertigwarenausfuhren und hier insbesondere auf die asiatischen Länder, während die Ausfuhrsteigerung bei den Rohstoffen (4,4%), mäßig, aber deutlich höher als 1986 ausfiel.

Parallel zum Wachstum des Handels verbesserten sich erstmals auch wieder die Rohstoffpreise, die Anfang 1987 (real) ihren tiefsten Stand seit Jahrzehnten erreicht hatten; Ende des Jahres lagen die Preise der Rohstoffe (außer Öl) bereits um 12% höher als im Vorjahr. Allerdings war die Preisentwicklung sehr uneinheitlich: starken Gewinnen bei den Metallen (insbesondere Aluminium, Kupfer und Nickel) und den agrarischen Rohstoffen (Kautschuk, Baumwolle, Jute) standen Einbußen bei den Genußmitteln (Kakao, Kaffee) entgegen. Für 1988 rechnen Experten angesichts der eher schwachen Konjunktur in den Industrieländern und der Produktionssteigerung bei den Exportländern nicht mit einer Fortsetzung des Preisauftriebs. Die stark fallenden Preise bei Kaffee und Kakao führten in den entsprechenden Rohstoffabkommen zu hektischen Stabilisierungsbemühungen. Das Internationale Kaffee-Abkommen trat im September 1987 zusammen, um über die Wiedereinführung von Exportquoten zu beraten. Nach längeren Auseinandersetzungen zwischen den Produzenten einigte man sich auf eine neue Gesamtquote (die zwei Tage später preisbedingt gekürzt wurde) und auf eine neue ländermäßige Aufteilung, die insbesondere den zentralamerikanischen Staaten Einbußen auferlegte. Bei weiterer Angebotsausweitung Brasiliens und schwach wachsender Nachfrage ist aber noch kein Ende der Talfahrt abzusehen. Rekordernten brachten den Kakaopreis unter Druck und erhöhten die Lagerhaltung des Internationalen Kakaoabkommens auf eine Höhe, die eine Senkung der Abkommenspreise erforderlich gemacht hätten. Die Abkommensmitglieder konnten sich jedoch auf zwei Sitzungen im Juli und Dezember 1987 nicht auf eine Preissenkung einigen, hauptsächlich wegen Meinungsverschiedenheiten der Produzentenländer, die teilweise die Einführung von Exportquoten bevorzugten. Daraufhin fiel der Preis weiter auf den niedrigsten Stand seit fünf Jahren. Auf einer Sondersitzung im Januar 1988 einigte man sich endlich auf eine Rücknahme der Preise. Alsbald fielen die Preise erneut und im Februar 1988 hatte das Kakaoabkommen seine Lagerhöchstmenge erreicht und war damit funktionsunfähig. Eine erneute Krisensitzung im März blieb ergebnislos.

Die Ölpreise erholten sich im Jahr 1987 deutlich von ihrem vorjährigen Tiefstand (10 $/Faß, Mitte 1987: 17 Dollar), bedingt durch relativ strikt eingehaltene Produktionsdrosselung nach der OPEC-Konferenz vom August 1986, leicht steigender Ölnachfrage und schwacher Produktion der nicht der OPEC angehörenden Ölproduzenten. Auf der 81. Ministerkonferenz der OPEC Ende Juni 1987 einigten sich die Mitglieder auf Beibehaltung der Produktionsbeschränkungen, um den Richtpreis von 18 $/Faß zu halten. Zur Überwachung der weiteren Preisentwicklung wurde ein Ausschuß eingesetzt, der bei Preisveränderungen unverzüglich eine Sitzung einberufen soll. Ein dreiköpfiges Ministerkomitee sollte weiterhin die Einhaltung der Förderquoten überwachen. Ende des Jahres begann sich jedoch die Abkommensdisziplin wieder zu lokkern, insbesondere der Irak, aber auch andere OPEC-Mitglieder, dehnten die Produktion über ihre Quote aus. Auf der OPEC-Jahreskonferenz im Dezember forderte der Irak die gleiche Quote wie sein Kriegsgegner Iran, drang damit aber nicht durch. Die dortige Übereinkunft sah eine Fortschreibung der Gesamtquote (ohne den Irak) und des Richtpreises vor. Anhaltende Quotenüberschreitungen danach brachten aber den Ölpreis wieder unter Druck. Ende April 1988 fand daraufhin eine weitere OPEC-Konferenz statt, an der erstmals auch die Vertreter von sieben nicht der OPEC angehörenden Produzentenländern teilnahmen. Letztere hatten auf der Konferenz eine fünfprozentige Exportkürzung angeboten, wenn die OPEC diesem Schritt folge. Diese konnte sich aber intern nicht auf eine von Algerien vorgeschlagene weitere Quotenkürzung einigen. Gegner einer erneuten Kürzung war vor allem Saudi-Arabien, das befürchtete, mit einer möglichen Preiserhöhung dem Iran zuzuarbeiten.

Die erhöhten Ausfuhren der Entwicklungsländer 1987 und ihre sich verbessernden Austauschverhältnisse (terms of trade) bewirkten bei nur mäßig steigenden Importen eine deutliche Verbesserung der Leistungsbilanz, die sich von einem Defizit in Höhe von 38,9 Mrd. $ (1986) in einen Überschuß (erstmalig seit 1980) von 4,4 Mrd. $ verwandelte. Besonders ausgeprägt war der Umschwung bei den ölexportierenden Staaten; die Länder Asiens erzielten 1987 gar einen Überschuß von 23 Mrd. $. Die Verbesserung der Leistungsbilanz erfolgte auf dem Hintergrund hoher Rückzahlungslasten für die zuvor aufgenommenen Kredite und immer noch niedriger Rohstoffpreise, versteckt also eine höhere reale Anpassung. Sie ist nur auf dem Hintergrund drastischer Import- und Ausgabenbeschränkungen (vor allem auch bei den Investitionen) verständlich und darum auch nicht lange fortsetzbar. Anhaltende außenwirtschaftliche Anpassung, erzwungen durch stark rückläufige kommerzielle Kredite, hatten ein nur mäßiges Ansteigen der Verschuldung (inflations- und wechselkursbereinigt um 3,5%) auf die dennoch stolze Summe von insgesamt 1195 Mrd. $ zur Folge. Die wichtigsten Verschuldungskennziffern haben sich jedoch 1987 erstmals verbessert: die Schuldendienstquote für die Entwicklungsländer insgesamt sank gegenüber 1986 von 24,3 auf 20,9%. Dies ist auch eine Folge der beispiellos hohen Umschuldungen während des Jahres, deren Volumen sich auf 9% der Exporte der Dritten Welt belief. Nach wie vor sind die Rückzahlungslasten aber so hoch, daß sie anhaltenden Konsum- und Investitionsverzicht erfordern, und ab Anfang 1987 machte sich eine seither vielfach gerügte „Verschuldungsmüdigkeit" bei den hauptsächlich betroffenen Entwicklungsländern breit, die sich in der Weigerung einiger Staaten, ihre Schulden zu bedienen, und neuerlichen Ansätzen, eine gemeinsame Schuldenstrategie zu verfolgen, Ausdruck verschaffte (auf dem Gipfel in Acapulco und dem

Schuldengipfel der OAU, jeweils im Spätherbst). Dort drohten die Schuldner erneut mit einseitigen Maßnahmen im Falle ausbleibender Konzessionen und finanzieller Entlastung seitens der Gläubiger. Die Industrieländer kamen diesem Begehren insoweit entgegen, als sie die Schulden der afrikanischen Staaten einer Sonderbehandlung zuführten, grünes Licht für die Kapitalerhöhung der Weltbank und die Einrichtung der Erweiterten Strukturanpassungs-Fazilität des Internationalen Währungsfonds gaben und in zwei Fällen (Bolivien, Mexiko) Umschuldungspakete schnürten, die einen teilweisen Forderungsverzicht der Banken beinhalteten (vgl. Beitrag Verschuldungskrise ohne Ende?).

Hinsichtlich der Entwicklungsfinanzierung ergibt sich für die Berichtszeit ein zwiespältiges Bild. Die Gesamtleistungen der westlichen Industrieländer an die Dritte Welt stiegen mäßig (real unter 2%) an, wobei sich Anteilsverschiebungen zugunsten Japans und Italiens (die ihre Leistungen stark erhöhten) ergaben und die Zuwendungen an Afrika zu Lasten der asiatischen Länder weiter stiegen. Die nur geringfügigen Steigerungen der Entwicklungshilfe reichten aus, um (bei fallenden Bankkrediten) ihren Anteil an den gesamten Kapitalzuflüssen an die Dritte Welt deutlich zu erhöhen. Positive Entwicklungen gab es auch bei denjenigen multilateralen Institutionen, die von den Industrieländern dominiert werden. Zum Jahresende 1987 kamen die Exekutivdirektoren der Weltbank über eine massive (um 80%) Kapitalerhöhung der Weltbank überein, die ihr mögliches Kreditvolumen an die Entwicklungsländer entsprechend erweitert. Ebenfalls zum Jahresende wurde die Erweiterte Strukturanpassungsfazilität des IWF, aus der Kredite an die ärmsten Länder zum Zwecke wirtschaftlicher Strukturanpassung finanziert werden, auf neun Mrd. $ aufgestockt. Im April 1988 wurde weiterhin Übereinstimmung über die Errichtung einer Eventualfazilität des IWF erreicht, die wirtschaftliche Reformprogramme vor negativen externen Entwicklungen (Exporterlöse, Zinsraten) abschirmen soll. Weniger glatt verliefen die Verhandlungen zur Erweiterung des Kreditspielraums der regionalen Entwicklungsbanken. Bei der Afrikanischen Entwicklungsbank, deren Kapital im Juni 1987 verdoppelt wurde, beschränkten sich die Industrieländer noch auf Mahnungen zur Qualitätssteigerung; heftigere Auseinandersetzungen gab es bei der Asiatischen Entwicklungsbank, der einige industrialisierte Mitgliedsländer mangelhafte Projektqualität und zu geringe Marktorientierung vorwarfen; hinter diesem Nebelschleier verbargen sich der Kampf um Aufträge seitens der ADB und die Rivalität zwischen den Vereinigten Staaten und Japan (das seinen Finanzierungsanteil kräftig ausdehnt) um Einfluß in der Bank. Diese trat bei der Jahrestagung 1988 vollends ans Tageslicht, als der amerikanische Vertreter die zunehmende Japanisierung der Bank öffentlich beklagte. Vollends kontrovers war die schon seit längerem diskutierte Kapitalerhöhung der Interamerikanischen Entwicklungsbank (IDB), die die Vereinigten Staaten mit der Forderung nach einem Vetorecht ihrerseits verbanden, dem sich die lateinamerikanischen Mitgliedsländer massiv widersetzten. Entsprechend ergebnislos blieb die Jahresversammlung im Februar 1988. Es bleibt abzuwarten, ob der neugewählte Präsident der IDB, Enrique Iglesias, mehr Glück bei der Vermittlung der widerstreitenden Interessen hat. Ähnlich lag der Fall der FAO, die sich mit einer ernsten Finanzkrise plagt (hauptsächlich wegen Beitragszurückhaltung der Vereinigten Staaten), die die Industrieländer zur Durchsetzung weitreichender Reformen nutzen wollten, bei denen es vor allem um größeres Mitspracherecht dieser Staaten in Haushaltsfragen geht. Bei der Generalkonferenz der FAO im November stand außerdem die Wahl des Generalsekretärs an; hierbei konnten sich die Industrieländer mit ihrem Kandidaten gegen den bisherigen Amtsinhaber Edouard Saouma nicht durchsetzen. Der jedoch war angesichts weiter auflaufender Defizite bald zu Entlassungen im großen Stil und zu radikalen Sparmaßnahmen genötigt. Ende Januar 1988 wurde die FAO kurzfristig zahlungsunfähig, eine Lage, die nur durch eilige Überweisungen einiger Mitgliedsländer überwunden werden konnte.

2. Wirtschaftliche Liberalisierung mit Hindernissen

In vielen Entwicklungsländern begann im Zuge der anhaltenden Verschuldungskrise ein wirtschaftspolitischer Kurswechsel in Richtung stärkerer Marktorientierung. Besonders auffallend ist der Umschwung bei den afrikanischen Ländern, von denen in den letzten drei Jahren mehr als die Hälfte unter mehr oder minder deutlicher Anleitung von Weltbank und Währungsfonds Liberalisierungsprogramme durchgeführt hat, die die Erhöhung der landwirtschaftlichen Erzeugerpreise, Anpassung der Wechselkurse, die Streichung von Subventionen und die Privatisierung der Staatsbetriebe zum Inhalt haben. Im Berichtszeitraum schlossen sich diesem Trend Ägypten im Mai 1987 (Wechselkursreform, vorsichtige Liberalisierung der Preise und Zinsen), Algerien (Förderung der privaten Unternehmer, Verpachtung der Staatsdomänen), aber auch die „sozialistischen" Länder Angola (Einschränkung der Staatswirtschaft, geplanter Beitritt zum IWF) und – weniger ausgeprägt – Äthiopien (Förderung der Kleinbauern) an. Freilich gab es auch gegenläufige Entwicklungen wie den Bruch Sambias mit dem IWF (Mai 1987) oder die Verletzung des Abkommens mit dem IWF durch Togo Anfang 1987. Die asiatischen Länder setzten wie bisher mehrheitlich ihren liberalen Wirtschaftskurs fort. In der VR China wurde die Weiterführung der wirtschaftlichen Öffnung bekräftigt und auf dem 13. Parteitag der KPCh die anhaltende Abkehr von der zentralen Planwirtschaft angekündigt (vgl. Beitrag China). In Indien verlangsamte sich der Liberalisierungskurs der Regierung Rajiv Gandhis durch Widerstände betroffener Unternehmergruppen und angesichts einer katastrophalen Ernte. Indonesien setzte sein striktes Sparprogramm auch mit der Vorlage des Haushalts für 1988/89 fort. Zonen geringeren wirtschaftlichen Wandels blieben Indochina, Bangladesh und die Philippinen. Die Wirtschaftspolitik der lateinamerikanischen Staaten zeichnete sich demgegenüber durch geringere Anpassungsbemühungen und teilweise auch durch einen ausgesprochenen Schlingerkurs aus. Brasilien hatte im Frühjahr ein Moratorium gegenüber den ausländischen Banken verhängt, die Atempause jedoch nicht zur Sanierung des durch Industriesubventionen belasteten Haushalts genutzt; einer kurzen wirtschaftlichen Blüte und hohen Exportsteigerungen (durch eine aggressive Wechselkurspolitik) folgten alsbald wirtschaftlicher Abschwung und Hyperinflation. Anfang 1988 nahm Brasilien seine Zahlungen an die Banken wieder auf. Auch in Peru brachte die 1985 verhängte Begrenzung des Schuldendienstes einen kurzfristigen Aufschwung, der aber alsbald am steigenden Leistungsbilanzdefizit seine Grenze fand. Präsident Garcia versuchte im Herbst 1987 seinen Popularitätsverlust noch durch die Verstaatlichung der Banken aufzuhalten, war aber im März 1988 zur Verkündigung eines Programms zur Reprivatisierung zahlreicher Staatsbetriebe und zur Haushaltssanierung genötigt. In Argentinien und Mexiko gab vor allem die beschleunigte Inflation Anlaß zur Sorge. Die mexikanische Regierung versuchte ihr durch eine konzertierte Aktion der Sozialpartner und durch Maßnahmen zur Beschränkung des Ausgabenbedarfs der öffentlichen Hand beizukommen, in Argentinien wurde nach erneuter Inflationsbeschleunigung, Wachstumsabschwächung und erheblichen Wahlverlusten im Oktober 1987 ein neues Sanierungsprogramm aufgelegt, das einen Preisstopp, Steuererhöhungen und ernsthaftere Privatisierungsbemühungen beinhaltete. Bolivien, das Land mit der einstmals höchsten Inflationsrate, kann dagegen erstaunliche Stabilitätserfolge vorweisen; seine Inflationsrate erreichte mit 10% (1987) den niedrigsten Stand auf dem Subkontinent. Allerdings sind die sozialen Kosten der Stabilisierung in Gestalt hoher Arbeitslosigkeit (20–25%) und nur mäßigen Wachstums (1987: 2,2%) erheblich.

3. Machtwechsel, Demokratisierung und innere Konflikte

In etlichen Staaten Asiens, Afrikas und Lateinamerikas kam es im Berichtszeitraum zu politischen Machtwechseln und Regimeveränderungen, sei es auf legale Art durch Wahlen oder durch mehr oder minder gewaltsame Putsche und Staatsstreiche. Fortschritte, aber auch Rückschritte gab es in einigen Ländern bei den schwierigen Bemühungen um Demokratisierung und verstärkte politische Partizipation. Schließlich sind auch weiterhin eine Reihe von Ländern der Dritten Welt durch geradezu chronische politische Instabilität und kollektive Gewalt gekennzeichnet, die in etlichen Fällen den Charakter von offenen Bürgerkriegen haben.

In den *Philippinen* geriet der Demokratisierungs- und Reformprozeß der Regierung Aquino unter verstärkten Druck von linken und rechten Oppositionskräften. Angesichts schwieriger wirtschaftlicher Probleme, anhaltender Bürgerkriege (der kommunistischen NPA und im Süden des Landes), der ausstehenden Landreform und Problematik der Menschenrechtslage wurde die Regierung von Gewerkschaften, Bauern- und Studentenbewegung einerseits und von Teilen der Armee und der landbesitzenden Oligarchie andererseits hart bedrängt. Allerdings erbrachte das Referendum zur neuen Verfassung im Februar 1987 einen überwältigenden Sieg für die Regierung. Am 11. Mai fanden Wahlen zum Parlament statt und im Juli die konstituierende Sitzung der beiden Häuser des Parlaments, die das Ende der 17 Monate währenden Regierung per Verordnung mit sich brachte. Im August überstand Corazon Aquino den fünften Putschversuch (unzufriedener Offiziere) gegen ihre Regierung. In *Indonesien* feierte Mitte März Präsident Suharto den 21. Jahrestag seiner Machtübernahme und seines Entwicklungskonzepts der „Neuen Ordnung". Im April erhielt seine regierende Partei Golkar bei den Parlamentswahlen einen Stimmenanteil von 72% und damit eine Bestätigung seines Führungsanspruchs. In *Malaysia* gab es Spannungen innerhalb der regierenden Partei, der United Malays National Organisation (UMNO), sowie zwischen der malayischen und chinesischen Volksgruppe. Ende April 1987 gelang es Premierminister Mahatmir bei den Parteiwahlen nur sehr knapp, die Präsidentschaft der Umno für sich zu gewinnen. Um seine angeschlagene Stellung wieder zu festigen, griff er zunehmend zu repressiven Maßnahmen, verhängte Presseverbote und ließ Massenverhaftungen von Oppositionspolitikern und kritischen Intellektuellen durchführen. Auf den *Fidschi-Inseln* kam es im Mai und im September 1987 zu Militärputschen, deren Hintergründe nicht zuletzt in erhöhten Spannungen zwischen dem melanesisch-polynesischen und dem indischen Bevölkerungsteil zu sehen sind. Im Oktober vollzog der neue Machthaber Oberst Rabuka den Bruch mit der britischen Krone und rief Fidschi zur Republik aus. Auf *Taiwan* fand 1987/88 ein politischer Generationenwechsel statt, der zugleich vorsichtige Reformschritte mit sich brachte. Der Tod des Präsidenten Chiang Ching-Kuo im Januar 1988 bedeutete das Ende der Dynastie Tschiang Kaischeks und eine Ablösung überalterter Führungseliten. Noch im Juli 1987 kam es zur Aufhebung des seit 1949 geltenden Ausnahmerechts. Ein reibungsloser Machtwechsel etablierte den neuen Präsidenten Li, der eine weitere Liberalisierung in Aussicht stellte. Auch in *Vietnam* kam es zu einer Ablösung alter Führungseliten, verbunden mit Erwartungen einer Reformpolitik und wirtschaftlichen Sanierung des durch Rüstungsanstrengungen, Krieg und fehlgeleitete Wirtschaftspolitik zerrütteten Landes. Die im April neu zusammengetretene Nationalversammlung wählte im Juni 1987 Pham Hung zum neuen Ministerpräsidenten, der damit seinen langjährigen Vorgänger Pham Van Dong ablöste. In *Südkorea* führte der gegen den hartnäckigen Widerstand der alten Machthaber vorangetriebene Demokratisierungsprozeß schließlich zu einer schweren Enttäuschung der Oppositionskräfte. Nachdem im Sommer 1987 erst mit Hilfe von Massendemonstrationen Präsidentschaftswahlen durchgesetzt worden waren, erlitt die Opposition in den Wahlen vom Dezember dann eine empfindliche Niederlage. Mit 37% der Stimmen gewann der Kandidat der Regierungspartei, Roh Tae Woo, die Wahlen, während die untereinander zerstrittenen Oppositionskandidaten Kim Dae Jung und Kim Young Sam das Nachsehen hatten. Immerhin bedeutete dieses Ergebnis jedoch die Ablösung des langjährigen autoritären und durch Menschenrechtsverletzungen und Korruptionsskandale gekennzeichneten Regimes Chuns (vgl. Beitrag Südkorea).

Bangladesh, das Armenhaus Südasiens, war im Berichtszeitraum durch chronische politische Instabilität gekennzeichnet. Zahlreiche Oppositionsparteien und Regimegegner warfen der Regierung des Präsidenten Ershad Korruption und Mißwirtschaft vor und forderten den Rücktritt des Präsidenten. Dieser reagierte Ende November mit der Verlängerung des Notstandes, der Auflösung des Parlaments, der Inhaftnahme der wichtigsten Oppositionsführer und der Ankündigung von Neuwahlen.

In *Indien* geriet die Regierung Rajiv Gandhi unter verstärkten Druck der politischen Opposition. Wahlverluste der regierenden Kongreßpartei u. a. in Westbengalen und in Kerala schwächten die Regierung, die zudem noch durch verschiedene schwere Korruptionsskandale erschüttert wurde. Auch hier wurde der Ruf nach Rücktritt des Premierministers laut. Keine großen Erfolge errang die Regierung in der Konfrontation mit verschiedenen internen und externen Sicherheitsproblemen: mit der militärischen Intervention in Sri Lanka (vgl. Beitrag Sri Lanka), im Herbst mit Grenzscharmützeln mit Pakistan, mit diversen Aufstandsbewegungen im Nordosten des Landes und vor allem dem sich verschärfenden Bürgerkrieg im Punjab. Im Mai 1987 wurde nach Absetzung der Regierung des Bundesstaates der Punjab der Direktverwaltung durch die Bundesregierung in Delhi unterstellt. Im Mai 1988 kam es dann zum neuerlichen Sturm auf den Goldenen Tempel der Sikhs in Amritsar, aber nicht zu einer dauerhaften Lösung des Problems.

In *Burkina Faso* wurde im Oktober 1987 Staatschef Sankara im Verlauf eines Militärputsches getötet und damit zugleich einem innerhalb und außerhalb Afrikas vielbeachteten Reformexperiment ein abruptes vorläufiges Ende bereitet (vgl. Beitrag Burkina Faso).

In *Burundi* wurde im September 1987 Präsident Bagaza während eines Auslandsaufenthaltes von der Armeeführung des Landes entmachtet. Im südafrikanischen Homeland *Bophuthatswana* konnte sich im Februar 1988 der gestürzte Präsident Mangope mit Hilfe der südafrikanischen Armee wieder an die Macht bringen. In *Zimbabwe* gelang es Präsident Mugabe Ende 1987, mit der Einführung des Einparteiensystems, seine Stellung weiter zu festigen. Nach erfolgreichen Verhandlungen mit seinem langjährigen Rivalen Nkomo kam es zu einer Verschmelzung der bisherigen Oppositionspartei Zapu-PF (Zimbabwe African People's Union-Popular Front) mit seiner eigenen Partei Zanu-PF (Zimbabwe African National Union-Popular Front). In *Ägypten* konnte die regierende National-Demokratische Partei Präsident Mubaraks im April 1987, bei allerdings schwacher Wahlbeteiligung, die Mehrheit der Abgeordnetensitze erringen, wenn auch unter Verlusten an die Oppositionsparteien, die die Zahl ihrer Sitze in der Volksversammlung beträchtlich erhöhen konnten. In *Tunesien* ging nach dreißigjähriger Alleinherrschaft die Ära Bourguiba zu Ende. Im November 1987 übernahm in einem unblutigen Machtwechsel Ministerpräsident Ben Ali die Regierungsgeschäfte und verkündete ein Reformprogramm (u. a. Abschaffung der Präsidentschaft auf Lebenszeit, funktionierendes Mehrparteiensystem, Pressefreiheit, Versöhnung mit der Opposition).

In *Äthiopien* kam es im Zuge der Gründung einer Volksrepublik zu der Selbstauflösung des regierenden Militärrates, im September zur Wahl Mengistus zum Präsidenten durch die im Juni neugewählte Nationalversammlung. Durch diese Maßnahmen versuchte das herrschende Regime offensichtlich seine Legitimationsbasis zu verbreitern. Zur Lösung der Nationalitätenkonflikte verfügte die Regierung sodann die Bildung autonomer Regionen in Eritrea, Tigray und im Ogaden, die jedoch von den betreffenden Befreiungsbewegungen abgelehnt wurden. Namentlich im Norden des Landes, in Eritrea und Tigray, verschärften sich die Bürgerkriege. Besonders die EPLF in Eritrea erzielte im Frühjahr 1988 große militärische Erfolge. Die Eskalation des Eritrea-Konfliktes führte zugleich zu einer Entspannung zwischen Äthiopien und Somalia, da das äthiopische Regime offenbar den Druck an der Somali-Grenze mindern und dort stationierte Truppen für den Einsatz im Norden freisetzen wollte. Im *Sudan* kam es bei katastrophaler Wirtschaftslage, diversen Regierungskrisen und eskalierendem Bürgerkrieg im Süden des Landes zu weiteren Erfolgen der dort operierenden SPLA (Sudanese People's Liberation Army). Opfer der Kampfhandlungen durch Hunger und Flucht war in verstärktem Maße die Zivilbevölkerung. In dem durch jahrelangen Bürgerkrieg verheerten *Uganda* gelang Präsident Museveni auch im zweiten Jahre seiner Regierung noch keine durchgreifende politische Stabilisierung und wirtschaftliche Gesundung des Landes. Eine Befriedung des ganzen Landes verhinderten die anhaltenden Aktivitäten bewaffneter Oppositionsgruppen im Norden und Osten.

Die jungen lateinamerikanischen Demokratien zeigten in der Berichtszeit zwar eine gewisse Stabilisierung, blieben aber von der Hypothek der Militärherrschaft (und der problematischen rechtlichen Aufarbeitung ihrer Greueltaten) sowie der langanhaltenden wirtschaftlichen Misere belastet. Auf die Hochstimmung der Abschaffung der Militärregime folgte eine gewisse Katerstimmung, da die zivilen Regime nicht die hochgesteckten Erwartungen erfüllen, manchmal auch nicht einmal eine Verbesserung der Lebensumstände der breiten Bevölkerung erreichen konnten.

In *Argentinien* zeigte sich, daß Demokratisierung in starkem Maße auf die Empfindlichkeiten der Militärs Rücksicht zu nehmen hat. Die Regierung hatte geglaubt, durch ein erstes Teil-Amnestiegesetz für die unter dem Militärregime begangenen Verbrechen die Militärs besänftigen zu können, mußte aber dennoch im April 1987 einer erneuten Meuterei derjenigen begegnen, die sich gerichtlich zu verantworten hatten. Präsident Alfonsin gelang es jedoch, alle demokratischen Kräfte des Landes hinter sich zu scharen und die Meuterei aufzulösen. Ein weiteres Teilamnestiegesetz vom Juni, das alle Militärs bis zum Range eines Oberstleutnants von gerichtlicher Verfolgung ausschließt, zeigt aber, daß die Regierung nach wie vor mit Putschgelüsten rechnete.

Auch in *Uruguay* sollte ein Gesetz die Militärs vor gerichtlicher Verfolgung ihrer zur Zeit des Militärregimes begangenen

Verbrechen schützen; gegen dieses Gesetz lief eine Volksabstimmungsbewegung an.

In *Ecuador* wurde im Januar 1987 Staatspräsident Febres von rebellierenden Fallschirmjägern festgehalten und später im Austausch gegen den früheren Luftwaffenchef Vargas Pazos und die Versicherung, daß den Entführern nichts geschehe, wieder auf freien Fuß gesetzt. Im Januar 1988 fanden allgemeine Wahlen statt. Um das Amt des Staatschefs, das Präsident Febres am 10. August abgeben wird, bewarben sich 10 Kandidaten. Aus dieser Wahl ging der sozialdemokratische Kandidat Rodrigo Borja mit leichtem Vorsprung hervor, siegte aber gegen seinen Konkurrenten Bucaram, zur großen Erleichterung des Militärs, in der Stichwahl Anfang Mai 1988 deutlich.

In *Brasilien* fand am 15. November 1987 der erste nationale Urnengang nach der Ablösung des Militärregimes statt. Die Wahlen brachten einen überwältigenden Sieg für die Partei des amtierenden Staatspräsidenten Sarney, die PMDB, und die in einer Allianz mit ihr verbundenen „Liberalen Front". Das neue Parlament soll auch eine neue, achte Landesverfassung ausarbeiten.

In *Chile* verabschiedete die Militärjunta im Januar 1987 ein neues Parteiengesetz, das die seit dem Putsch 1973 illegal arbeitenden Parteien (außer den marxistischen) legalisiert, sie aber gleichzeitig strikten Regeln unterwirft. Der seit dem mißlungenen Attentat auf Pinochet geltende Belagerungszustand wurde im Zusammenhang mit dem Papstbesuch im April nicht verlängert; gleichzeitig wurde dem größten Teil der Exilchilenen die Rückkehr gestattet. Die völlig zersplitterte Opposition sah sich durch das neue Parteiengesetz zu stärkerer Zusammenarbeit genötigt, insbesondere im Hinblick auf das im letzten Quartal 1988 stattfindende Plebiszit über die Präsidentennachfolge. Eine größere Zahl von Oppositionsparteien einigte sich auf ein „Nein" zum offiziellen Kandidaten bei diesem Entscheid. Dessen Nichtwahl würde offene Präsidentschaftswahlen erzwingen. Ungeklärt blieb, ob General Pinochet selbst Kandidat für seine eigne Nachfolge sein würde.

Begleitet von zunehmender Brutalisierung der Regime, fanden in *Paraguay* und *Haiti* Anfang 1988 manipulierte Wahlen statt. Alfredo Stroessner, einer der längstdienenden Diktatoren in der Dritten Welt, ließ sich am 14. Februar erneut (mit 89% der Stimmen) bestätigen; in Haiti, wo ein unabhängiger Wahlrat wohl eine voraussichtlich saubere Wahl (im November 1987) zustandegebracht hätte, ging diese im Terror von Anhängern des Ex-Diktators Duvalier unter. Der Wahlrat wurde entlassen, ein neues, genehmeres Wahlgesetz erlassen und die Wahl am 17. Januar 1988 wiederholt, unter weitgehendem Boykott der Bevölkerung und mit dem erwünschten Sieg Leslie Manigats, des Präsidentschaftskandidaten des Militärregimes.

Seit Juni 1987 erlebte *Panama* die größte Krise seiner Geschichte. Generalstreiks gegen das de facto-Militärregime General Noriegas legten das Land lahm; Organisator dieser Aktionen war eine von 200 Organisationen getragene Bürgerrechtsbewegung. Ihr Ziel war der Rücktritt General Noriegas und die Ablösung der Marionettenregierung Präsident Delvalles. Letzterer setzte, inspiriert von der lange zögernden US-Regierung und im Angesicht einer sich verschärfenden finanziellen Krise, General Noriega ab, der sich jedoch als stärker erwies und nun seinerseits den Präsidenten im Februar 1988 absetzen ließ. Die Vereinigten Staaten, die Noriega lange gestützt hatten, versuchten sein Regime nun mit Wirtschaftssanktionen in den Bankrott zu treiben, boten Noriega aber andererseits einen glimpflichen Abgang ins Exil an (vgl. Beitrag Panama).

In *Kolumbien* stellte sich die Frage, wie lange die relative wirtschaftliche Prosperität des Landes angesichts ansteigender Gewalt der Guerillaorganisationen, die breite Teile des Landes beherrschen, und der Drogenmafia, noch vorhalten kann (vgl. Beitrag Kolumbien).

4. Nord-Süd-Beziehungen

Die Nord-Süd-Beziehungen standen auch weiterhin ganz im Zeichen der Verschuldungskrise. Sie waren eher durch ein konfuses „Sich-Durchwursteln" gekennzeichnet als durch eine planvolle Politik des Interessenausgleichs, obwohl gerade der im April 1987 vorgelegte „Brundtland-Bericht" (der „Weltkommission für Umwelt und Entwicklung") wiederum – in der Tradition der Brandt-Berichte – die Notwendigkeit politischer und ökonomischer Reformen im Internationalen System herausstrich (Titel: „Unsere gemeinsame Zukunft").

Auf diesem Hintergrund schlug die 1986 auf dem Blockfreien-Gipfel in Harare gegründete „Südkommission" unter Leitung des Tanzaniers Julius Nyerere im Frühjahr 1988 die Schaffung eines Forums der Schuldnerländer zur Abstimmung ihrer Schuldenpolitik und zur Stärkung ihrer Verhandlungsmacht gegenüber den Gläubigerstaaten vor. Auch verschiedene regionale Treffen von Entwicklungsländern setzten sich mit dem Schuldenproblem und der damit verbundenen Wirtschaftskrise auseinander (u. a. 1987 „Gruppe der Acht" in Acapulco: Argentinien, Brasilien, Kolumbien, Mexiko, Panama, Peru, Uruguay und Venezuela; Verschuldungskonferenzen der OAU im Juli und Dezember 1987 in Addis Abeba).

Symptomatisch für den schwierigen Stand der Nord/Süd-Beziehungen, namentlich auf der Ebene des UN-Systems, war in den letzten Jahren die Krise der UNESCO (u. a. Austritte der USA und Großbritanniens). Im Jahre 1987 wurde der umstrittene Generaldirektor M'Bow (Senegal) von dem Spanier Mayor abgelöst, verbunden mit einer Konzentration auf die Sacharbeit der Organisation. Vorausgegangen war die Bearbeitung von konzeptionellen, ideologischen, organisatorischen und allgemeinpolitischen Konflikten über die Rolle und das Selbstverständnis der UNESCO, die eine weite Kluft zwischen Industrie- und Entwicklungsländern innerhalb der Organisation öffnete (vgl. Beitrag über Krise und Reform der UNESCO).

Das schwierige Verhältnis zwischen Industrie- und Entwicklungsländern offenbarte sich auch auf der 3. UN-Sonderkonferenz über Abrüstung und Entwicklung vom August/September 1987 in New York. Die US-Regierung boykottierte die Konferenz, um einmal mehr ihre allgemeine Abneigung gegen das UN-System zu demonstrieren, aber mit der öffentlichen Begründung, sie könne keinen Zusammenhang zwischen Abrüstung und Entwicklung erkennen. Dennoch war es durchaus keine überflüssige Konferenz, da sie zumindest zu einer weiteren konzeptionellen Klärung des Problems beitrug (vgl. Beitrag Abrüstung und Entwicklung: Ziele der UN-Konferenz).

Auch gegenüber der 7. Welthandels- und Entwicklungskonferenz der Vereinten Nationen (UNCTAD VII) im Juli 1987 in Genf machten die USA ihre Skepsis damit deutlich, daß sie nicht einmal einen Vertreter im Ministerrang nach Genf entsandten. Infolge des anhaltenden Verschuldungsproblems und der dramatischen Einbrüche bei den Rohstoffpreisen verloren die Entwicklungsländer mit ihrer schweren ökonomischen Krise zugleich auch weiter an politischem Gewicht und rückten daher notgedrungen von früheren Forderungen und Positionen noch weiter ab, sprachen nicht mehr von der Notwendigkeit einer Neuen Weltwirtschaftsordnung und akzeptierten, daß die Hauptverantwortung für die Entwicklung ihrer Gesellschaften bei ihnen selbst läge. In vier Ausschüssen berieten die Experten aus Nord und Süd über die Themen Schuldenkrise, Rohstoffe, Welthandel und die Probleme der ärmsten Länder. Wenn auch mit der Annahme des Schlußdokuments der (formelle) Erfolg der Konferenz gesichert war, so ergaben sich dennoch keine zukunftsweisenden, konkreten Perspektiven zur Besserung der Lage der Länder des Südens.

Besondere Beachtung fand jedoch der Beitritt der UdSSR zu dem 1980 im Rahmen der UNCTAD eingerichteten Gemeinsamen Fonds zur Stabilisierung der Rohstoffexporterlöse der Entwicklungsländer. Im Zeichen von „Perestroika" und „Neuem Denken" wurde in der Ära Gorbatschow mit einer Überprüfung der bisherigen sowjetischen Dritte-Welt-Politik begonnen (vgl. Beitrag Sowjetische Dritte-Welt-Politik unter

Gorbatschow). Vor allem der Abzug aus Afghanistan machte deutlich, daß man sich aus militärisch riskanten, ökonomisch belastenden und politisch schädlichen Abenteuern in der Dritten Welt eher heraushalten wollte. Zugleich ist aber auch eine gewisse Neuorientierung in den politischen und wirtschaftlichen Beziehungen der UdSSR zur Dritten Welt zu erkennen. Bisher konzentrierten sich die Sowjets auf wenige, ihr ideologisch eng verbundene Staaten, bei denen es sich jedoch durchweg um solche handelte, die ökonomisch schwach waren und der UdSSR mehr Kosten als Nutzen einbrachten. Zugleich waren dies Länder, die nicht zuletzt durch ihre allzu starke Orientierung am sowjetischen Vorbild des Sozialismus zunehmend in eine schwere wirtschaftliche und gesellschaftliche Krise gerieten, aus der sie wohl nur durch eine Reform in Richtung auf verstärkten „Markt-Sozialismus" (mehr Markt statt Plan) und durch eine – von der UdSSR gebilligte – wirtschaftliche Öffnungspolitik zum Westen herauskommen können (vgl. Beitrag Sozialismus in der Dritten Welt). Nun aber ist der Versuch der Sowjetunion zu beobachten, ihre Beziehungen auf breiter Front auch mit den kapitalistisch orientierten Entwicklungsländern zu verbessern, da nur der verstärkte wirtschaftliche Austausch mit diesen, namentlich den industriellen Schwellenländern der Dritten Welt, der UdSSR profitablere Ergebnisse verspricht. Einher mit diesem Bemühen geht auch eine größere Bereitschaft der Sowjetunion, mehr Verantwortung als bisher im Nord/Süd-Dialog zu übernehmen und sich unter Betonung weltweiter wirtschaftlicher und politischer Interdependenz mehr als bislang kooperativ in das System der Weltwirtschaft einzuordnen.

5. Krisenherde und Kriege: Entschärfung von Konflikten

Etwa zwei Dutzend kriegerische Konflikte wurden im Berichtszeitraum in Regionen der Dritten Welt ausgetragen. Etliche dieser Konflikte halten bereits seit Jahren an und gelten geradezu als chronische internationale Krisenherde. Während einige dieser Konflikte neuerdings eine erfreuliche Tendenz zur Entschärfung aufweisen (u. a. die in Zentralamerika, am Golf, in Afghanistan, im südlichen Afrika und in Südostasien), so sind andere eher durch eine Verschärfung gekennzeichnet (u. a. die Lage der Palästinenser in den von Israel besetzten Gebieten). Unverkennbar ist ferner, daß es durch das kooperative Verhalten der Supermächte, namentlich der UdSSR, in verschiedenen lokalen und regionalen Konflikten immerhin zu einer tendenziellen Entschärfung zumindest der Süddimension des Ost-West-Konflikts in diesen Dritte-Welt-Kriegen gekommen ist (u. a. in Afghanistan, in Angola, in Mittelamerika). Möglicherweise spielen hier Lernprozesse und Kostenkalküle im Bereich militärisch gestützter Interventionspolitik sowie die Erkenntnis geringer werdender Kontroll- und Steuerungsfähigkeit der scheinbar allmächtigen Supermächte eine Rolle. Insbesondere der 1988 eingeleitete sowjetische Truppenabzug aus Afghanistan machte das Interesse der UdSSR deutlich, ihr Engagement in Kriegen und Krisen der Dritten Welt zugunsten der ökonomischen Modernisierung des eigenen Landes und der verstärkten Kooperation mit dem Westen graduell abzubauen.

Nach jahrelangen Verhandlungen unter der Schirmherrschaft der Vereinten Nationen und einem das Land verheerenden Krieg kam es endlich im Frühjahr 1988 zu einem Durchbruch bei den Genfer Gesprächen. Ab dem 15. Mai 1988 zeichnet sich mit dem Truppenrückzug der UdSSR aus Afghanistan nun zumindest ein Ende des sowjetischen Interventionskrieges ab, kaum jedoch auch ein Ende des innerafghanischen Bürgerkrieges (vgl. Beitrag Afghanistan). Auch in der Krisenregion Südliches Afrika zeigte sich eine sowjetische Bereitschaft zu einem gewissen Rückzug. Der sowjetische Klientelstaat Mozambique, politisch und wirtschaftlich zerrüttet durch den Bandenkrieg der regierungsfeindlichen Renamo und durch südafrikanische Destabilisierung, öffnete sich verstärkt dem Westen und nahm Militärhilfe von seiten Großbritanniens, Spaniens, Portugals und Italiens in Anspruch. Zur Lösung des langjährigen Bürgerkrieges in Angola zwischen der regierenden MPLA und der oppositionellen, von Südafrika sowie den USA unterstützten UNITA begannen im Mai 1988 in London hoffnungsvolle Gespräche zwischen Angolanern, Kubanern, Südafrikanern und Amerikanern. In der Republik Südafrika selbst kam es jedoch zu einer Verhärtung der Situation. Der Ausnahmezustand wurde verlängert; in den Maiwahlen zum Abgeordnetenhaus gab es einen deutlichen Rechtsruck in der weißen Wählerschaft. Dem hartnäckigen Streik von Hunderttausenden schwarzer Bergarbeiter im Sommer 1987 folgte im Februar 1988 die Unterdrückung von 17 Anti-Apartheid-Gruppen, u.a. auch der Vereinigten Demokratischen Front (UDF), und damit die Ausschaltung der gemäßigten, legalen Oppositionsbewegung.

Im Rahmen des Kambodscha-Konfliktes gab es im Dezember 1987 und im Januar 1988 in Frankreich bemerkenswerte Treffen zwischen Prinz Sihanouk (von der von den UN als legitime Regierung Kambodschas anerkannten Widerstandskoalition aus Roten Khmer und nichtkommunistischen Organisationen) und dem von Vietnam abhängigen Regierungschef Hun Sen. Beide Seiten unterzeichneten ein Vier-Punkte-Kommunique, in dem sie eine politische Lösung für ein „friedliches, unabhängiges, demokratisches, souveränes, neutrales und blockfreies" Kambodscha fordern. Die Vietnamesen haben den Abzug ihrer Truppen bislang für 1990 angekündigt, könnten aber unter dem Druck wirtschaftlicher Probleme (Abzug aus Kambodscha als Vorbedingung westlicher Wirtschaftshilfe) und dem Druck der UdSSR (Afghanistan-Modell) womöglich schon früher mit dem Rückzug beginnen.

In Zentralamerika gab es Hoffnung auf einen anhaltenden Friedensprozeß. Nach jahrelangen Bemühungen der Contadora-Gruppe (siehe hierzu den Beitrag im Jahrbuch 1987) kam es am 7. August 1987 in Guatemala zur Unterzeichnung eines Friedensplans, den der Präsident von Costa Rica, Oscar Arias, Mitte Februar 1987 vorgeschlagen hatte. Dieser Plan, der im wesentlichen auf früheren Vorschlägen der Contadora-Gruppe beruhte und von den fünf zentralamerikanischen Präsidenten (El Salvador, Honduras, Guatemala, Nicaragua, Costa Rica) unterzeichnet wurde, sah u.a. die nationale Versöhnung mit der (unbewaffneten) Opposition vor, ferner Demokratisierungsmaßnahmen, freie Wahlen, Unterlassung der Destabilisierung von Nachbarstaaten sowie Verifikationsmaßnahmen. Ermöglicht wurde die Einigung wohl nicht zuletzt durch die Schwächung der US-Politik in der Region. Das wichtigste konkrete Ergebnis der neuen „Friedensdynamik" waren bislang die Vereinbarung eines Waffenstillstandes zwischen Sandinisten und Contras in Nicaragua sowie anhaltende Kontakte zwischen beiden Streitparteien (vgl. Beitrag Zentralamerika).

Zu einem gewissen Abklingen der Kampfhandlungen kam es auch im Konflikt zwischen Libyen und dem Tschad. Seit Januar 1987 hatte mit französischer und auch amerikanischer Unterstützung die tschadische Regierungsarmee von Hissen Habre vermehrt militärische Erfolge gegen die libyschen Besatzungstruppen im Norden des Landes errungen. Im September 1987 kam es schließlich durch Vermittlung der Organisation für die Einheit Afrikas (OAU) zu einem Waffenstillstand zwischen beiden Ländern. Im Mai 1988 erklärte Libyens Staatschef Ghaddafi gar den Konflikt mit dem Nachbarland für beendet und wollte die dortige Regierung anerkennen. Im Westsahara-Konflikt mag als erfreuliches Zeichen die diplomatisch-politische Annäherung (Wiederaufnahme diplomatischer Beziehungen im Mai 1988) zwischen Marokko und Algerien gelten.

Zur Beilegung des Bürgerkrieges zwischen Singhalesen und Tamilen auf Sri Lanka schloß die Regierung des Landes am 2. Juli 1987 ein Abkommen mit Indien über die Stationierung einer indischen „Friedenstruppe" auf der Insel. Doch ist eine dauerhafte Lösung des internen Konflikts ebensowenig abzusehen wie eine Beendigung der massiv ausgebauten, anhaltenden militärischen Präsenz Indiens auf Sri Lanka (vgl. Beitrag Sri Lanka).

Israel, das im Jahre 1988 sein vierzigjähriges Bestehen feierte, wurde seit Anfang Dezember 1987 von schweren Unruhen in den von ihm seit 1967 besetzten palästinensischen Gebieten der Westbank und dem Gazastreifen erschüttert und damit zugleich eindringlich an das ungelöste Palästinenserproblem und die Wurzeln des Nahostkonflikts erinnert. Hintergründe der Unruhen waren die fast völlige Entrechtung der palästinensischen Bevölkerung in den besetzten Gebieten, das Fehlen einer eigenständigen politischen Vertretung der Palästinenser, deren äußerst geringe sozio-ökonomische Entfaltungschancen sowie die seit 1985 verschärfte Repression der israelischen Besatzungsmacht (vgl. Beitrag Westbank und Gazastreifen). Auch im Libanon kam es im Berichtszeitraum noch immer nicht zu einer dauerhaften Befriedung des Landes. Die Banden- und Milizenkämpfe verschiedener verfeindeter Gruppen gingen mit wechselhaftem Verlauf weiter und zwangen die regionale Ordnungsmacht Syrien wiederholt zum Einmarsch nach Beirut (Anfang 1987 und Frühjahr 1988).

Im Golfkrieg kam es nach einer wachsenden Internationalisierung des Konflikts und vermehrten militärischen Niederlagen des Iran im Sommer 1988 zu einem von den UN überwachten Waffenstillstand. War der Krieg fast sieben Jahre lang auf die militärische Konfrontation zwischen Iran und Irak beschränkt geblieben und waren zudem die Supermächte bestrebt gewesen, den Krieg nicht regional ausweiten zu lassen, so änderte sich die Situation im Zuge verschiedener Wirkfaktoren seit Ende 1986/87. Im Sommer 1987 kam es schließlich zu einem imposanten Flottenaufmarsch verschiedener raumfremder Mächte am Golf (Minenbekämpfung und Geleitschutz) und zu direkten militärischen Zusammenstößen zwischen den USA und Iran (vgl. Beitrag Flottenaufmarsch am Golf).

Joachim Betz (Institut für Allgemeine Überseeforschung, Hamburg)/ *Volker Matthies* (Hamburg)

II. ÜBERREGIONALE BEITRÄGE

Sowjetische Dritte-Welt-Politik unter Gorbatschow

Am 15. Mai 1988 hat die Sowjetunion mit dem Abzug ihrer Truppen aus Afghanistan begonnen. Schon vorher war während der indirekten Verhandlungen zwischen Pakistan und Afghanistan in Genf unübersehbar, daß die Sowjetunion ihre Truppen vom südlichen Nachbarn abziehen wollte. Die militärische Besetzung im Dezember 1979 hat sich für die sowjetische Führung als zu große Belastung erwiesen. Militärisch war es nicht gelungen, den Widerstand zu brechen; politisch belastete die Besetzung die Beziehungen zur anderen Supermacht und kostete in der Dritten Welt viel Kredit; und nicht zuletzt waren die wirtschaftlichen Kosten und sozialen Folgen erheblich.

Der Abzug der Truppen aus Afghanistan stellt aber mehr dar als das Eingeständnis einer punktuellen Niederlage. Er kann als ein Symbol dafür gelten, daß die sowjetische Führung im Zeichen von „Perestroika" und „neuem Denken" nicht nur daran geht, die Beziehungen zur USA und den anderen Westmächten neu zu gestalten. Angefangen wurde auch mit einer Überprüfung der Politik gegenüber den Entwicklungsländern.

Wie weit diese Veränderungen gehen, ist unter Beobachtern umstritten. Die bisherigen Ereignisse lassen nicht nur viel Raum für unterschiedliche Interpretationen, sondern auch für Spekulationen über die zukünftige sowjetische Dritte-Welt-Politik.

Bevor ich auf die heute erkennbaren neuen Tendenzen eingehe, will ich mich dem Verlauf und den Ergebnissen der bisherigen sowjetischen Dritte-Welt-Politik zuwenden.

1. Siebzig Jahre sowjetische Dritte-Welt-Politik

Seit der Oktober-Revolution von 1917 erhebt die sowjetische Regierung den Anspruch, konsequent die „Völker der Kolonien und Halbkolonien" in ihrem Kampf für Unabhängigkeit, Freiheit und sozialen Fortschritt zu unterstützen. Und in der Tat nahm die Frage der Befreiung der Kolonialvölker einen wichtigen Stellenwert in der Revolutionsstrategie Lenins ein. Andererseits hatte die Revolution von 1917 einen großen Einfluß auf das Denken und Handeln einer Reihe von Führern in den damaligen Kolonien.

Die praktische sowjetische Regierungs- und Parteipolitik in der „Kolonialfrage" hatte jedoch nur geringen Stellenwert. Sie verlor noch weiter an Bedeutung, als die Komintern 1928 auf ihrem 6. Weltkongreß beschloß, die Zusammenarbeit mit den nationalen Kräften in den Kolonien einzustellen. Nach einem Zwischenspiel der durch den Kampf gegen den Faschismus bestimmten Einheitsfrontpolitik (1935–1947) bestimmte diese Haltung auch die sowjetische Politik in den letzten Jahren Stalins (1947–1953). Im Zeichen einer strikten Zwei-Lager-Theorie wurden Nationalisten wie Nehru (Indien), Sukarno (Indonesien) und Nasser (Ägypten) als Lakaien des Imperialismus bekämpft und die nach dem Zweiten Weltkrieg unabhängig gewordenen Staaten nach wie vor als Halb-Kolonien behandelt. Wirkliche Unabhängigkeit, so die damalige Position, konnte nur unter kommunistischer Führung erkämpft werden.

Mit der Machtübernahme Chruschtschows änderte sich das Bild. Der 20. Parteitag 1956 bestätigte eine veränderte Politik, in der den Entwicklungsländern eine größere Bedeutung zugemessen wurde. Diese wurden jetzt gemeinsam mit den sozialistischen Ländern einer „Zone des Weltfriedens" zugeordnet. Zur gleichen Zeit begann die Sowjetunion mit der Entwicklung einer aktiven Politik der Wirtschaftskooperation: erste Verträge über wirtschaftliche Hilfe wurden 1955 mit Indien und Afghanistan abgeschlossen.

Das Netz der Beziehungen mit den Ländern Asiens und

Afrikas wurde schnell ausgedehnt. Und da die Führer vieler dieser Länder als Ziel ihrer Politik einen „afrikanischen" oder „arabischen" Sozialismus formulierten, herrschte in der sowjetischen Führung großer Optimismus, daß sich eine große Zahl von ihnen in relativ kurzer Zeit fest für einen Sozialismus sowjetischer Prägung entscheiden würden. Ausdruck dieses Optimismus war das 1959 erstmals formulierte Konzept des „nicht-kapitalistischen Entwicklungsweges", der unter Überspringen der Entwicklungsetappe des Kapitalismus direkt den Aufbau des Sozialismus ermöglichen sollte.

Verbal wurde dabei auf Lenin zurückgegriffen, der 1920 die These aufgestellt hatte, daß das „siegreiche revolutionäre Proletariat" in den „zurückgebliebenen Ländern mit Unterstützung des Proletariats der fortgeschrittensten Länder zur Sowjetordnung (...) gelangen" könne, ohne „das kapitalistische Entwicklungsstadium durchmachen zu müssen". Aber, anders als bei Lenin, war von „siegreichem Proletariat" und „Sowjetordnung" nicht mehr die Rede. Stattdessen sollten die „zurückgebliebenen Länder" unter Führung von „Kräften der revolutionären Demokratie" einen „Staat der nationalen Demokratie" errichten. Damit waren nationale Führer wie Nasser und Nkrumah gemeint, nationalistische Kräfte, die versuchten, einen Weg der unabhängigen wirtschaftlichen Entwicklung zu finden. Unter ihrer Führung, und nicht unter der der örtlichen, zumeist unbedeutenden kommunistischen Parteien, sollte der Sozialismus aufgebaut werden. Dafür war Moskau bereit, lokale kommunistische Parteien auf dem Altar der Zusammenarbeit mit den Nationalisten zu opfern.

Aber diese Rechnung ging nicht auf. Es erwies sich nicht nur als Fehler, daß die KPdSU die in der Dritten Welt vorhandene Kritik am Westen mit der Zustimmung zum Sozialismus sowjetischer Prägung gleichsetzte. Es zeigte sich auch, daß die Herrschaft der von Moskau unterstützten Regime nicht so stabil war wie angenommen. In mehreren Ländern der Dritten Welt (u. a. Algerien, Indonesien, Ghana) wurden neue politische Orientierungen durch Putsche durchgesetzt.

Als Chruschtschow im Oktober 1964 stürzte, wurden Konsequenzen auch in der Politik gegenüber den Entwicklungsländern gezogen. Angesichts großer eigener wirtschaftlicher Probleme wurde unter Breschnew damit begonnen, die Wirtschaftshilfe mehr unter dem Gesichtspunkt des eigenen Nutzens zu vergeben. Auf militärischem Gebiet wurden durch den Aufbau eines entsprechenden Militärapparats die Voraussetzungen für das Eingreifen in verschiedenen Regionen der Dritten Welt geschaffen (z. B. durch eine neue Flottenpolitik).

Auf ideologischem Gebiet wurde der Optimismus über das Tempo sozialistischer Entwicklungen in den Entwicklungsländern reduziert. Es war mehr als Kosmetik, daß 1967/68 der Begriff „nicht-kapitalistischer Entwicklungsweg" durch den der „sozialistischen Orientierung" ausgewechselt wurde. Die „sozialistische Orientierung" wurde jetzt als Phase betrachtet, in der während eines langen Zeitraums erst die Voraussetzungen für den Sozialismus in der Dritten Welt geschaffen würden.

Mitte der siebziger Jahre waren es mehrere Faktoren, die erneut größeren Optimismus bezüglich revolutionärer Umwälzungen in der Dritten Welt hervorriefen. Während die westlichen kapitalistischen Staaten durch Weltwirtschaftskrise und Ölschock ökonomisch am Boden schienen, zeichnete sich die sowjetische Wirtschaft noch durch hohe Wachstumsraten aus. Auf internationaler Ebene war der Hauptgegenspieler USA durch die Niederlage in Vietnam gelähmt. Und nicht zuletzt erlitt der Kolonialismus 1975/76 durch den Sieg der Unabhängigkeitsbewegungen in den ehemaligen portugiesischen Kolonien (Angola, Moçambique, Guinea-Bissao) eine weitere Niederlage. Zudem schien für die Sowjets der dort eingeschlagene Weg der sozialistischen Orientierung erfolgversprechender. Er war verbunden mit der Gründung einer revolutionären Vorhutpartei, die ein besserer Garant für erfolgreiche Umwälzungen und dauerhafte Beziehungen mit der Sowjetunion sein sollte.

Das internationale Kräfteverhältnis schien sich endgültig zugunsten der Sowjetunion geändert zu haben. Nicht zuletzt am Verhalten gegenüber der Blockfreienbewegung zeigten sich die Konsequenzen. Erneut wurden unabhängige, eigenständige Entwicklungen in der Dritten Welt für unmöglich erklärt. Die Entwicklungsländer hatten sich zu entscheiden: Entweder „natürliches Bündnis" mit der Sowjetunion oder Handlanger des Imperialismus. Aber es blieb nicht bei ideologisch härteren Tönen. Es wuchs auch die Bereitschaft, sich militärisch aktiver zu engagieren. Eine Entwicklung, die 1979 die militärische Besetzung Afghanistans möglich werden ließ.

Aber zu Beginn der achtziger Jahre änderte sich das Bild erneut. Es wurde deutlich, daß die USA sich vom Vietnam-Trauma „erholt" hatte und wieder Bereitschaft zeigte, sich international gegen die „sowjetische Herausforderung" zu engagieren. Zudem rief die Afghanistan-Invasion auch bei der großen Mehrheit der Blockfreien Widerstand hervor. Eine veränderte Politik wurde notwendig. Diese internationalen Bedingungen wurden durch die sich verschärfenden internen Schwierigkeiten der Sowjetunion verstärkt. Immer deutlicher wurde, daß die Kosten des weltweiten Engagements die wirtschaftlichen Möglichkeiten überstiegen. So wurde die Notwendigkeit neuer außenpolitischer Orientierungen durch das innenpolitische Reformprogramm Gorbatschows noch verstärkt.

2. Außenhandelsbeziehungen

Die Entwicklung der UdSSR zu einer weltweit agierenden Macht zeigt sich auch in der Entwicklung der wirtschaftlichen Beziehungen zur Dritten Welt. Obwohl die wirtschaftlichen Fortschritte nicht mit den militärisch-politischen Schritt halten konnten, hat die Sowjetunion bis heute ein weitgefächertes Netz wirtschaftlicher Kooperationsbeziehungen entwickelt. Diese sind in besonders starker Weise auf die im Süden an die Sowjetunion angrenzenden Länder konzentriert.

Global ist der Handel zwischen der UdSSR und der Dritten Welt nur eine geringe Größe. Er macht nur ca. 4 Prozent des gesamten Welthandels aus. Für die Sowjetunion aber sind diese Beziehungen ökonomisch von Bedeutung. Sie wickelte in den letzten Jahren zwischen 13 und 14 Prozent ihres Außenhandels mit Entwicklungsländern außerhalb des RGW (Rat für gegenseitige Wirtschaftshilfe) ab. Nimmt man Kuba und Vietnam hinzu, so steigt der Anteil auf bis zu 25 Prozent ihres gesamten Außenhandels an. Auf der anderen Seite spielt dieser Handel auch für eine Reihe von Entwicklungsländern eine größere Rolle, als die globale Ziffer auszudrücken vermag. Dies gilt nicht nur für ideologisch eng mit der Sowjetunion verbundene Länder. Mit einem Anteil von ca. 15 Prozent ist die UdSSR einer der größten Außenhandelspartner Indiens.

Eine besondere Rolle spielen für die UdSSR Rüstungsexporte, bei denen sie weltweit eine führende Rolle einnimmt. Ungefähr 50 Prozent der gesamten Exporte in die Entwicklungsländer bestehen nach westlichen Schätzungen aus militärischen Gütern. Da die Empfänger nicht allein nach ideologischen Kriterien ausgesucht werden, ist dieser Handel in den letzten Jahren zu einer wichtigen Devisenquelle für die UdSSR geworden.

Wichtig ist aber, was ein Blick auf die Warenstruktur des sowjetischen Außenhandels offenlegt. Die UdSSR nimmt in der Weltwirtschaft eine zwiespältige Rolle ein. Einerseits spielt sie in den Beziehungen zu den Entwicklungsländern die Rolle eines industrialisierten Landes. Sie exportiert vor allem industrielle Güter und importiert Lebensmittel und Rohstoffe. Auf der anderen Seite ist sie in Beziehung zu den entwickelten kapitalistischen Ländern vorwiegend Rohstofflieferant und Abnehmer industrieller Produkte.

Die Handelsstruktur der Ost-Süd-Beziehungen unterscheidet sich also kaum von der der West-Süd-Beziehungen. Von der Anwendung von Methoden, die sich nicht von denen des Westens unterscheiden, sprechen sowjetische Experten auch in anderen Fragen, wie z. B. bei der zunehmenden Zahl von Gemeinschaftsunternehmen. Angeglichen wurde ebenfalls die Abwicklung des Zahlungsverkehrs. In den letzten Jahren ist auf beiderseitigen Wunsch zunehmend von der lange Zeit vorherrschenden Praxis der Clearing-Abkommen abgegangen worden, nach denen die sowjetischen Waren mit Lieferungen aus dem entsprechenden Partnerland verrechnet werden. Heute unterhält die Sowjetunion nur noch mit 6 Ländern außerhalb des RGW solche Abkommen (Afghanistan, Indien, Iran, Pakistan, Syrien, Ägypten), mit denen sie rund 30 Prozent ihres Außenhandels abwickelt. Mit den übrigen Ländern wird der Handel auf der Basis von Hartwährungen (Dollar, Pfund Sterling o. ä.) abgerechnet.

Dennoch betrachtet die UdSSR ihre Zusammenarbeit mit den Entwicklungsländern als einen „neuen Typ internationaler Wirtschaftsbeziehungen". In ihnen würde das Prinzip des „gegenseitigen Nutzens" verwirklicht. Die Sowjetunion beteilige sich nicht an der Ausbeutung der Entwicklungsländer, sondern helfe ihnen bei der Entwicklung eigenständiger Ökonomien und stärke ihre Unabhängigkeit. Als wichtigster Vorteil wird hervorgehoben, daß die Wirtschaftsbeziehungen zwischen der UdSSR und der Dritten Welt auf der Basis langfristiger Abkommen durchgeführt würden. Dies würde den Entwicklungsländern stabilere, nicht von der Weltkonjunktur abhängige Absatzmärkte und damit sichere Einkommensquellen verschaffen.

Ein Blick auf die Außenhandelsstatistiken zeigt jedoch ein anderes Bild. Ohne Zweifel hat die sowjetische Nachfrage für eine Reihe von Entwicklungsländern neue Absatzmärkte geschaffen und damit ihre Verhandlungsposition gegenüber anderen Abnehmern gestärkt. Aber die langfristigen Abkommen enthalten keine Mengen- und Preisgarantien. Große Schwankungen in der sowjetischen Nachfrage und die Tatsache, daß sich die Sowjetunion bei ihrer Preisgestaltung an den Weltmarkt hält, haben dazu geführt, daß die Schwankungen im Außenhandel mit der Sowjetunion zumindest ebenso groß sind wie die im Handel zwischen Entwicklungsländern und dem Westen.

3. Kredit- und Entwicklungshilfe

Die sowjetische Entwicklungshilfe ist eng mit den Außenhandelsbeziehungen verknüpft. Nahezu alle Kredite sind in doppelter Hinsicht gebunden: Zum einen können sie nur zum Kauf von Maschinen und Ausrüstungen in der UdSSR verwendet werden. Zum anderen sind sie nur für bestimmte ausgehandelte oder auszuhandelnde Projekte bestimmt. „Handel und Hilfe" sind also in den Beziehungen zwischen der UdSSR und den Entwicklungsländern besonders stark verknüpft.

Bisher werden ca. 80 Prozent dieser Leistungen für Projekte im industriellen Bereich (einschließlich Rohstoffausbeutung) verwendet. Die Landwirtschaft findet kaum Berücksichtigung. Und wo dies noch der Fall ist, werden vor allem Großanlagen und nicht die Mehrheit der kleinen Bauern unterstützt, die in den Entwicklungsländern den entscheidenden Faktor im Agrarsektor ausmachen. Hier wird ein weiteres Kennzeichen der sowjetischen Entwicklungshilfe deutlich: Sie ist fast ausschließlich auf die Stärkung des staatlichen Sektors gerichtet, nur selten findet bisher eine Zusammenarbeit mit dem privaten Bereich statt.

In welchem Umfang und zu welchen Bedingungen werden diese Kredite bereitgestellt?

Die Höhe der sowjetischen Leistungen ist umstritten. Die UdSSR, die lange Zeit überhaupt keine Angaben machte, spricht heute von Gesamtleistungen in Höhe von 1,3 Prozent des sowjetischen Bruttosozialprodukts. Da diese Zahlen jedoch nicht weiter aufgeschlüsselt sind, ist ihre Überprüfung unmöglich. Hinzu kommt die Frage, welche Leistungen eines Landes überhaupt als Entwicklungshilfe gelten können.

Verschiedene UN-Organisationen gehen wie die OECD (Organisation für wirtschaftliche Zusammenarbeit u. Entwicklung) davon aus, daß diese Kredite zu Vorzugsbedingungen zur Verfügung gestellt werden müssen. Ansonsten werden sie zu den kommerziellen Krediten gezählt. Da präzise Angaben von sowjetischer Seite nicht vorliegen, ist man auf differierende westliche Angaben angewiesen. Nach Angaben der OECD betrugen die sowjetischen Leistungen 1985 0,26 Prozent ihres Bruttosozialprodukts. Nicht berücksichtigt sind hierbei die z.T. erheblichen Preissubventionen der UdSSR an Kuba und Vietnam. Diese werden auf weitere 0,3 bis 0,4 Prozent geschätzt.

Kapitalistischen Entwicklungsländern sollen ca. 5 Prozent dieser Leistungen als Geschenk gegeben werden, bei den sozialistischen Entwicklungsländern wird der nicht-rückzahlbare Anteil auf 30 Prozent geschätzt. Die übrigen Gelder werden in Form von mittel- und langfristigen Krediten vergeben. Die Kreditbedingungen sind dabei günstiger als auf den internationalen Finanzmärkten, jedoch teurer als z.B. die staatlichen Entwicklungshilfe-Kredite der Bundesrepublik. Zur Zeit gelten folgende Bedingungen: Die Zinsen liegen zwischen 2 und 5 Prozent, in der Mehrzahl der Fälle bei ca. 4 Prozent. Die Laufzeit beträgt zwischen 10 und 15 Jahren. Mit der Rückzahlung der Kredite muß ziemlich schnell begonnen werden: Meistens ein oder zwei Jahre nach Erhalt des entsprechenden Krediets.

Auch wenn von der Sowjetunion heute Zahlen über die Höhe ihrer Kredite angegeben werden, um zu beweisen, daß sie einen größeren Teil ihres Bruttosozialprodukts als der Westen für die Dritte Welt bereit stellt, wenden sich sowjetische Publikationen immer wieder gegen einen quantitativen Vergleich „sowjetischer Unterstützung" und „westlicher Hilfe". Während die westlichen Kredite darauf zielten, die untergeordnete Stellung der Entwicklungsländer im System der internationalen Ausbeutung weiter zu festigen, fördere die sowjetische Unterstützung die wirtschaftliche Unabhängigkeit. Es handle sich deshalb dabei um eine qualitativ höher stehende Art von Hilfe.

In der Tat hat die Sowjetunion einen wichtigen Beitrag zur Industrialisierung einiger Entwicklungsländer geleistet (z.B. Indien und Algerien). Das Prestige, das sie dabei gewann, war in der Regel höher als ihr finanzieller Beitrag. Die UdSSR profitierte davon, daß sie bereit war, Projekte zu finanzieren, bei denen sich der Westen verweigert hatte – zumal es sich dabei häufig um Projekte handelte (wie bei dem Assuan-Staudamm in Ägypten oder dem Bhilai-Stahlwerk in Indien), die für die Entwicklungsplanung von großer Bedeutung waren. Verallgemeinert läßt sich sagen, daß das Auftreten der UdSSR als Kreditgeber den Entwicklungsländern neue Bezugsquellen für dringend benötigte und vom Westen zum Teil verweigerte Güter eröffnete. Auch auf finanziellem Gebiet hat die sowjetische Kreditvergabe dazu beigetragen, daß sich seit Ende der 50er Jahre die Entwicklungshilfepraxis des Westens positiv verändert hat.

Für die Bewertung ebenso entscheidend ist jedoch ein anderer Aspekt. Von sowjetischen Autoren wird immer wieder hervorgehoben, daß von der UdSSR in der ersten Etappe der wirtschaftlichen Zusammenarbeit bis Ende der 60er Jahre vor allem die Schaffung von Unternehmen unterstützt wurde, die für den inneren Markt produzierten (Unterstützung einer Politik der Importsubstitution). Seit Ende der 60er Jahre sei dem Aufbau von Unternehmen mit Exportorientierung verstärkte Aufmerksamkeit gewidmet worden. Ziel war und ist es, die Entwicklungsländer stärker in die „internationale sozialistische Arbeitsteilung" einzubeziehen.

Eine Kennziffer verdeutlicht den „Erfolg" dieser Anstrengungen. Die aus der Dritten Welt importierten Waren kommen zunehmend aus mit sowjetischer Hilfe errichteten Unternehmen. Betrug dieser Anteil 1974 noch 12 Prozent, so ist er nach Angaben des sowjetischen Außenhandelsministers Boris Aristov bis 1986 auf 47,5 Prozent angestiegen. Unter Berücksichtigung der Tatsache, daß die sowjetischen Importe aus der Dritten Welt vor allem aus Rohstoffen und Nahrungsmitteln bestehen, wird deutlich, daß die Sowjetunion gegenüber den meisten Ländern aktiv eine Politik der Förderung der traditionellen Arbeitsteilung zwischen Nord und Süd betreibt.

4. Perspektiven sowjetischer Dritte-Welt-Politik

Trotz der heutigen Probleme hat sich der sowjetische Einfluß in der Dritten Welt im Vergleich zur Ausgangsposition zu Beginn der 50er Jahre erhöht. Die Sowjetunion hat ein enges Netz von Beziehungen zu den Entwicklungsländern geknüpft, enge Verbündete in Asien, Afrika und Lateinamerika gewonnen, ihre Militärmacht konsequent ausgebaut und ist, gestützt auf ihre nuklearen Potentiale, zu einer wirklichen Weltmacht geworden.

Wie oben ausgeführt, und anders als von sowjetischer Seite immer wieder dargestellt, verlief dieser Prozeß nicht ohne tiefgreifende Änderungen. Neue innenpolitische Situationen wie Veränderungen in der weltpolitischen Lage erforderten neue Taktiken. Mehr defensive wechselten mit offensiveren Phasen ab, je nach Einschätzung des „internationalen Kräfteverhältnisses", einem Schlüsselbegriff der sowjetischen Strategie.

Auch die sich zu Beginn der 80er Jahre noch unter Breschnew vorgenommenen Änderungen deuteten mehr auf eine taktische Anpassung an ein verändertes internationales Kräfteverhältnis hin. Die seit der Oktoberrevolution gültigen Grundsätze blieben unangetastet. Aber im Zeichen des „neuen Denkens" unter Gorbatschow stehen auch diese zur Debatte. Zurückgenommen wurde von Gorbatschow nicht nur der absolute Führungsanspruch der KPdSU gegenüber der internationalen kommunistischen Bewegung. Im Zeichen des „neuen Denkens" wird die bipolare Weltsicht aufgeweicht, in der die Konfrontation der beiden Systeme Sozialismus und Imperialismus und ihr Kampf gegeneinander (internationaler Klassenkampf) das Bestimmende darstellt.

5. „Neues Denken" und „Perestroika"

Heute wird von der sowjetischen Führung erklärt, daß sich in der Welt Probleme einer solchen Qualität angehäuft haben, daß das Überleben der Menschheit in Frage gestellt ist: Rüstungswettlauf, ökologische Fragen, Hunger und Armut in der Dritten Welt. Konsequenz hieraus: diese „allgemein menschlichen, globalen Probleme" sollen „Vorrang vor den Aufgaben dieser oder jener Klasse" (Gorbatschow) haben.

Soll also an die Stelle des Kampfes der Klassen und Gesellschaftssysteme gegeneinander die Zusammenarbeit bei der Lösung dieser Probleme treten? Einige der von der Sowjetunion in der letzten Zeit gemachten Vorschläge deuten dies an.

So wies der sowjetische Außenhandelsminister Boris I. Aristov auf der 7. Welthandelskonferenz 1987 in Genf nicht mehr die Forderungen der Entwicklungsländer an die osteuropäischen Länder mit dem Hinweis zurück, daß die UdSSR nicht für die Folgen von Kolonialismus und Imperialismus verantwortlich sei. Im Zeichen des „neuen Denkens" sollten Ost und West, einschließlich der USA, gemeinsame Lösungen für die drängenden Probleme der Entwicklungsländer finden.

In diese Richtung geht auch ein gemeinsam von Vertretern der KPdSU und der SPD erarbeiteter Vorschlag, dem A. Dobrynin, Leiter der internationalen Abteilung des ZK der KPdSU, offiziell zustimmte. Dieser Vorschlag sieht vor, die Gelder, die durch die Senkung von Rüstungsausgaben freiwerden könnten, in einen internationalen Solidaritätsfonds zur Hilfe für die Dritte Welt zu kanalisieren. An diesem, von den Vereinten Nationen verwalteten Fonds sollten die USA und die Sowjetunion sowie andere Länder der NATO und des Warschauer Paktes beteiligt werden.

Diese Betonung der Interdependenz (gegenseitigen Abhängigkeit) hat aber nicht nur Bedeutung für den politischen Bereich. Auf wirtschaftlichem Gebiet hat die UdSSR ihre Vorstellung von den zwei voneinander getrennten Weltmärkten, dem sozialistischen und dem kapitalistischen, modifiziert.

Zwar wird nach wie vor von der Existenz des sozialistischen wie des kapitalistischen Weltmarktes ausgegangen, betont wird heute jedoch, daß beide im System *einer* Weltwirtschaft miteinander verbunden seien.

Wie die Feststellung einer „politischen Interdependenz" Grundlage des „neuen Denkens in der Außenpolitik" ist, so hat die festgestellte „wirtschaftliche Interdependenz" zentralen Stellenwert für das Programm der „Perestroika" auf wirtschaftlichem Gebiet in der Sowjetunion selbst. Als Voraussetzung für die Beschleunigung des wirtschaftlichen Wachstums in der UdSSR wird zunehmend eine stärkere Beteiligung an der internationalen Arbeitsteilung gesehen.

In diesem Sinne greifen „Perestroika" und „neues Denken" eng ineinander. Die praktischen Folgen des „neuen Denkens" werden als eine wichtige Voraussetzung für die Verwirklichung der „Perestroika" betrachtet. Damit sind nicht nur die direkten Einsparungen durch Verringerung des Engagements in anderen Teilen der Welt gemeint (z. B. Truppenabzug aus Afghanistan), sondern vor allem, daß durch entspanntere politische Verhältnisse mit anderen Ländern bessere Voraussetzungen für die wirtschaftliche Zusammenarbeit geschaffen werden sollen.

6. *Sozialismus und Dritte Welt*

Das „neue Denken" ist aber nicht nur ein Reflex auf die schwierig gewordene innere Lage und die im Verhältnis zu den USA veränderte internationale Situation. Ausdruck der neuen Politik ist auch eine veränderte Einschätzung der Entwicklungen in Asien, Afrika und Lateinamerika. Scharfe Kritik wird am „alten Denken" in der Dritte-Welt-Forschung geübt, das durch Schematismus und mangelnde Realitätsnähe gekennzeichnet gewesen sei. „Negative Entwicklungen", so ein führender sowjetischer Wissenschaftler, „hätten vorausgesehen werden können, wenn die Forscher objektiv zum Kern der Sache vorgestoßen wären, sich durch eine ernsthafte marxistische Analyse hätten leiten lassen und nicht durch das Streben, in allem und jedem die Theorie zu bestätigen, daß ‚die Idee des Sozialismus auf dem Planeten voranschreite'." (G. Mirskij).

In Kritik an den Auffassungen der siebziger Jahre werden heute nahezu alle früheren Positionen kritisch überprüft. Unterschiedlichste Positionen werden offen diskutiert, von einer monolithischen sowjetischen Theorie über die Entwicklungen in der Dritten Welt kann nicht mehr gesprochen werden. Fast allen heute vertretenen Auffassungen ist aber gemeinsam, daß sie ein skeptisches Bild der Perspektiven sozialistischer Entwicklungen in der Dritten Welt zeichnen. Zwei der heute in der UdSSR diskutierten Fragen sollen dies verdeutlichen.

Im Gegensatz zu der Position, die die Entwicklungsländer als „natürliche Bündnispartner" des Sozialismus betrachtet, wird heute davon ausgegangen, daß die Mehrheit der Entwicklungsländer zur kapitalistischen Welt gehöre und die Entwicklung des Weltkapitalismus begünstige. Zwar existierten auch eine Reihe von Widersprüchen zu den entwickelten kapitalistischen Ländern, deshalb könnten diese Staaten jedoch nicht einfach den Kräften des Anti-Imperialismus zugeschlagen werden, die die sozialistischen Positionen stärken. Dies, so R. Avakov, zeuge „von der Vermischung zwischenstaatlicher Beziehungen mit ideologischen". Auf der anderen Seite ermöglicht dies auch, nicht jeden Widerspruch zur UdSSR als anti-sozialistisch abzutun. Die praktische Konsequenz liegt auf der Hand; die ideologische Grundlage für die Anerkennung von politischen Positionen, die von beiden Supermächten unabhängig sind, ist geschaffen. Es eröffnen sich breitere Möglichkeiten der Zusammenarbeit auch mit den Entwicklungsländern, die in wichtigen Fragen Differenzen mit der Sowjetunion haben.

Wie sieht es aber mit den Ländern „sozialistischer Orientierung" aus? Noch in den siebziger Jahren herrschte die Auffassung vor, daß nur in diesen die Probleme der Unterentwicklung gelöst werden können. Kapitalismus in der Dritten Welt würde Abhängigkeit, Unterentwicklung und Hunger nur verstärken. Auch hier hat sich das Bild gewandelt. Es wird in den meisten sowjetischen Veröffentlichungen eingestanden, daß die sozialistische Orientierung ihre Überlegenheit nicht bewiesen habe, im Gegenteil, viele der kapitalistischen Entwicklungsländer würden größere Wachstumsraten aufweisen. So sehen denn eine Reihe von Wissenschaftlern die „sozialistische Orientierung" als eine nicht haltbare ideologische Konstruktion an, während andere Modifikationen fordern, die auch ein grundlegendes Abgehen vom ursprünglichen sowjetischen Entwicklungsmodell beinhalten.

7. Neue Formen der Wirtschaftsbeziehungen

Welche Folgen haben nun diese neuen politischen Thesen? Am deutlichsten zeichnen sich bisher praktische Veränderungen in der wirtschaftlichen Kooperation mit den Entwicklungsländern ab. Wie schon ausgeführt, ist eine verstärkte Beteiligung an der internationalen Arbeitsteilung wesentlicher Bestandteil der Politik der „Perestroika". Verschiedene sowjetische Autoren sehen heute im Maß der Integration in die Weltwirtschaft einen Gradmesser des wirtschaftlichen Fortschritts.

Häufig wird bei der Beobachtung dieser Entwicklung nur auf ihre Bedeutung für den Ost-West-Handel abgestellt (sowjetischer Technologie-Import). Dabei kommt der Dritten Welt in dieser neuen Außenhandelsstrategie eine zentrale Bedeutung zu. Diese liegt nicht nur darin, daß die Entwicklungsländer einen großen Teil des wachsenden Bedarfs an Rohstoffen, Nahrungsmitteln und Konsumgütern decken sollen. Zunehmende Bedeutung werden auch die Importe von höher entwickelter Technologie aus den „New Industrialized Countries" gewinnen (z. B. Computersysteme).

Bedeutsam ist auch die Rolle, die den Entwicklungsländern in der sowjetischen Exportstrategie zukommt. Wenn die Sowjetunion den wachsenden Importbedarf finanzieren, den Anteil ihrer Rohstoffexporte senken und den des Maschinenbausektors erhöhen will, so liegen ihre größten Exportchancen in den Entwicklungsländern und nicht in den industrialisierten Staaten des Westens.

Um dieses Ziel zu erreichen, muß nicht nur die Qualität vieler sowjetischer Produkte erhöht werden. „Neues Denken" muß auch bei den sowjetischen Außenhandelsmanagern einkehren, die heute Exporte vielfach noch als ein zwar notwendiges, aber lästiges Nebengeschäft betrachten.

„Neues Denken" soll auch eine weitere ideologische Barriere überwinden, die die Ausdehnung der Wirtschaftskooperation behindert. Lange hat sich die Sowjetunion auf die Zusammenarbeit mit dem staatlichen Sektor der Entwicklungsländer konzentriert. Dabei spielt aber der private Sektor in fast allen Entwicklungsländern die dominierende Rolle im Wirtschaftsleben. Wie die indisch-sowjetischen Wirtschaftsbeziehungen jetzt zeigen, hängt eine Erhöhung des Außenhandelsumsatzes maßgeblich davon ab, daß es gelingt, zu einer Kooperation mit dem Privatsektor zu kommen. Anstrengungen, die Zusammenarbeit mit diesem zu entwickeln und zu verstärken, sind nicht nur in bezug auf Indien zu beobachten.

Angestrebt ist aber nicht nur eine Vervollkommnung der existierenden Formen der Wirtschaftszusammenarbeit. Im Zeichen der verstärkten Einbindung in die internationale Arbeitsteilung werden festere Formen der Kooperation angestrebt. Neben der verstärkten Durchführung von sog. „Buy-back-Abkommen", in denen mit sowjetischer Hilfe errichtete Unternehmen einen großen Teil ihrer Produkte in die Sowjetunion exportieren, scheint heute „Joint Venture" (Gemeinschaftsunternehmen) die Zauberformel zu sein. Kaum eine Wirtschaftsverhandlung mit einem Entwicklungsland, in dem nicht über solche Projekte gesprochen wird, sei es nun Vietnam, Indien oder Äthiopien. Die politische Orientierung des Partners ist offensichtlich ohne große Bedeutung.

Die Gründung von Unternehmen in Entwicklungsländern mit sowjetischer Kapitalbeteiligung soll der Sowjetunion den Export von Maschinen und Ausrüstungsgütern und den Import von wichtigen Waren sichern. Die Konstruktion der

"Joint Ventures" ermöglicht den sowjetischen Organisationen darüberhinaus einen direkten Einfluß auf die Leitung und Durchführung der Produktion, und damit eine direkte Kontrolle der Wirtschaftstätigkeit im jeweiligen Entwicklungsland. "Joint Ventures" mit sowjetischer Beteiligung sollen aber nicht nur im Partnerland errichtet werden. Mit industriell weiter entwickelten Ländern (z. B. Indien) werden auch Joint Ventures in der UdSSR (vor allem im Dienstleistungsbereich und der Konsumgüterindustrie) und in anderen Ländern der Dritten Welt angestrebt. So wird zur Zeit die Möglichkeit eines indisch-sowjetischen Gemeinschaftsunternehmens für die Förderung von Phosphaten in Jordanien erörtert.

8. Umgestaltung der außenpolitischen Beziehungen

Zur Verwirklichung ihrer Reformpläne benötigt die Sowjetunion ein entspanntes internationales Umfeld. Dieses ist Voraussetzung sowohl für die Senkung der Rüstungsanstrengungen wie für die Entwicklung besserer Wirtschaftsbeziehungen zum Westen. In der Welt des bipolaren Denkens hängen die Beziehungen zwischen West und Ost jedoch auch vom Verhalten der Supermächte in der Dritten Welt ab.

Es liegt daher in der Logik des "neuen Denkens", von den USA als provozierend betrachtete Aktionen möglichst zu unterlassen. "Ich habe anläßlich vieler Gelegenheiten erklärt", so heißt es in Gorbatschows Buch über die Perestroika, "daß wir keine den westlichen Interessen abträglichen Ziele verfolgen. Wir wissen, wie wichtig der Nahe Osten, Asien, Lateinamerika, andere Regionen der Dritten Welt und auch Südafrika für die amerikanische und die westeuropäische Wirtschaft sind, besonders was die Rohstoffquellen betrifft. Diese Verbindungen zu zerstören ist das letzte, was wir wollen. Wir haben nicht die Absicht, einen Bruch der historisch geformten, wechselseitigen wirtschaftlichen Interessen zu provozieren." Und an anderer Stelle schreibt er: "Wir wollen keine antiamerikanischen Stimmungen ausnützen, geschweige denn aufheizen (...) Das wäre Abenteurertum und keine vernünftige Politik, und wir sind Realisten, keine leichtsinnigen Abenteurer." Im Gegenzug fordert Gorbatschow von der amerikanischen Seite aber auch die Akzeptierung der sowjetischen Interessen. „Wir sind dagegen", heißt es zum Pazifik, „daß diese Region zum Einflußbereich einer einzigen Macht wird. Wir wollen echte Gleichheit, Zusammenarbeit und Sicherheit für alle."

Eine solche Politik hat aber Folgen im Verhältnis gegenüber Befreiungsbewegungen und regionalen Konflikten, in denen die USA engagiert sind. Konfliktfreiere Beziehungen zu den USA erfordern eine Rücknahme der Unterstützung pro-sowjetischer oder anti-westlicher, anti-amerikanischer Bewegungen. Nicht nur der Rückzug aus Afghanistan ist auch auf diesem Hintergrund zu sehen. Die 1987 vorgenommene Kürzung der sowjetischen Erdöllieferungen an Nicaragua begründete Rostislav Sergueev, sowjetischer Botschafter in Mexiko, damit, daß diese „Entscheidung unter anderem getroffen worden (sei), damit die USA eine eventuelle Intervention in Mittelamerika nicht mit dem sowjetischen Engagement in Nicaragua rechtfertigen könne".

Eng damit verknüpft ist eine weitere Erscheinung in der Entwicklung der Beziehungen zu den Ländern Asiens, Afrikas und Lateinamerikas. Konzentrierten sich diese in den vergangenen Jahren insbesondere auf die ideologisch eng mit der UdSSR verbundenen Staaten und einige ausgewählte befreundete Länder, so ist jetzt auf allen Kontinenten der Versuch zu beobachten, die Beziehungen mit den „kapitalistisch-orientierten Entwicklungsländern" zu verbessern und auszudehnen. Neben dem Versuch, durch eine Politik der Entspannung einseitige Beziehungen dieser Länder zu den USA zu verhindern oder abzubauen, ist diese Politik auch ökonomisch motiviert.

Bei den bisherigen Hauptpartnern der UdSSR in der Dritten Welt handelt es sich mit wenigen Ausnahmen um ökonomisch schwache Staaten, die der Sowjetunion mehr Kosten als Nutzen bringen. Eine Ausdehnung profitablerer Wirtschaftsbeziehungen mit der Dritten Welt erfordert die Entwicklung wirtschaftlicher Zusammenarbeit mit ökonomisch entwickelteren Wirtschaften. Dies setzt, wie in Beziehung zu den industrialisierten Ländern des Westens, eine positive Entwicklung der politischen Beziehungen voraus.

9. Zusammenfassung

Offensichtlich zeichnen sich grundlegende Veränderungen in der sowjetischen Dritte-Welt-Politik ab. Die sowjetische Führung unter Gorbatschow scheint zu akzeptieren, daß der in der Breschnew-Zeit immer wieder proklamierte Charakter einer vollständig gleichberechtigten Supermacht noch nicht gegeben ist. Zu deutlich ist der Widerspruch zwischen militärischer Stärke und wirtschaftlichem Status geworden.

Gleichzeitig haben die Verschlechterung der ökonomischen Lage und die daraus resultierenden notwendigen Reformen zu einer neuen Prioritätensetzung geführt, deren Folge eine Rücknahme des militärischen Engagements in der Dritten Welt ist. Es wäre jedoch verfehlt, daraus auf eine Abnahme der Bedeutung der Entwicklungsländer für die sowjetische Außenpolitik zu schließen. Auf der einen Seite lassen sich mit der Politik des „neuen Denkens" weitgehende politische Übereinstimmungen selbst mit vielen westlich orientierten Entwicklungsländern herstellen. Eine breitere Front gegen die USA wird so ermöglicht. Zum zweiten, und das wird von vielen Beobachtern übersehen, soll diesen Ländern ein neuer und bedeutenderer Stellenwert in der sowjetischen Wirtschaftsstrategie zukommen.

Der Verwirklichung dieser Politik liegen aber noch viele Steine im Weg. So setzt die Veränderung der wirtschaftlichen Kooperation zum einen Fortschritte im Umbau des eigenen Wirtschaftssystems voraus. Zum anderen wird die wirtschaftliche Situation einiger enger Bündnispartner (wie Kuba und Vietnam) weiterhin große Ausgaben notwendig machen, die auch durch die angestrebte wirtschaftlichere Verwendung der Mittel mittelfristig nicht aufzufangen sein werden.

Und nicht zuletzt ist die sowjetische Führung mit dem grundlegenden Problem konfrontiert, wie ihr ideologisches

Selbstverständnis als revolutionäre sozialistische Weltmacht mit der Reduzierung der Unterstützung von anti-westlichen Bewegungen und der Zusammenarbeit mit den USA in regionalen Konflikten zu vereinbaren sein wird.

Klaus Fritsche (Bochum)

Literaturhinweise

Avakov, R., Das neue Denken in der sowjetischen Dritte-Welt-Forschung, in: EPD-Entwicklungspolitik. Frankfurt/M. Nr. 9–10/1988. Dokumentation.

Bach, Quintin V. S., Soviet economic assistance to the less developed countries. A statistical analysis. Oxford, Clarendon Press, 1987.

Breslauer, W., Ideology and Learning in Soviet Third World Policy, in: World Politics. Princeton, 39 (April 1987) 3, S. 429–448.

Fritsche, Klaus, Entwicklungshilfe der Sowjetunion. Der westliche Forschungsstand. Berichte des Bundesinstituts für ostwissenschaftliche und internationale Studien 13/1987. Köln 1987.

Gey, Peter, Sozialismus und Industrialisierung. Zur Kritik des sowjetischen Modells nachholender sozialistischer Industrialisierung, in: Leviathan. Opladen, (1982) 3, S. 359–375.

Sozialismus in der Dritten Welt

In der weitreichenden Entwicklungskrise, in der sich viele Länder in der Dritten Welt gegenwärtig befinden, ist es auch um die sozialistischen Entwicklungsländer nicht gut bestellt. War in den sechziger und siebziger Jahren die Auffassung verbreitet, der Sozialismus sei imstande, den Ländern der Dritten Welt eine Alternative zur neokolonialen Abhängigkeit und der Vorherrschaft der multinationalen Konzerne aufzuzeigen, so sind heute Zweifel angesagt. Einer nach dem anderen klopfen die sozialistischen Entwicklungsländer beim Internationalen Währungsfonds (IWF) an, den sie wohl immer noch als ein zentrales Organ der kapitalistischen Weltwirtschaftsordnung ansehen, und verhandeln über eine Regelung ihrer Schuldenprobleme bzw. bitten um Aufnahme. Zuletzt war es Angola, das Ende 1987 sein Beitrittsgesuch eingereicht hat.

Kurzum, es ist an der Zeit, erneut über die Zukunft des Sozialismus in der Dritten Welt nachzudenken. Es wäre indessen vermessen, im Rahmen eines kurzen Beitrags den Anspruch zu erheben, definitive Antworten geben zu können. An der Vielzahl ‚definitiver Weisheiten‘, die sich gegenseitig ausschließen und daher einen fruchtbaren Dialog unmöglich machen, krankt ohnehin seit langem die Auseinandersetzung über den Sozialismus und damit letzten Endes auch die sozialistische Entwicklung selbst. Die nachfolgenden Überlegungen jedenfalls wollen nicht mehr leisten, als Fragen aufzuwerfen und Anstöße zur Diskussion über die Perspektiven des Sozialismus in der Dritten Welt zu geben.

1. Der lange Schatten der Oktoberrevolution

In diesem Jahrhundert hat zweifellos die russische Oktoberrevolution die sozialistische Entwicklung am nachhaltigsten beeinflußt. Auch die Dritte Welt, wo nach dem Zweiten Weltkrieg zahlreiche Staaten sich für einen sozialistischen Entwicklungsweg entschieden, stand in ihrem Schatten. Die Attraktivität der Oktoberrevolution für die Völker, die sich gegen koloniale Unterdrückung auflehnten, lag auf der Hand. Für sie war der Kolonialismus nicht vom Kapitalismus und Imperialismus zu trennen, und der Sieg der Oktoberrevolution eröffnete in der sozialistischen Sowjetunion dazu erstmals eine historische Alternative. Sie gab den Kolonialvölkern Auftrieb und Rückhalt zugleich für ihre eigenen Befreiungskämpfe.

Mit dem Sieg der Oktoberrevolution begann jedoch auch eine andere Entwicklung, die den Sozialismus in der Dritten Welt im Grunde bis heute belastet, nämlich die Überhöhung sowohl der Grundsätze als auch des konkreten Entwicklungsmodells der Sowjetunion zum unverrückbaren Dogma für den Sozialismus in der Welt. Daß der Entwicklungsweg der Sowjetunion, mit aller Macht die industrielle Produktion und dabei vor allem die Schwerindustrie zu fördern und parallel dazu im Zuge der Kollektivierung die Industrialisierung der Landwirtschaft voranzutreiben, nur eine von mehreren Möglichkeiten war, über die in den zwanziger Jahren noch intensiv debattiert wurde, wurde verdrängt.

Wie der Sozialismus zu definieren ist, orientierte sich an der sowjetischen Auslegung der Theorie von Marx und Lenin. Formeln wie: „Der Sozialismus ist die Abschaffung des Privateigentums an den Produktionsmitteln durch Verstaatlichung" oder: „Der Sozialismus ist die Diktatur des Proletariats" erstarrten zu leeren Worthülsen, die jeder noch so verschiedenen Realität übergestülpt wurden. Die Probleme, die daraus folgten, sind eine wesentliche Wurzel der heutigen Krise des Sozialismus.

Festzuhalten ist, daß die vorherrschende sowjet-marxistische Lesart des Sozialismus nicht die Befreiung des Menschen in den Mittelpunkt stellt, sondern die Entwicklung der ökonomischen Produktivkräfte. Die „freie Assoziation freier Produzenten", von der Marx gesprochen hatte, taucht nicht mehr auf.

Zwischen ökonomischen Erfordernissen und Zwängen einerseits und politischen Zielen andererseits wird jeder sozialistische Entwicklungsprozeß seinen Weg suchen müssen. Innere und äußere Widersprüche werden dabei im einzelnen Fall die Handlungsmöglichkeiten in unterschiedlicher Weise abstecken. Die freie Entfaltung der Menschen in den Hintergrund zu rücken oder gar zu unterdrücken, wie es im langen Schatten der Oktoberrevolution allzu oft passiert ist, kann indessen der sozialistischen Entwicklung nur schaden.

Fruchtbar läßt sich über den Sozialismus auch nur diskutieren, wenn man akzeptiert, daß es eine Vielzahl möglicher Varianten sozialistischer Entwicklung gibt und geben kann, die den Rahmen vorgegebener, von wem auch immer festgelegter Raster von Grundsätzen durchaus sprengen können. Ein solches Vorgehen setzt eine offene Definition des Sozialismus voraus, bei der das Ziel der Verbesserung der Lebensbedingungen der Masse der Bevölkerung und ihre Partizipation am Prozeß der politischen und ökonomischen Entwicklung im Mittelpunkt steht.

2. Abschied von der marxistischen Stadientheorie

So harmlos die Aussage klingt, daß es viele mögliche Varianten sozialistischer Entwicklung gibt, hat sie doch weitreichende Folgen, insbesondere für die von der marxistisch-leninistischen Lehre geprägte Diskussion über den Sozialismus. Vor allem ist sie mit der marxistischen Stadientheorie unvereinbar, und es scheint daher sinnvoll, von ihr Abschied zu nehmen.

Dies bedeutet nicht, zu leugnen, daß es eine historische Abfolge von gesellschaftlichen Systemen in den verschiedenen Teilen der Welt gegeben hat und gibt. Abzulehnen ist vielmehr die schematisierte Abfolge von der urkommunistischen Gesellschaft über die Sklavenhaltergesellschaft zum Feudalismus, Kapitalismus und Sozialismus, wie sie im dogmatisierten Kanon niedergelegt ist. Von besonderem Interesse in unserem Zusammenhang ist, daß von einem gesetzmäßigen und zwangsläufigen Übergang vom Kapitalismus – nachdem dort die Produktivkräfte zur vollen Entfaltung gelangt sind – zum Sozialismus ernsthaft nicht mehr gesprochen werden kann. Der Sozialismus ist durchweg in Ländern an die Macht gekommen, in denen der Kapitalismus wenig entwickelt war. Auch für die Sowjetunion selbst trifft dies zu.

Das Problem, reale gesellschaftliche Entwicklungen mit der Stadientheorie in Einklang zu bringen, stellte sich der kommunistischen Internationale schon in den zwanziger Jahren. Sie befaßte sich damals mit der Frage, ob Länder der Dritten Welt den sozialistischen Weg einschlagen können, auch wenn sie eine umfassende kapitalistische Entwicklung noch nicht durchlaufen haben. Mit theoretischen Verrenkungen gelang es der Komintern, die Frage zu bejahen und die Stadientheorie scheinbar zu retten. Schließlich ging es um mögliche Bündnisse mit politischen Bewegungen in den Entwicklungsländern. So wurde die Theorie einer „nicht-kapitalistischen Entwicklung" bzw. „sozialistischen Orientierung" formuliert, die die sowjetische Theorie noch heute vertritt (vgl. dazu den Beitrag von Klaus Fritsche in diesem Band). In ihr wird den rückständigen Entwicklungsländern eine Zwischenphase zugewiesen, in der sie nicht mehr kapitalistisch und noch nicht sozialistisch sind. Unter den Fittichen des sozialistischen Führungslandes, der Sowjetunion, sollen sie in dieser Phase die ökonomische Produktivkraftentwicklung nachholen, die ihnen den Übergang zum Sozialismus ermöglichen werde.

Die Zwischenphase war als Brücke zur Rettung der Stadientheorie gedacht. Tatsächlich dokumentierte schon diese Komintern-Diskussion, daß die Stadientheorie dafür ungeeignet ist, die Vielschichtigkeit gesellschaftlicher Entwicklungsprozesse in verschiedenen Teilen der Welt angemessen zu erfassen. Die Bejahung der Möglichkeit des Sozialismus in rückständigen Ländern stellt für sich schon eine Abkehr von der Stadientheorie dar. Auch die Vielfalt sozialistischer Erfahrungen in der Dritten Welt ist mit der eingleisigen Fahrspur dieses starren Schemas nicht in Einklang zu bringen.

3. Friedliche und gewaltsame Übergänge zum Sozialismus: das Beispiel Afrika

Die Entwicklung in Afrika liefert reiches Anschauungsmaterial für die Vielfalt sozialistischer Erfahrungen in der Dritten Welt. Unter den Staaten, die um das Jahr 1960 herum die Unabhängigkeit erlangten, entschieden sich viele für den Sozialismus, da sie in ihm eine Alternative zum kolonialen Kapitalismus sahen. Allen diesen Staaten war der friedliche Übergang zum Sozialismus gemeinsam. In der konkreten Ausrichtung jedoch unterschieden sie sich nicht unerheblich. Ghana unter Kwame Nkrumah, der eine Vision des Sozialismus in Verbindung mit der Einheit Afrikas entwarf, um die koloniale Balkanisierung des Kontinents aufzuheben, verfolgte einen radikalen Kurs, um die nationale Wirtschaftsstruktur durch staatliche Intervention und ehrgeizige Industrialisierungspläne schnell zu verändern. Auch Guinea und Mali machten Anleihen bei der marxistischen Theorie. Senegal unter dem Dichter Senghor dagegen ging es in erster Linie um die Wiederbelebung afrikanischer kultureller Traditionen, die der französische Kolonialismus zurückgedrängt hatte und in denen Senghor sozialistische Werte erkannte. Zu den Staaten, die auf friedlichem Weg den Sozialismus einführten, gehörte auch Tanzania, dessen langjähriger Präsident Nyerere 1967 ein Konzept zur sozialistischen Umgestaltung der ländlichen Gebiete entwarf, das auf vorkolonialen Lebensweisen der bäuerlichen Bevölkerung beruhte.

Das allzu autokratische Gebaren mancher afrikanischer Führer führte zu einer Kette von Militärumstürzen. Auch Nkrumah wurde deshalb entmachtet und das sozialistische Experiment in Ghana erst einmal beendet. In anderen Ländern verlief die Entwicklung andersherum. So ergriffen z. B. in Somalia 1969 und in Benin und Madagascar 1972 radikale Offiziere die Macht und verkündeten einen sozialistischen Entwicklungsweg, teilweise mit Bezügen zum Marxismus und teilweise zu traditionellen Werten ihrer Gesellschaften. Besondere Merkmale wies der Militärputsch in Äthiopien 1974 auf, durch den der Feudalherrscher Haile Selassie beseitigt wurde, denn dort existierten tiefe soziale Widersprüche, die sich vor dem Umsturz zugespitzt hatten. Allen Militärsystemen gemeinsam ist die autokratische Befehlsstruktur. Die sozialistischen sind hier keine Ausnahme. Die Veränderungen, die sie durchsetzen, werden von oben initiiert.

Ebenfalls auf gewaltsamem Wege, jedoch unter anderen politischen Bedingungen, hat eine weitere Gruppe von Staaten eine sozialistische Herrschaft errichtet. In Ländern, wo sich während der Kolonialzeit weiße Siedlerbevölkerungen festgesetzt hatten, konnte die politische Unabhängigkeit nur auf dem Wege von Guerillakriegen erreicht werden. Aus ihnen gingen zuerst in Algerien 1962, dann, nach langjährigen Befreiungskämpfen, in Angola und Mozambique 1975 und Zimbabwe 1980 sozialistische Regierungen hervor.

4. Sozialismus und nationale Besonderheiten

Die unterschiedlichen Wege zum Sozialismus bedingen ebenso viele Besonderheiten in der jeweiligen Ausprägung des eingeschlagenen Entwicklungswegs. Wollte man dennoch versuchen, Gemeinsamkeiten bei der Entwicklung des Sozialismus in Afrika oder der Dritten Welt generell zu benennen, dann am ehesten bei den Ausgangsbedingungen. Zu ihnen gehört die ökonomische Rückständigkeit und die abhängige Stellung im Rahmen der internationalen Wirtschaftsordnung. Betrachtet man die Unterschiede, die zwischen den Ländern der Dritten Welt bestehen, so sind es eher die weniger entwickelten, die sich für den Sozialismus entscheiden – wohingegen die marxistische Stadientheorie nahelegen würde, daß dort, wo die Produktivkräfte weiter entwickelt sind, die sozialen Widersprüche stärker zugespitzt und die Bedingungen für den Sozialismus günstiger seien.

Als weitere Gemeinsamkeit besonders hervorzuheben ist ferner, daß der Sozialismus in der Dritten Welt seinen Ausgangspunkt zumeist in einem nationalen Befreiungskampf hat. Dieser gemeinsame Hintergrund begründet zugleich die Vielfalt der konkreten Erfahrungen. Er erklärt auch, warum die meisten sozialistischen Entwicklungsländer es ablehnen, das eingleisige Raster der sowjet-marxistischen Ideologie zu akzeptieren. Wegen der Bedeutung dieses Punktes sollen beispielhaft einige Passagen aus der 1976 veröffentlichten „Nationalcharta" der algerischen Staatspartei, der Nationalen Befreiungsfront (FLN), zitiert werden:

„Der Sozialismus erweist sich als ein der nationalen Befreiung zugrundeliegender Prozeß. Er trägt einen Charakter von innerer Notwendigkeit, der seinen geistigen Fortschritt begünstigt und ihm sein authentisches Kennzeichen verleiht. Es ist diese Zugehörigkeit zum nationalen Ich, aus der der Sozialismus seine Lebenskraft in der Dritten Welt bezieht. Alle Länder, die für eine wirkliche Unabhängigkeit kämpfen, lassen sich auf eine sozialistische Dialektik ein. Man hat ein solches Phänomen manchmal als „nichtkapitalistischen Weg" bezeichnet. Diese These ist nicht in der Lage, den realen Entwicklungen der sozialen Praxis unserer Länder Rechnung zu tragen. [...]
[...], der Sozialismus hat es in den neuerdings unabhängigen Ländern nicht mit den gleichen Bedingungen zu tun wie in den industrialisierten Ländern, wo eine bedeutende Arbeiterklasse existiert, die keine andere Unterdrückung als die durch ihre eigene Kapitalistenklasse kennt. Wenn man dieser Forderung nicht Rechnung trägt, würde man die Reichweite des Sozialismus beträchtlich einschränken, ihn in seinem Voranschreiten zum Stillstand kommen lassen, ihn auf ein einziges und verpflichtendes Modell reduzieren. Diese einseitige Haltung würde tatsächlich dazu führen, den Sozialismus zu entstellen, indem man ihn von seinem nationalen Substrat trennt."

Findet der nationale Befreiungskampf zudem in der Form des Guerillakriegs statt, eines langandauernden bewaffneten Kampfes, dessen Erfolg von der Mobilisierung wichtiger Teile vor allem der ländlichen Bevölkerung abhängt, wird die Entschlossenheit, ihn in eine sozialistische Entwicklung einmünden zu lassen, gestärkt. Während des Befreiungskampfes findet dann sowohl bei der Führung der Bewegung als auch bei der Bevölkerung ein Prozeß der Radikalisierung der politischen Perspektive statt. Dieser Prozeß besitzt zwar nicht die Unumkehrbarkeit, die Frantz Fanon in seinem aufrüttelnden Essay „Die Verdammten dieser Erde" (1961) nahegelegt hat, verleiht aber der über das ursprüngliche Ziel der nationalen Befreiung hinausgehenden sozialistischen Perspektive auf jeden Fall tiefere Wurzeln. Dafür sprechen die Erfahrungen sozialistischer Entwicklungsländer überall in der Dritten Welt, die diesen Prozeß durchlaufen haben, sei es China, Kuba, Nicaragua, Vietnam oder die bereits genannten afrikanischen Länder. Vor Rückschlägen in seiner Entwicklung ist indes auch keines dieser Länder gefeit.

Als weitere gemeinsame Ausgangsbedingung ist schließlich zu erwähnen, daß es sich bei den sozialistischen Entwicklungsländern durchweg um Agrargesellschaften handelt. Sozialistische Entwicklung findet dort also in einer zumeist vorwiegend durch kleinbäuerliche Strukturen geprägten Gesellschaft statt, für die der sowjetische Weg der schwerindustriellen Entwicklung kaum sinnvoll Modell stehen dürfte.

5. Afrikanischer Sozialismus, wissenschaftlicher Sozialismus – was nun?

Die bisherigen sozialistischen Erfahrungen haben die Agrarprobleme in Afrika nicht zu lösen vermocht. Etwas vereinfachend, aber in der Tendenz zutreffend werden eine „erste" und „zweite Welle" des Sozialismus in Afrika unterschieden. Die erste Welle war die des „afrikanischen Sozialismus". Sie war für die sechziger Jahre typisch, als die meisten Staaten des Kontinents ihre Unabhängigkeit erlangten. Die zweite Welle folgte Mitte der siebziger Jahre, als die Befreiungsbewegungen im südlichen Afrika aus den Guerillakriegen siegreich hervorgingen und sich in ihren Ländern für den „wissenschaftlichen Sozialismus" entschieden.

Beim afrikanischen Sozialismus standen die Bezüge auf die eigenen traditionellen Werte im Vordergrund, gepaart mit einer marxistischen Klassenanalyse und einer Ablehnung kapitalistischer Ausbeutung. Da die Entwicklungserfolge dieser Länder, einschließlich des ländlichen Sozialismus in Tanzania, begrenzt blieben, ebbte das Interesse am afrikanischen Sozialismus ab. Stattdessen gewann der wissenschaftliche Sozialismus mit seinem ausdrücklichen Bezug auf die marxistisch-leninistische Ideologie und Anleihen an das sowjetische Entwicklungsmodell Anhänger. Der afrikanische Sozialismus wurde für gescheitert erklärt und neue Hoffnung zur Beseitigung neokolonialer Abhängigkeiten auf den wissenschaftlichen Sozialismus gesetzt.

Vergleicht man heute jedoch die Entwicklungsergebnisse zweier Staaten, Tanzania und Mozambique, die der „ersten" bzw. der „zweiten Welle" zugezählt werden, fallen vor allem die Ähnlichkeiten ins Auge. Den Fehler der ländlichen Politik Tanzanias, die Bauern mit administrativem Zwang in neuen Dörfern anzusiedeln, hat Mozambique – trotz Kenntnis der Erfahrungen seines nördlichen Nachbarn – in einer verblüffend ähnlichen Art und Weise wiederholt, mit dem Erfolg einer ähnlichen Entfremdung der kleinbäuerlichen Produzenten vom Staat. In beiden Ländern hat sich erwiesen, daß die tatsächlichen Bedingungen, unter denen ländliche kleinbäuerliche Bevölkerungen leben und sich reproduzieren, den sozialistischen Plänen der Staatsbürokratien sich nur schwer fügen.

Auch auf der Kehrseite der Medaille ähneln sich die Bilder. Beide Länder haben den staatlichen Wirtschaftssektor in einem Tempo ausgebaut, mit dem die infrastrukturellen Dienstleistungen nicht Schritt halten konnten und das das verfügbare technische Know-how bei weitem überforderte. Ineffizienz, hoher Verschleiß staatlicher Gelder, Stillstand waren die unvermeidliche Folge. Bei den Verhandlungen mit dem IWF seit 1984 haben sich beide Länder wieder getroffen.

Die „zweite Welle" des Sozialismus in Afrika hat inzwischen ihren Höhepunkt ebenfalls überschritten. Nur Äthiopien hält auf dem Kontinent noch unbeirrt die Fahne der reinen Lehre des „wissenschaftlichen Sozialismus" hoch – allerdings auch nur in Worten! Was kommt nun?

Vorrang besitzt zweifellos die ländliche Entwicklung. Wo bäuerliche Bevölkerungen, sei es in Tanzania, Mozambique oder anderswo, durch modernisierungsorientierte sozialistische Staaten an den Rand der Entwicklung gedrängt und auf ihre Selbstversorgung zurückverwiesen wurden, haben sie auf ihre traditionellen Strukturen zurückgegriffen. Daß diese fortbestehen, haben Vertreter des afrikanischen Sozialismus insofern zu Recht festgestellt, auch wenn sie dazu neigten, sie zu idealisieren. Vertreter marxistisch-leninistischer Staatsparteien dagegen leugneten entweder rundum ihre Existenz oder sahen sie als entwicklungshemmend und als eine Gefährdung ‚ihres' modernen, zentralisierten Staates an. Die Realität traditioneller ländlicher Strukturen anzuerkennen, dürfte jedoch eine wesentliche Voraussetzung für die Formulierung einer Strategie der Entwicklung ländlicher Agrargesellschaften sein. Ebenso wichtig ist, zieht man die Lehren aus den bisherigen Erfahrungen, daß eine solche Strategie Schritt für Schritt voranschreitet und von den Bauern selbst getragen wird. Dann könnte die „dritte Welle" des Sozialismus in Afrika die der Partizipation und des Sozialismus sein.

6. Klassenstruktur und Sozialismus in Afrika

Ein Blick auf die allgemeinen Merkmale der Klassenstruktur in der Dritten Welt und speziell in Afrika bekräftigt die Hervorhebung der ländlichen Entwicklung. Die Masse der Bevölkerung besteht aus Bauern, darunter viele kleine Bauern, die in verstreuten Gehöften siedeln und sich teilweise in Selbstversorgung ernähren. Die Arbeiterklasse ist in den meisten Ländern Afrikas zahlenmäßig sehr klein und oft nur embryonal herausgebildet, da viele Arbeiter noch Wurzeln auf dem Lande haben. Als Führerschaft eines sozialistischen Entwicklungsprozesses kommt sie nicht in Frage.

Die Führungsrolle nehmen vielmehr Angehörige der Kleinbourgeoisie ein, die insbesondere durch ihre Ausbildung und ihre Tätigkeit in der staatlichen Verwaltung oder den freien Berufen dazu befähigt sind. Selten ist diese Tatsache, die ja im Widerspruch zur marxistischen Orthodoxie steht, nach der die Arbeiterklasse im Sozialismus die politische Führung innehat, so offen erörtert worden wie von Amilcar Cabral, dem 1973 ermordeten Führer der Befreiungsbewegung in Guinea-Bissau. Im vollen Bewußtsein, als Agronom und ehemaliger Angestellter der portugiesischen Kolonialverwaltung selbst ein Angehöriger der Kleinbourgeoisie zu sein, untersuchte er die widersprüchliche Stellung dieser Klasse im nationalen Befreiungskampf. Wenn Angehörige der Kleinbourgeoisie in diesem Kampf im Bündnis mit den Bauern die Führung übernehmen, dann stehen sie in einem Zwiespalt. Ihre Haltung ist nicht von vornherein entschieden. Sie können, in Verfolgung ihrer eigenen Interessen, sich in Gegensatz zu den Bauern setzen, oder sie können die Interessen der Bauern und der Masse der Bevölkerung zu ihrem eigenen Programm machen und mit ihnen gemeinsam eine sozialistische Entwicklung anstreben.

Die Entscheidung für eine volksverbundene Linie sieht Cabral als Ausdruck der Fähigkeit der Kleinbourgeoisie bzw. ihres revolutionären Flügels, „als Klasse Selbstmord" zu begehen, um im revolutionären Arbeiter wieder aufzuerstehen. Diese Formel ist insoweit unglücklich, als sie davon auszugehen scheint, daß die Entscheidung nicht mehr umkehrbar ist, wenn sie im Verlauf des Befreiungskampfes erst einmal herangereift ist.

In Wirklichkeit bleibt die Zwiespältigkeit der Kleinbourgeoisie bestehen, gleich ob sie auf friedlichem Weg, durch einen Militärputsch oder nach einem erfolgreichen Guerillakrieg die Führung eines sozialistischen Staates übernimmt. Daran ändert sich auch nichts, wenn die an die Macht gelangte Befreiungsbewegung (wie in Angola und Mozambique) oder gar eine radikale Militärjunta (wie in Äthiopien) sich in einem feierlichen Akt einen neuen Namen gibt und damit in eine sozialistische Vorhutpartei umetikettiert, um den ideologischen Anforderungen des Marxismus-Leninismus gerecht zu werden. Der Erfolg eines sozialistischen Experiments unter der revolutionären Führung kleinbürgerlicher Kräfte hängt nicht davon ab, ob sie sich in Übereinstimmung mit irgendwelchen ideologischen Glaubenssätzen befinden, sondern ob es ihnen in der Praxis gelingt, sich in ihrer Politik auf die

Partizipation der breiten Masse der ländlichen und städtischen Bevölkerung zu stützen und zu einer Verbesserung von deren grundlegenden Lebensbedürfnissen beizutragen.

7. Die Rolle des Staates und die Verwirklichung der Demokratie

Das Instrument, das der politischen Führung dazu zur Verfügung steht, ist der Staat. Daß ihm bei der Entwicklung des Sozialismus in der Dritten Welt eine Schlüsselrolle zukommt, dürfte unbestritten sein. Doch der Staat ist zugleich auch ein wesentlicher Keimherd der Probleme der sozialistischen Entwicklung.

Der Grund dafür ist zunächst darin zu sehen, daß die politische Führung, die durchweg als Staatspartei in einem Einparteiensystem organisiert ist, und der Staat zu einer Machtstruktur verschmelzen, die sich über die Masse der Bevölkerung erhebt und für sie kaum erreichbar ist. Die kleinbürgerlichen Führungskräfte setzen sich im Staatsapparat fest und etablieren sich als bürokratisch herrschende Klasse. Diese Verselbständigungstendenzen werden begünstigt durch die Klassenstruktur, in der vor allem die kleinbäuerliche Bevölkerung auf dem Lande sowie die wachsende Zahl unterprivilegierter Menschen im städtischen informellen Sektor relativ unorganisiert und isoliert der Staatsbürokratie gegenüberstehen, deren Angehörige aufgrund ihrer Bildungsprivilegien ein Monopol der staatlichen Verwaltung besitzen und kaum wirksam kontrolliert werden können. Daß eine solche Machtfülle dazu verleitet, eine von der Masse der Bevölkerung abgehobene und entfremdete autokratische Herrschaft zu errichten, ist keine Besonderheit der sozialistischen Entwicklungsländer, sondern spiegelt die Realität auch des „real existierenden Sozialismus" wider.

Es kommt hinzu, daß die Machtkonzentration im Staat auch ökonomisch, durch die Rückständigkeit der Entwicklung der Produktivkräfte, begründet wird. Der sozialistische Staat übernimmt nach dieser Logik die Aufgabe, in einer nachholenden Entwicklung die Produktivkräfte zu entfalten und dabei insbesondere die Industrialisierung voranzutreiben, um damit zugleich auch die noch schwache Arbeiterklasse zu stärken. Der Staat als Entwicklungsdiktatur soll so – im Sinne der Stadientheorie – die ökonomischen Voraussetzungen für den Übergang zum ‚wirklichen' Sozialismus schaffen. Wenn kurzfristig die Wünsche der Masse der Bevölkerung, z. B. ihre Konsumbedürfnisse, auf der Strecke bleiben, so müsse das in Kauf genommen werden, denn schließlich diene die forcierte Produktivkraftentwicklung doch langfristig ihren Interessen.

Die Unzulänglichkeiten dieses der sowjetischen Entwicklung nachempfundenen Modells liegen auf der Hand: die Beteiligung der Betroffenen kommt darin gar nicht vor, eine politische Partizipation ist nicht vorgesehen, es sei denn rhetorisch. In den Ländern der Dritten Welt findet in der Regel nicht einmal die angestrebte wirtschaftliche Entwicklung statt, weil es im aufgeblähten staatlichen Sektor an der erforderlichen technischen und ökonomischen Effizienz fehlt und weil wegen der Konzentration der Mittel im Staatssektor eine Förderung der Eigeninitiative vor allem der ländlichen Kleinproduzenten nur am Rande und mit untauglichen administrativen Mitteln stattfindet. Bleibt so die wirtschaftliche Entwicklung weit hinter den ehrgeizigen Plänen zurück, verstärkt sich die ohnehin bestehende Tendenz, daß der autokratische Staat sich auf Dauer einrichtet.

Vor allem dem „real existierenden Sozialismus" ist es zu verdanken, daß für viele der Mangel an Demokratie zu einem Kennzeichen des Sozialismus geworden ist. Zahlreiche sozialistische Länder in der Dritten Welt haben zu diesem Image ebenfalls beigetragen. Wenn heute die Diskussion über den Sozialismus wiederaufgegriffen wird und Lehren aus den bisherigen Erfahrungen gezogen werden, dann sollte die Feststellung hoch gewichtet werden, daß Sozialismus auch die Verwirklichung von Demokratie beinhaltet, und zwar nicht nach der Logik: erst Ökonomie, dann Demokratie, sondern von Anfang an. Erfahrungen in Mozambique und Tanzania haben z. B. gezeigt, daß Produktivkraftentwicklung auf dem Lande gegen die Bauern gar nicht möglich ist. Partizipation,

Demokratie, Vertrauen auf die eigene Kraft sind daher von Anfang an notwendige Bestandteile einer sozialistischen Entwicklung.

Auch das Argument, daß der Staat das Land gegen eine äußere und/oder innere Bedrohung verteidigen müsse, entkräftet diese Überlegungen im Prinzip nicht. So richtig es ist, daß zahlreiche sozialistische Entwicklungsländer solchen Bedrohungen gegenüberstehen, so richtig ist es, daß zu ihrer Abwehr der Rückhalt breiter Bevölkerungsteile erforderlich ist, der aber nicht durch Konfrontation, sondern durch Partizipation und Demokratie zu erreichen ist. Wäre die Entfremdung großer Teile der Bauernschaft vom Staat in Mozambique nicht so weitreichend, würden Regierung und Armee bei der Abwehr der südafrikanischen Destabilisierungspolitik besser dastehen.

Auf der anderen Seite soll das Problem der inneren wie äußeren Bedrohung sozialistischer Länder in der Dritten Welt nicht verniedlicht werden. Weil die Supermacht, in deren geographischer und machtpolitischer Nähe sie liegen, mit ihrem jeweiligen sozialistischen Kurs nicht einverstanden waren, mußten Afghanistan (durch die Sowjetunion) ebenso wie Grenada (durch die USA) die Invasion einer fremden Armee und den Sturz ihrer Regierung hinnehmen. Niemand kann sozialistischen Ländern das Recht absprechen, im Rahmen ihrer Möglichkeiten sich gegen eine solche Bedrohung zur Wehr zu setzen. Das Dilemma besteht darin, daß die legitime Abwehr der Bedrohung zugleich als Rechtfertigung für repressive Maßnahmen und für die Beschränkung demokratischer Rechte im Land dienen kann, um die nationale Unabhängigkeit und den Sozialismus angeblich zu schützen. Die Entwicklung in Nicaragua ist in dieser Hinsicht sehr anschaulich. Einfache Lösungen gibt es in derart schwierigen Situationen nicht. Eins steht aber fest: Wenn die Demokratie, die den Menschen ihre politischen und wirtschaftlichen Grundrechte garantiert, auf der Strecke bleibt, kann das auf Dauer einer sozialistischen Perspektive nicht dienlich sein.

8. Reform und Marktsozialismus

In einem einleitenden Beitrag zu einer Sammlung von Fallstudien „revolutionärer sozialistischer Entwicklung in der Dritten Welt" unterscheidet Gordon White drei Phasen, die im sozialistischen Entwicklungsprozeß mit einer gewissen Regelmäßigkeit auftreten. Er nennt sie die Phasen des revolutionären Voluntarismus, des bürokratischen Voluntarismus sowie des Reformismus und Marktsozialismus. Nicht in jedem Fall treten die Phasen alle oder in dieser Reihenfolge auf. Nichtsdestoweniger sind die Erfahrungen vieler sozialistischer Länder in der Dritten Welt in ihnen zu erkennen.

Nach dem Erlangen der Unabhängigkeit und der Verkündung des Sozialismus herrscht, insbesondere wenn ein langandauernder Befreiungskampf vorangegangen ist, eine große Euphorie vor, die von einer Welle der Begeisterung und von hohen Erwartungen in der Bevölkerung getragen wird. Nichts scheint unmöglich. Dementsprechend ehrgeizig sind die Pläne des neuen Staates. Während die Begeisterung der Massen in der Folge nachläßt, rückt der Staat immer mehr in den Mittelpunkt der wirtschaftlichen Entwicklung und der politischen Durchsetzung. Es wird zunehmend deutlich, daß der Staat sich zuviel zu schnell vorgenommen hat. Die Probleme wachsen, ein böses Erwachen bleibt oft nicht aus. Nun sind Reformen angesagt, und der Markt wird wieder entdeckt. In dieser Phase befinden sich heute viele sozialistische Länder in der Dritten Welt.

Auffallend ist, daß diese Phasen nicht nur bei „afrikanisch sozialistischen", sondern auch bei „wissenschaftlich sozialistischen" Ländern, bei Ghana und Tanzania ebenso wie bei Angola und Mozambique zu erkennen sind. Die auf der Ebene der Ideologie behauptete Überlegenheit des wissenschaftlichen Sozialismus hielt der Realität nicht stand. Im Gegenteil, die staatsbürokratische Selbstüberschätzung war in den Ländern mit dieser Variante des Sozialismus besonders ausgeprägt.

Die Probleme des Sozialismus in der Dritten Welt beruhen letzten Endes auf verschiedenen Widersprüchen zwischen objektiven Handlungszwängen und politischen Zielsetzungen. Steht zu Beginn einer sozialistischen Entwicklung zumeist der Wille im Vordergrund, die ganze überkommene Gesellschaft umzukrempeln, rücken in der Reformphase die objektiven Zwänge in den Mittelpunkt.

Grundlegend sind die ökonomischen Zwänge. Der orthodox marxistische Begriff besagt, daß der Sozialismus die Abschaffung des Privateigentums ist, doch er setzt Bedingungen voraus, die in den sozialistischen Entwicklungsländern nicht existieren. Wird er dort dennoch angewendet, übernimmt der Staat nicht nur das im Land schon vorhandene, überwiegend ausländische Kapital, sondern auch die Aufgabe, angesichts der geringen Bedeutung der einheimischen Bourgeoisie selbst die für die Entwicklung der Produktivkräfte notwendige Kapitalakkumulation in die Hand zu nehmen. Er eignet sich damit eine große Machtfülle an. Hier schon sind Probleme unvermeidlich, denn dieses Kapital planvoll und effizient zu organisieren, geht bereits an die Grenzen der personellen und infrastrukturellen Kapazitäten des Staates.

Noch stärker spitzt sich der Widerspruch zwischen staatlicher Planung einerseits, privater Initiative und Markt andererseits in der Landwirtschaft zu. Die Vielzahl von Kleinbauern läßt sich nicht in den Rahmen eines Plans hineinzwängen. Werden sie als Überbleibsel der alten Gesellschaft vernachlässigt und an den Rand gedrängt, geht ihr Produktionspotential verloren. Versucht der Staat stattdessen, sie durch ‚politische Mobilisierung‘, sprich Zwangsumsiedlung oder -kollektivierung, zu organisieren, sind repressive politische Strategien, die die Eigeninitiative und das Produktionspotential der Kleinbauern ebenfalls ersticken, das zwangsläufige Ergebnis.

Das Fazit ist: zur Aktivierung der kleinbäuerlichen Bevölkerung für den Markt gibt es keine Alternative. Damit wird nicht die zentrale Rolle des Staates in Frage gestellt. An diesem Punkt – unter anderem – drängt sich für den Sozialismus in der Dritten Welt die Bestimmung eines differenzierteren Verhältnisses Plan-Markt auf. Der Staat kann z. B. nicht selbst überall als wirtschaftlicher Akteur tätig werden. Er sollte lediglich regulierend eingreifen und Bedingungen schaffen, die es den ländlichen Kleinproduzenten ermöglichen, in eigener Verantwortung ihre Lebensbedingungen zu verbessern. Die Bauern brauchen dabei die Unterstützung des Staates, etwa in den Bereichen der Agrarberatung, der Vermarktung, der Versorgung und des Transports. Diese Unterstützung muß aber zugleich fördernd und befreiend wirken, anstatt repressiv vorzugehen – keine leichte Aufgabe für eine an hierarchische Befehlsstrukturen gewöhnte staatliche Bürokratie!

Zu den ökonomischen Handlungszwängen kommen durchweg machtpolitische Zwänge hinzu. Zwar sind die sozialistischen Länder in der Dritten Welt meist mehr als genug mit ihren eigenen Entwicklungsproblemen beschäftigt, dennoch sehen kapitalistische Mächte in ihnen häufig eine Bedrohung, vor allem wenn sie enge Bündnisbeziehungen zur Sowjetunion und den Ostblockstaaten unterhalten und wenn sie Regimegegnern aus Nachbarländern Unterschlupf gewähren. Für die daraus resultierende Aggressions- und Destabilisierungspolitik gibt es etliche Beispiele: Kuba und Nicaragua in Mittelamerika, Angola und Mozambique im südlichen Afrika usw.

Die schwierige Lage der sozialistischen Länder in der Dritten Welt wird zusätzlich dadurch kompliziert, daß sie von den in Moskau festgelegten dogmatischen Normen abweichen und deshalb von der Sowjetunion gemaßregelt werden. Diese Gefahr für sie wächst, je enger sie mit der Sowjetunion und dem Ostblock verbündet sind. Auch wenn die CSSR nicht zur Dritten Welt gehört, jagten doch die dramatischen Ereignisse in Prag 1968, vor genau zwanzig Jahren, als der tschechische „Sozialismus mit menschlichem Antlitz" von russischen Panzern überrollt wurde, den sozialistischen Ländern in der Dritten Welt einen tiefen, aber für manche vielleicht auch heilsamen Schock ein. Wenn ein einziger Staat sich anmaßt, über Wohl und Wehe der sozialistischen Politik zu befinden, kann der Sozialismus nicht gedeihen. Daran ändert auch nichts, daß die Sowjetunion sich heute anzuschicken scheint, im eigenen Land ähnliche Reformen durchzuführen, durch die sie sich vor zwanzig Jahren in Prag so bedroht fühlte.

Viele sozialistische Länder in der Dritten Welt sehen ihre Lage heute, im Lichte der ökonomischen sowie der machtpolitischen Handlungszwänge, denen sie unterliegen, nüchterner, als sie es zu Beginn der sechziger Jahre taten, als die Auffassung verbreitet war, die Dritte Welt sei das „Sturmzentrum der Weltrevolution". Ein größeres Gewicht hat die Tatsache erlangt, daß Unabhängigkeit und nationale Souveränität eine unabdingbare Voraussetzung dafür sind, eine eigenständige sozialistische Perspektive für ein Land zu eröffnen. Auf dieser Grundlage scheint eine zunehmende Zahl von ihnen, angesichts ihrer aktuellen Entwicklungskrise, zu der Überzeugung gelangt zu sein, daß es sinnvoll ist, mit der Durchsetzung ihrer sozialistischen Ziele langsam voranzuschreiten, manches sogar zurückzustellen, um erst einmal ihre gefährdete nationale Unabhängigkeit zu konsolidieren. Die Reformen, die sie in den letzten Jahren eingeleitet haben, stehen zweifellos in diesem Zusammenhang.

Für einen Erfolg ihrer weiteren Bemühungen bei der Konkretisierung des Sozialismus unter ihren jeweiligen Bedingungen scheint zudem wichtig zu sein, daß ökonomische und politische Ziele gleichzeitig verfolgt werden, da sich diese wechselseitig verstärken. Bisherige Erfahrungen haben gezeigt, daß eine Strategie, die durch wirtschaftliches Wachstum und Entwicklung der Produktivkräfte bei gleichzeitiger Unterdrückung der Menschen den Sozialismus herbeiführen möchte, diesen eher in die Ferne rückt. Werden dagegen die politischen Ziele, Freiheit, Demokratie und Partizipation, von Anfang an mitverfolgt, dann bedeutet dies ohne Frage für die Länder in der Dritten Welt, die noch weitgehend Agrargesellschaften sind, daß die Entwicklung ihres Sozialismus sehr viel langsamer vorangehen wird, als manche ungeduldigen Revolutionäre es wünschen. Die Wahrscheinlichkeit jedoch, daß in einem solchen schrittweisen Entwicklungsprozeß die Ziele des Sozialismus lebendig bleiben und nicht unterwegs abhanden kommen, ist ungleich größer.

Peter Meyns (Universität/Gesamthochschule Duisburg)

Literaturhinweise

Munslow, Barry, (Hrsg.), Africa: Problems in the Transition to Socialism. London 1986.
Ottaway, David and Marina, Afrocommunism. New York/London 1981.
Rosberg, Carl G., Callaghy, Thomas M. (Hrsg.), Socialism in Sub-Saharan Africa. A new Assessment. Berkeley, Ca. 1979.
White, Gordon/Murray, Robin/White, Christine (Hrsg.), Revolutionary Socialist Development in the Third World. Brighton 1983.

Krise und Reform der UNESCO

1. Die UNESCO und die Krise des Multilateralismus

Der Austritt der Vereinigten Staaten von Amerika (31.12. 1984), Großbritanniens und Singapurs (31.12. 1985) aus der Organisation der Vereinten Nationen für Erziehung, Wissenschaft und Kultur (United Nations Educational, Scientific and Cultural Organization, UNESCO) zeigt mehr als nur eine Krise des UN-Systems an. Die für den Austritt u. a. angeführte Begründung, die UNESCO habe sich durch eine weitgehende „Politisierung" von ihrer satzungsgemäßen Aufgabenbestimmung entfernt, deutet bei näherem Hinsehen vielmehr einen konfliktträchtigen politischen Wandel des Multilateralismus im UN-System insgesamt an. Das Anwachsen der Organisation von ursprünglich 30 auf heute 158 Mitglieder, die auf absehbare Zeit wohl unabänderliche Mehrheit der Entwicklungsländer in den Organen der Organisation, der mit einer gewandelten Macht- und Interessenkonstellation einhergehende Wandel ihrer programmatischen Ausrichtung, operativen Tätigkeit und inneren Organisation sowie schließlich die zunehmend kritischer werdende Haltung einzelner westlicher Mitgliedstaaten, die in den Austritten ihren Höhepunkt fand – dies alles sind Entwicklungen und politische Probleme, die insbesondere den Sonderorganisationen des UN-Systems vertraut sind und die für die politische Krise der Weltorganisation insgesamt zumindest mitverantwortlich sind.

Daß diese Entwicklungen im Falle der UNESCO zum offenen Konflikt einiger Mitgliedstaaten in bzw. mit der Organisation führten, mag zum einen daran liegen, daß der Tätigkeitsbereich der UNESCO – Erziehung, Wissenschaft und Kultur einschließlich der Medien – zu den für westliche Demokratien sensibelsten Politikbereichen überhaupt zählt. Die Freiheit der Wissenschaft, die Freiheit der Kulturausübung, die Freiheit der Meinung und Information und die Erziehung zur verantwortlichen Freiheit, die geistige Freiheit insgesamt ist ein Augapfel der Demokratie. Ihre Förderung und ihr bewußter Einsatz zur Verwirklichung der UN-Ziele „Frieden" und „internationale Kooperation" bildeten in den Augen ihrer Gründungsväter die raison d'être der UNESCO. Andererseits wird man die Austritte aus der Organisation aber auch als politische Signale für das UN-System insgesamt werten müssen; auf eine Organisation, aus deren Tätigkeit man sich ohne allzugroße Kosten glaubte ausklinken zu können, wurde ein Warnschuß abgegeben, der dem System insgesamt gelten sollte. In diesem Warnschuß drückt sich ein Unbehagen – insbesondere der Vereinigten Staaten als Hauptbeitragszahler – am UN-System insgesamt aus. Dieses Unbehagen resultiert nicht aus der vielfach behaupteten „Politisierung" einer ursprünglich unpolitischen Fachorganisation, sondern vielmehr daraus, daß die Vereinigten Staaten bis in die sechziger Jahre hinein die UN und ihre Sonderorganisationen außenpolitisch nutzen konnten, daß die seither sich ständig verstärkende Mehrheit der Entwicklungsländer ihr dieses Instrument jedoch nicht nur aus der Hand nahm, sondern es in weiten Bereichen auch gegen die außenpolitischen Interessen der Vereinigten Staaten einsetzte.

Die Ursachen und Hintergründe der UNESCO-Krise, aber auch die Ansätze zu ihrer Überwindung und deren Verwirklichungschancen sollen im folgenden in vier Schritten dargestellt werden. Zunächst ist kurz auf die Entstehungsgeschichte und die Aufgaben der UNESCO gemäß ihrer Satzung einzugehen. In einem zweiten Schritt sind die wichtigsten Tätigkeitsbereiche und der politische Wandel der Kulturorganisation zu skizzieren, um dann ausführlicher auf Hintergründe und Verlauf der Krise bis zum Austritt der USA und Großbritanniens einzugehen. Einige abschließende Bemerkungen sind den bislang erkennbaren Reformansätzen gewidmet.

2. Entstehungsgeschichte und Aufgaben der UNESCO

Die UNESCO wurde am 14. Dezember 1945 als Sonderorganisation der Vereinten Nationen gegründet. Schon der Völkerbund hatte über eine „Kommission für intellektuelle Zusammenarbeit", ein aus führenden Intellektuellen (*Freud, Einstein,* Mme. *Curie, Th. Mann* u. a.) zusammengesetztes Beratergremium, verfügt, das freilich nur dadurch arbeitsfähig war, daß ein von Frankreich errichtetes Institut (Institut international de coopération intellectuelle) ihm einen arbeitsfähigen Unterbau verlieh. Auch das in den zwanziger Jahren gegründete Internationale Büro für Erziehung in Genf gehört zu den Vorgängern der UNESCO. Mögen diese Vorgänger durch die beharrliche Konzentration der internationalen intellektuellen Zusammenarbeit auf den Frieden und auf Friedenserziehung die geistige Grundlage und programmatische Ausrichtung der UNESCO in ihrer Gründungsphase entscheidend mitgeprägt haben, so ging der organisatorische Anstoß zur Gründung einer zwischenstaatlichen Kulturorganisation zurück auf die Interalliierte Erziehungsministerkonferenz, die seit 1942 tagte und über den Wiederaufbau der Erziehungssysteme in den vom Krieg betroffenen Staaten nach dem Zweiten Weltkrieg beriet. Die Konferenz kam sehr bald zu der Überzeugung, daß ihr Vorhaben ohne eine eigene ständige Organisation nicht zu realisieren sei. Schließlich wurde sie zum Vollstrecker des auf der Konferenz von San Francisco gefaßten Beschlusses, eine Erziehungs- und Kulturorganisation im Rahmen der Vereinten Nationen (VN) ins Leben zu rufen (vgl. Art. 55 (b) und 57 Abs. 1 der UN-Charta).

Die Satzung der UNESCO bestimmt in Art. 1 als Aufgabe der Organisation, „durch Förderung der Zusammenarbeit zwischen den Völkern auf den Gebieten der Erziehung, Wissenschaft und Kultur zur Wahrung des Friedens und der Sicherheit beizutragen, um in der ganzen Welt die Achtung vor Recht und Gerechtigkeit, vor den Menschenrechten und Grundfreiheiten zu stärken, die den Völkern der Welt ohne Unterschied der Rasse, des Geschlechts, der Sprache oder Religion durch die Charta der VN bestätigt worden sind". Diese Aufgabenzuweisung enthält drei Elemente: 1. einen Kooperationsauftrag; 2. eine Kompetenzzuweisung auf den Gebieten Erziehung, Wissenschaft und Kultur, und 3. eine Rückbindung der Tätigkeit der UNESCO auf den Zielkatalog der UN-Charta. In Art. 2, der die Aufgaben konkretisiert, werden der UNESCO Tätigkeitsformen zugewiesen: den Mitgliedstaaten geeignete Konventionen *empfehlen,* um einen freien Fluß von Gedanken zu sichern; auf Verlangen mit den Staaten bei der Entwicklung von Erziehungsprogrammen *zusammenzuarbeiten;* die Zusammenarbeit zu *fördern* und Kooperationsmethoden zu *initiieren,* um Kenntnisse zu wahren, zu mehren und zu verbreiten.

Zur Wahrnehmung ihrer Aufgaben stehen der UNESCO – nach dem Organisationsmuster aller Sonderorganisationen – drei Organe zur Verfügung; eine *Generalkonferenz,* die alle zwei Jahre tagt und sowohl über den Haushalt als auch über die Grundlinien der Politik der Organisation entscheidet; ein derzeit aus 51 Mitgliedern bestehender *Exekutivrat,* der mindestens zweimal im Jahr tagt und zwischen den Generalkonferenzen für die Durchführung der UNESCO-Programme verantwortlich ist; schließlich ein *Sekretariat* mit Sitz in Paris, dem ein Generaldirektor vorsteht (von der Generalkonferenz auf sechs Jahre gewählt) und das für die sachliche Durchführung der Programme vor Ort wie auch für die Vorbereitung der Programm- und Budgetentwürfe Sorge trägt. Die Arbeit der UNESCO wäre nicht denkbar ohne die nationalen *UNESCO-Kommissionen,* die in fast allen Mitgliedstaaten – in der Bundesrepublik Deutschland 1951 – als nichtstaatliche Gesellschaften gegründet wurden. Um die Zusammenarbeit der Mitgliedstaaten zu erleichtern, sind diese in Regionalgruppen untergliedert.

3. Politischer Wandel in der UNESCO

Bei dem sehr breitgefaßten Aufgabengebiet der UNESCO war es angesichts der die Mitgliedstaaten nur beratenden und unterstützenden Tätigkeitsformen, die der Organisation in ihrer Frühzeit zugestanden wurden, außerordentlich schwer, die Aufgabenstellung der UNESCO in konkrete Programme umzusetzen. Obgleich der Generalversammlung hier rechtlich die entscheidende Rolle zufällt, haben doch faktisch die Generaldirektoren jeweils entscheidenden Anteil an der Ausgestaltung der Aktivitäten der UNESCO gehabt.

Die Generaldirektoren der UNESCO

1. Sir Julian S. *Huxley* (Großbritannien)   1946–1948
2. Jaime Torres *Bodet* (Mexiko)   1948–1952
3. Luther Harris *Evans* (USA)   1953–1958
4. Vittorio *Veronese* (Italien)   1958–1961
5. René *Mahen* (Frankreich)   1961–1974
6. Amadou Mahtar *M'Bow* (Senegal)   1974–1987
7. Federico *Mayor* (Spanien)   1987

Die Tätigkeit der UNESCO läßt sich in fünf Bereiche einteilen, für die jeweils exemplarisch einige Projekte genannt seien:

a) Im Bereich der *Erziehung* – dem größten Tätigkeitsbereich der UNESCO – stehen Programme zur Bekämpfung des Analphabetismus im Vordergrund. Besondere Aufmerksamkeit gilt der Ausrichtung der Grundschulerziehung auf ernährungswirtschaftliche, hygienische und technische Bedürfnisse. In den sechziger Jahren treten regionale Erziehungsprogramme – u. a. Lehrerseminare – in Asien, Afrika und Lateinamerika hinzu. Ferner werden Erziehungsprogramme für internationale Fragen wie Umwelt, Bevölkerungsentwicklung, Abrüstung und Friedenssicherung, Menschenrechte u. a. entwickelt. Schließlich stellt die UNESCO einen breit ausgerichteten erziehungswissenschaftlichen Apparat zur Curriculumplanung, pädagogischen Analyse, Lehrerausbildung usw. zu Verfügung.

b) Dem *naturwissenschaftlichen Bereich,* dem seit Mitte der sechziger Jahre wachsende Bedeutung zukommt, sind folgende Aktivitäten zuzuordnen: schon in den fünfziger Jahren trägt die UNESCO durch Forschung und Expertenausbildung dazu bei, Trockengebiete urbar zu machen und zunehmenden Verwüstungen zu begegnen. Neben ozeanographischen und geologischen Forschungen und Programmen ist die Förderung interdisziplinärer Erdbebenforschung hervorzuheben. Die Beratung der Forschungs- und Technologiepolitik von Entwicklungsländern sowie die Anregung und Koordination internationaler wissenschaftlicher Zusammenarbeit sind Aufgabenbereiche, die der Organisation insbesondere seit der Wiener Konferenz über Wissenschaft und Technologie für Entwicklung (1979) zukommen. Auch hier erleichtern zahlreiche Veröffentlichungen und Periodica die internationale wissenschaftliche Zusammenarbeit.

c) Schwerpunkte des Bereichs *Sozial- und Humanwissenschaften* sind Symposien und Studien zu Fragen der Menschenrechte, der Friedenssicherung, Friedensforschung und Abrüstung, der Rassendiskriminierung und über rassische Vorurteile, zu den Bedingungen internationaler Zusammenarbeit u. a. Neben verschiedenen Periodica (u. a. die äußerst nützlichen „International Political Science Abstracts") hat die UNESCO eine Datenbank sozialwissenschaftlicher Forschungseinrichtungen und Publikationen (DARE) eingerichtet.

d) Im Bereich der *Kultur* setzt die UNESCO die Bemühungen des Pariser Instituts für intellektuelle Zusammenarbeit um den internationalen Kulturaustausch und die Vermittlung internationaler Kontakte zwischen Musikern, bildenden Künstlern und Bibliothekaren fort. Schon früh kümmerte sich die UNESCO um die Erhaltung der nubischen Tempel in Ägypten und im Sudan; in den fünfziger und sechziger Jahren widmete die Organisation verschiedene Projekte dem asiatisch-westlichen Kulturaustausch. Dieses Programm trug wesentlich zur Popularität der UNESCO zu dieser Zeit bei. Eine weltweite Vereinheitlichung der Blindenschrift, Übersetzungen, ein Index Translationum, eine Kulturgeschichte der Menschheit und eine allgemeine Geschichte Afrikas hat die Organisation ebenso hervorgebracht wie internationale Verträge zum Schutz kulturellen Eigentums in bewaffneten Konflikten oder zum Schutz des kulturellen Erbes der Menschheit.

e) Der Bereich der *Kommunikation* schließlich hat durch den rapiden technologischen Wandel der letzten Jahrzehnte einen enormen Aufschwung erfahren. Zunächst hatten Zollsenkungen und die Verbilligung der Portogebühren für Druckerzeugnisse erheblich zum „free flow of information" der Nachkriegszeit beigetragen. Technische Hilfe für Entwicklungsländer leistete und leistet die UNESCO für die Buchproduktion sowie die Herstellung und Verbreitung von Rundfunkprogrammen und anderen Informationsträgern. Weiter hervorzuheben sind eine Copyright-Konvention und verschiedene, für Bibliotheken und Archivverwaltungen unentbehrliche Apparate. Die Bemühungen um eine eigene Kommunikationspolitik, die sich in einer Mediendeklaration (1978) und dem *MacBride*-Bericht (1980) niederschlagen, gehören bereits zur Krisengeschichte der UNESCO.

Die politische Entwicklung der UN-Kulturorganisation weist mehrere markante Einschnitte auf. Eine erste, entscheidende Weichenstellung erfolgte im Jahr 1950, als die Generalkonferenz beschloß, daß die UNESCO künftig auch operativ, also etwa durch technische Hilfsmaßnahmen unmittelbar tätig werden sollte. Die Mehrkosten, welche die hierfür entwickelten Programme ab Mitte der fünfziger Jahre verursachten, wurden vom zweiten politischen Einschnitt in die Geschichte der Organisation aufgefangen: dem Beitritt der Sowjetunion und ihr folgend der sozialistischen Staaten und der dadurch bedingten Erhöhung der Mitgliederbeiträge. Durch die Mitgliedschaft der sozialistischen Staaten wurde zugleich auch der Ost-West-Konflikt in die UNESCO hineingetragen. Seit Beginn der sechziger Jahre nahm im Zuge der Entkolonisierung die Mitgliedschaft – wie auch in anderen UN-Organisationen – rapide zu. Die Entwicklungsländer gewannen rasch die Mehrheit in der Organisation; 1974 wurde mit dem Senegalesen *M'Bow* erstmals ein Afrikaner Generaldirektor einer UN-Sonderorganisation.

Mitglieder (–) und Haushaltsentwicklung (---) der UNESCO

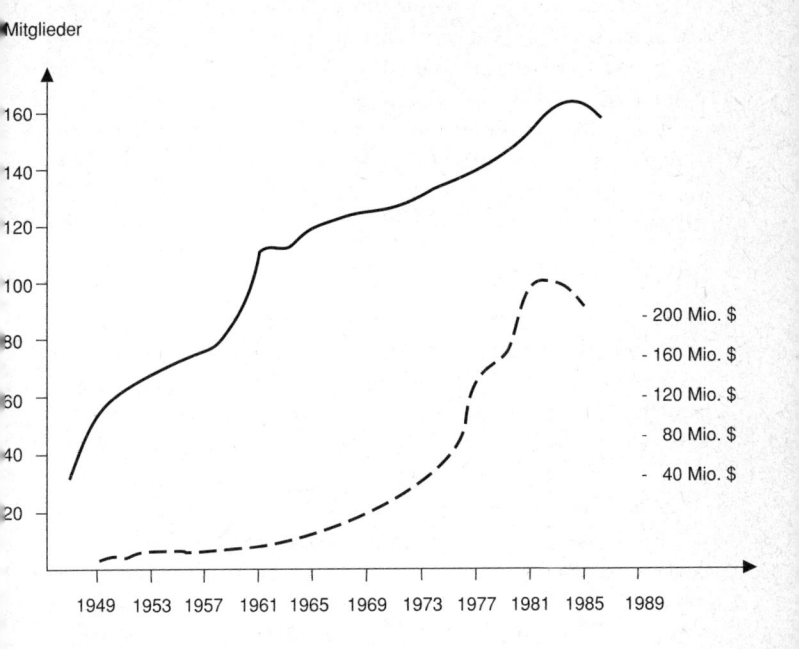

4. Hintergründe und Verlauf der UNESCO-Krise

Die Krise der UNESCO wird häufig auf zwei Ursachen zurückgeführt, die in der Tat auch in den Begründungen des amerikanischen und britischen Rückzugs aus der Organisation anklingen: zum einen auf die sog. „Politisierung" der Organisation und zum anderen auf das Mißverhältnis zwischen Beitragszahlungen und politischem Einfluß insbesondere der Vereinigten Staaten. So zahlten die USA zuletzt 25% (ursprünglich 33,3%) der Mitgliederbeiträge der Organisation;

Programme und Budgets wurden jedoch regelmäßig gegen die Stimme der USA verabschiedet. Beide Argumente verdecken jedoch eher die Konflikte und Probleme, welche die politische Entwicklung der UNESCO hervorgebracht hat. Die Ursachen für die Krise liegen vielmehr primär in der Entstehung mehrerer, auf vielfältige Weise ineinandergreifender Konfliktfelder, die jeweils daraufhin analysiert werden müssen, ob sie im Rahmen der UNESCO-Satzung „befriedet" werden können. Erst auf dem Hintergrund einer solchen Analyse kann die Frage nach dem Verhältnis von Beiträgen und politischem Einfluß angemessen beantwortet werden.

Vier Konfliktfelder der UNESCO-Politik

Es lassen sich im einzelnen unterscheiden ein konzeptionelles, ein ideologisches, ein organisatorisches und ein allgemeinpolitisches Konfliktfeld. Diese Konfliktfelder sind nicht typisch für die UNESCO, sondern lassen sich mehr oder minder deutlich auch in anderen Sonderorganisationen und in der UNO ausmachen. Allerdings treten sie in der UNESCO aus verschiedenen Gründen besonders deutlich zutage:

– Das *konzeptionelle Konfliktfeld* entsteht durch die Überlagerung und Verdrängung der funktionalistischen Konzeption einer Sonderorganisation, wie sie bei den Gründungsvätern der UN und ihrer Sonderorganisationen vorherrschte, durch die Konzeption der Interdependenz, die die politischen Erwartungen und Ziele vor allem, aber nicht ausschließlich der Entwicklungsländer prägt. Der Funktionalismus ging davon aus, daß im Unterschied zum politischen Auftrag der Vereinten Nationen den Sonderorganisationen mehr oder minder technische, jedenfalls aber klar abgrenzbare Sachaufgaben übertragen worden seien. Demgegenüber betont die Konzeption der Interdependenz den grundsätzlichen Zusammenhang sachlicher Detailfragen mit übergreifenden politischen Entscheidungen. Dies läßt sich in der Praxis der UN an zwei Beispielen verdeutlichen: zum einen bemühen sich die Entwicklungsländer, jede Sachentscheidung als einen Schritt auf dem

Weg zu einer neuen, einem weltweiten „Sozialausgleich" verpflichteten Weltordnung zu begreifen und auch auszugestalten. Jede Detailentscheidung gilt ihnen als ein Stück Völkerrechtspolitik. Zum anderen gehen die Sonderorganisationen und Organe der UNO mehr und mehr dazu über, kombinierte Sachprogramme zu erstellen: Entwicklung und Umwelt, Abrüstung und Entwicklung, Arbeitsbedingungen und Umwelt (ILO) usw. Daß die Bestrebungen zur Errichtung neuer Weltordnungen (Wirtschaft, Kommunikation, humanitäre Weltordnung u. a.) sektoral differenziert scheinen, ist insofern kein Widerspruch zum Wandel vom Funktionalismus zur Interdependenz, als in verschiedenen Sektoren jeweils dieselben Kooperationsprinzipien festgeschrieben werden sollen.

Ein Konfliktfeld bildet dieser Wandel nun insofern heraus, als die tragende Grundlage des Funktionalismus: eine weitgehende geistig-politische Homogenität der Gründungsmitglieder gerade der Sonderorganisationen, weggefallen ist, ohne daß bereits eine tragfähige Grundlage für das Konzept der Interdependenz gefunden wäre. Eine solche Grundlage könnte das aus der UN-Charta sich entwickelnde Kooperationsvölkerrecht darstellen; dies hängt jedoch entscheidend davon ab, ob alle Mitgliedstaaten der UN an dessen Gestaltung mitwirken. Von daher werden die vielfachen Hinweise auf das Erfordernis der Universalität nach dem Austritt der USA und Großbritanniens verständlich.

– Auf das Entstehen eines *ideologischen Konfliktfeldes* wurde insofern bereits hingewiesen, als zunächst der Beitritt der sozialistischen Staaten und dann die Mehrheit der Entwicklungsländer Ordnungsvorstellungen in die UNESCO-Politik einbrachten, welche mit dem in der UNESCO-Satzung verankerten Prinzip der geistigen Freiheit und dem „free flow of information" nicht vereinbar sind. Bei der Formulierung einer Medienpolitik der UNESCO, welche die Generalkonferenz seit Ende der siebziger Jahre beschäftigt, kam es zum offenen Streit, als die Entwicklungsländer Hand in Hand mit den sozialistischen Staaten etatistische Konzepte der Informationspolitik wie u. a. staatliche Kontrolle von Journalisten in der

Medienpolitik der Organisation festschreiben wollten. Damit war das freiheitliche Selbstverständnis der westlichen Demokratien im Kern getroffen; damit waren aber auch grundlegende Bestimmungen der Satzung verletzt. Nach der Veröffentlichung des bereits sehr umstrittenen Berichts der Mc-Bride-Kommission „Viele Stimmen, eine Welt" spitzte sich daher der Streit insofern zu, als die westlichen Staaten zunehmend das Ende der Debatte forderten. – Auch im Bereich der Menschenrechte bzw. der Menschenrechtserziehung kam es über die zunehmende Betonung von „Rechten der Völker" durch die Entwicklungsländer zu kontroversen Auseinandersetzungen.

– Für die Entstehung eines *organisatorischen Konfliktfeldes* sind mehrere Faktoren von Bedeutung: Je stärker einerseits die UNESCO operativ tätig wird, und je weniger andererseits die Generalkonferenz – aus welchen Gründen auch immer – ihre Kontroll- und Führungsaufgabe wahrnimmt, desto größer wird das Gewicht und die eigenständige Rolle des Sekretariats. Zwar hielt sich der Zuwachs im Personalbestand der UNESCO insgesamt im Rahmen (1970: 3303, 1983: 3393), aber sowohl der Anteil der festangestellten Mitarbeiter als auch der Anteil der in der Pariser Zentrale Beschäftigten gegenüber den vor Ort tätigen Projektmitarbeitern erhöhte sich. 1983 wurden fast 80% der Ausgaben von Personalkosten verschlungen. Das Sekretariat wurde zunehmend zu einem eigenen Machtzentrum und entfernte sich von seiner dienenden Funktion unter Führung der Generalkonferenz. Diese wiederum nahm eine deutliche Ausweitung der Hauptprogramme der Organisation vor, die allerdings mit den Hauptreferaten des Sekretariats nicht mehr übereinstimmten. So wurden Transparenz und Kontrollmöglichkeit durch die Generalkonferenz deutlich erschwert. Eine Doppelbearbeitung zahlreicher Themen wurde ebenso unvermeidlich wie ein zunehmender Effizienzverlust der Sekretariatsarbeit.

Hinzu trat, daß die Person des Generalsekretärs *M'Bow* zunehmend ins Kreuzfeuer öffentlicher Kritik geriet. Zwar hatte *M'Bow* in seinen ersten Amtsjahren eine deutliche Entschärfung der politischen Konflikte in der UNESCO bewirken können, doch wurde ihm die Hauptverantwortung für die Mißstände im Sekretariat angelastet. Eine Untersuchung des amerikanischen Rechnungshofes, die 1984 mit Einwilligung *M'Bows* durchgeführt wurde, warf ihm Nepotismus, mangelnde Delegation und damit Demotivierung des Sekretariats u.a. vor. Auch hat *M'Bow* den schwarzen Peter der Verantwortung für die Mißstände mit allzu leichter Hand an die Staaten zurückgegeben und damit deren zunehmend kritischer werdende Haltung möglicherweise sogar verstärkt.

– Schließlich ist auf ein viertes, *allgemeinpolitisches Konfliktfeld* hinzuweisen, das sich freilich nicht erst in der jüngsten Vergangenheit entwickelte, wohl aber im Zusammenhang mit den anderen Konfliktfeldern stärker wahrgenommen wurde. Seit dem Beitritt der Sowjetunion und der sozialistischen Staaten wurde die UNESCO immer wieder als ‚Hilfsorgan des US-Imperialismus' diskreditiert, wie sie umgekehrt aber auch in den Vereinigten Staaten in den Verdacht kommunistischer Unterwanderung geriet. Doch erst als in den siebziger Jahren der Nahostkonflikt zum die Generalkonferenz beherrschenden Thema wurde und die UNESCO in drei Entscheidungen Israel wegen Ausgrabungen in Ost-Jerusalem verurteilte und seine Teilnahme an der europäischen Regionalgruppe verhinderte, spitzte sich der Konflikt zu. Gegen die – völkerrechtswidrigen – Maßnahmen der UNESCO gegen Israel protestierten die USA dergestalt, daß sie (1974–1977) bis zu einer Korrektur dieser Entscheidungen ihre Mitgliederbeiträge zurückhielten. Diese Korrektur erfolgte zwar; es änderte sich indessen kaum etwas an der Praxis der UNESCO, über die sicherlich breite materielle Kompetenz der Organisation hinausgehend allgemeinpolitische Themen wie Abrüstung, Nicaragua usw. zum Gegenstand von Studien und anderen Tätigkeiten zu machen. So beklagten die Vereinigten Staaten u.a., die UNESCO sei zu einem Sprachrohr sowjetischer Sicherheitsinteressen geworden.

Die amerikanische Haltung und der Verlauf der Krise

Betrachtet man insbesondere den amerikanischen Austritt auf dem Hintergrund dieser vier Konfliktfelder, so mag die amerikanische Politik auf den ersten Blick verständlich erscheinen. Auch läßt sich nicht leugnen, daß die Beitragsrückhaltung 1974–1977 die UNESCO auf den tugendhaften Pfad der Einhaltung völkerrechtlicher Kompetenzen zurückgeführt und daß der mit dem Austritt der USA und Großbritanniens verbundene Rückgang der Einnahmen die UNESCO gezwungen hat, durchgreifende Reformen anzugehen. Ein näherer Blick auf das Argument der USA, Beitragszahlungen und politischer Einfluß stünden in einem unerträglichen Mißverhältnis, läßt jedoch ein Strukturproblem der UN insgesamt erkennen, welches durch einen Austritt nicht gelöst, vielleicht sogar verschärft werden kann. Dieses Strukturproblem liegt in der Staatengleichheit (Art. 2 Ziff. 1 Charta UN) begründet, aufgrund derer jeder Staat in den Mitgliederkonferenzen und anderen Organen eine Stimme hat. Da diese Organe mit Mehrheit entscheiden und die Entwicklungsländer eine wohl auf Dauer gefestigte Mehrheit haben, werden die Hauptbeitragszahler regelmäßig in grundlegenden Fragen überstimmt. Dies waren die Vereinigten Staaten offensichtlich nicht länger bereit hinzunehmen und kündigten im Januar 1984 ihren Austritt zum Ende des Jahres an. Großbritannien folgte im darauffolgenden Jahr.

Die für den Multilateralismus im gesamten UN-System und auch für die UNESCO entscheidende Frage lautet nun, ob die Auswirkungen der mit der Staatengleichheit gegebenen Konstellation auf die oben gezeigten Konfliktfelder so geregelt werden können, daß diese für allen Mitgliedstaaten akzeptable Kompromisse geöffnet werden. Dies ist eine der Kernfragen des derzeitigen Reformprozesses der UN insgesamt. Satzungsänderungen, durch die etwa das Prinzip „ein Staat – eine Stimme" durch Stimmwägung ersetzt würden, scheiden dabei aufgrund der herrschenden Mehrheitsverhältnisse aus. Reformen müssen also auf einer Ebene unterhalb der Satzung, d.h. bei der Ausgestaltung und dem Zusammenwirken der Organe ansetzen.

Nun fügt sich die amerikanische Entscheidung, auf die Mitwirkung an solchen Reformen in der UNESCO zu verzichten und stattdessen von außen finanziellen Druck auszuüben, in eine lange Geschichte des Mißtrauens gegen den Multilateralismus insgesamt ein, die in deutlichem Widerspruch zu dem außerordentlich hohen Engagement der Vereinigten Staaten für die Gründung der UN und des UN-Systems wie auch zu den beachtlichen Leistungen steht, welche die Vereinigten Staaten bislang für die UN aufgebracht haben. Schon im Jahre 1953 hat die damalige UNESCO-Delegation der USA in einem Bericht an das State Department im Detail vorgerechnet, welchen Nutzen die USA aus ihrem UNESCO-Beitrag ziehen, um damit Vorwürfe der amerikanischen Öffentlichkeit, die Mitgliedschaft in der UNESCO zahle sich nicht aus, zu entkräften. Zudem wies sie schon damals darauf hin, daß eine Kosten-Nutzen-Analyse ein völlig unzureichender Maßstab für die Mitgliedschaft in internationalen Organisationen sei. Das Festhalten der amerikanischen Außenpolitik an diesem Maßstab jedoch ist wiederum damit zu erklären, daß eine strikt funktionalistische Konzeption der Sonderorganisationen nie aufgegeben wurde. So übersieht etwa die Stellungnahme eines amerikanischen Expertengremiums, in der es u.a. heißt, die „Dienstleistungen" der UNESCO könnten auch außerhalb der Organisation erbracht werden, völlig, daß die UNESCO kein Dienstleistungsbetrieb, sondern eine politische Organisation ist. Die Wertaussagen der Satzung sind ebenso ein Politikum wie die Verbreitung der Kenntnisse über Menschenrechte, Friedenssicherung und andere UN-Ziele, um die sich die UNESCO unter maßgeblicher Beteiligung der Vereinigten Staaten sehr verdient gemacht hat. Insgesamt erschweren die Vereinigten Staaten ein Verständnis ihrer Haltung dadurch, daß sie heute an anderen kritisieren, was sie in den fünfziger und sechziger Jahren selbst praktizierten: in internationalen Organisationen internationale Politik zu betreiben.

5. Auswege aus der Krise?

Seit der Generalkonferenz 1985 in Sofia hat die UNESCO eine Reihe von Maßnahmen initiiert, in denen sich eine deutliche, der Kritik der westlichen Staaten Rechnung tragende Reform der Organisation abzeichnet.

– Schon vor dieser Konferenz hatte Generaldirektor *M'Bow* politische Konflikte durch die Einführung des Konsensverfahrens bei politischen Entscheidungen entzerren können. Da hierdurch jedem Staat eine den Beschluß verhindernde Einspruchsmöglichkeit gegeben ist, können zumindest auf dem ideologischen und allgemeinpolitischen Konfliktfeld einseitige Festlegungen verhindert werden. Bis zur Generalkonferenz 1987 in Paris konnte die Anzahl der Resolutionsvorhaben reduziert werden; das Programm wurde wieder auf die Bereiche Erziehung und Kultur konzentriert; umstrittene Forschungsvorhaben im Bereich Abrüstung und Rechte der Völker wurden eingestellt, und im Bereich Kommunikation gewannen Projekte der praktischen Hilfe und das Prinzip des „free flow of information" wieder das Übergewicht.

– Auch im Haushaltsverfahren hat sich der Konsens durchgesetzt. Damit ist auch im Haushaltsverfahren jedem Beitragszahler eine Einspruchsmöglichkeit gegeben. Erstes Resultat war eine drastische Reduzierung der Ausgaben, insbesondere der Personalausgaben für das Sekretariat.

– Der Exekutivrat hat im Februar 1985 einen Reformausschuß eingesetzt, der neben finanziellen und organisatorischen Fragen, insbesondere das Sekretariat betreffend, die Möglichkeiten organisationsinterner Kontrolle einzelner Projekte, für die ein Evaluierungsbüro im Sekretariat einen Ansatzpunkt bildet, prüfen soll. Diese Kontrolle soll insbesondere nach drei Kriterien geschehen: 1. sollen die Aktivitäten auf konkrete Problemlösungen, insbesondere in den Entwicklungsländern gerichtet sein; 2. muß zur Lösung dieser Probleme eine internationale Zusammenarbeit erforderlich sein, 3. soll geprüft werden, ob die Programme effizient durchgeführt wurden.

Die Bundesrepublik Deutschland, die schon 1951, also lange vor ihrer Aufnahme in die UNO, in die UNESCO aufgenommen wurde, hat bei der Einleitung des Reformprozesses eine führende Rolle gespielt. Insbesondere durch bilaterale Kontakte mit einigen Entwicklungsländern gelang es dem Auswärtigen Amt, zu einer kooperativen Konzentration der Mitgliedstaaten, welche die Generalkonferenz von Paris 1987 prägte, beizutragen. Für den weiteren Reformkurs stellt die Bundesrepublik Deutschland die Forderungen: in den Kompetenzbereichen der UNESCO Programme im Konsens durchzuführen, durch eine Reduzierung der Hauptprogramme (derzeit 14) zur Konzentration und Transparenz der UNESCO-Tätigkeit zurückzufinden, im Dritten mittelfristigen Plan (1990–1995) zu strikt satzungsgemäßen Aufgabenstellungen zurückzukehren und den mittelfristigen Plan zu einem flexiblen Planungsinstrument auszubauen, Transparenz und Motivation im Sekretariat zu erhöhen sowie die ausgetretenen Staaten zur Rückkehr in die UNESCO einzuladen. Eine Fortführung des Reformprogrammes kann letztlich nur den praktisch-operativen Tätigkeiten der Organisation zugute kommen. Die von der Generalversammlung der UN am 8. Dezember 1986 mit Res. 41/187 ausgerufene „Weltdekade für kulturelle Entwicklung" stellt insofern eine Chance für die Organisation dar, ihre Tätigkeit gemäß den Satzungszielen auszubauen. Daß dies auch etwa in dem umstrittenen Medienbereich jenseits der aufgezeigten Konflikte möglich ist, zeigt das 1980 beschlossene Programm zur Kommunikationsentwicklung (IPDC), in dessen Rahmen gerade für 1988 53 Projekte mit einem Gesamtvolumen von 1 955 000 US $ bewilligt wurden. Das Programm, das aus freiwilligen Beiträgen finanziert wird – die Bundesrepublik Deutschland steuerte für 4 Projekte 3,3 Mio. DM bei – führte zu bislang etwa 300 Einzelprojekten, davon 120 Ausbildungsprojekte, mit einem Gesamtvolumen von 23 Mio. US $.

Doch wird auch eine Konzentration auf die Sacharbeit nicht darüber hinwegtäuschen können, daß die UNESCO eine im Kern politische Organisation ist und daß jede ihrer Entscheidungen und Maßnahmen eine politische Entscheidung oder Maßnahme darstellt. Die entscheidende Frage für den weiteren Weg der Organisation wurde von einem Mitglied des englischen House of Lords in einer UNESCO-Debatte gestellt: an welchem Maßstab wird eigentlich die Tätigkeit der UNESCO gemessen? Daß in einer internationalen Organisation, welche von ihrer Satzung her zur Förderung der Achtung des Rechts verpflichtet ist, nicht mehr das Recht, sondern einseitige politische Konzeptionen und Erwartungen sowie ideologische Positionen als Maßstab angesehen wurden, ist in der Tat ein ernstes Krisenphänomen. Wenn der Austritt der Vereinigten Staaten und Großbritanniens dies korrigieren könnten und die Satzung der UNESCO sowie das allgemeine Völkerrecht, an dessen Fortbildung die UNESCO teilhat, wieder zum Fundament und Maßstab der UNESCO-Politik werden, könnte der Rückzug sich als politisch sinnvoll erweisen. Freilich müßte das Fernbleiben dann vorübergehend sein – denn gerade die UNESCO-Satzung stellt ihren Beitrag zur Fortentwicklung des Völkerrechts unter einen universalen Anspruch.

Klaus Dicke (Institut für Internationales Recht an der Universität Kiel)

Literaturhinweise

Düwell, Kurt, UNESCO: Krise als Dauerzustand? Ablehnung und Vorbehalte in der Geschichte dieser Sonderorganisation und ihrer Vorläuferin, in: Vereinte Nationen 33 (1985), S. 6–10.

Hajual, Peter I., Guide to UNESCO. London/Rom/New York 1983 (Bibliographie).

Krill, Hans-Heinz, Die Gründung der UNESCO, in: Vierteljahreshefte für Zeitgeschichte 16 (1968), 246–279.

Witte, Berthold C., Neue Chancen für die UNESCO, in: Außenpolitik 39 (1988), S. 38–47.

III. AKTUELLE ENTWICKLUNGSPROBLEME

Schuldenkrise ohne Ende?

Im August 1987 jährte sich das Verschuldungsdebakel Mexikos, das den Beginn der Schuldenkrise gekennzeichnet hatte, zum fünften Mal, ohne daß ein Ende dieser Krise abzusehen gewesen wäre. Die Hauptbeteiligten stellen sich nicht nur auf einen längeren Zeitraum zur Lösung des Verschuldungsproblems ein, es mehren sich auch die Stimmen, zum Teil selbst in der Bankenwelt, die angesichts der Rückzahlungslasten der besonders stark verschuldeten Entwicklungsländer für einen zumindest teilweisen Forderungsverzicht plädierten. Im Verlauf des Jahres 1987 stellten etliche Entwicklungsländer, allen voran Brasilien, von sich aus die Zinszahlungen an die privaten Gläubiger ein. Dazu häuften sich die Zahlungsrückstände und ganz allgemein war angesichts der fortwährenden Notwendigkeit, der Bevölkerung Anpassungslasten zur Bedienung der Schulden und zur Rückgewinnung der Kreditwürdigkeit aufzubürden, eine gewisse „Schuldenmüdigkeit" bei den Regierungen der Schuldnerländer festzustellen. Nicht nur bei diesen: auch bei den Banken verstärkte sich die Tendenz, sich aus dem Entwicklungsländergeschäft und Umschuldungskarussell zurückzuziehen und es den Regierungen der Industrieländer bzw. den von diesen mitgetragenen Internationalen Organisationen (Internationaler Währungsfonds, Weltbank) zu überlassen.

Dabei hatte es 1984 noch so ausgesehen, als sei mehr oder weniger alles ausgestanden: die Weltwirtschaft prosperierte, die Schuldnerländer waren aufgrund steigender Exporte, leicht sinkender internationaler Zinsen und binnenwirtschaftlicher Einschränkungen zu einer erheblichen Rückführung ihrer Leistungsbilanzdefizite in der Lage und ihre Rückkehr als normale Kreditnehmer an die internationalen Kapitalmärkte schien nur noch eine Frage der Zeit. Was hatte zur abermaligen Verschärfung der Krise geführt? Hauptgrund ist die Tatsache, daß nach zwei Jahren eines kräftigen weltwirtschaftlichen Aufschwunges, vor allem bedingt durch das Wirtschaftswachstum der USA, eine deutliche Wachstumsverlangsamung eintrat. Das Wachstum der Industrieländer schwächte sich von 4,6% (1984) auf 2,5% (1986) ab, das der Entwicklungsländer von 5,1 auf 4,2%, wobei die hochverschuldeten Länder Afrikas und Lateinamerikas besondere Einbrüche erlebten (1986 nur noch 0,5 bzw. 2,5% Wachstum). Logische Begleiterscheinung war auch eine schwächere Expansion des Welthandels (1986 rund 4%) und damit eine Begrenzung der Absatzchancen von Entwicklungsländern. Besonders betroffen hiervon waren die lateinamerikanischen Länder, die hauptsächlich in die USA exportieren, die insgesamt übrigens einen wichtigeren Absatzmarkt für Drittweltprodukte darstellen als die Länder der EG und Japan zusammen.

Stärkere Rückschläge als beim Exportvolumen gab es bei den Exportpreisen und damit -erlösen, fielen doch die Notierungen bei den Rohstoffen im Jahre 1986 auf Rekordtiefstände, bedingt durch die sich abschwächende Konjunktur in den Industrieländern, die Folgen der Angebotsexpansion bei Rohstoffen seit Mitte der siebziger Jahre und den fortbestehenden Agrarprotektionismus der Industrieländer. Daher fielen die Exporteinnahmen etwa der zehn Hauptschuldner von 125 (1985) auf 103,9 Mrd. $ (1986). Konsequenterweise stieg auch das Leistungsbilanzdefizit der afrikanischen und der hochverschuldeten Staaten wieder kräftig an (von 4 auf 8,9 Mrd. $ bzw. von 0,4 auf 12 Mrd. $), und es verschlechterten sich die wichtigsten Verschuldungskennziffern (Verhältnis von Schulden zu Exporten bzw. Schuldendienst zu Exporterlösen) der Hauptschuldner. Da diese Kennziffern die wichtigsten Maßnahmen der kommerziellen Kreditwürdigkeit darstellen, nimmt es auch nicht wunder, daß die ohnedies geringe

Neigung der internationalen Geschäftsbanken zur Kreditvergabe an diese Länder noch weiter abnahm: die Nettokreditgewährung (Auszahlungen öffentlicher und privater Mittel abzüglich Tilgungen) an die Dritte Welt ging 1986 auf ⅓ der Bezüge von 1981 (bei den hochverschuldeten Staaten auf ¼) zurück; die Bankkredite allein schrumpften auf unfreiwillige Ausleihungen im Rahmen von Umschuldungspaketen (1986 zugunsten Mexikos und Nigerias) und Ausleihungen an die kreditwürdigen asiatischen Länder. Unter Einschluß der Zinszahlungen ergab sich 1986 ein Nettokapitalabfluß aus Entwicklungsländern in Höhe von 29 Mrd. $ (1985: 30,7 Mrd.). Die hochverschuldeten Staaten allein haben 1983–87 einen Nettokapitalabfluß von sage und schreibe 100 Mrd. $ verkraften müssen. Diese mangelhafte Finanzierung, die verschlechterten weltwirtschaftlichen Rahmenbedingungen und die zwangsläufigen, zum Teil auch nicht ausreichenden Einschränkungen bei einigen Kreditnehmern führten bei den hochverschuldeten Staaten zu einem massiven Sinken des Pro-Kopf-Einkommens (in den afrikanischen Staaten um 25% gegenüber Anfang der achtziger Jahre), der Importquote (auf 60% des 1981 erreichten Volumens) und der Investitionsquote (um ⅓ gegenüber 1981). Logischerweise steigerten die nicht enden wollenden Kürzungen der öffentlichen Investitionen, des öffentlichen Konsums und der Reallöhne die sozialen Konflikte und den politischen Widerstand gegenüber weiteren Kürzungen vor allem in den jungen Demokratien Lateinamerikas, deren Regierungen (wie auch die der afrikanischen Staaten) auf etlichen Gipfelkonferenzen (zuletzt in Acapulco) daher auch eine unterschwellig drohende Haltung gegenüber den Gläubigern einnahmen, wenn sie sich auch, aufgrund unterschiedlicher Schuldenstruktur und außenwirtschaftlicher Abhängigkeit, nicht zur Bildung einer gemeinsamen Schuldnerfront (Schuldnerkartell) durchringen konnten.

Fortgesetzter Import- und Investitionsverzicht ist freilich nicht nur politisch explosiv, sondern verschlimmert nur das Schuldenproblem, dessen Lösung strukturelle Reformen mit

Außenverschuldung der Entwicklungsländer[1]
(in Mrd. $)

	1984	1985	1986[2]	1987[3]	1988[4]
Langfristige Verschuldung	714	784	871	930	980
davon:					
aus öffentlichen Quellen	257	296	343	375	405
aus privaten Kapitalgebern	457	489	528	555	575
Kurzfristige Verschuldung[4]	163	166	150	155	155
Andere Entwicklungsländer	81	89	99	105	110
Total	958	1038	1120	1190	1245

[1] Mit Ausnahme der „Anderen Entwicklungsländer" 109 Berichtsländer;
[2] vorläufige Daten; [3] Schätzungen; [4] inklusive Kredite des Internationalen Währungsfonds.
Quelle: Weltbank

dem Ziel höheren Wachstums und steigender Ausfuhren verlangt. Diese Reformen wollen aber finanziert sein.

Genau auf der Überlegung, daß die Zahlungsfähigkeit der Hauptschuldner nur durch Aufrechterhaltung ausreichenden Wachstums und einer angemessenen Investitionsquote, damit aber auch ausreichender Finanzierung von außen zur Durchführung effizienzsteigernder wirtschaftlicher Reformen, gesichert werden kann, beruhte der auf der Jahrestagung von Weltbank und IWF (Internationaler Währungsfond) 1985 verkündete Baker-Plan. Er kennzeichnete einen Wandel im Denken der amerikanischen Administration, die bis dahin das Schuldenproblem ignoriert hatte, und wollte durch die Zuführung neuer, marktorientierter Reformen bei den Schuldnern unterstützender Kredite die Basis für ein tragfähiges Wachstum legen. Die Fortschrittsprüfung der Programme sollte durch die Weltbank erfolgen, die den 15 hauptverschuldeten „Baker-Ländern" während drei Jahren zusätzliche Kredite in Höhe von neun Mrd. $ gewähren sollte, begleitet von neuen Krediten seitens der Geschäftsbanken über 20 Mrd. Dollar. Der Baker-Plan spiegelt vor allem die Interessen der amerikanischen Banken wider, die sich in diesen 15 Ländern besonders stark engagiert hatten und die sich durch eine geringere

Risikovorsorge auszeichneten als die europäischen Institute, die folgerichtig an seiner Durchführung weniger interessiert waren. Der Plan kam trotz erheblicher Vorschußlorbeeren nicht von der Stelle. Die Banken forderten eine stärkere Beteiligung der öffentlichen Hand und waren sich uneins über die Aufteilung der Kreditsumme. Die an sich notwendige Kapitalaufstockung der Weltbank scheiterte lange Zeit am amerikanischen Widerstand. Wichtigster Faktor des aus heutiger Sicht gescheiterten Baker-Plans war die nicht zu überwindende Kreditzurückhaltung der internationalen Geschäftsbanken. Deren Ausleihungen an die Entwicklungsländer fielen 1986 auf ihren absoluten Tiefstand (11,1 Mrd. $), wobei die „Baker-Länder" in diesem Jahr ganze 300 Mio. $ erhielten. Die Weltbank dagegen hatte ihren Teil der Verpflichtungen weitgehend übernommen, hat sie doch die Auszahlungen an die Baker-Länder 1986 um 50% gesteigert und den Mittelabfluß beschleunigt.

Man kann auch nicht generell sagen, daß die Kreditzurückhaltung der Banken durch mangelhafte Stabilisierungsbemühungen der Hauptschuldnerländer begründet war: so sind in den Entwicklungsländern die Inflationsraten deutlich gesunken (auf durchschnittlich 8% im Jahre 1986), etliche Schuldnerländer liberalisierten nach einem Bericht des IWF ihren Außenhandel und steigerten die Effizienz ihrer öffentlichen Unternehmen bzw. begannen diese zu privatisieren. Allein 25 afrikanische Länder führten größere Programme zur Strukturreform durch. Auch sind die Wechselkurse der Hauptschuldner heute auf einem realistischen Niveau, daher sind z.T. auch die nicht-traditionellen Exporte (etwa Mexikos) beachtlich gestiegen. Auch beim eigentlichen Test erfolgreicher Anpassung, der vormals massiven Kapitalflucht aus den Schuldnerländern, konnte eine deutliche Trendwende festgestellt werden. Nach den Zahlen des IWF ist die Kapitalflucht von 44 Mrd. $ (1981) auf 5 Mrd. $ (1986) abgesunken; in einzelnen Ländern (Mexiko, Venezuela, Nigeria) kam es gar zu einer Rückkehr von Fluchtgeldern. Geringere Erfolge sind allerdings bei vielen Schuldnern bei der Rückführung oftmals erheblicher Haushaltsdefizite (die die Inflation anheizen) und bei der Liberalisierung der Finanzmärkte und damit der Mobilisierung lokaler Ersparnisse festzustellen. Grundsätzlich bleibt aber festzuhalten, daß der Finanzierungsbedarf der Reformen, zumal angesichts stagnierender Exporteinnahmen, nicht gedeckt wurde.

Die Gründe für die Kreditzurückhaltung der Banken sind unschwer auszumachen: zum einen verbesserte sich die Kreditwürdigkeit der Schuldnerländer (gemessen an der Schuldendienstquote) ja nicht, zum anderen haben die Banken seit 1982, zuerst zögernd, dann rascher, ihre finanzielle Position durch Rückstellungen und Kapitalaufstockungen mittlerweile so weit verbessert, daß sie Zahlungseinstellungen der Schuldner weniger fürchten müssen. So sollen etwa die schweizerischen Institute ihre Problemkredite bereits vollständig abgeschrieben haben, deutsche Institute wohl zu mindestens 50% (bei der Deutschen Bank 70%), während die amerikanischen und englischen Institute, die sich lange durch geringe Risikovorsorge auszeichneten, im Jahre 1987 massive Rückstellungen tätigten. Den Anfang machte im Mai 1987 die Citicorp mit Abschreibungen in Höhe von 3 Mrd. $, später folgten die Chase Manhattan und zwei englische Banken. Ende 1987 hatten auch die amerikanischen Banken Reserven in Höhe von 25–50% ihrer Forderungen gegenüber Entwicklungsländern gebildet. Die Reservenbildung wurde von den Banken ausdrücklich als Schritt gesehen, um gegenüber den Schuldnern mehr Spielraum zu gewinnen und ihre Forderungen nach neuen Krediten nicht mehr automatisch akzeptieren zu müssen. Die Gefährdung alter Schulden stellt ja das wichtigste Vergabemotiv für neue Kredite seitens der Banken dar. Entfällt dieses Motiv, so ist Zurückhaltung die natürliche Konsequenz. Umso mehr, als eine teilweise Abschreibung alter Schulden den Marktwert neuer Kredite sofort entsprechend verringert.

Die Schuldenmüdigkeit der Entwicklungsländer und die Kreditzurückhaltung der Banken machten eine Revision der bisher verfolgten Schuldenstrategie unumgänglich. Die Ansätze hierzu haben sich seit dem Frühjahr 1987 zunehmend konkretisiert. Zunächst einmal wurde, mit der Tagung des Interims- und Entwicklungsausschusses im April 1987 und der Gipfelkonferenz in Venedig, das Problem der afrikanischen Schulden von jenen der anderen Entwicklungsländer abgekoppelt. Sollten die Verbindlichkeiten der hochverschuldeten Staaten nach wie vor fallweise behandelt werden, so wurde andererseits anerkannt, daß die afrikanischen Staaten nur langfristig wieder an die Kapitalmärkte zurückgeführt werden können und mehr oder minder pauschale Entlastung benötigen, um ihre Schuldenlasten wieder tragbar zu machen. Die Gipfelkonferenz in Venedig brachte die Empfehlung, die Umschuldungszeiträume für die ärmeren Staaten zu verlängern und die Zinslast zu verringern, eine Empfehlung, die bei den nachfolgenden Umschuldungsverhandlungen im Pariser Klub, bei denen die Umschuldungsfristen für Mozambique, Somalia, Mauretanien, Uganda und Zaïre auf 15–20 Jahre verlängert wurden, auch prompt umgesetzt wurde. Der IWF, dessen Rolle sich beim Schuldenmanagement seit 1984 erheblich verringert hatte und der seine ärmeren Kreditnehmer mit Nettorückzahlungen belastete, verdreifachte zum Jahresende das Volumen seiner bisherigen Strukturanpassungsfazilität auf 9 Mrd. Dollar. Diese Mittel tragen einen extrem niedrigen Zinssatz und sollen im Rahmen längerfristiger Anpassungsprogramme vornehmlich den afrikanischen Staaten zugute kommen und sichern letztlich auch die Rückzahlung der von diesen Ländern gezogenen IWF-Kredite. Die Weltbank hat ein Sonderprogramm aufgelegt, das einen Anteil von 50% der achten Kapitalauffüllung der IDA (International Development Agency) in Höhe von 12,4 Mrd. $ für die afrikanischen Länder vorsieht, teilweise im Zusammenhang mit IWF-Programmen, teilweise zur Finanzierung eigener Strukturanpassungsprogramme in Zusammenarbeit mit bilateralen Gebern. Letztere praktizieren zudem im unterschiedlichen Ausmaß die Umwandlung ihrer offiziellen Entwicklungskredite in Zuschüsse oder planen dies. Insgesamt erhält man den Eindruck ausreichender Aufmerksamkeit für die besonderen Nöte der afrikanischen Länder, wobei dies natürlich dadurch erleichtert wird, daß die ausstehenden afrikanischen Schulden im Vergleich zu jenen der lateinamerikanischen Länder eher mäßig sind und zum geringsten Teil (zu etwa 10%) gegenüber den Geschäftsbanken lauten.

Anders bei den hochverschuldeten Ländern: hier wiederholten die Gläubigerstaaten und -banken gebetsmühlenhaft die Gültigkeit der traditionellen Schuldenstrategie bis zum Herbst 1987, wobei Regierungen und der IWF einerseits, die Geschäftsbanken andererseits bestrebt waren, sich gegenseitig die Schuld für deren mangelhaften Erfolg zuzuweisen. So war etwa der neue geschäftsführende Direktor des IWF, Michel Camdessus, von Beginn an bestrebt, mit den Banken eine deutlichere Sprache zu sprechen und forderte sie auf, Verantwortung für ihre früher übermäßig ausgedehnte Kreditvergabe an die Entwicklungsländer zu übernehmen, deren Anpassungserfolge zur Kenntnis zu nehmen und mit neuen Krediten zu belohnen. Der amerikanische Finanzminister Baker wandte sich gegen „Sirenenklänge von der Vergebung der Schuld", die das Risiko der privaten Bankschulden auf die Internationalen Organisationen und deren Mitgliedsregierungen abzuwälzen versuchten. Die Banken wiederum forderten eine stärkere Beteiligung der Regierungen und der Internationalen Organisationen bei der Lösung der Verschuldungsprobleme, eine striktere Durchsetzung der IWF-Auflagen und stärkere Eigenanstrengungen der Schuldner. Parallel zu dieser Debatte setzten sich am Markt (seit 1985, verstärkt 1987) neue Finanzierungsmechanismen durch, die die Optionen der beteiligten Banken beim Management ihrer Außenstände gegenüber den hochverschuldeten Staaten verbreitern und/oder ihnen den Ausstieg aus der weiteren Kreditvergabe ermöglichen, aber auch den Schuldnern eine gewisse Entlastung bringen. Wichtige Voraussetzung dieser neuen Finanzierungsmechanismen (als „Menü-Ansatz" in die Literatur eingegangen) war die Bildung eines Sekundärmarktes für Forderungen an Entwicklungsländer, auf dem sich die Banken – gegen Abschläge – eines Teils ihrer Länderrisiken gegen bar entledigen können.

Das Volumen derartiger Transaktionen wurde für 1986 auf 5 Mrd. $ geschätzt. Die Entstehung eines Sekundärmarktes haben einige Schuldnerländer (heute sind es elf) zur Einrichtung von Fazilitäten der „Schuldenkonversion" (debt-equity swaps) genutzt, bei denen ein ausländischer Investor Auslandsschulden gegen inländische Währung (mit einem Abschlag) zum Erwerb von Vermögenswerten tauschen kann. Die Schuldenkonversion verringert die Auslandsschuld und gibt die Möglichkeit, Fluchtgelder wieder ins Land zurückzuholen. Die Banken erhalten damit ein Instrument zum Abbau ihres Engagements in bestimmten Ländern. Bis heute wurden etwa 8 Mrd. $ an Auslandsschulden derart umgewandelt. Dieser anfangs hochgelobte Mechanismus leidet an einigen Beschränkungen, die ihn als Zauberwaffe zur Lösung des Schuldenproblems ungeeignet erscheinen läßt. Schuldenkonversionen verlangen attraktive Anlagemöglichkeiten, die bei den hochverschuldeten Ländern nur in geringem Maße gegeben sind. Sie bringen weiterhin eine Veräußerung des Produktivvermögens an Ausländer, und ihr mögliches Volumen verblaßt gegenüber den Schulden der in Frage kommenden Länder.

Ähnliches gilt für die anderen neuen Finanzierungsansätze zur Bereinigung der Schuldenkrise. Ihr Ziel ist insgesamt die Schneiderung von Umschuldungsabkommen, mit denen die bestmögliche Anpassung an die spezifischen strategischen Interessen und Bedürfnisse der jeweils unterschiedlichen nationalen Vorschriften unterliegenden Banken erreicht wird und der Ersatz bisher zur Zahlungsbilanzfinanzierung verwendeter Bankkredite durch stärker projektgebundene Ausleihungen. Im einzelnen wären zu nennen verstärkte Kofinanzierung (Beteiligung der Banken etwa an einem Weltbankprojekt), Onlending (von Regierungen garantierte Kredite, die jedoch an private Unternehmen im Lande weitergeleitet werden), Sale/Leaseback-Verträge (Beschaffungskredite für Investitionsgüter, wobei das Finanzierungsobjekt im Besitz der Bank verbleibt) und die Verbriefung von Krediten (Umwandlung in festverzinsliche Wertpapiere), zum Teil in der Gestalt von „Exit Bonds", die kleineren und mittleren Banken den Ausstieg aus dem Kreditgeschäft gegen die Hereinnahme niedriger verzinslicher Obligationen gestatten.

Alle diese Optionen sind zwar nicht wertlos, beschränken aber nur in unbedeutendem Maß den Kapitalabfluß aus den Hauptschuldnerländern. Dieser läßt sich nur umkehren durch ausreichende Neukredite – das war die Zielrichtung des Baker-Planes – oder durch Kappung des Schuldendienstes, also teilweisen oder völligen Forderungsverzicht. Angesichts des relativen Scheiterns des Baker-Plans und der Tatsache, daß die Banken bereits einen größeren Teil der Kredite abgeschrieben und diese mit hohen Abschlägen auf den Sekundärmärkten gehandelt werden, die Schuldner davon aber nicht profitierten, sondern nach wie vor den nominalen Kreditbetrag bedienten, rückte im Jahre 1987 die Frage nach der Wünschbarkeit und den möglichen Formen eines Schuldenerlasses, der den Schuldendienst wieder stärker in Einklang mit den Wachstumserfordernissen der Schuldner bringen würde, stärker in den Vordergrund. Der amerikanische Finanzminister rüttelte als erster am Tabu des Forderungsverzichts, als er zu verstehen gab, die Banken müßten sich auf Abschreibung ihrer Kredite gegenüber Lateinamerika einstellen. Der Sprecher der Deutschen Bank, Alfred Herrhausen, sprach am Rande der Frühjahrstagung von Weltbank und Währungsfonds im April als erster westlicher Banker, unter erheblichem Protest seiner Kollegen, offen von Schuldenerlaß. Für den geschäftsführenden Direktor des IWF schließlich ging es nur noch darum, hierbei marktgerechte und zwischen beiden Vertragsparteien ausgehandelte Lösungen zu finden. Im Falle Boliviens wurde ein derartiger Schuldenerlaß zum Jahresbeginn 1987 erstmals praktiziert. Die Banken vereinbarten ein Abkommen mit Bolivien, das es dem Land erlaubt, seine Schulden zu einem hohen Diskont zum Zweck des Schuldenerlasses zurückzukaufen, begleitet von einem IWF-Stabilisierungsprogramm. Standen bei diesem Abkommen noch relativ geringe Summen auf dem Spiel, weshalb es keine übermäßige Signalwirkung hatte, so war das Umschuldungsabkommen mit Mexiko im Februar 1988 zweifelsohne eine Art Wendepunkt in der Verschuldungskrise. Dieses Abkommen beinhaltete die Umwandlung von Bankforderungen in indirekt vom US-Schatzamt garantierte Schuldtitel des mexikanischen Staates in Höhe von 10 Mrd. $. Mexiko muß zunächst nur 2 Mrd. $ aufbringen, der Rest wird neben den Zinsen erst nach zwanzig Jahren fällig. Die Anleihe wird bei der amerikanischen Notenbank deponiert, die Banken tauschen ihre Forderungen mit fallweise verhandelten Abschlägen gegen eine Beteiligung an dieser Anleihe aus. Das Experiment ist die erstmalige Anerkennung der Tatsache, daß Forderungen größeren Ausmaßes uneinbringlich sind und beteiligt auch erstmals die US-Regierung direkt an einem Lösungsversuch. Zwar war die Entlastungswirkung des Abkommens vergleichsweise gering, da es wegen des Widerstandes der Banken nur eine effektive Entschuldung in Höhe von einer Mrd. $ brachte, es schuf aber zweifelsohne einen Präzedenzfall. Venezuela und Brasilien zeigten sich bereits an einem ähnlichen Abkommen interessiert.

Der neue, vorsichtige Realismus der Banken wird ergänzt durch etliche, seit der Jahrestagung 1987 von Weltbank und Währungsfonds diskutierte Vorschläge zur Erweiterung ihres Kreditspielraumes gegenüber den Hauptschuldnern. Damit verschieben sich in der Schuldenstrategie insgesamt die Akzente von den Banken (auf die der Baker-Plan das Schwergewicht legte) zu den Internationalen Finanzorganisationen. Zunächst einmal einigten sich die Exekutivdirektoren der Weltbank nach hinhaltendem, zuletzt aber schwächerem amerikanischen Widerstand auf eine massive (um 80%) Kapitalerhöhung der Weltbank, die ihr potentielles jährliches Kreditprogramm ab den neunziger Jahren auf mindestens 20 Mrd. $ p. a. auszuweiten in der Lage ist. Im Frühjahr 1988 wurden die Streckung der tilgungsfreien Zeit für Weltbankkredite von drei auf fünf Jahre und die Verlängerung der Rückzahlungsfrist sowie (erneut) der Einsatz von Weltbankgarantien zur Sicherung von Bankkrediten erörtert. Innerhalb des Währungsfonds wurde im Frühjahr 1988 Übereinstimmung über eine vom amerikanischen Finanzminister angeregte Eventualfazilität erreicht, die Ländern, deren Anpassungsprogramme aufgrund externer Ursachen (unvorhersehbare Exporteinbußen, Anstieg des Zinsniveaus etc.) in Schwierigkeiten geraten, rasch Hilfe gewähren soll. Außerdem soll die erweiterte Fazilität des Fonds – deren Kreditlaufzeit drei Jahre beträgt und die in letzter Zeit wenig genutzt wurde – wiederbelebt werden und Ländern zugute kommen, die weitreichende Reformen unternehmen. Ferner signalisierte der Internationale Währungsfonds die Bereitschaft, die Überwachung seiner Anpassungsprogramme flexibler zu gestalten, d.h. die Zahl der Überprüfungen zu verringern und sie auf die wichtigsten Zielgrößen zu beschränken. Zuletzt verlangte der geschäftsführende Direktor des IWF auch eine substantielle Aufstockung der IWF-Quoten.

Insgesamt kann man in der Bewältigung der Schuldenkrise also einen nicht unwesentlichen Umschwung feststellen: die Bedeutung der Internationalen Finanzinstitutionen bei der Bewältigung der Krisenlasten wächst, die Bereitschaft der Banken zur weiteren Kreditvergabe neigt wegen des Schuldenüberhanges bei den Entwicklungsländern und ihres beschleunigten Reservenaufbaus weiterhin gegen Null. Damit wächst auch die Neigung der Schuldner zur Zahlungseinstellung – die sie wegen ohnedies ausbleibender Neukredite vergleichsweise wenig kostet –, und in Anerkenntnis dieser Lage zeichnet sich bei den Banken ein Trend zum schuldenpolitischen Realismus ab, der einen fallweise ausgehandelten Forderungsverzicht beinhaltet.

Joachim Betz (Institut für Allgemeine Überseeforschung, Hamburg)

Technologie und Dritte Welt

Die entwicklungspolitische Technologiediskussion drehte sich in der letzten Zeit im wesentlichen um drei Problemkreise: Die Bedeutung „neuer" Technologien (v.a. Mikroelektronik ⟨ME⟩ und Bio-/Gentechnologie ⟨BT/GT⟩) für die Dritte Welt, die fortbestehende Forderung der Entwicklungsländer (EL) nach freiem und kostenlosem Technologietransfer (TT) und die Frage nach dem konkreten Management des TT.

1. Neue Technologien I: Mikroelektronik

Zentraler Gegenstand der Diskussion um ME und Dritte Welt war anfänglich die Frage nach den Auswirkungen auf die internationale Arbeitsteilung. Man befürchtete, daß die Einführung der ME in den Industrieländern und der damit erwartete Produktivitätssprung die Lohnkostenvorteile der Dritten Welt hinfällig werden lassen könnte. Als Folge wurden eine abnehmende Attraktivität der EL für Investitionen ausländischer Unternehmen, wenn nicht gar eine Umkehr des Trends zu einer „Neuen internationalen Arbeitsteilung", d.h. Rückverlagerungen aus der Dritten in die Erste Welt prognostiziert. Inzwischen hat sich jedoch herausgestellt, daß diese Argumentation zwar eingängig, jedoch allzu simpel war: Die Verbreitung ME-gestützter Automatisierungstechnologien schreitet in Erster *und* Dritter Welt zügig voran, ganz abgesehen davon, daß das Investitionsverhalten internationaler Konzerne doch von mehr Faktoren als nur dem Lohnniveau bestimmt wird.

Die aktuelle Diskussion kreist daher um zwei andere Fragen: Die entwicklungspolitische Bedeutung des Aufbaus von ME- bzw. Computerindustrien in einigen EL und die Relevanz der Nutzung der ME- bzw. Computertechnologie in der Dritten Welt. Freilich haben sich nur wenige der Hoffnungen, die anfänglich mit dem Computereinsatz in EL verbunden waren, erfüllt. Medizinische Expertensysteme, computergestützte Unterrichtssysteme oder computerberechnete Bewirtschaftungspläne in der Landwirtschaft kratzen allenfalls an der Oberfläche strukturell bedingter Probleme. Noch die meisten Hoffnungen sind derzeit mit dem „blending" verbunden, d. h. der Verbindung moderner mit traditioneller Technologie, wie sie u. a. von der ILO (International Labour Organization) propagiert wird. Hier ist es noch am ehesten möglich, die „Angepaßtheit" der ME – Energieeffizienz, Wartungsfreiheit, Kleinheit – zum Tragen zu bringen, indem man etwa Bewässerungssysteme von Kleinrechnern steuern läßt.

Daneben zeichnet sich ein auch mit technologischen Faktoren zusammenhänger Investitionsboom im Bereich der Telekommunikation ab. ME-gesteuerte Telefonvermittlungsanlagen können für EL eine angepaßtere Technologie darstellen als herkömmliche elektromechanische Anlagen, die platzaufwendig, energie- und pflegeintensiv sind. Überdies kann die Satellitenkommunikationstechnologie mittlerweile eine kostengünstige Infrastruktur bereitstellen. Verstärkt wurde der Boom durch einen Bericht der „Maitland-Kommission" der Internationalen Fernmeldeunion (ITU), deren Aktivitäten von den internationalen Telekommunikationsherstellern finanziert wurden. Tatsächlich verbirgt sich hinter diesem Boom hauptsächlich der – mit öffentlichen, auch Entwicklungshilfemitteln geförderte – Konkurrenzkampf dieser Hersteller um neue Absatzmärkte für eine Technologie, die mit extrem hohen Entwicklungskosten verbunden ist.

Demgegenüber macht sich Ernüchterung breit hinsichtlich der Erwartung, mit Hilfe der ME ein neues Industrialisierungsmodell anzustoßen, das nicht mehr auf herkömmlichen Verfahren, sondern auf flexiblen, ME-gesteuerten Maschinen beruht, die die verschiedensten Produkte auch in kleinen Serien und dabei immer kostengünstig herstellen können. Die Erfahrungen mit derartigen Technologien – z. B. CNC-Maschinen, flexiblen Fertigungssystemen oder Robotern – in den Industrieländern (IL) lassen an ihrer Anwendbarkeit unter „typischen" Dritte-Welt-Bedingungen zweifeln: Sie sind hochkomplex, anfällig und teuer; sie erfordern hochqualifizierte Arbeitskräfte für Aufbau und Betrieb, die selbst hierzulande rar sind.

Das Problem des Mangels an qualifizierten Experten war es auch, was bislang die Bemühungen namentlich Indiens und Singapurs gebremst hat, exportorientierte Softwareindustrien aufzubauen. An sich hat die u.a. von der UNIDO (United Nations Industriel Development Organization) propagierte Idee, Softwareproduktion in die Dritte Welt zu verlagern, etwas Bestechendes: Das Entwickeln von Computerprogrammen ist der bei weitem arbeitsintensivste Bereich innerhalb der Computerindustrie, und hier herrscht überdies in den IL ein notorischer Mangel an Fachkräften. Jedoch hat sich gezeigt, daß selbst in den genannten Ländern das Vorhandensein akademisch vorgebildeter und englischsprechender Arbeitskräfte intensives Training nicht überflüssig macht. Hinzu kommt das Problem, daß die Softwareproduktion bislang erst ansatzweise arbeitsteilig organisiert ist und überwiegend im engen Kontakt zwischen Softwareentwickler und Anwender abläuft – Faktoren, die nicht mit dem herkömmlichen Auslagerungsschema zusammenpassen. Nicht selten wiegen hohe Kommunikations- und Vermarktungskosten die Lohnvorteile im Endeffekt wieder auf.

Auch die Industrialisierungserfolge einiger Länder im „High-Tech"-Bereich lassen sich sicher nicht zu einem Entwicklungsmodell verallgemeinern: dazu sprechen die Mißerfolge in anderen Ländern wie Mexiko, Argentinien, Malaysia oder den Philippinen eine zu deutliche Sprache. Dennoch ist bemerkenswert, daß Brasilien und Indien, vermittels der Abschottung gegen ausländische Konkurrenz erfolgreiche binnenmarktorientierte Computerindustrien aufbauen konnten; daß Südkorea und Taiwan sogar Mikrochip- und Mikrocomputerindustrien zu entwickeln vermochten, die relativ eigenständig auf dem Weltmarkt operieren. Die Erfolge dieser Länder beim Aufbau von ME- bzw. Computerindustrien sind nicht zuletzt deshalb relevant, weil sie belegen, daß die Dritte Welt nicht immer auf den guten Willen der IL zum TT angewiesen und damit hoffnungslos in Abhängigkeit ist. Industrieunternehmen aus diesen Ländern haben durch die intelligente Nutzung von TT-Mechanismen wie Joint Ventures, Lizenzabkommen oder Lohnproduktionen fortgeschrittenes Knowhow erworben, und sie haben darüber hinaus bestimmte Mechanismen eines „unkonventionellen" TTs anzuwenden verstanden, auf die im folgenden noch einzugehen sein wird.

2. Kostenloser Technologietransfer

Im Kontext der Nord-Süd-Technologiediskussion wurde von den Vertretern des Südens stets das Argumentationsmuster gebraucht, technologisches Wissen sei als gemeinsames Erbe der Menschheit zu betrachten und daher nicht als marktgängiges Gut zu behandeln. Es sei ein „free flow" im Technologiebereich anzustreben – „free" hierbei im Sinne von frei *und* kostenlos; eine Forderung, die auf der letztjährigen UNCTAD (United Nations Conference on Trade and Development) nochmals unterstrichen wurde. Diese Forderung ist von den IL, zwischen denen Technologie traditionell als handelbares Gut betrachtet wurde, stets rundweg abgelehnt worden. Als Kompromiß wurde nach der Wiener Konferenz über Wissenschaft und Technologie im Dienste der Entwicklung von 1979 eine zusätzliche UN-Unterorganisation eingerichtet, das „United Nations Center for Science and Technology for Development" (UNCSTD). Dieses Zentrum sollte den ursprünglichen Planungen zufolge ab Mitte der achtziger Jahre Milliardenbeträge zur Verfügung haben, um den Nord-Süd-TT zu fördern – eine Absicht, die nie verwirklicht wurde; tatsächlich überstieg der UNCSTD-Jahresetat nie 10 Mio. US-$, und das Zentrum spielt heute nur eine Nebenrolle im Nord-Süd-TT. Ursache dafür ist neben der Krise des Multilateralismus im allgemeinen und der UNO im besonderen die unverändert starre Haltung der IL in der Technologiefrage. In den Nord-Süd-Technologiebeziehungen dominieren daher auch weiterhin deren Regeln und Interessen. Wenn Produkte ohne Autorisierung kopiert bzw. nachgebaut werden, so ist das daher aus

„südlicher" Sichtweise als Notwehr zu betrachten – gegen den monopolistischen Umgang der industrialisierten Welt mit technologischem Wissen. Insofern kann es wenig überraschen, daß eines der gängigsten Instrumente unkonventionellen TTs das „reverse engineering" ist: Produkte von Herstellern aus der Ersten Welt werden zerlegt, um die Konstruktions- und Funktionsprinzipien herauszufinden, und dann – originalgetreu oder mit Verbesserungen – nachgebaut. Dieses besonders bei Mikrocomputern gängige Verfahren ist insbesondere dann anwendbar, wenn bestimmte Schlüsselkomponenten, v.a. Mikroprozessoren und Speicherchips, auf dem freien Markt problemlos zu erwerben sind. Freilich sind auch schon Mikrochips selber auf der Grundlage von reverse engineering nachgebaut worden. Seit neuestem droht diesem Verfahren allerdings das Aus, haben doch die IL – allen voran die USA – im Bereich des Patent- und Urheberrechts eine politische Offensive gegen die Dritte Welt gestartet, die explizit auf „Piratenproduzenten" von Mikrocomputern, aber z.B. auch Mikrochips und Software, zielt; wichtigstes Druckmittel ist dabei der – für die meisten fortgeschrittenen EL lebenswichtige – Zugang zu den Märkten der IL. Für jene EL, die heute über eine entwickelte ME-Industrie verfügen, ist das kein existentielles Problem, haben sie doch mittlerweile hinreichend Know-how erworben, um eigenständig Produkte zu entwickeln; für Nachzügler jedoch wird damit dieser wichtige Weg des Technologieerwerbs versperrt.

Als weiteres Problem kommt für die EL der zunehmende technologie-politische Wettbewerb zwischen den IL hinzu, die den TT nicht mehr nur gegenüber den sozialistischen Staaten (Stichwort CoCom) beschränken. Der technologische Wettlauf der entwickelten Volkswirtschaften um die besten Ausgangsbedingungen für das Wachstum von morgen, bei dem der Verfügung über die fortgeschrittensten Technologien eine Schlüsselbedeutung zugemessen wird, äußert sich zusehends auch in TT-Beschränkungen der IL untereinander. Dies schafft ein Klima, das den TT in die Dritte Welt nicht eben fördert.

3. Management des Technologietransfers

Eine Reihe von EL hat frühzeitig erkannt, daß der Nord-Süd-Technologiedialog wenig fruchtbar sein würde. Als Konsequenz wurde in Ländern wie Brasilien oder Südkorea der Technologietransfer von staatlichen Stellen überwacht, die dafür sorgten, daß Technologien nicht mehrfach und nicht zu unfairen Bedingungen erworben wurden. In der Folge zeigte sich, daß TT nicht notwendig zu den Bedingungen der Technologiegeber aus den IL stattfindet. Behörden, zunehmend aber auch einzelne Unternehmen aus EL vermochten die Konkurrenzsituation zwischen potentiellen Technologiegebern zu ihren Gunsten zu nutzen. Dies gelang sogar im „High-Tech"-Bereich, wo zudem noch andere Maßnahmen hinzukamen. So haben Unternehmen aus Südkorea und Taiwan Technologiefirmen in den USA und damit deren Know-how aufgekauft, und insbesondere Taiwan hat durch den Aufbau eines Technologieparks mit attraktiven Konditionen für Unternehmensgründer einen „reverse brain-drain" eingeleitet, bei dem Chinesen mit langjähriger Berufserfahrung in der US-Computerindustrie rückwandern. Wenngleich diese Beispiele nicht überinterpretiert werden sollten, zeigen sie doch, daß es prinzipiell eine Reihe von erfolgversprechenden unkonventionellen Maßnahmen gibt.

4. Neue Technologien II: Bio-/Gentechnologie

Auf den ersten Blick erscheinen die Fortschritte in der BT/GT geeignet zu sein, eine Reihe von gravierenden Problemen der Dritten Welt zu lösen – durch die Entwicklung weniger anfälliger Pflanzenarten oder neuer Heilmittel etwa. Jedoch sind im Bereich der GT in einem früheren Stadium als bei der ME Großunternehmen in die Entwicklung eingestiegen. Sie spielen in der Forschung eine dominierende Rolle, wobei sie sich – wie nicht anders zu erwarten – primär von kommerziellen Überlegungen leiten lassen. Sie entwickeln z.B. statt schädlings- und krankheitsresistenter Pflanzen herbizidresistente

Sorten, die anschließend als Paket – Saatgut plus Schädlingsbekämpfungsmittel – vermarktet werden; eine Strategie, die in der Tradition der „Grünen Revolution" steht und wie diese Großproduzenten bevorteilen wird. Bei der Entwicklung von Heilmitteln zielen sie primär auf den Bedarf in den IL, während Medikamente gegen Krankheiten wie Flußblindheit oder Lepra mangels kaufkräftiger Nachfrage nicht entwickelt werden. Überdies stehen sie der Weitergabe von Forschungsergebnissen – sei es in den Wissenschaftsbereich, an andere Unternehmen oder an die Dritte Welt – überaus reserviert gegenüber. Ein weiteres Moment kommt hinzu: Während für Mikrochips erst mehr als zehn Jahre nach ihrer Entwicklung ein spezieller Patentschutz eingeführt wurde, hat dieser Prozeß bei der GT weit früher eingesetzt. Diese Faktoren erschweren es der Dritten Welt beträchtlich, GT-Know-how durch konventionelle oder unkonventionelle Mechanismen zu erwerben, und begrenzen damit auch die Möglichkeiten, durch eigenständige Forschung und Entwicklung bio- oder gentechnologische Lösungen für ihre Probleme zu finden. Allerdings gilt auch hier, daß z.B. im Gesundheitsbereich Prävention weit wirksamer und billiger wäre als Medikation, d.h. mit technologischen Mitteln werden lediglich Symptome kuriert. Für die EL überwiegen die negativen Auswirkungen, die zum einen aus der kompromißlosen Kommerzialisierung dieser neuen Technologien und zum anderen aus ihren ersten Anwendungen resultieren. So sind diese Auswirkungen für die Exporteure bestimmter Rohstoffe in der Dritten Welt fatal, ermöglichen bzw. erleichtern BT/GT doch schon heute die Produktion von Substituten z.B. für Zucker; in naher Zukunft werden andere Produkte wie Kakao oder Vanille auf die Abschußliste kommen.

Resümee: Enttäuschte Hoffnungen

Trotz technologischer Fortschritte einzelner EL und trotz des verbesserten Verhandlungsgeschicks bleibt die Dritte Welt technologisch abhängig, hat sich doch an der weltweiten Verteilung von wissenschaftlich-technologischen Ressourcen kaum etwas geändert. Probleme wie der brain-drain bleiben – trotz vereinzelter Erfolge wie im Fall Taiwans – ungelöst; nach Schätzungen der UNCTAD sind in den letzten zwanzig Jahren 1,2 bis 2 Mio. Fachkräfte aus der Dritten Welt abgewandert, wodurch dieser ein Schaden von mindestens 25 Mrd. US-$ entstand. Kaum einem EL ist es bislang gelungen, den negativen Kreislauf – die Abwanderung schwächt das wissenschaftliche Potential, was wiederum die Attraktivität wissenschaftlicher Tätigkeit bzw. sogar die Beschäftigungsmöglichkeiten überhaupt beeinträchtigt und damit den brain-drain fördert – zu durchbrechen. Hinzu kommen aktuelle Tendenzen z.B. in den USA, wo die Zuwanderung qualifizierter Fachkräfte – auch aus der Dritten Welt – zuletzt erheblich erleichtert wurde.

Darüber hinaus sind die gegenwärtigen raschen technologischen Durchbrüche bei ME und GT dazu angetan, die technologische Lücke zwischen den IL und den meisten EL zu vertiefen. Nur wenige Schwellenländer in der Dritten Welt haben es zuletzt vermocht, den Abstand zu verringern. Hinzu kommt das Problem, daß selbst die massive Förderung von Wissenschaft und Technik nicht notwendig den Entwicklungsprozeß stimuliert. Das Beispiel Indiens spricht hier eine deutliche Sprache: Zwar verfügt das Land über das weltweit drittgrößte Potential an Wissenschaftlern. Jedoch werden deren Energien und die zur Verfügung stehenden Mittel weitgehend von militärischer Forschung sowie zivilen Prestigeprojekten wie dem Atomkraftwerks- und Raketenbau absorbiert. Bei industriellen Schlüsseltechnologien bleibt die Abhängigkeit vom Ausland bestehen, und die gesellschaftlichen Disparitäten werden durch die wissenschaftlichen Anstrengungen eher noch verstärkt.

An diesem Problem haben hoffnungsfroh begrüßte Ansätze wie die Süd-Süd-Kooperation oder die Verbreitung angepaßter Technologien wenig geändert. Abgesehen davon, daß die Definition angepaßter Technologie angesichts der Charakteristika der ME zusehends schwieriger wird, hat dieses Konzept in der entwicklungspolitischen Praxis nie eine große Rolle gespielt, was insbesondere der mangelnden Akzeptanz seitens der Entscheidungsträger in den EL zuzuschreiben ist. Süd-Süd-Kooperation hingegen ist heute ein reales Phänomen – allerdings nicht in dem idealistischen Verständnis von Solidarität der Dritten Welt untereinander, wie es einstmals gedacht war. Die real existierende Süd-Süd-Kooperation ist im allgemeinen ein marktvermittelter Vorgang, bei dem z.B. brasilianische Baufirmen in anderen EL gegenüber Anbietern aus den IL bevorzugt werden, weil sie aufgrund ihrer Erfahrungen in Brasilien über die angepaßtere Technologie verfügen.

Was bleibt, ist die Erkenntnis, daß Technologie für sich genommen kein Wundermittel ist – weder zur Erklärung der Unterentwicklung noch zu deren Überwindung. Technologische Abhängigkeit muß im allgemeinen Zusammenhang der weltweiten Ungleichverteilung von Ressourcen betrachtet werden; und die technologische „Lösung" von Entwicklungsproblemen darf nie die tieferen strukturellen Probleme aus dem Auge verlieren, will sie nicht Investitionsruinen zum Ergebnis haben.

Jörg Meyer-Stamer (Hamburg)

Abrüstung und Entwicklung: Ziele der UNO-Konferenz

1. Eine überflüssige Konferenz?

Abrüstung und Entwicklung sind seit Bestehen der UNO zwei zentrale Ziele der Weltorganisation. Vom 24. August bis 11. September 1987 tagte in New York – nach 1978 und 1982 zum dritten Mal – eine Konferenz der Vereinten Nationen, die sich mit der Verknüpfung von Abrüstung und Entwicklung beschäftigte. Die Konferenz fand unter dem Vorzeichen statt: Im Süden nichts Neues, im Osten ein wenig Bewegung, im Westen einen Schritt zurück.

Bei der Konferenz legte die Gruppe der Entwicklungsländer bekannte und als richtig erkannte Forderungen über die Notwendigkeit der Umschichtung von Ressourcen von der Rüstung zur Entwicklung vor. Um Unterentwicklung zu überwinden, so lautete der Tenor in zahlreichen Vorbereitungspapieren, müssen im Rüstungsbereich Mittel freigemacht werden. Die Gruppe der Entwicklungsländer forderte: Abrüstung soll durch „konzentrierte Anstrengungen aller Staaten, besonders derjenigen mit den größten militärischen Arsenalen", erreicht werden, indem „die militärischen Budgets eingefroren und reduziert werden; bis derartige internationale Vereinbarung abgeschlossen werden, sollen alle Staaten, besonders die am höchsten gerüsteten, Selbstbeschränkung in ihren Militärausgaben praktizieren".

Die UdSSR und ihre Verbündeten verzichteten darauf, die Verantwortung der ehemaligen Kolonialherren für die Unterentwicklung zu betonen – eine Position, auf die sie sich bislang häufig zurückzogen, um so die mangelnden eigenen Maßnahmen der Entwicklungskooperation zu begründen. Vielmehr stellte die Gruppe der sozialistischen Länder die Notwendigkeit von Abrüstung und Entwicklung im Interesse des Überlebens der Menschheit in den Mittelpunkt und sprach von Interdependenz – von der Abhängigkeit untereinander und voneinander. Die Verbindung von Abrüstung und Entwicklung ist für sie ein möglicher Hebel, um Abrüstung in Gang zu bringen. Gleichzeitig aber hieß es in einer Stellungnahme des Moskauer Institutes für Weltwirtschaft und internationale Beziehungen zur sowjetischen Rüstungspolitik unmißverständlich und ohne jede Spur von Selbstkritik: „Die UdSSR investiert keinen einzigen Rubel mehr für diese Zwecke als absolut notwendig ist, um die Sicherheit der sowjetischen Bevölkerung, ihrer Alliierten und Freunde zu sichern."

Im Westen fielen einige Regierungen hinter früher vertretene Positionen zurück. Sie wollten vor allem Rüstung und Unterentwicklung in der Dritten Welt behandeln und nicht mit der Kritik der Entwicklungsländervertreter an den riesigen Militärarsenalen und hohen Militärausgaben in der NATO konfrontiert werden. Die U.S.Regierung boykottierte die Konferenz, weil sie keinen Zusammenhang zwischen Abrüstung und Entwicklung sieht. In Wirklichkeit ging es der Reagan-Regierung nicht um eine ernsthafte (und wissenschaftlich auch notwendige) Auseinandersetzung über diesen Zusammenhang. Vielmehr demonstrierte sie – mit Blick auf die inneramerikanische Diskussion – ihre generelle Abneigung gegen die UNO und den UNO-Apparat, die sich früher schon im Austritt aus der UNESCO niedergeschlagen hatte. Die Regierung der Bundesrepublik Deutschland „vertritt die Auffassung, daß Abrüstung und Entwicklung notwendige und eigenständige Ziele verfolgen." Im Klartext: Man ist bereit, über Abrüstung und über Entwicklung zu reden, nicht aber die beiden globalen Bedrohungen der Menschheit in ihrer wechselseitigen Verknüpfung zu sehen. Die französische Regierung ließ 1986 die Konferenz platzen, zu der sie ursprünglich geladen hatte und war, zusammen mit anderen westlichen Regierungen, nicht mehr bereit, den ursprünglich anvisierten Entwicklungsfonds im Schlußdokument zu erwähnen, geschweige denn zu gründen.

Die Idee, Ressourcen umzuschichten und Rüstung bzw. Abrüstung mit Entwicklung zu verknüpfen, hat inzwischen

Tradition in der UNO und wurde in verschiedenen Berichten ausführlich behandelt. Zugleich ist in und außerhalb der UNO das Konzept aus praktischen wie inhaltlichen Gründen problematisiert worden. Ein Entwicklungsfonds, gespeist durch Abrüstung oder eine Steuer, mit der die Rüstungsanstrengungen belegt würden, mache Entwicklung von Fortschritten in der Abrüstung oder gar von Rüstungsanstrengungen abhängig und legitimiere damit die verbleibende Rüstung. Auf keinen Fall solle eine weitere UNO-Bürokratie für einen neuen Entwicklungsfonds geschaffen werden. Abrüstung und Entwicklung seien jeweils für sich große Probleme, deren Lösung durch ihre Verknüpfung nicht leichter werde.

Schließlich dürfe Rüstung und Abrüstung nicht getrennt von Sicherheit gesehen werden. Denn Rüstung und Unterentwicklung bedrohen die internationale Sicherheit. Prompt wurde in der UNO das Paar Abrüstung und Entwicklung durch das Dreieck Abrüstung, Entwicklung, Sicherheit ersetzt. Sicherheit – so heißt es in UNO-Konferenzpapieren – darf nicht nur als militärisches Konzept verstanden werden. Sicherheit beinhaltet auch die Sicherheit, Grundbedürfnisse befriedigen zu können, Freiheit und Unabhängigkeit zu erlangen. So wichtig und richtig diese Erkenntnis ist, so wenig werden Sicherheitskonzepte an diesen Kriterien orientiert; sicherheitspolitische Konzepte sind vielmehr in der Regel militärische Strategien.

Die Konferenz war nicht „überflüssig": Sie war mehr als nur Ohnmachtsgeste oder Papierproduktion, denn wichtige Ergebnisse aus wissenschaftlichen Analysen und aus früheren UNO-Berichten wurden bestätigt und im Schlußdokument festgehalten. So entstand folgender Katalog, an dem sich die Regierungen der UNO-Mitgliedsländer in Zukunft werden messen lassen müssen:

– Zwischen Abrüstung, Entwicklung und Sicherheit besteht Interdependenz. Fortschritt in einem Bereich hat positive Wirkungen auf die übrigen Probleme.

– Substantielle Ressourcen, die durch Abrüstung freigesetzt werden können, müssen von den großen Militärmächten kommen. Wie diese Mittel für Entwicklung zugänglich gemacht werden können, darüber besteht keine Einigkeit.

– Entwicklung darf nicht nur als die Empfängerseite möglichen Fortschritts in der Abrüstung verstanden werden. Fortschritte in der Beseitigung der Unterentwicklung haben auch positiven Einfluß auf Abrüstung.

– Unterentwicklung, mangelnde oder langsame Entwicklung bedeuten eine nicht-militärische Bedrohung der internationalen Sicherheit.

– Die Androhung und Anwendung von Gewalt in den internationalen Beziehungen, externe Interventionen, bewaffnete Angriffe, koloniale Dominanz, Apartheid und alle Formen rassischer Diskriminierung, Verletzung territorialer Integrität und nationaler Souveränität sowie die Beschränkung der wirtschaftlichen und sozialen Entwicklungsmöglichkeiten von Nationen bedeuten eine Bedrohung des internationalen Friedens und der Sicherheit.

– Das wichtigste Ziel der Abrüstung ist die Beseitigung der Bedrohung der Menschheit im Nuklearzeitalter. Das größte Problem ist die mangelnde Bereitschaft, ein System kollektiver Sicherheit zu schaffen, wie es in der UNO-Charta vorgesehen ist.

– Konversion – die Umstellung von militärischer auf zivile Fertigung – muß gezielt geplant und durchgeführt werden, damit die Verwirklichung von Abrüstung und Entwicklung nicht an ökonomischen oder industriell-technischen Hürden scheitert.

2. Ursachen – weitgehend ausgeklammert

Wenn der krisenhafte Zustand von Rüstung und Unterentwicklung nicht in eine menschheitsvernichtende Katastrophe umschlagen, sondern konstruktiv in Abrüstung und Entwicklung umgekehrt werden soll, müssen die Ursachen für die heutige Situation klar benannt werden.

Die analytische und politische Schwäche der UNO-Diskussion, in der zwar deutlich auf den unerträglichen Zustand des gleichzeitigen Anwachsens von Hunger und Elend und der weltweiten Rüstungsaufwendungen hingewiesen wird, liegt zum einen darin, daß innergesellschaftliche Triebkräfte für Rüstung und Militarisierung nicht benannt werden. Mit mystifizierenden Bemerkungen bezeichnete der Präsident der Konferenz, der indische Außenminister Natwar Sing, die ruinösen Militärausgaben als einen „Teufel, der in jedes Haus und Heim zu kommen droht und einen langen Schatten auf jegliches menschliches Tun wirft". Natürlich ist allen Konferenzteilnehmern klar, daß der Zustand von Aufrüstung und Unterentwicklung nicht Teufelswerk ist, sondern durch handfeste Interessen, Ängste und bestehende Konflikte verfestigt wird. Hinter der Ausklammerung innergesellschaftlicher Ursachen steht das politische Prinzip der Nichteinmischung in die inneren Angelegenheiten. Wenn auch auf der Ebene der Diplomatie diese Nichteinmischung weitgehend eingehalten wird, so steht doch die geübte Praxis der Waffenlieferungen, die eine klare Parteinahme und wesentliche Beteiligung an der Konfliktaustragung bedeutet, in diametralem Gegensatz zu ihr. Abgesehen von Waffenlieferungen, Militär„hilfe"-Angeboten, verdeckten Interventionen usw. sind die Industriegesellschaften seit Ende des Zweiten Weltkriegs offen und direkt an 68 von insgesamt 170 Kriegen beteiligt gewesen. Das gängige Bild, die Dritte Welt führe untereinander Krieg, während die Industrieländer im Frieden lebten, ist falsch. Faktisch bedeutet das Konzept der Nichteinmischung der UNO-Mitglieder das Ausklammern eines wesentlichen Teils gewaltsamer Konfliktaustragung. Militär und Rüstung als Instrument zur innergesellschaftlichen Herrschaftssicherung und Unterdrückung und systematische Menschenrechtsverletzungen mit militärischen Mitteln werden in der Diskussion ebenso ausgeklammert wie die wirtschaftlichen Antriebskräfte der Rüstung oder die Propagierung von Feindbildern.

Zweitens deutet die allgemein akzeptierte Formel von Überrüstung und Unterentwicklung auf Übereinstimmung hin. Es ist allgemein akzeptiert – in Industrie- wie in Entwicklungsländern –, daß zuviel gerüstet und die Entwicklung vernachlässigt wurde. Der katastrophale Zustand von Überrüstung und Unterentwicklung ist offensichtlich und läßt keine Zweifel an der Notwendigkeit einer Kursänderung. Die Erkenntnis vorhandener Überrüstung und Unterentwicklung setzt explizit oder implizit Vorstellungen über ein Normalmaß von Rüstung und Entwicklung voraus. Es existiert jedoch kein objektiver Maßstab für ein „normales" Niveau der Entwicklung oder einer Rüstung, die ausschließlich der Verteidigung dient. Das Ausmaß der Rüstung ist im Regelfalle aus „worst-case"-Szenarien abgeleitet und wird durch exogene Faktoren (wie wirtschaftliche Interessen) zusätzlich beeinflußt. Eine Gruppe sogenannter „eminent personalities", in der vor allem ehemalige Regierungschefs, Präsidenten und Minister vertreten waren, empfahl der Konferenz: „Worauf wir abzielen sollten ist, daß jeder Staat angemessene Sicherheitsinteressen zum Kriterium für Rüstungsausgaben macht." Auch der Begriff „angemessene Sicherheitsinteressen" löst das Problem der Überrüstung nicht. Denn die allgemeine Übereinstimmung schlägt in ihr Gegenteil um, wenn vor der eigenen Haustür gekehrt werden soll. Keine Regierung erklärt, sie habe zuviel für Rüstung und zu wenig für Entwicklung getan. Vielmehr wird die eigene Rüstung immer mit einer angeblich sorgfältigen Bedrohungsanalyse legitimiert. Wenn von Abrüstung in offiziellen Erklärungen die Rede ist, ist die Abrüstung der anderen – der vermeintlichen Gegner – oder die in Verträgen vereinbarte Abrüstung gemeint. Konkrete, unabhängige nationale Maßnahmen als erste Schritte auf dem Weg aus der Krise bleiben die Ausnahme. Wenn Fortschritte erzielt werden sollen, dann ist Abrüstung in der Ersten, Zweiten und in der Dritten Welt erforderlich. In wie geringem Maße die von der UNO propagierten Ziele von Abrüstung und Entwicklung als Kriterien praktizierter Politik gelten, verdeutlichen die geringen Aufwendungen für Entwicklungskooperation in den wichtigsten Geberländern einerseits und die hohen Militärausgaben andererseits.

Um Erwartungen und Hoffnungen nicht zu enttäuschen, um keine entwicklungspolitischen Illusionen zu erzeugen, bedarf es der weiteren analytischen Durchdringung des Zusammenhangs von Abrüstung und Entwicklung, bevor etwa voreilig konkrete entwicklungs- oder abrüstungspolitische Empfehlungen gegeben werden. In guter Absicht, aber zu vordergründig werden die politisch attraktiven Ziele von Abrüstung und Entwicklung proklamiert. Die Behauptung, würde weniger gerüstet, dann brauchte niemand zu hungern, mag zwar den eigenen politischen Einschätzungen entsprechen und auch sympathisch sein, sie verniedlicht jedoch die Probleme. Nur wenn die Hindernisse auf dem Weg zu Abrüstung und Entwicklung klar erkannt werden, ist es möglich, die fortschreitende Aufrüstung und Unterentwicklung zu überwinden.

Herbert Wulf (Institut für Friedensforschung und Sicherheitspolitik an der Universität Hamburg)

Literaturhinweis

Eine ausführliche Analyse des Verfassers zur Thematik erschien in: Interdependenz, Heft 1/1988.

IV. REGIONALE BEITRÄGE

Afghanistan 1978–1988. Zehn Jahre Revolution, Konterrevolution und Krieg

Im Frühjahr 1988 traf die Führung der Sowjetunion eine Entscheidung von großer welt- und regionalpolitischer Tragweite, als sie – zunächst intern – beschloß, ohne eigentliche Vorbedingungen, d. h. unter Inkaufnahme der beträchtlichen Risiken einseitigen Handelns, alle ihre Kampf- und Besatzungstruppen aus Afghanistan abzuziehen. Bald darauf, am 15. Mai, knapp achteinhalb Jahre nach dem Einmarsch Ende Dezember 1979, traten die ersten Einheiten der sowjetischen Expeditionsarmee, deren Gesamtstärke sich nach Moskauer Angaben zuletzt auf 100 300 Mann bezifferte, den etappenweisen Rückzug an. Anfänglich hatte dieses „begrenzte Kontingent" rund 85 000 Mann gezählt. In den Jahren 1984 und 1985 umfaßte es nach amerikanischen Berechnungen rund 120 000 Soldaten, zu denen 30 000 Mann mit Standorten in angrenzenden Gebieten Sowjetisch-Zentralasiens (Turkmenistan, Usbekistan, Tadshikistan) hinzukamen, von wo aus sie zeitweise in die Kampfhandlungen auf afghanischem Territorium eingriffen. Eine allmähliche Reduzierung des militärischen Engagements der UdSSR in Afghanistan wurde im Oktober 1986 durch den demonstrativen Abzug von sechs Regimentern eingeleitet.

Die ernsthafte Suche nach einem Ausweg aus den Afghanistan-Verstrickungen begann in der Sowjetunion, wie Gorbatschow auf einer Sitzung des Zentralkomitees der KPdSU am 18. Februar 1988 hervorhob, erst nach dessen Berufung zum Generalsekretär (März 1985). Gorbatschow deutete auch an, den Weg für die angestrebte Radikallösung habe erst die Ablösung Babrak Karmals durch Mohammed Najibullah an der Spitze der alleinregierenden afghanischen Revolutionspartei DVPA (Demokratische Volkspartei Afghanistans) im Mai 1986 – später auch im Amt des Staatspräsidenten – freigemacht: Die neue Politik solle Afghanistan dazu verhelfen, wieder „ein unabhängiger, neutraler und nichtpaktgebundener Staat" zu werden.

Die bevollmächtigten Vertreter der Regierungen Afghanistans und Pakistans unterzeichneten am 14. April 1988 im Beisein des UN-Vermittlers Diego Córdovez in Genf ein aus mehreren Vereinbarungen bestehendes Vertragswerk, das im wesentlichen Pakistan dazu verpflichtete, die Durchführung des Abzugs der sowjetischen Truppen gemäß dem vorgesehenen Etappenplan zu unterstützen, und zwar durch Beendigung jeglicher Hilfeleistung für die konterrevolutionäre afghanische Widerstandsbewegung, während Kabul vor allem im Hinblick auf die Repatriierung und Reintegration der von Pakistan aufgenommenen Flüchtlinge rasch wirksame Maßnahmen und nichtdiskriminierende Verfahren zusicherte. Die Außenminister der am Zustandekommen der Vereinbarungen maßgeblich beteiligten Weltmächte USA und UdSSR, Shultz und Schewardnadse, vervollständigten diese durch Unterzeichnung einer gemeinsamen Garantie-Erklärung. Bei Einhaltung des festgelegten Zeitplans müßte die erste Hälfte der sowjetischen Truppen Afghanistan bis zum 15. August 1988 verlassen haben. Danach soll die Evakuierung spätestens bis zum 15. Februar 1989 abgeschlossen sein.

1. Mythos und Selbstzerstörung der „Saur-Revolution"

Ende April 1988, kurz vor dem Beginn der sowjetischen Rückzugsbewegung, beging die Führung der in Kabul regierenden Einheits- und Monopolpartei mit zahlreichen Festveranstaltungen das zehnjährige Jubiläum des DVPA-Regimes, wobei jede Gelegenheit wahrgenommen wurde, um ungebrochenen Selbstbehauptungswillen zu demonstrieren. Vor allem

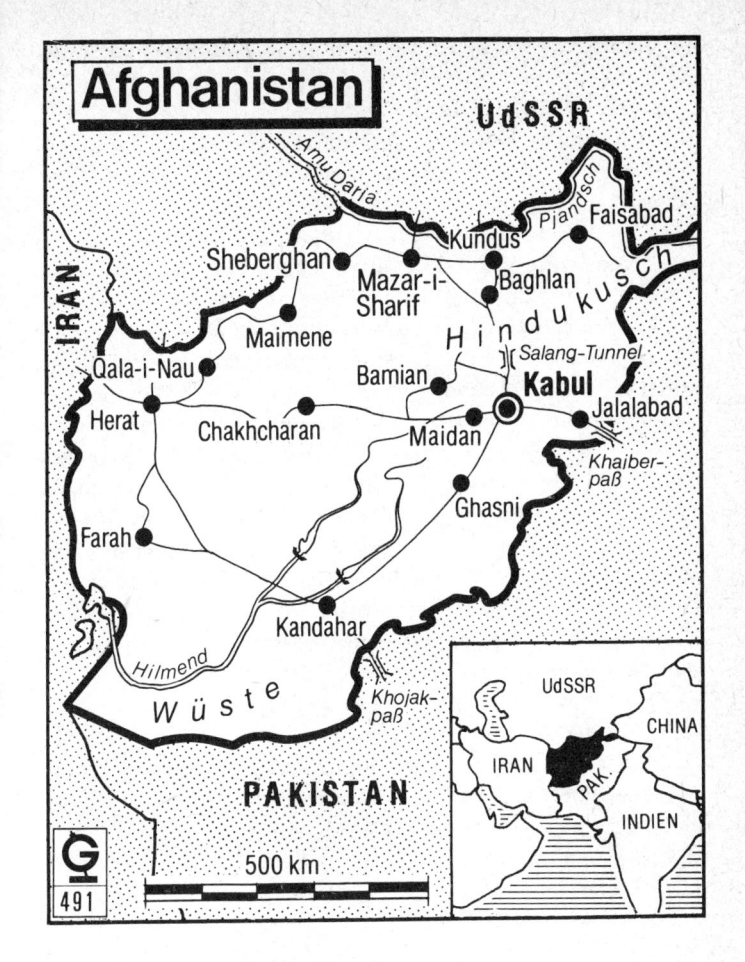

aber feierte man den Mythos der „Saur-Revolution", die im Frühjahr 1978, im Monat des Stiers (Saur), die Fürsten-Republik des patriarchalischen Despoten Daud Khan hinweggefegt hatte. Damals war es der DVPA-Führung im Anschluß an einen blutigen Putsch sozialrevolutionärer, zumeist auch prosowjetischer Offiziere gelungen, die Alleinherrschaft an sich zu reißen, obwohl sie weder bei den weit überwiegend bäuerlichen Massen noch in der relativ dünnen Bildungsoberschicht Afghanistans über bedeutenden Rückhalt verfügte. Vor dem Umsturz zählte die DVPA maximal 5000 Mitglieder und 10–20000 Sympathisanten. Ihr Anhang setzte sich vor allem aus Lehrern und Studenten, Journalisten, Advokaten und Offizieren, dazu vereinzelt Ärzten, Geschäftsleuten und Staatsbeamten zusammen.

Offiziell wurde die DVPA am 1. Januar 1965 auf einer dazu einberufenen Konferenz in Kabul gegründet, doch läßt sich ihr Ursprung auf marxistisch-leninistische Diskussionszirkel zurückführen, die seit 1956 in der Hauptstadt und in einigen anderen Orten entstanden waren. Bestrebungen, diese Zirkel zu einer landesweiten sozialistischen Kampfpartei zusammenzufassen, setzten bereits 1963 ein. Dabei zeichneten sich von Anbeginn zwei unterschiedliche Konzeptionen ab, über deren Für und Wider lange ohne Einigung gestritten wurde. Die radikalere der beiden Gruppierungen, als deren Sprecher sich der Paschtu-Literat Nur Mohammed Taraki profilierte, befürwortete die Gründung einer regelrechten kommunistischen Partei, während die um den Generalssohn Babrak Karmal gescharte zweite Gruppierung der neuen Partei eine breitere, ideologisch weniger rigorose Ausrichtung geben wollte.

Im Ansatz war in diesen Divergenzen die spätere Aufspaltung der DVPA in eine dogmatischere Khalq-Fraktion (Khalq = Volk) und eine opportunistisch-pragmatischere Parcham-Fraktion (Parcham = Banner) vorgezeichnet. Indessen besteht kein Zweifel, daß alle Gründungsmitglieder der DVPA eine dem Wesen nach kommunistische Partei ins Leben rufen wollten und daß sie sich selbst ausnahmslos als echte Kommunisten verstanden. Dies bezeugen vor allem die auf der Gründungskonferenz im Hause Tarakis beschlossenen Statuten, die sich strikt an das traditionelle Muster kommunistischer Parteisatzungen halten. Bei dem gleichzeitig verabschiedeten, zur Veröffentlichung bestimmten Parteiprogramm ist der Befund nicht ganz so eindeutig. Es basiert zwar offenkundig auf der marxistisch-leninistischen Klassenkampf- und Revolutionslehre, doch beschreibt es im übrigen die Schaffung eines „Staates der nationalen Demokratie" und die Durchsetzung vielfältiger Modernisierungs-, Demokratisierungs- und Liberalisierungsforderungen als Nahziele der zunächst zu bewältigenden „nationaldemokratischen" Revolutionsetappe. Hier knüpft das Programm an Leitvorstellungen an, die Anfang der 60er Jahre von sowjetischen Ideologen für „progressive" Entwicklungsländer konzipiert worden sind. Überdies kamen in der Bezugnahme auf „nationaldemokratische" Zwischenziele die Präferenzen des Karmal-Flügels besonders deutlich zum Ausdruck.

Die Polarisierungstendenzen innerhalb der DVPA verfestigten sich zusätzlich dadurch, daß die Taraki-Richtung besondere Anziehungskraft auf ehemalige Anhänger der Großpaschtunistan-Bewegung (wie z.B. Hafizullah Amin) ausübte, bei denen sozialrevolutionäres Engagement und Paschtunen-Nationalismus zu einem eigenartig sektiererischen Missionsbewußtsein verschmolzen. Das deutliche Übergewicht der Paschtunen in Tarakis Gefolgschaft genügte allein schon, um die Karmal-Richtung für Nichtpaschtunen (Anteil an der Gesamtbevölkerung: 40%) attraktiver zu machen. In Karmals Umgebung bediente man sich vorzugsweise der Oberschicht- und Verwaltungssprache Dari (bzw. des Tadshikischen), und nicht von ungefähr befanden sich auch unter den führenden Köpfen des Karmal-Flügels vergleichsweise viele Tadshiken, Hazarah (z.B. Sultan Ali Keshtmand), Usbeken und Turkmenen. Der Umgangsstil der Karmalisten war aristokratischer, ihr Weltbild „internationalistischer". Demgegenüber gaben sich die Tarakisten volkstümlicher und nationalbewußter. Teils fühlten sie sich als „linke" Patrioten, teils waren sie paschtunische Chauvinisten.

Die Einstufung der DVPA als kommunistische Partei wirft aber auch insofern Probleme auf, als die KPdSU und andere maßgebliche Gliedparteien des internationalen Kommunismus ihr die Anerkennung als vollgültige kommunistische „Bruderpartei" bisher konsequent verweigern. Anfangs war dafür wohl ausschlaggebend, daß das in der DVPA noch weit verbreitete Stammesdenken in Moskau Mißfallen erregte, wo man auch Warnungen ernst nahm, daß die DVPA-Führung mit zahlreichen Regierungs-, CIA- und sonstigen Geheimdienstagenten durchsetzt sei, zumal auch die rivalisierenden DVPA-Flügel sich bisweilen gegenseitig mit derartigen Bezichtigungen diffamierten. Nach 1978/79 wurde die DVPA von der KPdSU-Führung und ihrer Internationalen Abteilung als „revolutionär-demokratische Vorhutpartei" eingeordnet, die sich zum „wissenschaftlichen Sozialismus" bekennt, deshalb aber noch keineswegs als kommunistische Partei anzusehen ist. Ebenfalls teils aus formationstheoretischen, teils aus außenpolitischen Gründen gilt das revolutionäre Afghanistan im KPdSU-Auslandsapparat nicht etwa als „sozialistischer Staat", sondern vielmehr als „Staat sozialistischer Orientierung".

Vieles spricht dafür, daß die Machtergreifung der DVPA in Kabul für die Sowjetführung unerwartet kam, daß Moskau dann jedoch das neue Regime für kurze Zeit vorbehaltlos unterstützte. Dem überraschenden Triumph folgte indessen die Selbstzerstörung auf dem Fuß. Binnen weniger Monate hatten sich die revolutionären Machthaber durch Inkompetenz, Führerkult und Willkürakte sowie durch parteiinterne Rivalitäten und Richtungskämpfe auch in solchen Kreisen und Bevölkerungssegmenten diskreditiert, die der Forderung nach Modernisierung und Reformen wenn auch zunächst abwartend, so doch grundsätzlich positiv gegenüberstanden. Vor allem waren die DVPA-Führer zu sehr auf persönliche Ambitionen und Feindschaften fixiert, um in überzeugender Weise Regierungsautorität entfalten zu können. Wie sich herausstellte, war besonders das Verhältnis zwischen Karmal und Hafizullah Amin von verzehrendem Haß geprägt. Karmal, der seit den 50er Jahren immer über die besten Beziehungen zur Kabuler Sowjetbotschaft verfügte und sich aus gutem Grund für den Favoriten der sowjetischen Verantwortlichen halten durfte, hatte dem Aufstieg Amins in der Partei wiederholt Steine in den Weg gelegt. Amin, der den Militärputsch nicht nur ausgelöst, sondern in den kritischsten Situationen auch die größte Entschlossenheit und Übersicht an den Tag gelegt hatte, war seinerseits fest entschlossen, seine neugewonnene Schlüsselposition als Hauptberater Tarakis zur Entfernung Karmals von den Schalthebel der Macht zu benutzen.

Tatsächlich brachen die alten Auseinandersetzungen zwischen Khalq- und Parcham-Vertretern im Kabinett sowie im Revolutionsrat sofort nach der Regierungsbildung wieder auf. Amin verschärfte die Differenzen bewußt bis zu einer entscheidenden Kraftprobe, die im Juni 1978 stattfand und bei der die Karmal-Fraktion unterlag. Anschließend versetzte man die prominentesten Parcham-Vertreter auf Botschafterposten ins Ausland, so z. B. Karmal nach Prag, seine Freundin Dr. Anahita Ratebzad nach Belgrad, seinen Halbbruder Mahmud Baryalai nach Islamabad und den späteren Parteichef und Staatspräsidenten Najibullah nach Teheran. Die Säuberung lief jedoch bis zum November 1978 weiter. Nach Aufdeckung eines Komplotts wurden die Generale Abdul Qader und Shapur Ahmadzai sowie die Minister Keshtmand (Ministerpräsident Juni 1981–Mai 1988) und Mohammed Rafi inhaftiert. Zusammen mit diesen „Verschwörern" wurden auch die „Verräter" Karmal, Baryalai, Najibullah, Dr. Anahita Ratebzad, Abdul Wakil (Außenminister seit Dezember 1986) und zahlreiche andere Mitglieder der Parcham-Fraktion aus der DVPA ausgeschlossen.

Babrak Karmal und die anderen ehemaligen Parcham-Botschafter fanden in Moskau ehrenvolles Asyl – ein ganz außergewöhnlicher Gunstbeweis. Der Auslandsapparat der KPdSU sah offenbar in Amin nicht nur den eigentlichen Drahtzieher der erneuten Parteispaltung (eine erste Spaltung, die vom Frühjahr 1967 bis Juli 1977 andauerte, war mit sowjetischer Hilfestellung behoben worden), sondern man hielt ihn gewissermaßen für Tarakis bösen Geist. Er galt auch als Hauptgegner der von den sowjetischen Beratern des Staats- und Parteichefs seit langem befürworteten Erweiterung der von der DVPA allein getragenen Revolutionsregierung zu einer „nationaldemokratischen" Koalitionsregierung unter Beteiligung von „parteilosen", aber DVPA-freundlichen Vertretern konservativ-muslimischer Bevölkerungsgruppen. Umgekehrt hatte sich Karmal immer für eine solche „nationaldemokratische Front" ausgesprochen, so daß die sowjetischen Afghanistan-Strategen ihn als wertvollen Verbündeten in dieser Streitfrage betrachteten.

Wegen solcher Übereinstimmungen, aber wohl auch deshalb, weil man Karmal und der Parcham-Fraktion bei ihrer Opposition gegen Taraki-Amin den Rücken gestärkt hatte, ließen die zuständigen sowjetischen Funktionäre die aus der DVPA ausgestoßenen Parcham-Prominenten nicht fallen, sondern bezogen sie weiter in die eigenen politischen Überlegungen ein. Tatsächlich hörten sie niemals auf, die Wiederaufnahme Karmals und seiner Gefolgsleute in die DVPA-Führung und die Regierung Afghanistans zu betreiben. Unter diesen Voraussetzungen konnten die sowjetischen Verantwortlichen über den Aufstieg Amins zum Ministerpräsidenten (am 27. März 1979), der ihren Wunschvorstellungen stracks zuwiderlief, nur Mißbehagen empfinden. Im September desselben Jahres gewann man Taraki für einen Plan, der auf die Absetzung oder Ermordung Amins abzielte und den Parcham-Asylanten zur Rückkehr nach Kabul verhelfen sollte. Aber obwohl der Kabuler Sowjetbotschafter die Aktion nachweislich aktiv unterstützte, erwies sich das Komplott als Bumerang: Es endete mit der Verhaftung und Amtsenthebung Tarakis (er wurde später im Gefängnis umgebracht) durch Amin, der sich anschließend, am 16. September 1979, selbst zum DVPA-Generalsekretär und Staatspräsidenten aufschwang.

Fortan gab es keine Vertrauensbasis mehr, auf die sich die Zusammenarbeit zwischen Moskau und dem durch Amin repräsentierten Kabuler Regime hätte stützen können. Diese Erkenntnis hat zweifellos auch die sowjetische Entscheidung für eine militärische Intervention in Afghanistan beeinflußt, die wahrscheinlich Ende Oktober oder Anfang November 1979 getroffen wurde. Die Ausschaltung Amins und seine Ablösung durch Karmal waren vorgesehen, vielleicht auch die Tötung, da Karmal diese später als „Hinrichtung" bezeichnete. Nach dem sowjetischen Einmarsch begann eine durchgreifende Reorganisation des gesamten afghanischen Partei- und Regierungsapparats, in deren Vollzug die Spitzen- und Schlüsselpositionen fast ausnahmslos mit Parcham-Heimkehrern aus dem Moskauer Exil oder mit anderen Parcham-Anhängern besetzt wurden. Die wirkliche Macht befand sich aber seit dem Untergang Amins nicht mehr in den Händen afghanischer Politiker oder Militärs: Alle Herrschaftsfunktionen waren an die zivilen und uniformierten Bevollmächtigten der Sowjetunion übergegangen, und diese machten von ihren Weisungsbefugnissen recht unbekümmert Gebrauch, ohne auf die Empfindlichkeiten des afghanischen Management-Personals allzu viel Rücksicht zu nehmen.

2. Widerstandsbewegung und Befreiungskampf

Schon in den ersten Monaten nach der Machtergreifung der DVPA hatte sich gezeigt, daß deren Kampfgeist zwar ausreichte, um die Präsidialdiktatur Daud Khans zu stürzen und die Errichtung einer an osteuropäischen, kommunistischen Vorbildern orientierten Volksrepublik durchzusetzen, daß aber die neuen Machthaber außerstande waren, das Land gut zu regieren und sich eine wirkliche, den notwendigen Minimalkonsens garantierende Massenbasis zu schaffen. Sie brachten zwar mit großem Ungestüm eine echte, alle wichtigen Lebensbereiche einbeziehende Revolution ins Rollen, deren erklärtes Ziel es sein sollte, dem objektiv rückständigen, durch Tribalismus, Feudalismus und islamischen Traditionalismus beständig in seiner Entwicklung gehemmten Land zu einer besseren, gerechteren und moderneren Gesellschaftsordnung zu verhelfen; aber diese Visionen standen in einem zu krassen Mißverhältnis zu den konkreten Möglichkeiten Afghanistans und zu den politischen Qualitäten des Führungspersonals der DVPA, als daß die angekündigte radikale Veränderung der Sozial- und Eigentumsstrukturen landesweit zügig durchführbar gewesen wäre.

Viele Maßnahmen der Revolutionsregierung wurden anfangs sogar begrüßt, bis die Kooperationsbereitschaft infolge groben Fehlverhaltens von Parteifunktionären und Regierungsbeauftragten in Mißtrauen umschlug. So fanden die drei wichtigen Dekrete über die Entschuldung der Bauern (12.6. 1978), über die Abschaffung von Brautkauf und Zwangsverheiratung (17.10. 1978) sowie über die Umverteilung der landwirtschaftlichen Nutzflächen und die Schaffung lebensfähiger Kleinbauernstellen (28.11. 1978) zunächst breite Zustimmung. Dann stieß jedoch die praktische Verwirklichung naturgemäß auf allerlei Schwierigkeiten, was die zuständigen Behörden und Parteibüros nur allzu häufig veranlaßte, mit klassenkämpferischer Agitation oder sogar Gewaltanwendung aufzutrumpfen, wodurch sie wiederum Zurückweisung provozierten.

Auch geriet das DVPA-Regime bald in den Verdacht der Islamfeindlichkeit, obwohl es bis zum Oktober 1978 an dem traditionsgeheiligten Brauch festhielt, alle Regierungserlasse und amtlichen Erklärungen mit der Anrufung Allahs einzuleiten. Indessen hatte die Parteiführung schon unmittelbar nach der Machtübernahme eine großangelegte Kampagne gegen den „religiösen Aberglauben" eröffnet und Maßnahmen ergriffen, die der systematischen Eindämmung des Einflusses der islamischen Geistlichkeit besonders im Schul- und Hochschulwesen sowie in bezug auf die Rechtsordnung dienten. Häufig wurde die sofort mit großem Elan gestartete Alphabetisierungskampagne zu Indoktrinierungszwecken mißbraucht (Analphabetismusrate 1975: 87,8%). Außerdem machte sich die neue Regierung durch ihre unverhüllt-einseitige Anlehnung an die Sowjetunion unbeliebt, wobei besonders ins Gewicht fiel, daß Afghanistan zu den Gründungsmitgliedern der blockfreien Bewegung gehörte. Als Beweis für Moskauhörigkeit wurde auch das Dekret Nr. 4 (12.6. 1978) gedeutet, das die alte schwarz-rot-grüne Nationalflagge Afghanistans durch eine einfarbig rote Fahne mit rotem Sowjetstern im goldenen Ährenkranz ersetzte.

Auf die politischen und psychologischen Mißgriffe des Regimes antworteten große Teile der Bevölkerung mit passivem Widerstand oder offener Feindseligkeit, doch verfielen die

Machthaber auf immer neue Drangsalierungspraktiken, auf immer brutalere Repressionsmethoden, um ihren Willen durchzusetzen. Während einerseits die Anwendung von Zwang und Einschüchterung zum Polizeiterror eskalierte, sammelten sich nach und nach überall im Lande muslimische, oft zusätzlich auch politisch motivierte Widerstandsgruppen, die den Aufstand von Herat (12.–20.3. 1979) zum Anlaß nahmen, um das ganze Land zum bewaffneten Kampf gegen das atheistische, von Moskau sowohl mit Beratern als auch mit umfangreicher Militär- und Wirtschaftshilfe unterstützte DVPA-Regime aufzurufen. Diese offen konterrevolutionäre Widerstandsbewegung breitete sich rasch über weite Gebiete aus, zumal sie nicht nur von einzelnen Deserteuren der afghanischen Streitkräfte, sondern auch von geschlossenen Truppenteilen mit vollständiger Ausrüstung Zuzug erhielt. Bis Mitte Juni 1979 hatte sich die Lage für die Regierung so weit verschlechtert, daß sie in mehr als der Hälfte der 29 Provinzen nicht mehr imstande war, eine geordnete Verwaltung und zuverlässige Polizeikontrolle zu gewährleisten.

Begreiflicherweise riefen diese Entwicklungen in Moskau Besorgnis hervor, zumal die UdSSR unter Berufung auf den am 5. Dezember 1978 mit der DR Afghanistan geschlossenen Freundschafts- und Kooperationsvertrag (Art. 4) einen Anspruch auf Konsultationen über aktuelle, für beide Seiten interessante Sicherheits- und Verteidigungsprobleme geltend machen konnte. Als dann Taraki Ende März 1979 das Amt des Ministerpräsidenten an Hafizullah Amin abgab, dürfte man sich im Kreml zunehmend auf ein Eingreifen in Afghanistan eingestellt haben. Mehrere Initiativen der darauffolgenden Monate machen dies wahrscheinlich. So wurde im April der Chef der Politischen Hauptverwaltung der sowjetischen Streitkräfte, General Jepischew, zu einem einwöchigen Inspektionsbesuch nach Kabul entsandt. Anfang August traf der Oberbefehlshaber der sowjetischen Landsteitkräfte, General Pawlowskij, mit einer 50köpfigen Militärkommission in Afghanistan ein. Nach zweimonatigem Studium der Lage legte er im Oktober in Moskau einen „sehr düsteren" Bericht vor, demzufolge die afghanische Regierungsarmee kaum noch eine Chance besaß, die Aufstandsbewegung aus eigener Kraft niederzuschlagen. Jepischew und Pawlowskij hatten 1968 ähnliche Inspektionen in der Tschechoslowakei durchgeführt, zur Vorbereitung der Besetzung des Landes im August desselben Jahres.

Amin, von dem man Widerstand erwartete, sollte offenbar rechtzeitig vorher aus dem Weg geräumt werden. Diesbezügliche Beratungen fanden während einer Moskau-Visite Tarakis vom 9. bis 11. September statt. Zu Tarakis Gesprächspartnern gehörten Außenminister Gromyko und Karmal. Die sowjetische Mitwirkung an dem Komplott und sein Scheitern machten die Militärintervention fast unvermeidlich.

Ausschlaggebend für die Moskauer Interventionsentscheidung war zweifellos in erster Linie die Absicht, das von der Widerstandsbewegung hart bedrängte, nur noch in wenigen Städten und Provinzen funktionsfähige DVPA-Regime vor dem Zusammenbruch zu bewahren. Andere Motive mögen auch eine Rolle gespielt haben: Furcht vor der Errichtung einer „islamischen Republik" in Afghanistan, falls man einen Sieg der konterrevolutionären Glaubenskrieger (Mu*dschahe*d*in*, von arabisch *Dschihād* = Kampf für den Glauben, „heiliger Krieg") zuließ, auch vor dem Übergreifen des islamischen Fundamentalismus auf die von islamischen Kulturtraditionen geprägten zentralasiatischen Republiken der UdSSR; womöglich Sorge, daß umfangreiche Investitionen, daß bedeutende sowjetische Wirtschaftsinteressen hätten abgeschrieben werden müssen. Mit Sicherheit war außerdem noch ein globalpolitisches Kalkül im Spiel, das nicht übersehen werden darf. Sein Ausgangspunkt war der sowjetisch-afghanische Freundschafts- und Kooperationsvertrag vom 5. Dezember 1978, der zwar keine Beistands- oder Bündnisklausel enthält, wohl aber (im Art. 4) „Zusammenarbeit im militärischen Bereich" und fallweise auch Konsultationen und einvernehmliche „Maßnahmen zur Gewährleistung der Sicherheit, der Unabhängigkeit und der territorialen Integrität der zwei Länder" vorsieht.

Verträge desselben Typs bestanden damals auch zwischen

der UdSSR einerseits sowie Äthiopien, Angola, Indien, dem Irak, Mosambik, Südjemen und Vietnam. Deshalb mochte es der Sowjetführung im Herbst 1979 notwendig erscheinen, das Afghanistan-Abkommen faktisch als Beistandspakt auszulegen, um anderen Partnerstaaten zu demonstrieren, daß sie sich im Falle einer „Konterrevolution" auch ohne förmliche Beistandsklausel auf sowjetischen Beistand verlassen könnten. Hätte die Sowjetunion umgekehrt in dem unmittelbar angrenzenden Afghanistan nicht militärisch eingegriffen, wäre das Vertrauen der Revolutionsregime von Angola, Mosambik, Äthiopien, Südjemen usw. in die Verläßlichkeit (bzw. „Bündnistreue") ihres sowjetischen Vertragspartners wohl unheilbar erschüttert worden.

Allerdings führte der Einmarsch in Afghanistan keineswegs den großen Umschwung herbei, den man sich mancherorts vom Eingreifen der sowjetischen Streitkräfte versprochen hatte. Vielmehr setzten sich die Mudschahedin auch gegen die Kampftruppen der Besatzungsmacht mit unerwarteter Effektivität und Ausdauer zur Wehr. Deren Verluste beliefen sich nach Mokauer Angaben bis Anfang Mai 1988 auf 13 310 Tote, 35 478 Ausfälle durch Verwundung und Krankheit sowie 311 Vermißte. Demgegenüber waren auf afghanischer Seite weit über eine Million Tote – zumeist Zivilisten – zu beklagen. Dies entspricht, bei einer Gesamtbevölkerung von 15–16 Millionen für 1978, einer Verlustrate von 7–8 Prozent. Etwa 3,5 Millionen Afghanen fanden in pakistanischen Flüchtlingslagern Aufnahme, weitere 1,5 Millionen im Iran, nochmals 100 000 in anderen Staaten. Somit suchten über 30 Prozent der Bevölkerung im Ausland Zuflucht. Hinzu kommen rund zwei Millionen Inlandsflüchtlinge: Durch die Kampfhandlungen aus ihren Dörfern vertrieben, zogen sie im Lande umher, bis sie anderswo – zumeist in größeren Städten – notdürftig unterkamen.

Obwohl die sowjetischen Streitkräfte zur Bekämpfung der Mudschahedin die modernste Kriegstechnik einsetzten und jahrelang ungehindert den Luftraum beherrschten, erreichten sie keines ihrer vorgegebenen Hauptziele. So mißlang das

Vorhaben, den Kampf gegen die Widerstandsbewegung mit Hilfe einer neuformierten, personell verstärkten, politisch zuverlässigen Regierungsarmee nach kurzer Überbrückungsphase wieder zu „afghanisieren". Denn trotz schärfster Rekrutierungsanstrengungen kamen die Streitkräfte der DR Afghanistan über einen Höchststand von 50000 Mann (1978: 110000) nicht hinaus. Zweitens gelang es nicht, den Mudschahedin die Nachschubwege für die Zufuhr von Waffen, Munition und Verstärkungen aus Pakistan und dem Iran abzuschneiden. Drittens verursachte die systematische Verwüstung großer Landstriche – durch Zerstörung der Dörfer, Vertreibung der Bauern, Verminung der Äcker, Abwurf von Brandmitteln über Getreidefeldern usw. – zwar erhebliche Versorgungsprobleme für viele Guerilla-Gruppen, doch scheiterte der Plan, die Widerstandsbewegung auf diese Weise auszuhungern und die Landbevölkerung gegen sie aufzubringen. Viertens waren die vereinigten sowjetisch-afghanischen Streitkräfte wegen der sehr beweglichen, den lokalen Bedingungen gut angepaßten Kampfführung des Gegners nicht imstande, diesen militärisch vernichtend zu schlagen.

So blieb es bei der Situation, die sich bis Ende 1979 herausgebildet hatte. Der wirkliche Machtbereich des DVPA-Regimes beschränkte sich bei Tageslicht auf höchstens 25 Prozent des Staatsgebiets, nach Einbruch der Dunkelheit im wesentlichen auf Kabul, dessen Einwohnerzahl seit 1978 von rund 700000 auf über 2 Millionen angewachsen ist, und auf zwei Dutzend andere Groß- und Garnisonstädte. Darüber hinaus kontrollierten die Besatzungstruppen die wichtigsten Straßenverbindungen, die Flugplätze und Industriestandorte, u.a. auch die Erdgasquellen bei Sheberghan in Nordafghanistan. Aus den harten Prüfungen der Jahre 1985/86 ging die Widerstandsbewegung letztlich gestärkt hervor, weil viele Frontkommandeure in dieser kritischen Periode notgedrungen lernten, enger zusammenzuarbeiten und nicht nur ihre Operationen, sondern auch ihre Logistik besser zu koordinieren.

Die entscheidende Wende zugunsten der Mudschahedin, deren Gesamtstärke auf rund 100000 Krieger geschätzt wird, trat Ende 1986 ein, als amerikanische Stinger- und britische Blowpipe-Raketen – ultramoderne Schulterwaffen für die Bekämpfung von Luftzielen – in zunehmender Zahl bei den Frontkommandeuren einzutreffen begannen. Diese leichten, sehr treffsicheren Infanterieraketen fügten den Streitkräften der Gegner so schwere Verluste an Kampfhubschraubern, Jagdbombern und Transportflugzeugen zu, daß sich deren Führungsstäbe zu einer radikalen Änderung ihres strategischen Grundkonzepts und ihrer Kampfmethoden gezwungen sahen. Angriffsoperationen mit Luftunterstützung suchte man fortan zu vermeiden. Allgemein gewann eine vorsichtigere, defensivere Grundhaltung bei der sowjetischen und der Regierungsarmee die Oberhand: Kostenberechnungen wurden immer wichtiger: Sicherungsaufgaben traten in den Vordergrund.

Die amerikanischen Hilfslieferungen für die Mudschahedin umfaßten im übrigen auch 12 cm-Granatwerfer, Panzerabwehrraketen und Minenräumgerät, dazu Maultiere, Medikamente, Schlafsäcke, Bergschuhe, Ferngläser usw. Für 1985 bezifferte sich der Wert der von den USA, Saudi-Arabien und anderen Ländern geleisteten Zuwendungen auf 200–300 Millionen US-Dollar, für 1986 auf über 500 Millionen Dollar, von denen 300 Millionen allein von den USA aufgebracht wurden. Im Jahr 1987 stieg die amerikanische Afghanistan-Hilfe auf 660 Millionen Dollar an. Demgegenüber beliefen sich die Kosten des sowjetischen Afghanistan-Engagements im Zeitraum 1986/87 auf schätzungsweise 5–6 Milliarden Dollar pro Jahr. Einer Vereinbarung zufolge ist im Vollzug der sowjetischen Räumungsoperation die Übergabe von Waffen, Gerät und sonstigen Lagerbeständen im Wert von 600 Millionen Rubel (ca. 1,3 Mrd. US-$) an die afghanische Regierungsarmee vorgesehen.

Mit dem Inkrafttreten der pakistanisch-afghanischen Vereinbarungen am 15. Mai 1988 entstand für die Widerstandsbewegung insofern eine schwierige Situation, als damit für unbestimmte Zeit die engen Verbindungen zwischen den Frontkommandeuren bzw. Kampffronten und den im pakistanischen Peschawar befindlichen Hauptquartieren der politischen Organisationen (Widerstandsparteien), denen die einzelnen Kampfgruppen zugeordnet sind, unterbrochen wurden. Die Parteibüros fungierten jahrelang auch als Zentralstellen für die Beschaffung von Geldmitteln, Waffen und sonstigem Kriegsgerät, für die Anwerbung von Rekruten sowie für die Durchführung der Nachschubtransporte bis zu den Versorgungsdepots (Zwischenlagern) im pakistanisch-afghanischen Grenzgebiet. Die Zeit bis zum 15. Mai 1988 wurde von den Nachschubdiensten nach besten Kräften genutzt, um auf afghanischem Gebiet möglichst große Kriegsmaterialvorräte anzulegen. Sie sollen ausreichen, um mindestens einen Jahresbedarf der Frontkommandeure und ihrer Verbände zu decken. Mit anderen Worten: Kommandeure und Politiker mußten sich auf eine mehrmonatige Trennung der Kampffronten von der politischen Etappe einrichten, weil die Vereinbarungen die Aufrechterhaltung von Versorgungs-, Rekrutierungs- und Ausbildungsstützpunkten für Widerstandskämpfer auf pakistanischem Boden verbieten.

Sieben sunnitische Widerstandsparteien von einigem Gewicht einigten sich im Mai 1985 auf die Bildung eines gemeinsamen Dachverbandes, genannt Islamische Allianz der Afghanischen Mudschahedin, der vor allem gemeinsame Interessen nach außen vertritt. In der Allianz sind eine radikal-fundamentalistische, drei gemäßigt-fundamentalistische und drei traditionalistische Parteien zusammengefaßt. Alle sieben verstehen sich als islamische Parteien. Ihr gemeinsames Ziel ist die Errichtung einer Islamischen Republik – eine Vision, über deren Ausgestaltung freilich beträchtliche Meinungsverschiedenheiten bestehen. Die Zusammensetzung einer Exilregierung, die später um sieben Minister aus Flüchtlingslagern und Emigration sowie um weitere sieben Minister ohne DVPA-Bindung aus dem Kabuler Regierungsapparat erweitert werden soll, wurde im Juni 1988 bekanntgegeben.

Neben den sunnitischen Parteien gibt es schiitische Parteien und Gruppen, deren „Stäbe" sich teils in Afghanistan befinden, teils vom Iran aus operieren. 80 Prozent der Bevölkerung sind Sunniten, 18 Prozent Schiiten. In der Zeit der Abkoppelung der Kampffronten von den Parteileitungen in Peschawar könnten sich diejenigen Kommandeure als politische Kraft von wachsendem Gewicht erweisen, denen es gelingt, sich im Kampf um Kabul und die Garnisonstädte des Nordens als autonome Führerpersönlichkeiten zu profilieren.

3. Protektorat ohne Perspektive unter Karmal und Najibullah

In Kabul mußte Babrak Karmal am 4. Mai 1986 das Amt des DVPA-Generalsekretärs an seinen langjährigen Gefolgsmann Dr. Mohammed Najibullah abgeben, den das sowjetische Afghanistan-Management offenbar seit geraumer Zeit zu seinem Nachfolger bestimmt hatte. Karmal stand als Parteichef und Verwaltungspräsident des Protektorats Sowjetisch-Afghanistan von Anbeginn auf verlorenem Posten. Was immer er anpackte, mußte notwendigerweise mißlingen. Da die Khalq-Fraktion nach wie vor in den Streitkräften, in der Mitgliederbasis und bei den mittleren Funktionärskadern ein deutliches Übergewicht besaß, schlugen alle Versuche fehl, die Geschlossenheit der DVPA wiederherzustellen, zumal die Parcham-Fraktion auf die Kontrolle der Spitzen- und Schlüsselpositionen nicht verzichten wollte. Da es aus den Jahren 1978/79 noch ungezählte Rechnungen zu begleichen gab, waren Akte der Blutrache und andere Gewalttaten zwischen Khalq- und Parcham-Mitgliedern an der Tagesordnung. Die häufigen Offiziersrevolten und Meutereien in der Armee standen meist ebenfalls mit der Khalq-Parcham-Rivalität in Zusammenhang. Eine Mitte März 1982 durchgeführte zweitägige Parteikonferenz bewirkte nur eine weitere Verhärtung der Gegensätze.

Im Juni 1981 wurde nach Überwindung großer Anlaufschwierigkeiten eine Vaterländische Front gegründet, der die DVPA, der Jugendverband und die Frauenorganisation der Partei sowie die DVPA-nahen Gewerkschaften als Kollektivmitglieder angehören. Vor allem aber wollte man mit der neuen „Front" auch Stammesführer, Großgrundbesitzer und möglichst viele Mullahs erfassen. Doch nur wenige Einzelmitglieder traten bei, und sie waren bestrebt, jedwedes politisches Engagement zu vermeiden. Auch ein Appell, außerhalb dieser „Front" systemkonforme Vereinigungen zu bilden, verhallte im November 1985 wirkungslos. Die wenig später angekündigte Erweiterung der Regierung um elf „parteilose Persönlichkeiten" kostete Karmal den letzten Rest von Glaubwürdigkeit, als sich zeigte, daß die angeblichen Parteilosen zumeist altbekannte DVPA-Kollaborateure waren. In der Wirtschaft blieben der Karmal-Administration Erfolge ebenfalls versagt. Jahr für Jahr verfehlte sie ihr Ziel, die Industrie- und Landwirtschaftsproduktion gegenüber dem Stand des Vorrevolutionsjahrs 1977/78 deutlich zu steigern.

Najibullah, ein 1947 in Kabul geborener Ghilzai-Paschtune, nahm 1979 im Moskauer Exil an KGB-Lehrgängen teil. Nach dem Sturz Amins wurde er beauftragt, dessen Sicherheitspolizei KAM durch einen neuen, auch Khalq-Einflüssen entzogenen Staatssicherheitsdienst namens KhAD zu ersetzen. Offenbar war er dabei erfolgreich, denn 1981 stieg er zum DVPA-Politbüromitglied auf, und 1985 wurde er zum Generalleutnant befördert. Im November 1985 zum ZK-Sekretär berufen, übertrug ihm die Partei die Aufsicht sowohl über den KhAD (30 000 Mann) als auch über die Bereitschaftspolizei des Innenministeriums (Sarandoy, 30 000 Mann) und den Militärgeheimdienst.

Als DVPA-Generalsekretär und Staatspräsident (seit dem 31.11. 1987) hat es Najibullah übernommen, gestützt vor allem auf diese „Dienste", Afghanistans Transformation in einen Verfassungsstaat einzuleiten. Die DVPA soll sich als „regierende Partei" künftig auf die in der neuen Verfassung vom August 1987 beschriebene Aufgabe zurückzuziehen, „die Verwirklichung der Politik der nationalen Aussöhnung" im Rahmen eines Mehrparteiensystems „zu organisieren und gewährleisten" (Art. 4). Najibullah, der Manager des Übergangs, könnte aber auch zum Manager des Untergangs in einem Afghanistan werden, das nach sowjetischer Lehre kein „sozialistischer Staat", sondern nur ein „Staat sozialistischer Orientierung" ist. Die Sowjetführung handelt diesmal nach der Maxime, daß solche Länder, falls sich in ihnen ein Orientierungswechsel vollzieht, von ihren Streitkräften wieder geräumt werden können.

Wolfgang Berner (Erftstadt)

Literaturhinweise

Arnold, Anthony, Afghanistan's Two-Party Communism: Parcham and Khalq. Stanford, California, 1983.
Berner, Wolfgang, Die Nah- und Mittelostpolitik der Sowjetunion, in: *Steinbach, Udo/Robert, Rüdiger* (Hrsg.), Der Nahe und Mittlere Osten. Gesellschaft, Wirtschaft, Geschichte, Kultur. Opladen 1988, Bd. 1, S. 771–788; s. dort auch die Afghanistan-Studie von *Pohly, Michael,* Bd. 1, S. 695–705, und die Länderanalyse von *Grevemeyer, Jan-Heeren,* Bd. 2, S. 41–54.
Dupree, Louis, Afghanistan. Princeton, New Jersey, 1973.
Male, Beverley, Revolutionary Afghanistan. A Reappraisal. New York 1982.
Vogel, Heinrich (Hrsg.), Die sowjetische Intervention in Afghanistan. Entstehung und Hintergründe einer weltpolitischen Krise. Baden-Baden 1980.

Chronik

8.8.1919	Beendigung des britischen Protektorats über Afghanistan durch den Vertrag von Rawalpindi
31.8.1926	Neutralitäts- und Nichtangriffsvertrag Afghanistan – UdSSR (sukzessive bis 1985 verlängert)
Jan. 1954	Beginn der sowj. Entwicklungshilfe für Afghanistan
5.9.1956	Bekanntgabe des Abschlusses von Waffenlieferungsverträgen mit UdSSR und ČSR durch Ministerpräsident Mohammed Daud Khan (1953–1963)
1.1.1965	Gründungskonferenz der Demokratischen Volkspartei Afghanistans (DVPA) in Kabul; Generalsekretär: Nur Mohammed Taraki; Stellv. Generalsekretär: Babrak Karmal
März 1967	Spaltung der DVPA in Khalq-Partei (Taraki) und Parcham-Partei (Karmal)
17.7.1973	M. Daud Khan stürzt Zahir Shah, proklamiert die Republik und bildet ein Kabinett, dem 7 DVPA-Minister (Parcham-Fraktion) angehören

3.7.1977	Wiedervereinigung der DVPA unter Taraki und Karmal
1978	
27.4.	Beginn des Militärputschs auf Weisung von Hafizullah Amin unter Führung von Abdul Qader und M. Aslam Watanjar; Befreiung der DVPA-Führer aus dem Gefängnis; Sturz Daud Khans
1.5.	Taraki übernimmt die Ämter des Staatsoberhaupts (als Vorsitzender des Revolutionsrats) und des Ministerpräsidenten
Juni	Erneute DVPA-Spaltung: Ausbootung der Parcham-Vertreter aus Parteiführung und Regierung; nach Aufdeckung eines Komplotts (im August) Parteiausschluß der meisten im November
5.12.	Unterzeichnung eines sowjetisch-afghanischen „Vertrags über Freundschaft, gute Nachbarschaft und Zusammenarbeit" in Moskau
1979	
12.–20.3.	Aufstand in Herat und Umgebung; Beginn des bewaffneten Widerstands gegen das Taraki-Amin-Regime
27.3.	Amin zum Ministerpräsidenten ernannt
14.9.	Absetzung und Verhaftung Tarakis durch Amin
16.9.	Amin übernimmt die Ämter des DVPA-Generalsekretärs und des Vorsitzenden des Revolutionsrats (Staatsoberhaupts) zusätzlich zum Amt des Ministerpräsidenten
25.12.	Beginn des sowjetischen Einmarschs mit Luftlande-Operationen zur Besetzung der Flugplätze Kabul und Bagram
27.12.	Besetzung Kabuls durch sowjetische Luftlandetruppen; Amin findet im Darulaman-Palast den Tod
28.12.	Babrak Karmal übernimmt die Ämter des DVPA-Generalsekretärs, des Vorsitzenden des Revolutionsrats (Staatsoberhaupts) und des Ministerpräsidenten
1985	
16.5.	Gründung der Islamischen Allianz der Afghanischen Mudschahedin in Peschawar, Pakistan
1986	
4.5.	Ablösung Karmals als DVPA-Generalsekretär durch Mohammed Najibullah
20.11.	Rücktritt Karmals als Vorsitzender des Revolutionsrats (Staatsoberhaupt)
1987	
15.8.	Annahme der neuen Verfassung der Republik Afghanistan durch die Loya Jirgah
30.9.	Najibullah übernimmt den Vorsitz im Revolutionsrat und die Funktion des Staatsoberhaupts
31.11.	Wahl Najibullahs zum Staatspräsidenten auf sieben Jahre durch die Loya Jirga

1988
5.–14. 4. Parlamentswahlen
14. 4. Unterzeichnung der afghanisch-pakistanischen Vereinbarungen über Flüchtlingsrepatriierung und Nichteinmischung sowie einer sowjetisch-amerikanischen Garantie-Erklärung in Genf
15. 5. Beginn des etappenweisen Rückzugs der sowjetischen Streitkräfte aus Afghanistan
26. 5. Mohammed Hassan Shark zum Ministerpräsidenten ernannt
29. 5. Eröffnung der neugewählten Nationalversammlung in Kabul

Flottenaufmarsch am Golf

Fast sieben Jahre lang war der iranisch-irakische Krieg (vgl. R. Robert: Der iranisch-irakische Konflikt, Jahrbuch Dritte Welt, Bd. 1; U. Braun: Ausweitung des Golfkrieges?, Jahrbuch Dritte Welt 1985) auf die militärische Konfrontation zwischen Teheran und Bagdad beschränkt geblieben. Die angrenzenden Staaten hatten es vermieden, in die Kampfhandlungen einbezogen zu werden. Zugleich waren sie bestrebt gewesen, militärische Präsenz raumfremder Mächte, insbesondere der Supermächte, aus dem Golf herauszuhalten, um diesen nicht zur Arena einer Supermachtkonfrontation werden zu lassen. Auf der Ebene der Supermächte war seit 1982 eine weitgehende Interessenparallelität zutagegetreten. Beide waren daran interessiert, daß der Krieg sich nicht ausweitete, daß die regionale Kräftebalance erhalten blieb und die sog. Islamische Revolution nicht in andere Länder getragen wurde. Ein Bündel von Einzelentwicklungen führte seit Ende 1986/Anfang 1987 zu einer Veränderung der Konstellation am Golf, rief Reaktionen regionaler Akteure wie auch äußerer Mächte hervor und gipfelte im Sommer 1987 in einem Flottenaufmarsch von überraschendem Ausmaß.

1. Veränderte Einschätzung des militärischen Kräfteverhältnisses

Anfang 1986 schien die Kräftebalance, die aus der irakischen Rüstungsüberlegenheit gegenüber Motivation und Einsatzbereitschaft der zahlenmäßig überlegenen iranischen Revolutionsgarden resultierte, zugunsten Irans in Frage gestellt. Die Eroberung der Halbinsel Fao im Süden der Landfront durch Iran wie auch ein gewisser Geländegewinn im zentralen Sektor hatte nicht nur eine negative Auswirkung auf die Moral der irakischen Truppen, beides führte auch regional und international zu Zweifeln an der Fähigkeit des Irak, seine Rüstungsüberlegenheit effektiv einzusetzen. Eine militärische Niederlage Bagdads rückte in den Bereich des Möglichen. Militärische Leistungsfähigkeit und die Art und Weise, wie Teheran wirtschaftlicher und sonstiger Schwierigkeiten Herr wurde, bewirkten zugleich eine neue Einstellung gegenüber dem dortigen Regime. Es wurde – nicht zuletzt von Moskau und Washington – nunmehr als stark und mit einer soliden Machtbasis ausgestattet eingestuft. Das Resultat solcher Neueinschätzung war ein beiderseitiges Bemühen, die Beziehungen zu Teheran zu verbessern; dies löste einen spürbaren Wettbewerb um Einfluß dort aus.

Der weitere Kriegsverlauf kennzeichnete 1986 als ein Jahr von Angriffen und Vergeltungsschlägen beider Parteien auf verschiedenen Ebenen. Iran unternahm weitere kleinere Offensiven an der Landfront, der Irak reagierte mit Luftangriffen auf iranische Truppenansammlungen und Städte. Im Frühjahr erklärte Bagdad den Beginn eines umfassenden Wirtschaftskrieges gegen Iran und begann systematische Angriffe auf dessen Ölfelder, Raffinerien, Pumpstationen etc. im Landesinnern. Iran antwortete mit Luftangriffen sowie Artilleriebeschuß irakischer Grenzstädte – es verfügt nach wie vor über keine nennenswerte Luftwaffe. Auch der Tankerkrieg erfuhr eine Intensivierung, und hier hatte Iran seine Kapazität insofern stärken können, als es Ölbohrinseln und natürliche Inseln in den Golfgewässern für Hubschrauber- und Raketeneinsätze ausgebaut hatte und von dort aus zunehmend neutrale Schiffe auf dem Weg von und nach kuwaitischen und saudiarabischen Häfen angriff. Diese beiden Länder stufte Teheran als Alliierte Bagdads ein. Der Irak seinerseits bewies eine verbesserte Angriffsfähigkeit gegenüber iranischen Tankern und Ölinstallationen im Golf, auch die Reichweite seiner Kampfbomber wurde größer.

Zu Beginn des Jahres 1987 unternahm Iran im Süden der Landfront eine massive Offensive auf die irakischen Verteidigungsanlagen um Basra. Hier beeindruckten nicht nur erneut die militärische Planung und Leistung, auch neue Waffensysteme aus den USA (Irangate-Affäre), aus der VR China und deren Quellen verhalfen den Iranern zu Einbrüchen in die irakischen Verteidigungspositionen. Dennoch gelang der von Teheran immer wieder propagierte „entscheidende Durchbruch", der zum Sturz des Regimes in Bagdad führen sollte, nicht. Rückblickend war es Irans letzte große Landoffensive. Die Reserven des Landes, die alljährlich zum „vernichtenden Schlag" mobilisiert wurden, schienen aufgezehrt. Weitere Mobilisierungskampagnen des Regimes hatten offenbar nicht den Erfolg der Vorjahre, sie wurden eher zu „Motivationskampagnen" angesichts einer spürbarer werdenden Kriegsmüdigkeit.

2. Irans neue Strategie

Die Regierung in Teheran wandelte ihr strategisches Konzept: keine weiteren Großoffensiven, stattdessen Zermürbung des Gegners durch begrenzte Angriffsoperationen an verschiedenen Frontabschnitten. Eine entscheidende Neuorientierung kam in der Devise zum Ausdruck, den Kampf jetzt innerhalb des Irak zu führen, das sei „die neue Front". Oppositionelle Kräfte sollten ausgebildet und mit Waffen unterstützt werden, für ihren „Befreiungskampf" gegen das Baath-Regime. Bald darauf zeigte sich im Nordosten des Irak bei den Kurden ein Erfolg dieser neuen Strategie. Sie verhalfen Iran im weiteren Verlauf des Krieges zu beachtlichen, wenn auch nicht entscheidenden Vorstößen. Der Irak reagierte mit verstärkten Angriffen auf iranische Städte und Wirtschaftsziele. Zusammen mit der weiteren Verschärfung des Tankerkrieges führte dies zu einer neuen Konstellation am Golf.

3. Haltung der Golfratsstaaten

Die Staaten des späteren Golfkooperationsrates (GKR), Saudi-Arabien, Kuwait, Katar, Bahrain, Vereinigte Arabische Emirate (VAE) und das Sultanat Oman, hatten seit 1980 dem Irak als arabischem Staat „brüderliche" Hilfe zukommen lassen, insbesondere finanzielle. Doch war es, wie erwähnt, ihr Bestreben, nicht in die Kampfhandlungen einbezogen zu werden und zu Iran, dem stärksten Staat am Golf, korrekte bzw. möglichst gute Beziehungen zu unterhalten. Da der Krieg diesen Balanceakt immer schwieriger machte, hatten sie sich wiederholt um Vermittlung und Beilegung des Konfliktes bemüht.

Iran hat den 1981 gegründeten Golfrat als Gremium nie anerkannt, sondern nur auf bilateraler Ebene mit den Mitgliedsstaaten Kontakte gepflegt. In Phasen internationaler Isolierung bzw. bei Rückschlägen im Kriegsverlauf suchte Teheran eine Annäherung an die Regierungen der Ratsstaaten; sobald es sich hingegen wieder im Aufwind fühlte, setzte Iran diese Regierungen durch Propaganda und Aufrufe an potentielle Oppositionsbewegungen unter verstärkten Druck, der meist mit der Androhung militärischer Vergeltungsschläge wegen der Unterstützung des Irak verbunden war. Von solchen Drohungen, aber auch handfester Unterstützung von Subversions- und Terroraktionen waren insbesondere Kuwait und Saudi-Arabien betroffen. Riyadh geriet alljährlich vor allem während der Pilgerzeit in Bedrängnis, wenn bis zu 150 000 iranische Pilger ins Land kamen, versehen mit der ausdrücklichen Anweisung Ayatollah Khomeinis und anderer iranischer Würdenträger, während ihres Aufenthaltes in Medina und Mekka die Ideen der Islamischen Revolution zu propagieren.

Solche Demonstrationen, in denen nicht zuletzt zum Sturz der „unislamischen Regime" in den arabischen Golfstaaten aufgerufen wurde, führten wiederholt zu Zusammenstößen mit saudiarabischen Ordnungskräften. Im Sommer 1987 hatten die iranischen Pilger, unter ihnen eine große Zahl von Revolutionsgarden (Pasdaran), offenbar besondere Weisungen, die möglicherweise Teil der neuen iranischen Strategie waren, den Krieg hinter die Fronten zu tragen. Sie traten ihren Demonstrationszug entgegen der vorgeschriebenen Pilgerroute an, die saudiarabischen Sicherheitskräfte reagierten scharf. Bei Angriff, Gegenwehr und Flucht entstand ein Chaos, das mehrere hundert Tote forderte.

Diese Konfrontation beider Regime fand zu einem Zeitpunkt statt, als der Flottenaufmarsch im Golf (s. u.) bereits angelaufen war. Ayatollah Khomeini prangerte in diesem Zusammenhang den Einsatz der US-Marine als Teil eines „satanischen Komplotts" an, einer Konspiration der „Unterdrücker-Regime", die gegen den von ihm angeführten Kampf der Unterdrückten gerichtet sei. Saudi-Arabien ist aus Teheraner Sicht ein Lakai der USA. Des Ayatollahs Gegnerschaft gilt jedoch zugleich dem saudischen Regime per se, dem er die Kontrolle über die Heiligen Stätten streitig macht. Unter Berücksichtigung all dieser Umstände wuchs den Demonstrationen während der Pilgerfahrt 1987 eine besondere Qualität zu.

Iran verstärkte außerdem Angriffe auf saudiarabische und neutrale Schiffe, die mit saudiarabischen Häfen verkehrten. Kleine, schnelle Motorboote, die meist mit Explosivstoffen oder Geschützen ausgerüstet sind, näherten sich wiederholt der saudiarabischen Küste, wo sich sicherheitsempfindliche Anlagen befinden. Bislang erwuchs daraus kein Zwischenfall, vor allem, weil Riyadh jede Konfrontation zu vermeiden sucht.

4. Ersuchen um Tankerschutz

Stärker betroffen und weitaus exponierter zwischen den Kriegsfronten gelegen ist Kuwait. Hier hatten während der vergangenen Jahre wiederholt Terrorakte stattgefunden, waren Bomben explodiert, waren iranische Raketen eingeschlagen. Seit Mitte der achtziger Jahre war Kuwait Objekt gezielter Druckmaßnahmen. Insbesondere waren jedoch kuwaitische Tanker oder andere neutrale Schiffe auf dem Wege von oder nach Kuwait iranischen Angriffen ausgesetzt, so daß sich das Emirat praktisch in einem Blockadezustand befand. Der Export von Rohöl, seine wirtschaftliche Grundlage, kam fast zum Erliegen.

Im November 1986 entschloß sich die kuwaitische Regierung, die Ständigen Mitglieder des Sicherheitsrates der UN um Schutz seiner Tanker zu ersuchen. Dieses Ersuchen war besonders überraschend, weil sich gerade Kuwait stets am nachdrücklichsten von allen GKR-Staaten für ein Heraushalten fremder Mächte aus dem Golfgebiet eingesetzt hatte. Dem

Ersuchen lag die Beobachtung der arabischen Golfanlieger zugrunde, daß Iran bei seinen Angriffen auf neutrale Schiffe, die mit den Ratsstaaten verkehrten, die Flaggen derjenigen Staaten respektierte, die über Flotteneinheiten im Indischen Ozean verfügten. So kamen hier zunächst die USA, die SU und Großbritannien in Betracht; diese hatten eigene Handelsschiffe auch bereits in einigen Fällen im südlichen Golf eskortiert.

Die Reaktionen auf das kuwaitische Ersuchen waren unterschiedlich. Washington ließ sich zunächst Zeit mit Erwägungen, wie man der Bitte entsprechen könne. Im März 1987 erhielt die Frage jedoch mehr Dringlichkeit, als bekannt wurde, daß Iran chinesische Raketen erworben hatte und bereits Abschußbasen im Bereich der Straße von Hormuz installierte. Damit erhöhte sich das Risiko für die Golfschiffahrt. Die USA erinnerten an ihre Entschlossenheit, die Freiheit der Schiffahrt in internationalen Gewässern zu gewährleisten.

Für die amerikanische Regierung kam ein weiterer Grund für eine positive Antwort an Kuwait hinzu. Nach fehlgeschlagenen Versuchen gewisser Kreise der US-Administration (1985/1986), in Teheran Einfluß zu gewinnen, indem die Position vermeintlich gemäßigter Gruppierungen der dortigen Regierung durch Waffenlieferungen und Finanzzuwendungen gestärkt wurde, war die Glaubwürdigkeit der US-Regierung in den übrigen Golfstaaten auf einem Tiefpunkt angelangt. Mit der Frage des Schutzes neutralen Schiffsverkehrs bot sich eine Gelegenheit, die Beziehungen zu diesen Staaten aus der Krise herauszuführen.

Die amerikanischen Öleinfuhren waren 1986 um 30% gestiegen. Dies war eine Mahnung, daß die ölreiche Region – trotz vorübergehenden Rückgangs der Importe – für die westlichen Interessen in längerfristiger Perspektive wichtig war. Darüberhinaus war der Gesichtspunkt mit entscheidend, daß ein sowjetischer Einfluß in dieser auch strategisch wichtigen Zone zu begrenzen war.

5. Anlaufen der Begleit-Operation

Anfang April 1987 entsprach Moskau dem kuwaitischen Ersuchen um Tankerschutz in der Form, daß das Emirat drei sowjetische Tanker charterte, für deren Schutz die sowjetische Regierung Begleitschiffe anbot. Washington reagierte zunächst gelassen: eine erhöhte sowjetische Militärpräsenz werde zwar nicht begrüßt, doch könne unter den gegenwärtigen Umständen nichts dagegen unternommen werden. Dennoch beschleunigte die Entscheidung Moskaus zweifellos die Diskussionen in Washington. Präsident Reagan erklärte später: „if we don't do the job, the Soviets will"; die USA würden als führende Seemacht abdanken und der SU Gelegenheit geben, „to move into this chokepoint of the free world's oil flow".

Die Verhandlungen mit Kuwait und anderen Golfstaaten traten nunmehr in ein konkretes Stadium. Ein Umflaggen kuwaitischer Tanker und deren Registrierung in den USA wurde ins Auge gefaßt. Damit genossen solche Tanker automatisch den Schutz der US-Marine. Angesichts der Formalitäten gemäß amerikanischen Gesetzen sollte sich der Vorgang noch bis Mitte Juli hinziehen.

Entsprechend seinem Prinzip einer blockungebundenen Politik hatte sich Kuwait an alle Ständigen Mitglieder des UN Sicherheitsrates gewandt und charterte zu einem späteren Zeitpunkt zusätzlich zwei britische und zwei in Gibraltar registrierte Tanker. Alle vier konnten auf den Schutz durch die britische Marine rechnen.

Im Mai 1987 verdeutlichten zwei Ergebnisse, welche Risiken Umflaggen und Begleitschutz für Tanker mit sich brachten. Einer der von Kuwait gecharterten sowjetischen Tanker lief auf eine Mine – ein neues Phänomen im Golf. Neben verbalen Protesten versuchte Iran sich auf solche Weise gegen fremde Militärpräsenz zu wehren. Der irrtümliche Angriff eines irakischen Kampfbombers beschädigte eine amerikanische Fregatte und verursachte den Tod von 37 Besatzungsmitgliedern. Dieser Zwischenfall löste eine heftige Diskussion in den USA aus und veranlaßte den US-Senat, von der Regierung ein festumrissenes Konzept zu verlangen, bevor der nunmehr gefaßte Plan, elf kuwaitische Tanker unter amerikanischer Flagge fahren zu lassen, zur Durchführung kommen konnte. Präsident Reagan protestierte scharf gegen den irrtümlichen irakischen Angriff, betonte jedoch zugleich, daß seine Regierung sich nicht von ihren Grundsätzen und Vorhaben abbringen lasse. Vielmehr mache der Zwischenfall einmal mehr deutlich, daß der iranisch-irakische Krieg schnellstmöglich beendet werden müsse. Weitere neutrale Schiffe wurden von Minen beschädigt, bevor der erste Konvoi kuwaitischer Tanker unter amerikanischem Geleitschutz den Weg durch den Golf antrat.

Parallel zu den Vorbereitungen der Begleit-Operation und um Bedenken des US-Kongresses Rechnung zu tragen, bemühte sich die amerikanische Administration, eine UN-Sicherheitsratsresolution vorzubereiten, die einen Waffenstillstand herbeiführen sollte. Die westlichen Alliierten wurden um Unterstützung dieser Initiative ersucht. Einen militärischen Beitrag bei ihrem Eskort-Unternehmen durch die Alliierten vermochte Washington hingegen nicht zu erreichen. Zwar operieren auch Großbritannien und Frankreich zum Schutz eigener Handelsschiffe im südlichen Golf, doch kam es bisher zu keiner formellen Koordinierung. Auch als später Italien, Belgien und die Niederlande Minenräumboote entsandten, handelte jede Nation unabhängig und nicht im Bezugsrahmen der NATO.

6. Verminung

Die Fahrt des ersten US-Konvois verlief nicht eben günstig. Einer der begleiteten Tanker wurde von einer Mine schwer beschädigt; saudiarabische Minensuchboote entdeckten weitere Minen entlang der Küste des Königreiches. Daraufhin entschied das amerikanische Verteidigungsministerium, zunächst acht Minenräum-Hubschrauber zu entsenden. Weitere Konvois wurden aufgeschoben, bis die Minenräumung gesichert war.

Kurz nach Beginn der Begleit-Operationen veranstaltete Iran Marinemanöver im südlichen Golf unter dem Codewort „Märtyrertum". Wie ein offizieller iranischer Vertreter erklärte, dienten sie dem Training von Kamikaze-Operationen, um mit kleinen, schnellen Motorbooten voller Explosivstoff Kriegsschiffe zu rammen. Während des Manövers wurde eine Land-See-Rakete abgefeuert und eines der erwähnten Boote in ein künstliches Ziel gerammt. Als im August Minen außerhalb des arabisch-persischen Golfes, im Golf von Oman, gesichtet wurden, entschlossen sich auch England und Frankreich, Minensuchboote zu entsenden, um ihre eigenen Schiffe zu schützen. Überraschend bot auch Iran eine Begleitung an der Minensuche im Golf von Oman an und erklärte, es seien die USA, die dort Minen gelegt hätten.

Die Gefahren für die US-Kriegsschiffe wie auch für die gesamte Schiffahrt im Golf waren evident geworden. Als der Irak nach einer Pause – während der Verhandlung und Verabschiedung der UN Sicherheitsratsresolution 598 im Juli 1987 – seine Luftangriffe gegen Iran wieder aufnahm und damit weitere iranische Vergeltungsschläge herausforderte, wurde er von Präsident Reagan deshalb um Zurückhaltung ersucht. Bagdad kam diesem Ersuchen ebenso wie einem späteren jedoch nicht nach.

7. Auswärtige Flottenpräsenz und erste Zusammenstöße

Im Verlaufe der ersten Wochen nach dem Beginn der Eskort-Operation kam es zu kleineren amerikanischen Einsätzen zur Abwehr iranischer Bedrohungen. So wurde z. B. im September 1987 ein iranisches Schiff, das beim Minenlegen beobachtet wurde, von US-Hubschraubern versenkt. Im Oktober versenkten Hubschrauber drei kleinere iranische Schiffe, nachdem von diesen auf sie geschossen worden war. Kurz zuvor hatte eine Silkworm-Rakete in kuwaitischen Hoheitsgewässern einen kuwaitischen Tanker getroffen, der unter amerikanischer Flagge fuhr. Geleitschutz – sowjetischer wie amerikanischer – wird erklärtermaßen nur in internationalen Gewässern des Golfs gewährt. Als Vergeltung schossen US-Zerstörer eine frühere iranische Bohrinsel in Brand und zerstörten Radar- und Kommunikationseinrichtungen auf einer weiteren. Iran gab die Beschießung Kuwaits mit Raketen und Artillerie jedoch nicht auf und verstärkte auch seine verbalen Drohungen gegenüber allen GKR-Staaten. Nachdem kuwaitische Tanker nunmehr bei ihrer Durchfahrt durch den Golf Schutz genossen, konzentriert Iran seine Angriffe auf Handelsschiffe, die mit saudiarabischen Häfen verkehrten.

Im Herbst 1987 befanden sich 72 westliche Kriegsschiffe in der Golfregion, die Hälfte davon gehörten zur US-Marine. Diese operierten im gesamten Golf, außerhalb der erklärten Kriegszone, während die europäischen sich mit geringen Ausnahmen auf den südlichen Golf und den Golf von Oman beschränkten. Japan, dem wie der Bundesrepublik Deutschland durch die Verfassung geographische Beschränkungen für militärischen Einsatz auferlegt sind, leistete finanzielle Hilfe. Die Bundesregierung entsandte im Herbst 1987 einige Kriegsschiffe ins Mittelmeer, um dort Flotteneinheiten von NATO-Staaten, die in den Golf abkommandiert waren, zu ersetzen.

Die SU operierte zu dieser Zeit mit sechs Kriegsschiffen im Golf. Moskau betonte wiederholt, es werde sich an Minenräumaktionen nur beteiligen, wenn die Kriegsschiffe fremder Nationen den Golf verlassen hätten.

8. Nach kurzer Pause: erneute Kampfhandlungen

Zum Zeitpunkt des Gipfeltreffens der GKR-Staaten, Ende 1987, klang der Krieg ab. Syrien bemühte sich, zwischen dem Rat und Teheran zu vermitteln und ersuchte Iran, Angriffe auf Schiffe der Ratsstaaten zu unterlassen. Diese wirkten offenbar im Gegenzug mäßigend auf den Irak ein und beschlossen zugleich, einen Delegierten nach Teheran zu entsenden, um – wie zuvor wiederholt versucht – einen konstruktiven Dialog anzubahnen. Dieser erneute Versuch versandete.

Zu Beginn des Jahres 1988 schien die Gefahr von Minen im Golf ausgeräumt, auch glaubten die USA und die europäischen Staaten, das ungefähre Ausmaß potentieller Bedrohung im Golf für die Eskort-Operation absehen zu können. So wurde auch die Flottenpräsenz reduziert.

Ende April kam es jedoch erneut zu Kampfhandlungen zwischen der US-Marine und Iran. Anlaß war ein Vergeltungsschlag von US-Kriegsschiffen gegen zwei iranische Ölplattformen im südlichen Golf, weil die Iraner nachweislich neue Minen gelegt hatten, wodurch eine US-Fregatte schwer beschädigt wurde. Im Unterschied zu früheren Zwischenfällen setzten die Iraner sich diesmal zur Wehr. Dies führte zu einem ungleichen Gefecht zwischen amerikanischen und iranischen Schiffen und Flugzeugen. Dabei verlor Iran die drei Fregatten, über die es noch verfügte, ein amerikanischer Hubschrauber wurde abgeschossen.

Zu dieser Zeit wurden in den USA Erwägungen angestellt, die Aufgabe der US-Flotte im Golf zu erweitern und auch neutralen Schiffen anderer Nationen im Falle eines Angriffes durch Iran oder den Irak (der allerdings bis dato keine neutralen Schiffe angegriffen hatte) Hilfe zu leisten. Dies sollte nicht mit einer erweiterten Flottenpräsenz verbunden werden. Als Reaktion auf eine wiederholte Warnung Präsident Reagans an Iran, keine neutralen Schiffe anzugreifen, feuerte Teheran eine Rakete auf einen saudiarabischen Tanker in der Straße von Hormuz ab. Mit Iran sympathisierende Gruppen im Mittleren Osten schlossen sich Irans Drohungen mit Konsequenzen im Fall einer erweiterten US-Aktivität im Golf an: man werde weltweit gegen amerikanische Interessen vorgehen.

Anfang Mai 1988 erklärte der US-Verteidigungsminister jedoch, gemäß dem klassischen Grundsatz seines Landes, die freie Schiffahrt in internationalen Gewässern sichern zu helfen, werde die US-Flotte künftig Handelsschiffen befreundeter Länder unter gewissen Bedingungen im Falle eines Angriffes zu Hilfe kommen, wenn sie formell darum bäten.

9. Arabische Golfstaaten und gesamtarabische Solidarität

Entgegen vielen Erwartungen bewirkten all diese Entwicklungen keine Konsolidierung des Golf-Kooperationsrates, vielmehr wurden unterschiedliche außenpolitische Orientierungen verstärkt deutlich. Im außenpolitischen Bereich behält sich jede Regierung Entscheidungsfreiheit vor. So nahmen Oman und die Vereinigten Arabischen Emirate Ende 1985 diplomatische Beziehungen zur SU auf, während Saudi-Arabien sich lediglich für eine gewisse Intensivierung der Kontakte zu Moskau entschied. Besonders augenfällig sind indes Unterschiede in der Haltung der Ratsstaaten zu Iran.

Bis Mitte 1987 konnte jeweils ein Konsens zwischen den sechs Staaten gefunden werden, der auf eine gemeinsame Beschwichtigungspolitik gegenüber Teheran hinauslief. Die Gipfelresolution des GKR im folgenden Dezember war ein letzter Test dieses Konzeptes. Bereits mit der quasi-Blockade Kuwaits, die Ende 1986 zu dessen Ersuchen um internationalen Schutz seiner Tanker geführt hatte, war ein Konsens schwieriger geworden. Nach den Ereignissen in Medina und Mekka 1987 hatte Saudi-Arabien einen Abbruch der Beziehungen zu Teheran erwogen, fand jedoch keine Zustimmung im Golfrat. Auf der außerordentlichen arabischen Gipfelkonferenz in Amman im November 1987 gab sich Riyadh dann mit der Verurteilung Irans wegen dessen Angriffen auf Kuwait, wegen der Zwischenfälle in Mekka und der Besetzung arabischen Territoriums zufrieden. Dort wurde auch, syrischen Bemühungen zum Trotz, einmütig die UN-Sicherheitsratsresolution 598 zur Herbeiführung eines Waffenstillstandes gebilligt. Bemerkenswert war zudem, daß eine offizielle Zusammenarbeit der arabischen Staaten mit Ägypten dadurch ermöglicht wurde, daß die Arabische Liga es den Mitgliedsstaaten freistellte, wieder diplomatische Beziehungen zu Kairo aufzunehmen. Dies taten die meisten Regierungen umgehend. Eine formelle Rückkehr Ägyptens in die Liga wurde jedoch von Syrien verhindert. Ägypten, das den arabischen Golfstaaten wiederholt Hilfe im Falle eines iranischen Angriffes angeboten hatte und dem Irak auch bereits Hilfe leistete, wird seither von den GKR-Staaten als ein gewisses Gegengewicht zu Iran eingestuft.

Auf der 17. Sitzung des Ministerausschusses der Islamischen Staaten-Konferenz (ICO) in Amman im März 1988 erhielt Saudi-Arabien zudem volle Unterstützung in seiner Rolle als Hüter der Heiligen Stätten. Hier wurde zugleich dem saudiarabischen Vorschlag von jährlichen Quoten für die Zahl der Pilger während des Hadj zugestimmt, um eine ruhige und sichere Durchführung der Pilgerfahrt zu gewährleisten. Iran protestierte noch während der Konferenz gegen eine solche Quotenregelung und machte außerdem das Recht der Pilger auf politische Demonstrationen geltend. Doch fand es sich isoliert, und der Vertreter Teherans verließ daraufhin vorzeitig die Sitzung.

Die weitgehende Solidarität der arabischen und islamischen Welt bekräftigten Riyadh in seiner Entschlossenheit, Iran nicht erneut Gelegenheit für politische Demonstrationen während der Pilgerfahrt zu geben. In den folgenden Monaten steigerten sich die Drohungen Teherans, so erklärte u.a. Parlamentspräsident Rafsanjani, Iran sei bereit, die heilige Stadt Mekka zu „befreien" und dort eine islamische Regierung einzusetzen. Dies war keine neue Drohung, doch kam ihr in Anbetracht wachsender Konfrontation neue Bedeutung zu. Ayatollah Khomeini und andere iranische Würdenträger forderten Pilgerversammlungen auf, 1988 noch kraftvoller gegen den Irak, gegen die USA und die SU sowie gegen das saudische Regime zu protestieren. Iran werde entgegen saudiarabischen Wünschen wieder 150 000 Pilger schicken (die vorgesehene Quote hätte 45 000 betragen). Dabei wurde auch die Forderung nach einer Internationalisierung der heiligen Stätten immer nachdrücklicher erhoben.

Ende April 1988 brach Riyadh offiziell die Beziehungen zu Teheran ab; der Schritt wurde mit der feindseligen Haltung Irans begründet. Die Regierung in Teheran stellte sofort eine Verbindung zwischen diesem Bruch und den amerikanischiranischen Zusammenstößen im Golf her. Ministerpräsident Mussawi erklärte, der Abbruch der Beziehungen mache Saudi-Arabiens Unterwerfung unter den Willen der USA offenkundig, die den heiligen Boden des Hedjas beherrschten. Mit solchen Anschuldigungen konnte er insbesondere bei fundamentalistisch-islamischen Kreisen im Mittleren Osten, bei denen die kritische Haltung gegenüber Amerika überwiegt, auf ein Echo rechnen.

Mitte April, fast gleichzeitig mit den iranisch-amerikanischen Zusammenstößen im südlichen Golf, gelang irakischen Truppen in einem Überraschungsangriff die Rückeroberung der Halbinsel Fao. Dies war ein Triumph für Bagdad, doch war es auch für Kuwait von großer Bedeutung, da von Fao aus Silkworm-Raketen auf das Emirat abgefeuert worden waren. Insgesamt waren die irakischen Streitkräfte 1988 erfolgreicher als in den Vorjahren. Dies mag auf verbesserte Ausbildung, eine Umstellung auf iranische Taktiken wie auch auf Veränderungen in der irakischen Kommandostruktur zurückzuführen sein, die nach den Rückschlägen 1986 vorgenommen worden waren.

10. Die Supermächte

Die starke Flottenpräsenz der USA im Golfraum stieß in Moskau auf Kritik. Dort wurde erklärt, die Eskort-Operation diene Washington als Vorwand dafür, seine militärische Position in der Region auszuweiten und seine Allianz-Partner hineinzuziehen. Damit trügen die USA zur Erhöhung der Spannungen im Golf bei. Die sowjetische Regierung hob einmal mehr ihre Interessen in der Golfregion hervor und forderte Mitsprache in dortigen Angelegenheiten. Vorerst (Frühjahr 1988) hatte jedoch der geplante Rückzug aus Afghanistan Priorität, für den eine gesichtswahrende Formel gefunden werden mußte. Hier bedurfte es eines Zusammenspiels mit den USA. So blieben nachdrückliche Proteste aus. Entsprechend der neuen Linie Generalsekretär Gorbatschows, regionale Konflikte durch einen Supermacht-Dialog zu lösen, schlug er den Amerikanern bilaterale Gespräche über die Situation am Golf vor; Voraussetzung dafür sei jedoch eine Reduzierung der amerikanischen Flottenpräsenz etwa auf diejenige der Sowjetunion. Präsident Reagan reagierte mit dem Verweis auf die UN als den geeignetsten Rahmen für Gespräche zur Beendigung des iranisch-irakischen Krieges. Auf multilateraler Ebene versuchte seine Regierung weiterhin, Sanktionen gegen Iran durchzusetzen, um Teheran zur Annahme eines Waffenstillstandes gemäß der UN/SC 598 zu veranlassen. Die SU zögerte jedoch mit ihrer Zustimmung, sie wiederholte im Laufe des Jahres den Vorschlag, die westlichen und sowjetischen Kriegsschiffe im Golf durch eine Flotte der UN zu ersetzen (wofür die UN jedoch nicht ausgestattet sind). Erst danach könne Moskau sich – vielleicht – zur Verhängung eines Waffenembargos bereitfinden. Diese diplomatischen Formeln lassen erkennen, daß die SU gegenüber Iran sehr vorsichtig operiert.

Zwischen der SU und Iran fanden in diesem Zeitraum auch vermehrt Gespräche über wirtschaftliche Zusammenarbeit statt, die für Teheran von hohem Interesse sind (Ölausfuhr, Transitmöglichkeiten, Entwicklungsprojekte), doch hielt Moskau diese weiterhin im Stadium der Diskussion und verfügte damit über Instrumente der Einwirkung. Während die USA kaum fruchtbare Kontakte zu Iran hatten, unterhielt die SU Verbindungen zu beiden Kriegsparteien. Sie setzte – trotz scharfer Kritik aus Teheran – ihre Waffenlieferungen an Bagdad fort. Wiederholt hat sie versucht, auf beide Parteien im Sinne einer Beendigung des Krieges einzuwirken, doch waren solche Versuche, ebenso wie diejenigen anderer Staaten oder internationaler Gremien, ergebnislos.

Im Hinblick auf die übrigen Golfstaaten gelang Moskau in den vergangenen Jahren eine deutliche Verbesserung seiner Position. Nach einer Erosion der amerikanischen Glaubwürdigkeit im Mittleren Osten sahen diese Staaten in Beziehungen zur SU eine Option, die ihren Status im globalen Kräftespiel verbesserte.

Die Stellung der USA erscheint 1988 nach einer kritischen Phase wieder gestärkt; dies wurde durch die Eskort-Operation sowie durch das Angebot neuer Waffenlieferungen an einige GKR-Staaten bewirkt. Hiermit sollte vor allem der fortschreitenden Entfremdung zwischen Washington und Riyadh entgegengewirkt werden, weil beide Regierungen im Sicherheitsbereich aufeinander angewiesen sind. Nach vorübergehender Annäherung 1987 wurden die Beziehungen erneut gestört, als im März 1988 bekannt wurde, daß Saudi-Arabien seit geraumer Zeit chinesische Mittelstreckenraketen importiert hatte. Wie so oft, kam dabei wieder der Israel-Faktor ins Spiel. Die israelische Regierung machte klar, daß sie ihr Land durch solche Raketen bedroht sah und einen Präventivschlag nicht ausschlösse. Diese Krise konnte von den USA ausgeräumt werden; Riyadh machte entsprechende Zusicherungen. Starke eigene Interessen an enger Kooperation mit Saudi-Arabien als Grundlage ihres Sicherheitskonzeptes im Mittleren Osten ebenso wie die dargelegte Konstellation am Golf veranlaßten die USA, früheren saudiarabischen Wünschen nach gewissen Rüstungs- und Kommunikationssystemen jetzt nachzukommen.

Es ist nicht anzunehmen, daß Saudi-Arabien den Abbruch der Beziehungen zu Iran Ende April 1988 auf amerikanisches Drängen hin vollzog. Hingegen dürfte Riyadh in der Präsenz der US-Flotte im Golf einen gewissen Schutz gegenüber iranischen Reaktionen auf diesen Schritt sehen.

Die Supermächte verbindet am Golf eine begrenzte Interessenparallelität: Aufrechterhaltung der regionalen Kräftebalance sowie Eingrenzung der „Islamischen Revolution". Darüber hinaus dominiert der Wettbewerb um Einfluß. Jede Seite reagiert daher empfindlich auf Positionsgewinne der anderen, die Grundfigur des Nullsummenspiels dürfte weiterhin das Bezugsmuster bleiben.

11. Iran stimmt politischer Lösung zu

Im Sommer 1988 gab es Anzeichen für eine Bereitschaft Teherans, Friedensverhandlungen zuzustimmen. Es war dem Irak gelungen, in gutorganisierten Überraschungsangriffen nicht nur die Halbinsel Fao zurückzuerobern, sondern an weiteren Abschnitten der Landfront die Iraner fast gänzlich vom irakischen Territorium zu verdrängen und sogar, aus taktischen Gründen, vorübergehend über die Grenze vorzustoßen. Damit zeichnete sich eine Umkehr der militärischen Situation von 1986 ab. Die Regierung in Teheran erkannte, daß militärisch keine Vorteile mehr zu erzielen waren. Die irakischen Erfolge blieben zudem nicht ohne Auswirkung auf die Stimmung der kriegsmüden Bevölkerung in Iran, die unter zunehmenden Raketen- und Luftangriffen litt. Interne Machtkämpfe in Teheran schwächten die dominierende Position der Revolutionsgarden; auch hatten die Rüstungsüberlegenheit der Iraker und die Furcht vor einer Ausweitung irakischer Giftgasangriffe Demoralisierung und Auflösungserscheinungen bei den iranischen Truppen bewirkt. Wirtschaftliche Zwänge traten hinzu; diese waren nicht zuletzt Folge der internationalen Isolierung Irans. Ein offenbares Zusammenwirken der Supermächte, in Kooperation mit den übrigen Ständigen Mitgliedern des UNO-Sicherheitsrates den Krieg einem Ende zuzuführen und die Resolution 598 durchzusetzen, brachte Iran in Bedrängnis. Für die Entscheidung in Teheran mußte auch die Isolierung Irans in der arabischen und der islamischen Welt in Betracht gezogen werden.

Rückblickend ist festzustellen, daß der Flottenaufmarsch am Golf letztlich dem Irak zugute kam. Bagdad konnte seine Angriffe auf iranische Ölinstallationen und Tanker unbehelligt fortführen, diese schadeten der iranischen Wirtschaft in der Endphase des Krieges erheblich. Die Versorgung des Irak mit zivilen Gütern sowie der vornehmlich sowjetische Waffennachschub liefen hingegen im Schatten des Begleitschutzes weiter, während der Nachschub für Iran, der ohnehin durch finanzielle Engpässe eingeschränkt war, durch die Situation im Golf weiter erschwert wurde. Der tragische Vorfall des Abschusses eines zivilen iranischen Flugzeuges durch einen amerikanischen Lenkwaffenkreuzer – im Verlauf eines iranisch-amerikanischen See-/Luftgefechtes Anfang Juli 1988 – wurde von Teheran nicht nur aus propagandistischen Gründen als ein vorsätzlicher Akt, als Teil der amerikanischen Strategie gewertet. Immerhin hatte Präsident Reagan wiederholt Warnungen vor Angriffen auf neutrale Schiffe mit der Feststellung verbunden, sie würden die iranische Regierung und das iranische Volk teuer zu stehen kommen.

Schließlich sah sich die Regierung in Teheran gezwungen, um ihr eigenes Überleben zu sichern, einem Waffenstillstand zuzustimmen. Die wesentliche innenpolitische Voraussetzung dafür war die Zustimmung Ayatollah Khomeinis zu diesem Schritt. Dessen geschwächte Gesundheit mag den Zeitpunkt der Annahme der Resolution 598 durch Teheran mitbestimmt haben. Im Gegensatz zu realistischen Politikern und geistlichen Würdenträgern, die die Notwendigkeit einer politischen Lösung hatten heranreifen sehen und bestrebt waren, Iran aus seiner Isolierung herauszuführen, hatte Khomeini bis zuletzt auf der Formel „Krieg bis zum Sieg" beharrt. Nun erklärte er zur Annahme der UNO-Resolution, ihr zuzustimmen sei so schlimm, wie einen Becher Gift zu leeren. Doch angesichts der Darlegungen verantwortlicher Regierungsmitglieder sei dieser Schritt unumgänglich. Inneriranische Auseinandersetzungen dürften für die Zeit nach dem Abtreten dieses obersten Schiedsrichters zu erwarten sein; vor allem die über Jahre indoktrinierten Revolutionsgarden haben offenbar Schwierigkeiten, sich mit einem solchen Kriegsende abzufinden.

12. Friedensverhandlungen auf der Grundlage der UNO-Resolution

Der Generalsekretär der Vereinten Nationen war maßgeblich daran beteiligt, Iran eine gesichtswahrende Annahme der Resolution 598 zu ermöglichen. Bereits in den ersten Verhandlungsrunden zur Durchführung derselben, die Ende August 1988 begannen, zeichnete sich indes ab, wie schwierig es sein wird, Teheran und Bagdad zu notwendigen Kompromissen (z.B. hinsichtlich der Grenzfragen und der Frage der Kriegsschuld) zu veranlassen. Hier wird es einer Mischung von Druck und massiven wirtschaftlichen Anreizen seitens der internationalen Gemeinschaft bedürfen, damit die Verhandlungen sich nicht lange hinziehen, sondern greifbare Fortschritte im Hinblick auf einen Frieden am Golf erzielt werden. Die Gefahr des erneuten Aufbrechens kriegerischer Handlungen besteht weiterhin.

Ursula Braun (Grünwald)

Literaturhinweise

Braun, Ursula, Die Golfregion. Probleme und Bedeutung im Ost-West-Bezug, in: K. Kaiser/H. P. Schwarz (Hrsg.): Weltpolitik. Bonn ²1987.
Chubin Shahram/Tripp, Charles, Iran and Iraq at War. London 1988.
Hottinger, Arnold, Der Dauerkrieg zwischen Irak und Iran, in: Europa Archiv, Folge 6, 1988.

Westbank und Gazastreifen: Hintergründe des Aufruhrs

Seit Anfang Dezember 1987 erschüttern schwere Unruhen die von Israel 1967 besetzten palästinensischen Gebiete – also die Westbank und den Gazastreifen. Auch mit harten Unterdrückungsmaßnahmen ist es der israelischen Armee nicht gelungen, die Protestaktionen der arabischen Bevölkerung in diesen Gebieten zu beenden. Die Aufmerksamkeit der Weltöffentlichkeit wird damit erneut auf den Konflikt gelenkt – aber noch wichtiger ist die Auswirkung der Unruhen auf das Bewußtsein der Israelis und vor allem der Palästinenser selber.

Worum geht es bei der Erhebung? Wie ist es zu ihr gekommen? Es geht um das Schicksal des Restes des alten Palästina (in den Grenzen des britischen Mandats), dessen Zukunft noch nicht definitiv festgelegt ist: Kann Israel seine Souveränität hier endgültig etablieren, können die Palästinenser erstmals Selbstbestimmung auf eigenem Territorium ausüben, wird es eine dritte Lösung geben, oder wird man zum Status quo mit all seinen Risiken zurückkehren?

In einem nun schon mehr als hundert Jahre dauernden Kampf zwischen der zionistischen Bewegung und den arabischen Bewohnern Palästinas konnte die erstere ihre Souveränität zuerst in kleinen Teilen des Landes begründen und dann 1948 mit der Gründung und Erweiterung des Staats Israel auf 80% des Territoriums von Mandatspalästina unverrückbar etablieren. Im selben Maß wurden die Palästinenser ausgegrenzt; im Krieg von 1947–49 wurden 700 000 bis 750 000 von ihnen vertrieben bzw. flohen aus dem Staatsgebiet Israels. Westbank und Gazastreifen verblieben unter arabischer Souveränität, allerdings nicht als der palästinensisch-arabische Staat, den die UNO-Teilungsresolution vom November 1947 vorgesehen hatte. Vielmehr wurde die Westbank 1950 von Jordanien annektiert, der Gazastreifen kam unter ägyptische Verwaltung.

Nationale Selbstbestimmung blieb den hier lebenden Palästinensern verwehrt. Die Bewohner der Westbank erhielten zwar die jordanische Staatsbürgerschaft, aber parallel dazu versuchte der Staat, ihr palästinensisches Nationalbewußtsein auszulöschen und durch ein „gesamtjordanisches" zu ersetzen.

Im Krieg vom Juni 1967 wurde neben anderen Gebieten auch der ganze Rest Palästinas, also eben Westbank und Gazastreifen, von Israel besetzt. Dadurch kam zusätzlich zu den schon als Staatsbürger in Israel lebenden 320 000 Arabern eine weitere Million Palästinenser unter israelische Kontrolle. Das (erweiterte) arabische Jerusalem wurde sofort annektiert, ohne daß seine Bewohner allerdings automatisch Staatsbürger geworden wären; das Schicksal der übrigen Gebiete wurde zunächst offengelassen. Israel behauptete, sie nur als Faustpfand für künftige Friedensverhandlungen in der Hand behalten zu wollen, begann aber sofort mit Maßnahmen zur praktischen Integration der Gebiete.

Beim Kampf um die endgültige Kontrolle über die Gebiete ist Israel in einer guten Position: Es besitzt ganz unangefochten die militärische Überlegenheit in der Region, es hält die Gebiete, und es hat alle Möglichkeiten, eine ihm genehme Entwicklung durchzusetzen.

Die israelischen Ziele waren: die Besatzung möglichst störungsfrei aufrechtzuerhalten, ökonomische Vorteile (wenigstens keine Nachteile) aus ihr zu ziehen und die israelische Präsenz überall (Position des Likud-Blocks) oder in Teilen der besetzten Gebiete (Arbeiterparteien) fest zu etablieren.

Die völkerrechtliche Situation von Westbank und Gazastreifen ist die von militärisch besetztem Feindesland. Israel stellt diese Auffassung mit dem Argument in Frage, Jordanien habe die Westbank 1950 völkerrechtswidrig annektiert, Ägypten niemals die Souveränität über Gaza beansprucht, daher seien diese Territorien nicht als feindliches Staatsgebiet anzusehen, sondern als rechtliches Niemandsland. Dementsprechend bezeichnet es die Gebiete auch nicht als besetzt, sondern als „verwaltet". Praktisch verhält es sich allerdings in vieler Hinsicht so, als erkenne es die völkerrechtliche Lage an.

Offiziell gilt immer noch das bis 1967 gültige Recht, in der Westbank also das jordanische, im Gazastreifen britisches Mandatsrecht. Dieses Recht ist aber in beiden Gebieten durch inzwischen ca. 1200 Militärbefehle (die Gesetzescharakter haben) so gründlich modifiziert und überlagert worden, daß eine völlig neue rechtliche Lage entstanden ist. Diese Gesetzgebung durch Militärbefehle, die keiner öffentlichen Kontrolle unterliegt, ist stets im israelischen Interesse erfolgt, und zwar nicht nur im Sinne der Sicherheit, sondern auch zum Zweck der Begrenzung von Bodennutzung, von Strafmaßnahmen, zur Ausschaltung wirtschaftlicher Konkurrenz usw., kurz gesagt: zur Durchsetzung der israelischen Politik in ihrer ganzen Breite.

1. Wirtschaftliche Folgen der Besatzung

Der starke ökonomische Wandel, der sich in den besetzten Gebieten seit 1967 vollzogen hat, ist auf mehrere Faktoren zurückzuführen: auf den Entwicklungsunterschied zwischen den Gebieten und Israel, auf die geographische Nähe und die bequemen Transportmöglichkeiten und auf eine bewußt israelische Politik der Förderung seiner eigenen wirtschaftlichen Interessen im Verkehr mit den Gebieten. Die Grenzen Israels zu den besetzten Gebieten wurden für wirtschaftlichen Austausch geöffnet, ebenso wie die Jordanbrücken für Personen und Waren offen blieben. Beides geschah allerdings innerhalb gewisser Grenzen: Wo Nachteile für die israelische Wirtschaft zu befürchten waren, blieb der Warenverkehr eingeschränkt.

Sehr früh zog der israelische Arbeitsmarkt Arbeiter aus den Gebieten an; heute arbeiten legal 90 000 Arbeiter von dort in Israel, einschließlich der Schwarzarbeiter sind es weit mehr als 120 000. Mehr als die Hälfte von ihnen arbeitet im Bauwesen, oft als Tagelöhner. Obwohl „Gleicher Lohn für gleiche Arbeit" die offizielle Politik ist, erhalten palästinensische Arbeiter doch erheblich weniger Lohn als ihre israelischen Kollegen: Sie sind überwiegend als ungelernte Arbeiter beschäftigt, erhalten eine geringere Bezahlung als israelische Arbeiter mit der gleichen Beschäftigung und bekommen viele der Sozialleistungen ihrer Kollegen nicht, obwohl sie mit Beiträgen zu ihrer Finanzierung herangezogen werden. Ihre soziale Sicherheit ist minimal.

Trotz all dieser Nachteile hat die Arbeit in Israel den palästinensischen Arbeitsmarkt entlastet und die sonst zu erwartende massive Arbeitslosigkeit verhindert. Sie hat auch zu einer Steigerung des materiellen Lebensstandards beigetragen, die in den ersten Jahren der Besatzung recht substantiell war. Inzwischen ist die Kurve deutlich abgeflacht.

Auf dem Handelssektor führte die Öffnung der Grenzen zur völligen Abhängigkeit der Gebiete von Israel. Fast alle Importgüter kommen aus Israel, nur 2% aus Jordanien, 8% aus Drittländern – auf dem Weg über Israel. Exporte gehen zu drei Fünfteln nach Israel, der Rest nach Jordanien. Die Gebiete kaufen also entweder israelische Waren zu Preisen, die erheblich höher liegen als auf dem Weltmarkt, oder sie müssen die hohen israelischen Importzölle zahlen. Beides ist eine kräftige Unterstützung für die israelische Wirtschaft. Die besetzten Gebiete sind der zweitgrößte Markt für den israelischen Export (nach den USA) – ein Markt, den Israel zudem noch völlig kontrolliert. Die Importe Israels aus den besetzten Gebieten bestehen vor allem in Produkten arbeitsintensiver Bereiche wie Landwirtschaft, Steinbearbeitung und Textilverarbeitung. Israel bezieht also vor allem billige Arbeit und arbeitsintensive Produkte aus der Westbank und Gaza und exportiert vor allem Fertigwaren in diese Gebiete. Das bringt der israelischen Wirtschaft einen – allerdings nicht lebenswichtigen – Gewinn. Für die Wirtschaft der besetzten Gebiete bedeutet es die totale Abhängigkeit.

Die Landwirtschaft hatte seit 1967 eine gewisse Produktionssteigerung zu verzeichnen. Sie war allerdings keineswegs so bedeutend, wie es in israelischen Quellen erscheint, die von 1968 – einem für die Landwirtschaft besonders schlechten Jahr – als dem Basisjahr ausgehen. Durch Mechanisierung und neue Methoden konnte die Produktivität gesteigert werden; die Zahl der in der Landwirtschaft beschäftigten Personen ist deutlich zurückgegangen. Allerdings ging auch die bebaute Fläche zurück. Die zur Bewässerung genutzte Wassermenge blieb konstant. Die Entwicklungsmöglichkeiten der palästinensischen Landwirtschaft sind äußerst beschränkt. Durch eine Fülle von Maßnahmen bis hin zu Militärbefehlen sorgt Israel dafür, daß hier nichts angebaut wird, was seiner eigenen Landwirtschaft Konkurrenz machen könnte, bzw. dafür, daß es nicht in Israel vermarktet wird. Der Zugang zu sonstigen Exportmärkten wird wiederum von Israel kontrolliert – von den jordanischen Beschränkungen für Importe aus der Westbank einmal ganz abgesehen.

Auch die Industrie – schon in der Zeit vor der Besetzung von sehr bescheidenen Ausmaßen – konnte sich unter der Besatzung kaum entwickeln. Die Gründe sind mannigfach: Konkurrenz der viel entwickelteren israelischen Industrie, kein Zugang zu Krediten, äußerst beschränkte Exportmöglichkeiten, unsichere Zukunftsperspektiven und damit wenig Bereitschaft, produktiv zu investieren, etc. Die palästinensische Industrie ist damit auf bestimmte „Nischen" zurückgedrängt – Auftragsproduktion für die israelische Wirtschaft und Produktion für den lokalen Markt und Geschmack.

Die Wirtschaft der besetzten Gebiete ist durch die Integration in die israelische Wirtschaft völlig von dieser abhängig geworden. Solange das der Fall bleibt, wird sie sich in ihrer Entwicklung nicht an den Bedürfnissen der eigenen Bevölkerung orientieren, sondern denen der israelischen Wirtschaft unterworfen bleiben.

2. Landbeschlagnahme, Infrastrukturmaßnahmen, jüdische Siedlungen

Schon bald nach der Besetzung begann Israel damit, ein ganzes Bündel von Maßnahmen durchzuführen, mit denen seine Souveränität über die besetzten Gebiete einerseits gesichert, andererseits sichtbar symbolisiert werden soll. Diese Maßnahmen betreffen folgende Komplexe: Überführung des Bodens in israelische Kontrolle und Begrenzung seiner Nutzung durch Araber, Kontrolle der Wassergewinnung und -nutzung durch Israel, verkehrsmäßige Erschließung der Gebiete, planmäßige jüdische Siedlungstätigkeit. Alles das vollzog sich in Stadien seit 1967. Über die langfristigen Ziele in Bezug auf die Gebiete und demgemäß über den Rahmen, in dem die konkreten Maßnahmen gesehen werden sollten, gab es innerhalb des Arbeiterzionismus und zwischen ihm und dem (rechten) Likud-Block Meinungsverschiedenheiten. Über das Prinzip und über viele Einzelmaßnahmen war man sich einig. Keine nennenswerte politische Kraft in Israel befürwortete einen Rückzug aus allen 1967 besetzten Gebieten. Ostjerusalem, einige Gebiete der westlichen Westbank (Etzion-Block etc.) und der Jordangraben sollten auf jeden Fall unter israelischer Kontrolle bleiben. Darüber hinaus wollten viele Politiker der Arbeiterparteien die dicht von Arabern besiedelten Gebiete der zentralen Westbank in Verhandlungen zur Disposition stellen, während Likud alle besetzten Gebiete behalten wollte. Die Durchführung der Maßnahmen oblag bis zur Regierungsübernahme des Likud 1977 solchen Politikern der Arbeiterpartei, die ohne völkerrechtliche Festlegung doch die Integration der Gebiete soweit wie möglich forcieren wollten.

Bis 1979 war die Hauptmethode, direkte israelische Kontrolle über den Boden zu erzielen, seine Beschlagnahme für militärische Zwecke. Sie wurde vor allem in den Gebieten angewandt, die nach dem sog. Allan-Plan schon sehr früh für jüdische Besiedlung vorgesehen waren, also im Jordangraben und an seinen westlichen Hängen und im Etzion-Block (südlich von Bethlehem). Nun wurde aber solchermaßen mit Beschlag belegtes Land nicht ausschließlich militärisch genutzt, sondern vielfach jüdischen Siedlern zum Bau von Siedlungen und zur agrarischen Nutzung übergeben. Das widersprach der ursprünglichen Rechtfertigung der Beschlagnahme; zudem widersprach der damit im Prinzip gegebene provisorische Charakter der Siedlungen dem Anspruch des Likud auf deren Permanenz. Seit 1979 wendet man daher ein anderes Hauptmittel der Inbesitznahme an: Alles Land, auf das arabische Dörfer ihren Eigentumsanspruch nicht bei engster Auslegung der entsprechenden Bestimmungen nachweisen können, wird von vornherein zu Staatseigentum erklärt, über das dann auch der Staat uneingeschränkt verfügen kann.

Die genannten zwei Methoden sind nur die hauptsächlichen – es gibt noch eine Fülle anderer Wege der Inbesitznahme von Land, was eine ungeheure gesetzliche und begriffliche Konfusion mit sich bringt. Wie auch immer man die Begriffe aber faßt – es steht fest, daß mehr als die Hälfte des Bodens beider besetzten Gebiete arabischer Nutzung entzogen sind. Der Wasserverbrauch der arabischen Bevölkerung wird auf einem bestimmten Stand festgeschrieben, um nicht die Reserven für die jüdischen Siedler bzw. für das Staatsgebiet Israels zu schmälern. Auch dies begrenzt die Entwicklungsmöglichkeiten der arabischen Landwirtschaft.

Die Verkehrswege werden im Interesse der jüdischen Siedler ausgebaut, d. h. die Siedlungszentren werden untereinander und mit Tel Aviv bzw. Jerusalem durch Schnellstraßen verbunden, die nach Möglichkeit keine größeren arabischen Orte berühren.

Der sichtbarste Ausdruck des israelischen Willens, die besetzten Gebiete zu integrieren und ihren Charakter zu verändern, sind die jüdischen Siedlungen. Inzwischen bestehen in den Gebieten über 100 Siedlungen mit mehr als 50 000 Bewohnern. Es gibt drei Haupttypen von Siedlungen, die unterschiedlichen Motivationen entsprechen und in verschiedenen Phasen der Besiedlung überwogen haben. In den ersten zehn Jahren, also unter der Regierung der Arbeiterpartei, wurden vor allem Siedlungen im Jordantal errichtet, um den israelischen Anspruch auf die Kontrolle der Jordangrenze zu zementieren. Diesen Siedlungen wurde ein militärischer Wert zugeschrieben; gemäß der Siedlungsideologie der Arbeiterpartei waren sie alle Kollektivsiedlungen, die Landwirtschaft betrieben. Diese Siedlungen wuchsen ausgesprochen langsam. Als 1977 Likud an die Regierung kam, wurde ein anderer Siedlungstyp forciert: die Gusch-Emunim-Siedlungen, im zentralen Bergland der Westbank und damit in Gebieten mit dichter arabischer Bevölkerung gelegen, ohne Landwirtschaft und bewohnt vom religiös-nationalistischen harten Kern derjenigen, die jeden territorialen Kompromiß mit den Arabern ablehnten. Das entsprechende Siedlungskonzept wurde auch in die Tat umgesetzt, allerdings erwies es sich, daß das Potential der ideologisch motivierten Personen, die bereit sind, relativ weit entfernt von den städtischen Zentren inmitten der arabischen Bevölkerung zu siedeln, begrenzt war und inzwischen erschöpft ist. Daher ist man zu einem dritten Siedlungstyp übergegangen: der Vorstadtsiedlung. In einem nicht zu weiten Umkreis von Jerusalem und auf den westlichen Abhängen der nördlichen Westbank, also im Einzugsbereich des städtischen Großraums von Tel Aviv, werden billige, hochsubventionierte Wohnungen in ländlicher Umgebung zur Verfügung gestellt, die auch für einen Personenkreis attraktiv sind, dem jede ideologische Motivation fehlt. Hier wird ein ohnehin bestehender „Zug aufs Land" ausgenutzt und mit Hilfe von Subventionen in die besetzten Gebiete umgelenkt. Leben diese Leute erst einmal dort, rechnet man mit ihnen als einem politischen Potential, das z.B. bei Wahlen gegen jeden Rückzug aus den Gebieten mobilisiert werden kann, denn sie wollen natürlich, daß ihre Wohnorte unter israelischer Kontrolle bleiben. Es handelt sich hier um die Schaffung nicht geostrategischer, sondern politischer Fakten. Das war wenigstens das Kalkül der Likud-Regierung bei der anfänglichen Forcierung dieser Siedlungen, und bisher scheint diese Rechnung aufzugehen.

Obwohl die jüdischen Siedler nicht im israelischen Staatsgebiet wohnen, werden sie praktisch so behandelt, als ob sie das täten. Soweit sie betroffen sind, werden die besetzten Gebiete als zu Israel gehörig betrachtet – die Siedler haben ihre städtischen und regionalen Vertretungskörperschaften wie die Bewohner Israels, sie unterliegen de facto auch israelischem Recht. Im Vergleich mit der arabischen Bevölkerung genießen sie ungeheure Vorrechte und eine enorme materielle Unterstützung. So drückt die weithin sichtbare Existenz der Siedlungen auf eine sehr konkrete Weise die Dominanz der einen ethnischen Gruppe – der jüdischen Israelis – über die andere –

die Palästinenser – aus und fördert daher auch bei diesen das Bewußtsein von ihrer unterdrückten Lage und die nationalistischen Reaktionen darauf.

3. Politische Unterdrückungsmaßnahmen

Bereits die jordanischen Gesetze (bzw. das englische Mandatsrecht im Gazastreifen) schränkten politische Aktivitäten sehr ein; z. B. erlaubten sie keine politischen Parteien. Israel ließ die entsprechenden Bestimmungen in Kraft und ergänzte sie durch eine Fülle von Militärbefehlen, die außer politischen auch viele öffentliche Aktivitäten, Organisationen usw. verbieten. Eine ganze Reihe von Freiheiten – Bewegungsfreiheit, Versammlungs-, Rede- und Ausdrucksfreiheit, akademische Freiheit usw. – ist durch Militärbefehle aufgehoben bzw. stark eingeschränkt. Nicht jeder Verstoß gegen diese Bestimmungen wird automatisch geahndet, sie werden vielmehr erlassen, um nach Gutdünken angewandt oder auch nicht angewandt zu werden. Viele Beobachter haben daher den Eindruck einer liberalen Besatzung – für die betroffene Bevölkerung handelt es sich eher um Willkür. Kollektive Bestrafungs- und Abschreckungsmaßnahmen sind an der Tagesordnung. Bei all dem handelt es sich nur zum Teil um israelische Sicherheitsinteressen und Kontrollmaßnahmen; vielfach wird auch der Verdacht laut, Israel wolle durch die Schaffung unerträglicher Lebensumstände möglichst viele Palästinenser zur Auswanderung bewegen.

4. Palästinensische Reaktionen

Die Reaktion der palästinensischen Bevölkerung auf die Besatzung war bis zu der jüngsten Erhebung von einem merkwürdigen Zwiespalt charakterisiert: Man arrangierte sich im Alltagsleben mit der Situation und leistete im allgemeinen keinen massiven Widerstand, weigerte sich aber gleichzeitig, die Besatzung politisch zu legitimieren. Das ist ein Resultat des Charakters der Besatzung, die zwar am Land und seiner Inbesitznahme interessiert ist, nicht aber an der Bevölkerung. Diese leistet zwar einen gewissen Beitrag zur israelischen Wirtschaft, kommt aber in der Besatzungspolitik fast ausschließlich als negative Größe vor: Sie soll gehindert werden, die Durchführung der israelischen Pläne zu stören. Das ist bisher mit relativ geringen Mitteln gelungen. Einen politischen Modus vivendi hat man nicht gefunden. Dazu hätte es klarer Perspektiven für die palästinensische Bevölkerung bedurft, und die hat Israel nie auch nur ansatzweise gegeben.

Gleich nach der Besetzung von 1967 gab es einigen Widerstand, und zwar in zwei Formen: einmal die bewaffneten Aktionen der Widerstandsgruppen (Fath und Volksfront), zum anderen den legalen Protest verschiedener Organisationen, der von den traditionellen Notabeln initiiert wurde. Beiden Widerstandsformen gemeinsam war die Vorstellung, die Besatzung sei eine vorübergehende Angelegenheit und ihr Ende könne durch Druck aus der Bevölkerung beschleunigt werden. Das stellte sich relativ schnell als Illusion heraus. Der bewaffnete Widerstand wurde zerschlagen, die legalen Proteste flauten ab.

Um 1970 gab es einen ausgesprochenen Tiefstand der palästinensischen Bewegung insgesamt. Es gab keine klaren Vorstellungen über langfristigen Widerstand, Teilen der Bevölkerung ging es ökonomisch unter der Besatzung besser als vorher, die jordanisch-palästinensische Konfrontation von 1970/71 stellte die Autorität der traditionellen, projordanischen Notabeln in Frage. All das führte zu einem Erliegen des Widerstands in den besetzten Gebieten.

Erst seit 1972 bildeten sich neue Strukturen eines Widerstandspotentials heraus. Der organisatorische Rahmen dafür war die „Palästinensische Nationalfront" (PNF), in der verschiedene politischen Organisationen zusammenarbeiteten. Im allgemeinen orientierte sie sich an der Palästinensischen Befreiungsorganisation (PLO); noch enger wurde die Anlehnung, als die PLO begann, die Problematik der besetzten Gebiete in ihrer Programmatik stärker zu berücksichtigen. Bis dahin hatte sie die Befreiung ganz Palästinas gefordert und

Sonderforderungen für die 1967 besetzten Gebiete strikt abgelehnt. In der Folge des Oktoberkriegs von 1973 änderte sich das; 1974 faßte die PLO mit Mehrheit einen Beschluß, der die Errichtung einer „nationalen Autorität" auf allen Teilen des Landes vorsah, die befreit werden konnten, d. h. letzten Endes auch einen palästinensischen Staat neben Israel ins Auge faßte. Das kam der Bewegung in den besetzten Gebieten, für die das Abschütteln der israelischen Herrschaft im Vordergrund stand, entgegen. Seitdem wird der Kampf in den besetzten Gebieten unter der Hauptforderung nach der Beendigung der israelischen Besatzung und der Errichtung eines unabhängigen palästinensischen Staats in Westbank und Gazastreifen geführt.

Der erste große Erfolg dieser politischen Orientierung kam mit den Kommunalwahlen in der Westbank im April 1976. Hier wurden mit überwältigender Mehrheit solche Kandidaten gewählt, die sich zur PLO bekannten. Seitdem hat das Militär fast alle der damals gewählten Stadt- und Gemeindeverwaltungen ihres Amtes enthoben; neue Kommunalwahlen wurden nicht mehr zugelassen (nach dem Gesetz sollten sie alle vier Jahre stattfinden).

Die Vereinbarungen von Camp David (September 1978) wurden von der palästinensischen Bewegung in den besetzten Gebieten einhellig abgelehnt, weil sie zwar eine gewisse Autonomie der Bevölkerung „nach innen" vorsahen, die Souveränität über die Gebiete aber – zumindest nach der israelischen Interpretation – bei Israel ließen. Der Protest dagegen wurde von einem „Nationalen Orientierungskomitee" geleitet – im Juni 1980 wurden mehrere seiner Mitglieder Ziele von Anschlägen, im Frühjahr 1982 wurde das Komitee von den Militärbehörden verboten. Das geschah im Rahmen einer großen Auseinandersetzung um die Vertretung der Palästinenser und ihre politische Orientierung: 1981 wurden im Vorgriff auf die Autonomie à la Camp David gewisse Zuständigkeiten in den besetzten Gebieten aus der militärischen Kommandostruktur ausgegliedert und als eigene „Zivilverwaltung" konstituiert – allerdings nach wie vor mit militärischem Personal und unter militärischer Oberaufsicht. Die gewählten Bürgermeister, die das als Mittel zur Legitimierung und Verfestigung der Besatzung ansahen, weigerten sich, mit der Zivilverwaltung zusammenzuarbeiten, und wurden daraufhin abgesetzt.

Jede eigenständige politische Vertretung der Palästinenser unter israelischer Kontrolle wird von Israel mit dem Argument unterdrückt, sie diene der PLO. Gerade dadurch wird aber die Bevölkerung dazu getrieben, sich mit der PLO zu identifizieren: Wenn jede politische Artikulation im Inneren unmöglich gemacht wird, wendet man sich den Repräsentanten der Palästinenser außerhalb des israelischen Machtbereichs zu, und das ist eben in erster Linie die PLO.

Die Bevölkerung der besetzten Gebiete hat also keine politische Vertretung, die hier offen auftreten dürfte. Ebenso hat sie keine gesicherte Lebensperspektive: Sie kann nicht damit rechnen, daß Israel mit den Maßnahmen, mit denen es ihr die Lebensgrundlagen entzieht, an einem bestimmten Punkt aufhört. Viele israelische Politiker legen im Gegenteil Wert darauf zu betonen, daß insbesondere der Bau jüdischer Siedlungen unbegrenzt weitergehen müsse. Diese Situation läßt keine Bereitschaft entstehen, der Besatzung irgendeine Legitimität zu verschaffen. Auf dieser Basis kann kein Dialog und keine Verständigung stattfinden. Auch die Entstehung einer kooperationsbereiten palästinensischen Führung, die in der Bevölkerung verankert wäre, ist unter diesen Bedingungen undenkbar. Das Schicksal der „Village Leagues", einer von Israel selbst ins Leben gerufenen Kollaborateursorganisation, ist in diesem Zusammenhang bezeichnend. Es gelang ihnen nicht, in der Bevölkerung Fuß zu fassen; als sie zu diesem Zweck eine politische Partei gründen wollten, wurde ihnen das von den Behörden nicht gestattet; in der Folge verloren sie jede politische Bedeutung.

Die Situation der besetzten Gebiete ist gekennzeichnet durch eine Besatzungsmacht, die die *Gebiete* endgültig integrieren will und das auch deutlich dokumentiert, aber dabei an der arabischen *Bevölkerung* nicht interessiert ist und demgemäß auch keine Rücksicht auf sie nimmt. Diese Bevölkerung fühlt sich von den israelischen Maßnahmen an die Wand gedrängt und sieht keinerlei Zukunftsperspektiven, hält aber um so verbissener an der Forderung nach einem eigenen Staat und an der Identifizierung mit der PLO fest, je gründlicher Israel jede politische Betätigung im Inneren unmöglich macht.

Aus dieser Situation ist die gegenwärtige „Intifada" (Erhebung) zu verstehen. Auch in der Vergangenheit gab es schon öfter Unruhen und mehr oder weniger massive Proteste, sie hielten aber nie so lange an und waren nie so tiefgehend und einheitlich wie jetzt. Es handelt sich offenbar um den Versuch, den alten Zwiespalt zwischen Sich-Arrangieren mit der Besatzung und der politischen Opposition gegen sie zu überwinden und nunmehr auch das „alltägliche Funktionieren" der Besatzung nachhaltig in Frage zu stellen. Der Anlaß ist die seit 1985 verschärft durchgeführte Politik der „eisernen Faust", die bei allen Teilen der Bevölkerung ungeheuren Groll angestaut hat. Die unmittelbare Forderung der Intifada ist die Änderung dieser Politik; ihre Hauptlosung ist keine andere als die, die schon seit 1973/74 vorgebracht wird: ein Staat unter Führung der PLO. Die eigentliche *Botschaft* der Erhebung aber ist: So wie bisher geht es nicht weiter!

Alexander Flores (Universität Erlangen)

Literaturhinweise

Benvenisti, Meron, u. a., The West Bank Handbook. A Political Lexicon. Jerusalem 1986.
Flores, Alexander, Intifada. Aufstand der Palästinenser. Berlin 1988.
Metzger, Jan, u. a., Das ist unser Land. Westbank und Gaza-Streifen unter israelischer Besatzung. Bornheim-Merten 1980.
Metzger, Jan (Hrsg.), Auf dem Weg zur Annexion. Die Zukunft von Westbank und Gaza-Streifen nach zwei Jahrzehnten israelischer Besatzung. Berlin 1986.
Roy, Sara, The Gaza Strip Survey. Jerusalem 1986.

Chronik

Juni 1967	Sechs-Tage-Krieg; Israel besetzt neben anderen Gebieten die Westbank und den Gazastreifen. Israelisches Recht und israelische Verwaltung werden auf Ostjerusalem ausgedehnt
Sept. 1970	„Schwarzer September" in Jordanien. Bis Juli 1971 wird die palästinensische Widerstandsbewegung völlig aus Jordanien vertrieben
August 1973	Gründung der Palästinensischen Nationalfront (PNF) in den besetzten Gebieten
Oktober 1973	Oktoberkrieg. In der Folge Durchsetzung eines „Etappenprogramms" in der PLO
April 1976	Kommunalwahlen in der Westbank. Überwältigender Erfolg der pro-PLO-Kandidaten
Mai 1977	Wahlen in Israel; Sieg des Likud-Blocks
Nov. 1977	Sadats Friedensinitiative
Sept. 1978	Vereinbarungen von Camp David; heftige Ablehnung der Palästinenser. In der Folge Gründung des „Nationalen Orientierungskomitees" (1982 verboten)
Nov. 1981	Einführung der „Zivilverwaltung" in den besetzten Gebieten (Militärbefehl Nr. 947)
Febr./März 1982	Heftige Unruhen in den besetzten Gebieten, ausgelöst durch die Weigerung der Bürgermeister, mit der israelischen Zivilverwaltung zusammenzuarbeiten, und ihre darauf erfolgte Absetzung
Juli 1985	Einführung einer verschärften Unterdrückungspolitik in den besetzten Gebieten
Dez. 1987	Ausbruch der „Intifada"

Politische Systeme und politische Entwicklung im Nahen Osten

1. Regime mit traditionaler Legitimierung

Der „unruhige" Nahe Osten ist die Region, in der sich eine nennenswerte Zahl politischer Regime mit traditionaler Legitimierung befindet. In allen übrigen Monarchien in Europa und Asien wird die politische Macht nicht mehr traditional legitimiert, sind die Monarchen zu mehr oder weniger einflußlosen und zeremoniellen Staatsoberhäuptern herabgesunken. Unter den 15 Staaten des Nahen Ostens finden sich, nach dem Zusammenbruch der Monarchien in der Türkei (1923), dem Irak (1958) und dem Nord-Jemen (1962), immer noch sieben Staaten mit traditional legitimierten politischen Regimen. Es handelt sich dabei um die beiden Königreiche Saudi-Arabien und Jordanien, um das Sultanat Oman, die Emirate Bahrein, Katar, Kuwait, die Vereinigten Arabischen Emirate (VAE), sowie – als Sonder- und Grenzfall – die Islamische Republik Iran.

Die politische Macht liegt – zeitweise eingeschränkt durch ein koloniales Protektorat Großbritanniens – in der Hand alteingesessener Familiendynastien, die z. T. auf eine beispiellose Kontinuität zurückblicken können (Oman seit 1749, Kuwait 1756, Bahrein 1783), während in Katar (1860) und Jordanien (1921) die heute noch herrschenden Dynastien von den Engländern eingesetzt wurden und der Staat Saudi-Arabien von dem Wahabiten Ibn Saud erst zwischen 1902–1926 erobert und gegründet wurde.

Die Machtzentren in diesen Regimen sind die Familienräte der oft vieltausendköpfigen herrschenden Dynastien, in denen nicht selten, durch geschickte Heiratspolitik auch die Vertreter und Abkömmlinge anderer wichtiger Stämme vertreten sind. Das weitverzweigte Netz dieser Herrscherfamilien, das allgemein akzeptierte beduinische Recht des freien Zugangs und der Audienz beim (Stammes-)Scheich und beim „Oberscheich", dem König und Emir, haben diesen Regimen eine breite Konsensbasis in der einst dominierenden beduinischen Stammesbevölkerung geschaffen und Elemente der Stammesdemokratie auf die Gesamtstaaten übertragen. Der Öl- und Finanzreichtum aller dieser Staaten hat zwar zur Lockerung dieser Stammesgesellschaften beigetragen, den herrschenden Dynastien – über die maßlose Selbstbereicherung hinaus – aber auch die Mittel in die Hand gegeben, die beduinischen und nicht-beduinischen Teile der Bevölkerung materiell zu integrieren. Die potentielle soziale und politische Sprengkraft, die mit der Einführung der (notwendigerweise) modernen Erdöl- und Dienstleistungswirtschaft verbunden ist, konnte dadurch weitgehend abgeschwächt werden, daß die Arbeitskräfte in diesen Bereichen überwiegend im Ausland angeworben wurden. Als Kontraktarbeiter sind diese ohnehin nur befristet anwesend oder müssen als länger ortsansässige Ausländer ohne Bürgerrechte immer mit ihrer Ausweisung rechnen. Obwohl diese ausländischen Arbeitnehmer gegenüber den Einheimischen deutlich benachteiligt werden, müssen sie die Golfstaaten – verglichen mit den Möglichkeiten in ihren Heimatländern – als ein wahres Eldorado empfinden. Eine nennenswerte politische Agitation ging von ihnen daher noch nicht aus.

Moderne Instrumente der politischen Willensbildung existieren sonst nicht. In all diesen Staaten sind Parteien und Gewerkschaften verboten und wirken – vielleicht mit Ausnahme Kuwaits und Jordaniens – auch nicht in Ansätzen bzw. im Untergrund. Während der Oman und Saudi-Arabien auf eine („weltliche") Verfassung ganz verzichtet haben und dort nur die islamische Scharia gilt, haben die z.T. provisorischen Verfassungen in den übrigen Monarchien keine gewaltenteilenden Regelungen, die die Stellung des Herrschers und der Herrscherfamilie nennenswert einschränken. Parlamentswahlen fanden bisher nur in Jordanien (zuletzt 1967), Bahrein (1973) und Kuwait (zuletzt 1985) statt. In Kuwait sind nur Männer wahlberechtigt, die vor 1920 schon im Lande ansässig waren. Das waren 1985 59000 von zusammen 679000 Bürgern und 1,7 Mill. Einwohnern des Emirats. Die Parlamentsrechte sind auch in diesen Ländern eingeschränkt. Immerhin vermochte das Parlament in Kuwait im Mai 1985 den Justizminister zum Rücktritt zu zwingen. Als es im Juni 1986 auch noch eine Interpellation gegen drei weitere Minister vorbereitete, löste der Emir im Juli 1986 das Parlament – wie schon 1976–81 – auf. Die Lebensdauer der gewählten Legislative in Bahrein war noch kürzer. Sie wurde schon nach zwei Jahren vom Emir „wegen Linkstendenzen" aufgelöst (1975). In Jordanien schließlich wird das Parlament nur ganz selten einberufen. Die seit 1967 verstorbenen Abgeordneten wurden ohne Wahl ersetzt.

Über die Nachfolge des jeweiligen Herrschers wird in den Familienräten entschieden. Die Herrscherwürde wird unbefristet und lebenslang ausgeübt, vorzeitige Monarchenstürze sind jedoch nicht selten. Von den gegenwärtig regierenden Monarchen kam Sultan Qabus bin Taimur 1970 durch Staatsstreich und Absetzung seines Vaters Said (1932–70) im Oman, Emir Khalifa bin Hamad al Thani 1972 gegen seinen Cousin Ahmad bin Ali bin Abdullah al Thani „mit dem Segen und der Unterstützung der herrschenden Familie, der Armee und des Volkes" – wie es hieß – in Katar an die Macht. Im kleinen Scheichtum Sharjah scheiterte allerdings der Staatsstreich eines älteren Bruders gegen den amtierenden Emir im Juni 1987, da die übrigen Herrscher der VAE zugunsten des letzteren einschritten und einen Kompromiß erzwangen. Lange Zeit galt die Monarchie in Jordanien in der Region am instabilsten. Als Frontstaat belastet durch den Konflikt mit Israel und den unruhigen Palästinensern, Schnittpunkt panarabischer Bewegungen, der Nasseristen aus dem Süden, der Baathisten aus dem Norden, gab man dem „kleinen König" Hussain II., der nach der Ermordung seines Großvaters (1951) und der krankheitsbedingten Absetzung seines Vaters, mit 17½ Jahren auf den Thron gelangte (1953), kein langes Leben. Hussain überstand alle Krisen. Er verlor den damals ökonomisch wichtigsten Teil seines Königreiches, die Westbank, nach dem verlorenen Sechs-Tage-Krieg (1967) an Israel. Er erstickte den Aufstand der PLO, der syrische Kampftruppen zu Hilfe kamen, noch aus eigener Kraft im Blutbad des „Schwarzen September" 1970. Seitdem ist sein autoritäres Regime nahezu unangefochten. Durch eine geschickte Außenpolitik, durch eine beachtliche wirtschaftliche Entwicklung mit fast zweistelligen jährlichen Zuwachsraten – wobei Jordanien von den Kriegen im Libanon und am Golf indirekt profitiert – vermochte er diese Stabilität auch materiell abzusichern. So ist Hussain, heute erst 53jährig, der am längsten amtierende Machthaber eines Landes. Ein Ende seiner Amtszeit und seines Regimes ist nicht in Sicht. Es gehört mit zum Herrschaftssicherungssystem dieser Regime, daß die Armeen vor allem unter den besonders regimeloyalen Beduinen, in einigen Fällen im Ausland als Söldner angeworben werden und unter dem Kommando von ausländischen Offizieren stehen. Zuletzt wurden von Saudi-Arabien im Dezember 1985 10 000 Soldaten und 100 Offiziere auf Vertragsbasis von Bangladesh angeheuert und der ehemalige Kommandeur der deutschen Anti-Terror-Einheit GSG 9, General Ulrich Wegner, zum Chef der für die Sicherheit von Mekka zuständigen Task Force bestellt (im August 1987). Im übrigen leistet sich das Königreich zwei organisatorisch getrennte Waffenträger, die Armee und die Nationalgarde, die man – im Fall der Fälle, der in arabischen Staaten ja so selten nicht eintritt – wohl gegeneinander auszuspielen hofft. Die VAE, deren Armee überwiegend aus Omanis und nicht-arabischen Offizieren besteht, heuerten darüberhinaus im Januar 1986 noch eine 600-köpfige Sicherheitstruppe aus Marokko an.

Die Gefahr für ihre Stabilität sehen diese monarchischen Regime heute nicht mehr in der panarabischen Bewegung, den Palästinensern, in Sozialisten oder Kommunisten, die auf der Arabischen Halbinsel (mit Ausnahme des Süd-Jemen) ohnehin nie einen nennenswerten Anhang finden konnten, sondern in der fundamentalistischen schiitischen Bewegung, die ihre Schubkraft durch die Khomenei-Revolution im Iran erhalten hat. Dessen Hauptstoßrichtung zielt im Augenblick auf das republikanische Regime des Irak, der das gerade errichtete

Politische Regime im Nahen Osten 1988

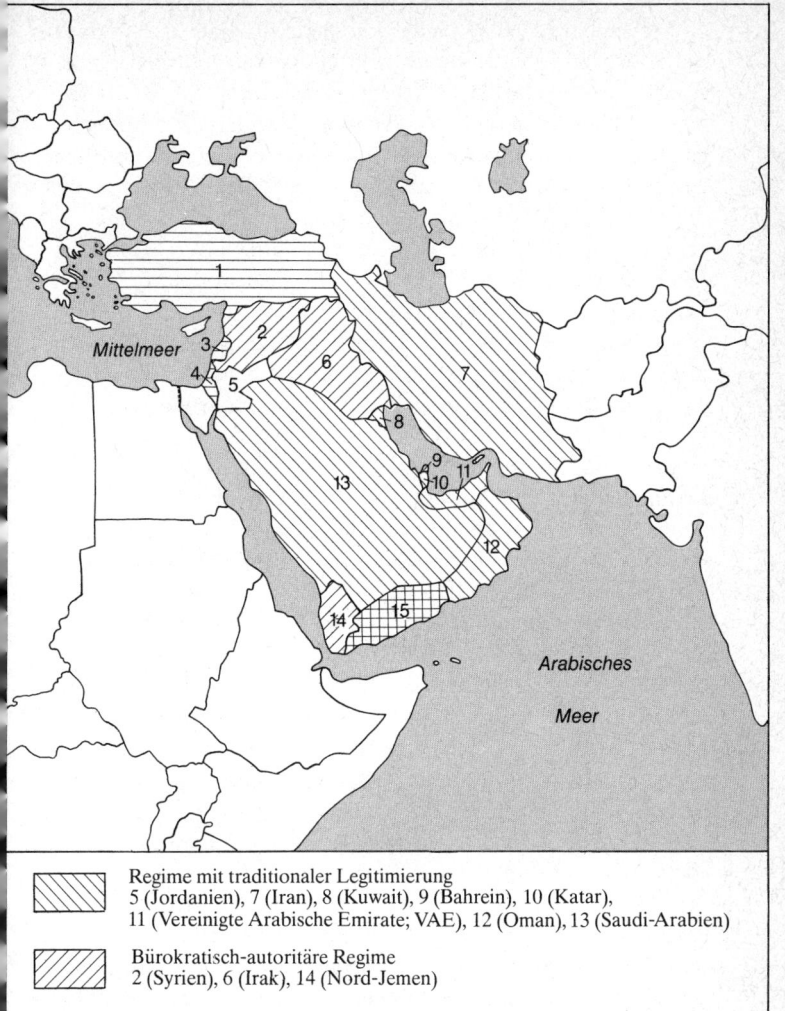

Regime mit traditionaler Legitimierung
5 (Jordanien), 7 (Iran), 8 (Kuwait), 9 (Bahrein), 10 (Katar), 11 (Vereinigte Arabische Emirate; VAE), 12 (Oman), 13 (Saudi-Arabien)

Bürokratisch-autoritäre Regime
2 (Syrien), 6 (Irak), 14 (Nord-Jemen)

Komunistische Einparteienregime
15 (Süd-Jemen)

Regime mit konkurrierenden Parteien
1 (Türkei), 3 (Libanon), 4 (Israel)

und scheinbar noch schwache Khomenei-Regime 1980 angriff und einen opferreichen und nicht endenwollenden Krieg begann. Es ist das erklärte Kriegsziel des Iran, das Baath-Regime in Bagdad zu stürzen. Die Golf-Monarchien fürchten, daß die Eroberung Bagdads einen Dominoeffekt auslösen würde und unterstützen daher massiv das Baath-Regime, mit dem sie sonst wenig Gemeinsamkeiten haben. Außerdem suchen sie ihre Sicherheits- und Außenpolitik durch Gründung des Golfrates zu koordinieren. Kuwait liegt in der vordersten Frontlinie und wird durch terroristische Aktivitäten schiitischer Fundamentalisten immer wieder heimgesucht. Im Juli 1985 kam es zu einem erfolglosen Anschlag auf den Emir, zuletzt (im April 1988) zur spektakulären Entführung von schiitischen Libanesen – an Bord eines Jumbos der Kuwait Airways –, um inhaftierte kuwaitische Terroristen freizupressen. Da die Schiiten in Kuwait – etwa ein Viertel der Bevölkerung – als Wanderarbeiter überwiegend ohne Bürgerrechte sind, versucht das Regime die fundamentalistische Bewegung durch Massenausweisungen (1986: 27000) einzudämmen.

In Saudi-Arabien stellen die Schiiten nur eine verschwindende Minderheit (3–7% der Bevölkerung). Das Königreich beherbergt jedoch mit Mekka und Medina die heiligen Stätten des Islam, die alljährlich von Millionen von Pilgern aus der ganzen islamischen Welt aufgesucht werden. Sie garantieren damit für die breite Öffentlichkeitswirksamkeit spektakulärer Aktionen. Im Dezember 1979 kam es zur Besetzung der Kaaba durch schiitische Stammeskrieger, die nur mit ausländischer (französischer) Hilfe blutig beendet werden konnte. Seither gibt es praktisch jährlich von iranischen Pilgern inszenierte Unruhen und Ausschreitungen. Im August 1987 steigerten sich diese zu Auseinandersetzungen, die Hunderte Tote und noch mehr Verwundete kosteten. Im April 1988 brach Saudi-Arabien als Reaktion auf diese Vorfälle die diplomatischen Beziehungen zum Iran ab und sucht nun die Zahl der iranischen Pilger von 150000 auf 50000 zu begrenzen. Die regimedestabilisierende Sprengkraft des iranischen schiitischen Fundamentalismus wird damit jedoch kaum beseitigt werden können.

Die „Islamische Republik" ist im Iran 1979 auf den Trümmern der Pahlavi-Monarchie gegründet worden, deren traditionale Legitimierung noch brüchig war: Sie bestand erst in der zweiten Generation. Der Dynastiegründer (1925) war ein von Großbritannien geförderter Reitergeneral, der von den Alliierten im Zweiten Weltkrieg (1941) – zugunsten seines Sohnes – wieder abgesetzt wurde. Formal handelte es sich um eine konstitutionelle Monarchie, tatsächlich um eine Königsdiktatur (des Shah-in-Shah). Das Shah-Regime wurde 1979 durch eine langanhaltende Mobilisierung breiter (haupt)städtischer Massen gestürzt, unter denen die islamische Geistlichkeit eine beherrschende Rolle zu erringen vermochte. Nach der Vertreibung des Shah gelang dieser der Ausschluß der bisher mit ihr verbündeten oder kooperierenden bürgerlich-nationalistischen, linksradikalen und kommunistischen und schließlich selbst der gemäßigt-islamischen Kräfte von der legalen Mitwirkung im neuen politischen System. Die Islamische Republik bezieht ihre Legitimation aus der schiitischen – oder genauer der von Ayatollah Khomenei vertretenen – Interpretation des Koran. Dennoch ist die Scharia – wie z.B. in Saudi-Arabien – nicht das alle Lebensbereiche regelnde Grundgesetz, sondern eine im Einklang mit der Scharia erlassene Verfassung, die durch eine (im August 1979) gewählte Verfassungsgebende Versammlung ausgearbeitet und durch ein Referendum (im Dez. 1979) ratifiziert wurde.

Das Verfassungssystem wird geprägt durch eine Doppelstruktur. Es besteht auf der einen Seite aus weltlichen Willensbildungsorganen, dem durch Volkswahl (bisher 1980, zweimal 1981, 1985) gewählten Präsidenten sowie dem gleichfalls durch Volkswahl (bisher 1980 und 1984) bestellten Parlament sowie einen vom Präsidenten ernannten und vom Parlament bestätigten Regierungschef. Frauen haben das aktive und passive Wahlrecht. Die islamische Geistlichkeit besitzt in diesen Wahlgremien eine starke Stellung. Bei den letzten Wahlen zur Majilis, der „Islamischen Konsultativen Versammlung", dem Parlament, wurden von 1584 Bewerbern nur 1161 Kandidaten für die 270 Mandate zugelassen, bei den Präsidentschaftswah-

Gewalt und Politik im Nahen Osten 1946-1988

Jahr	1946/47	48/49	50/51	52/53	54/55	56/57	58/59	60/61	62/63	64/65	66/67
Türkei			☐							☐	
Syrien	⊠	xxxx ◄◄	◄		⊠ ◄	▷ ⊠		◄	▷ ▷	⊠	xxx ◄ ▷
Libanon				◄			⊠	▷			
Israel		xxxxx xxxx			⊠	⊠					xxx
Jordanien		xxxx	✚			⊠ ▷ ⊠		✚	⊠		xxx
Saudi-Arabien											
Jemen, Nord		∿ ✚			▷		▷		∿ ◄	∿	∿ ◄
Jemen Süd					∿	∿				∿	∿
Oman						∿				⋮	⋮
V.A. Emirate											•–•
Katar											
Bahrein						⊠				⊠	
Kuwait					⊠		◄				
Irak		⊠		⊠ !̇ ▷ ◄					⋮ ◄ ▽▷ !̇	⋮ ▷ ▷ ✚	
Iran	⋮		✚						⊠		

	08/05	10/11	12/13	14/15	10/11	10/13	08/08	02/03	04/05	06/07
Türkei	⊠	▲	□		⊠	⊠				
Syrien	⊠	▲	×× ⊠				⊠ ★	▽ ★		
Libanon	⊠		⊠	⊠	~~~	~~~	~~~	~~~	~~~	~~~
Israel			×××							
Jordanien	⊠	~~~ ⊠ ✝		✝						
Saudi-Arabien		▽		▲	✝ ★	⊠			⊠	
Jemen, Nord	~~~	×××	×××		~~~ ✝ ▽ ▽	~~~ ▽				
Jemen Süd	⊠ ★		×××		✝				•! ▲	
Oman		•!		••••						
V.A. Emirate										
Katar		•!								
Bahrein				•!						
Kuwait				•!						
Irak	▲	▽	▽	••••	⊠	•••• ▽ ⊠	××××××× ✝ ×××	××××××	××××××	××××××
Iran					⊠	⊠ ●	××××××	××××××	××××××	××××××

Entwurf: R. Hanisch

~~~ Anti-Regimekriege
•••• Sezessions- oder Autonomie-Kriege
×××× Grenzkriege
▲ erfolgreiche Militärputsche
▽ erfolglose Militärputsche
•! Staatsstreiche
✝ Ermordung des Staatsoberhauptes oder des Regierungschefs
● Machtwechsel durch Volksbewegung
⊠ (blutige) Unruhen, Ausschreitungen
□ Regierungswechsel durch Wahlen
▨ Abhängiger Kolonial- bzw. Protektoratsstatus

len im August 1985 von 30 Bewerbern nur drei. Die Kandidaten traten ohne Parteibindung auf, wurden allerdings von der einzigen Partei, der Islamischen Republikanischen Partei (IRP), überwiegend bestätigt. Im Juni 1987 wurde die IRP jedoch aufgelöst, um die Gruppenbildung ihrer Führer einzudämmen.

Außerhalb dieser parlamentarischen Struktur befindet sich der Revolutionsführer Ayatollah Khomenei, der die letzten Entscheidungen fällen kann, den Präsidenten vereidigt und gegebenenfalls auch absetzt (wie 1981 Bani-Sadr). Die Stellung Khomeneis wird durch sein religiös begründetes Charisma legitimiert. Er ist der Erste im kleinen Kreis der Ayatollahs, der führenden Geistlichen. Bisher wuchs das Oberhaupt der Schiiten in diese Stellung hinein. Man vertraute darauf, daß der profilierteste aus dem kleinen Kreis der Ayatollahs die Autorität zu erlangen vermochte, um durch allgemeinen Konsens anerkannt zu werden.

In der Islamischen Republik wurde die Nachfolge dieser nun auch staatsrechtlich wichtigen und höchsten Funktion formalisiert, teilweise sogar demokratisiert. Im Dezember 1982 wurde durch eine allgemeine Volkswahl eine „Expertenversammlung" gewählt, die einen Nachfolger für Khomenei bestimmen sollte. Im November 1985 wurde dieser in der Person des Ayatollah Hossein Ali Montazeri bestimmt. Bisher sieht es aber noch nicht so aus, als ob Montazeri die weithin unbestrittene Autorität seines Vorgängers gewinnen könnte. Die politische Ordnung der Islamischen Republik scheint jedoch im Augenblick, aufgrund der Mischung traditional-religiöser Legitimierung, politischer Partizipation und brutaler Repression Andersdenkender, ungefährdet zu sein – trotz der hohen materiellen und menschlichen Kosten, die die politische Führung der Bevölkerung durch die starre Fortführung des Golfkrieges aufbürdet, obwohl der Irak längst zum Frieden bereit ist.

2. Bürokratisch-autoritäre Regime

Eine relative Stabilität haben auch die militärisch-bürokratischen Regime in Syrien, im Irak und im Nord-Jemen erlangt. Das war nicht immer so. Die gegenwärtigen Amtsinhaber sind immerhin seit 1970 (General Assad), 1979 (General Saddam Hussein als Nachfolger von General al Bakr, der sich 1968 an die Macht putschte) und 1978 (Oberstleutnant Saleh, dessen Vorgänger ermordet wurde) an der Macht.

In allen drei Ländern war die Gruppierung in den Streitkräften, die sich zum Teil – im Falle Syriens und des Irak – mit zivilen Parteipolitikern verbanden, für die Instabilität der Regierungen und politischen Regime verantwortlich. In Syrien gab es allein zwischen 1946–1970 zehn erfolgreiche Militärputsche, in den beiden anderen Staaten, nach dem Zusammenbruch der Monarchien, immerhin drei (Irak) bzw. zwei (Nord-Jemen). Zahlreiche weitere Regierungen wurden zwar unterhalb der Schwelle eines Putsches, aber ohne Volksbeteiligung gestürzt.

In Syrien wie im Irak ist seit 1963 die 1947/1952 gegründete Baath-Partei an der Macht, die einzige Partei mit einer panarabischen Zielsetzung und einem panarabischen Vertretungsanspruch. Allerdings kam es in beiden Ländern schon in den sechziger Jahren zur Machtübernahme unterschiedlicher Flügel des Baath, die sich seitdem feindlich gegenüberstehen und zu einem faktischen Zerfall des panarabischen Baath geführt haben. Dennoch existiert in beiden Ländern der Baath noch als Regionalpartei. Im Irak ließ sich Saddam Hussein zuletzt im Juli 1986 auf einem Regionalparteitag als „Regionalsekretär" der Partei bestätigen. In beiden Ländern ist der Baath nicht Staatspartei. In Syrien ist er, mit mehreren anderen Parteien, in einer Nationalen Front vereinigt, die selbst keinen Ausschließlichkeitsanspruch erhebt. Die Parlamente sind jedoch relativ einflußlos, obwohl das syrische Parlament im Oktober 1987 den Rücktritt des seit 1980 amtierenden Ministerpräsidenten Dr. Abdel R. al-Kasm erzwang, nachdem es vier seiner Minister wegen Inkompetenz getadelt hatte. Die eigentliche Macht liegt in der Präsidentschaft, und nur Präsident Assad von Syrien sucht alle sieben Jahre (zuletzt im Februar 1985) durch ein „Referendum" um Zustimmung nach. Obwohl Assad sichtlich Mühe hat, die militärischen Fraktionen in der Partei und Armee zu kontrollieren – 1984 gab es sogar Anzeichen für ein Zerwürfnis mit seinem Bruder, dem Vizepräsidenten Oberst Rifaat al-Assad –, ging eine ernsthafte Bedrohung seines Regimes vielmehr von der fundamentalistischen (sunnitischen) Moslembruderschaft aus. Deren Aufstände mußten 1981 und 1982 blutig niedergeschlagen werden.

In der Arabischen Republik Jemen (Nord-Jemen) hat der Militärrat unter Oberstleutnant Saleh sein Regime inzwischen stabilisiert. Der Vorgänger wurde noch durch die im Süd-Jemen herrschende Clique ermordet (1978) und 1979–82 sah das Regime sich einem von Süden unterstützten Invasionsversuch einer Nationaldemokratischen Front (NDF) gegenüber, der man sich nur mit wechselnder ausländischer Unterstützung (zunächst der USA, dann der Sowjetunion, schließlich Saudi-Arabiens) erwehren konnte. Das politische Regime im Nord-Jemen ist vielleicht mit der geringsten Berechtigung als „bürokratisch" zu bezeichnen. Die von den militärischen Fraktionen beherrschte Zentralregierung führt eher ein loses Regiment über die Stammesgesellschaften. Seit 1982 fanden mit der Volksrepublik Jemen („Süd-Jemen") Verhandlungen über die Wiedervereinigung beider Landesteile statt. Diese schienen durchaus aussichtsreich zu verlaufen, sind nach dem Umsturz im Süd-Jemen und der Flucht Präsident Ali Nasser Mohammeds in den Norden (im Januar 1986) jedoch wieder ins Stocken geraten.

Im Süd-Jemen haben die Radikalen in der Nationalen Befreiungsfront (NLF), die 1967 die Unabhängigkeit von Großbritannien durchsetzten, 1969 die Macht übernommen und 1970 die „Volksrepublik" ausgerufen, die durch eine marxistisch-leninistische Kaderpartei regiert wird. Politische Richtungskämpfe, die sich mit persönlichen Rivalitäten und Stammesbindungen verbinden, werden im Politbüro teilweise blutig mit der Waffe ausgeschossen. 1978 blieb der damalige Präsident Salam Rubayya Ali auf der Strecke. Im Januar 1986 versuchte Präsident Ali Nasser Mohammed seine Gegner im Politbüro zu beseitigen, scheiterte dabei jedoch. Der anschließende Bürgerkrieg kostete einige tausend Tote und endete mit der Flucht Mohammeds und 12 000 Anhänger in den Nord-Jemen. Neuer (Übergangs-)Präsident wurde Ministerpräsident al Attas, der auch als gemäßigter gilt. Auch das gegenwärtige Regime wird durch innere Spannungen geschwächt. Bei den Wahlen zur Legislative im Oktober 1986 vermochten sich neben 71 Abgeordneten der Staatspartei 40 Unabhängige durchzusetzen.

3. Regime mit konkurrierenden Parteien

Nur in drei Staaten des Nahen Ostens vermochten sich politische Regime mit konkurrierenden Parteien im Rahmen liberaler Verfassungsordnungen durchzusetzen. Israel kann – seit seiner Staatsgründung (1948) – auf eine ungebrochene demokratische Tradition zurückblicken. Seither fanden zehn Parlamentswahlen statt, an denen sich eine Vielzahl von Parteien und Splittergruppen beteiligten. Bei den letzten Wahlen zur Knesset im Juli 1984 waren es nicht weniger als 26, von denen 15 ins Parlament einziehen konnten. Dies macht die Bildung von Koalitionsregierungen notwendig, die bis 1977 unter der Führung der Arbeiterpartei standen, die dann durch eine Koalition unter Führung des Likud-Blockes abgelöst wurde. Die Wahlen von 1984 brachten kein eindeutiges Ergebnis – obwohl die Arbeiterpartei erstmals seit 1977 den Likud wieder überflügelte. Man einigte sich daher auf die Bildung einer Großen Koalition, in der das Amt des Ministerpräsidenten zunächst von Simon Peres (Arbeiterpartei, 1984–86) und dann von Itzak Shamir (Likud, seit 1986) übernommen wurde. Diese Koalition ist – notwendigerweise – uneinig in wichtigen Fragen. Das politische System Israels wurde bisher noch keinen ernsthaften Belastungen unterworfen und beruht auf dem breiten Konsens der Bevölkerung und aller wichtigen gesellschaftlichen Gruppen.

Bedroht wird der Staat Israel durch seine arabischen Nachbarn (mit Ausnahme Ägyptens, seit 1979). Das ist Anlaß („sichere Grenzen") oder Vorwand (Annektion der altjüdischen Gebiete Samaria und Judäa), die 1967 eroberten palästinensischen Gebiete Gaza und der Westbank besetzt zu halten und der palästinensischen Bevölkerung die nationalen Bürgerrechte vorzuenthalten. Seit Ende 1987 vermag die palästinensische Bevölkerung durch anhaltenden zivilen Widerstand, immer wieder angefacht durch neue Todesopfer des israelischen Militärterrors, die Besatzungsmacht erstmals in ernste Schwierigkeiten zu bringen.

In den Strudel des Palästina-Konfliktes ist auch die einstige „Schweiz des Nahen Ostens" geraten: Der Libanon hatte (1943) für seine gemischtreligiöse Bevölkerung – im Nahen Osten einzigartig – eine Formel gefunden, die die wichtigsten staatlichen Ämter den einzelnen Religionsgemeinschaften zuwies, politische Partizipation und Parteienkonkurrenz aber in diesem abgesteckten Rahmen ermöglichte. Seit die PLO, nach ihrer Vertreibung aus Jordanien (1970), ihre Operationsbasen gegen Israel in den Libanon verlegte, wurde der Libanon „Frontstaat" und Ziel israelischer Gegenattacken. Die von den traditionalen Eliten der verschiedenen Religionsgemeinschaften friedlich gelösten Konflikte wurden nun zunehmend militant ausgetragen. Die politischen Parteien bewaffneten sich. Seit 1975 steht der Libanon in Flammen – mit wechselnden Fronten zwischen ausländischen Mächten, der PLO, Israel, Syrien, und den Milizen der christlichen Maroniten, der Drusen, der Schiiten, der Sunniten. Der libanesische Staat kann nicht einmal mehr seine Hauptstadt Beirut kontrollieren und ist faktisch zusammengebrochen. Das letzte Parlament wurde 1972 gewählt.

Im Juni 1987 wurde der gerade zurückgetretene, aber noch amtierende Premierminister Rashid Karame, der seit 1955 sieben Mal der Regierung vorstand, ermordet. Große Teile des Ostens und des Nordens des Landes sind nach wie vor von syrischen Truppen besetzt, während Israel sich das Recht nimmt, in einer „Sicherheitszone" im Süden eine ihm ergebene Miliz zu unterhalten und durch militärische Aktionen gegen Palästinenserstellungen zu intervenieren (zuletzt im April/Mai 1988).

Die Türkei ragt quasi mit einem Bein nach Europa herein. Nicht zuletzt die hier in den letzten Jahren an Boden gewinnende islamische fundamentalistische Bewegung, die die Reformen des Staatsgründers der modernen Türkei, Attatürk, in Frage stellt und in einigen Bereichen auch schon aufweicht, erinnert daran, daß die Türkei auch ein orientalisches Land ist. Armut und Unterentwicklung, ethnisch-soziale Konflikte zwischen dem Staatsvolk der Türken und von diesen nicht in ihrer Identität anerkannten Minderheiten der Armenier und Kurden („Bergtürken") weisen es als ein Land der Dritten Welt aus. Die Türkei hat eine lange Tradition parlamentarischer Regime und der Parteienkonkurrenz – aber auch der militärischen Eingriffe in die Politik. Das Militär handelt dabei nicht als Instrument einzelner Offiziere oder gar politischer Gruppen. Es versteht sich als „Hüter der Verfassung" und regiert damit faktisch mit, weniger in der Tagespolitik, als vielmehr in den langfristig angelegten Grundentscheidungen. Insofern kann das politische System als parlamentarisch-militärisches Regime bezeichnet werden. Bisher erzwang das Militär dreimal die Absetzung der legal gebildeten Regierung und versuchte durch Besetzung des Amtes des Staatspräsidenten durch einen der Ihren dauernden Einfluß zu nehmen. Drei der vier Präsidenten seit 1960 waren Generäle. Der letzte Militärputsch erfolgte 1980, als die instabilen Parteienregierungen mit dem wachsenden politischen Terror (von rechts und links), der zuletzt mehrere tausend Tote jährlich kostete, nicht fertig wurden. Nach Erlaß einer neuen Verfassung, die in einem Referendum mit fast 92% Zustimmung im November 1982 ratifiziert wurde, kehrte das Land im November 1983, durch die Abhaltung von Neuwahlen, zu einem parlamentarischen Regime zurück. Das Militär versuchte die Ergebnisse in seinem Sinne vorzustrukturieren. Die bisher führenden Parteipolitiker, der Sozialdemokrat Ecevit und der Konservative Demirel, wurden mit einem politischen Betätigungsverbot belegt. Darüber hinaus begünstigte das Militär eine konservative Partei, die sich jedoch nicht durchsetzen konnte. Wahlsieger wurde eine andere konservative Partei, die Mutterlandspartei des Wirtschaftprofessors Turgut Özal mit stattlichen 45% der Stimmen. Die alte politische Garde, die über „Strohmänner" noch weiter zu wirken versuchte, erhielt zwar im September 1987 durch ein Referendum – ganz knapp mit 11,723 Mio. zu 11,641 Mio. Stimmen – ihre politischen Rechte zurück, konnte aber auch bei den anschließenden Wahlen (im November 1987) keine größere Rolle mehr spielen. Turgut Özals Partei mußte mit nur noch 36% der Stimmen empfindliche Verluste hinnehmen, steigerte ihre parlamentarische Vertretung aber – durch Wahlrechtsänderungen – von 53% auf 65% der Mandate.

Rolf Hanisch (Institut für Internationale Angelegenheiten, Universität Hamburg)

Zentralamerika: Frieden in Sicht?

Der Friedensplan, den die fünf zentralamerikanischen Präsidenten am 7. August 1987 in Guatemala unterzeichnet haben, ist nun über ein halbes Jahr in Kraft, ohne daß die Bürgerkriege in El Salvador, Guatemala und Nicaragua ein Ende gefunden hätten. In Nicaragua ist wenigstens ein zweimonatiger Waffenstillstand vereinbar worden, in El Salvador und Guatemala kam es nicht einmal zur Verwirklichung dieser Grundvoraussetzung für den Frieden. Wie das Abkommen von Guatemala zustandekam, welchen Inhalt und welche Schwächen es hat, soll neben der Frage der Umsetzung in den drei Ländern im Mittelpunkt der folgenden Ausführungen stehen.

1. Von der Contadora-Initiative über den Arias-Plan zum Gipfeltreffen von Esquipulas

Vier Jahre lang hatten sich die Staaten der Contadora-Gruppe (Mexiko, Kolumbien, Panama und Venezuela) vergeblich um eine friedliche Regulierung der Konflikte in Zentralamerika bemüht (vgl. Jahrbuch Dritte Welt 1987). Hauptgrund für die Nichtunterzeichnung der verschiedenen Versionen der „Contadora-Akte für Frieden und Demokratie" war der Widerstand der US-Regierung gegen ein Abkommen, das Existenz und Fortbestand der sandinistischen Revolution in Nicaragua anerkannt hätte. Druck auf die engsten regionalen Verbündeten – El Salvador und Honduras – verhinderte zweimal die bevorstehende Einigung. Als Mittel wirkte dabei meist die Drohung, Wirtschafts- und Militärhilfe zu kürzen oder einzustellen. Im Januar 1987 versuchten die Contadora-Außenminister erfolglos, die Stagnation der regionalen Verhandlungen durch eine gemeinsame Reise mit den Generalsekretären der UNO und der OAS in alle fünf Länder zu überwinden. Erst als der costaricanische Präsident Oscar Arias Mitte Februar

1987 einen Friedensplan vorlegte, der im wesentlichen auf Vorschlägen der Contadora-Gruppe beruhte, kam Bewegung in die regionale Szenerie.

Arias signalisierte damit eine deutliche Abkehr von der Politik seines Vorgängers Luis Alberto Monge (1982–1986), dessen Zentralamerikapolitik an den Vorstellungen der USA orientiert und mit Honduras und El Salvador im sog. Block von Tegucigalpa (benannt nach der honduranischen Hauptstadt) abgesprochen war. Der Plan Arias nahm in einem wesentlichen Punkt Abstand von „alten" Forderungen: Nicaragua wurde nicht mehr als zentraler Problem- und Referenzpunkt der zentralamerikanischen Krise dargestellt, die Forderung nach sofortigen Neuwahlen wurde fallengelassen. In allen drei Bürgerkriegsländern sollte ein Dialog mit der *unbewaffneten* Opposition eingeleitet werden, womit von der sandinistischen Regierung keine direkten Verhandlungen mit der Contra verlangt wurden, was die Reagan-Administration stets gefordert, die Regierung in Managua mit derselben Regelmäßigkeit abgelehnt hatte. Ansonsten war der Plan Arias wesentlich weniger umfangreich und detailliert als die Contadora-Akte, basierte aber dennoch auf deren Prinzipien, z. B. der Gleichzeitigkeit des Inkrafttretens der Regelungen über einen Waffenstillstand und dem Dialogbeginn. Wesentliche Streitpunkte der Vergangenheit, vor allem im Bereich der Sicherheitspolitik, wurden ausgeklammert und vertagt (Beginn der regionalen Abrüstungsverhandlungen 60 Tage nach Unterzeichnung des Abkommens).

Kritik an Arias kam in der Folgezeit vor allem von der US-Administration, die die Contra „im Regen" stehen sah, weil ihre „Schützlinge" nicht am Dialog beteiligt werden sollten und die Finanzierung durch die USA eingestellt werden sollte. Auch Honduras wandte sich gegen eine Ausgrenzung der Contra, wobei der Grund wohl hauptsächlich in der Befürchtung zu sehen ist, „arbeitslose" Contras könnten zu in Honduras marodierenden Truppen werden und den Protest, den ihre Existenz bereits hervorgerufen hatte, verstärken. Die salvadorianische Regierung dagegen sah die Prioritäten im Plan

Arias falsch gesetzt, weil der (im Falle El Salvadors allerdings rein formalen) Demokratisierung nicht mehr der höchste Stellenwert zukommen sollte. Präsident Duarte forderte, die nicaraguanische Regierung solle zunächst demokratische Verhältnisse herstellen, dann könne über einen Waffenstillstand und die Beendigung der Contra-Hilfe gesprochen werden. Die nicaraguanische Regierung begrüßte den Friedensplan zwar, wollte aber bei regionalen Gesprächen – wie dem zunächst für Juni 1987 geplanten zentralamerikanischen Präsidentengipfel – auch nicaraguanische Vorschläge (z. B. die Forderung nach direkten Gesprächen mit der US-Regierung) diskutiert wissen.

Bei all diesen Meinungsverschiedenheiten ist es kaum verwunderlich, daß es nicht zur Unterzeichnung des Friedensplanes kam. In der Folgezeit schien ein regionales Abkommen eher in die Ferne zu rücken, weil der ursprünglich für Ende Juni vereinbarte Gipfel auf Wunsch der salvadorianischen Regierung verschoben wurde. Als das zweite Treffen der fünf zentralamerikanischen Präsidenten (das erste im Mai 1986) dann Anfang August 1987 in Guatemala stattfand, rechneten Beobachter mit einem verbalen Schlagabtausch und gegenseitigen Vorwürfen und Schuldzuweisungen, nicht aber mit der Unterzeichnung eines regionalen Abkommens.

2. Irangate – die US-Zentralamerikapolitik

Der bedeutendste Einzelfaktor für das Scheitern der vorangehenden Friedensbemühungen war die konterkarierende Politik der Reagan-Administration, die darauf ausgerichtet war, die sandinistische Regierung in Nicaragua zu stürzen und durch ein US-freundliches Regime zu ersetzen. Ende 1986 erhielt diese Politik einen schweren Rückschlag. Im Oktober schoß die nicaraguanische Armee ein Versorgungsflugzeug der Contra ab und nahm den US-Bürger Eugene Hasenfus gefangen, der angab, für den CIA zu arbeiten. Dokumente, die er bei sich trug, belegten außerdem direkte Kontakte zwischen der Contra und dem Weißen Haus. Wenig später wurde durch die Veröffentlichung einer libanesischen Zeitschrift publik, daß die Reagan-Administration – entgegen allen öffentlichen Beteuerungen – heimlich Waffen an den Iran geliefert hatte, um US-amerikanische Geiseln, die von pro-iranischen Gruppen im Libanon festgehalten wurden, freizukaufen. Im Laufe der Enthüllungen stellte sich heraus, daß die Waffen mit Gewinn verkauft worden waren und dieser Profit zur Finanzierung der Contra hinter dem Rücken des US-Kongresses – der im sog. Boland-Amendment vom Dezember 1982 zunächst jegliche Unterstützung der Contra verboten hatte – verwandt worden war. Beide Ereignisse zusammen führten zur Krise der US-Zentralamerikapolitik. Außer auf die öffentliche Meinung, die der Reaganschen Zentralamerikapolitik zum Teil von Anfang an kritisch gegenüberstand, mußte Reagan in der Folge auch auf die Demokraten Rücksicht nehmen, die nach den Wahlen vom November 1986 nicht nur im Repräsentantenhaus, sondern auch im Senat über die Mehrheit verfügten und Reagans Politik folglich blockieren konnten. Präsident Reagan mußte also vorsichtig sein, und so beteuerte er in einer Rede vor beiden Häusern des Kongresses am 27. Januar 1987, daß er diplomatische Bemühungen zur Lösung der zentralamerikanischen Krise bedingungslos unterstütze. Er bemerkte allerdings auch, daß diese Bemühungen fruchtlos bleiben würden, „wenn die Sandinisten den Krieg gegen ihr Volk gewinnen". Mit anderen Worten: das Ziel – der Sturz der Regierung in Managua – blieb dasselbe, nur die Rhetorik wurde der innenpolitischen Situation angepaßt.

Ende Februar 1987 veröffentlichte die zur Untersuchung der Iran-Contra-Affäre eingesetzte Tower-Kommission ihren Bericht, nach dem sich nicht nachweisen läßt, daß Präsident Reagan von der Umleitung der Gelder aus dem Waffenverkauf an die Contra wußte. Letzte Zweifel blieben bestehen. Darüber hinaus mußte sich der Präsident der Supermacht USA die Frage gefallen lassen, was schlimmer wiege: Daß er illegale Aktivitäten geduldet hat – falls er davon wußte – oder daß er von derart brisanten Aktivitäten seiner engsten Mitarbeiter nichts wußte, was nicht gerade für seine Führungsstärke gesprochen hätte. Zu dieser Schlußfolgerung kam im Oktober

1987 auch der Untersuchungsausschuß des US-Kongresses, der darüber hinaus Mitgliedern der Regierung Gesetzesbrüche und Täuschung des Parlaments vorwarf.

Eine Konsequenz der Aufdeckung des Skandals war die eingeschränkte Handlungsfreiheit, die der Administration für die verbleibenden zwei Jahre der Amtszeit in Bezug auf Zentralamerika verblieb. Allerdings vermag auch der Kongreß nicht ohne Abstimmung mit der Administration zu handeln, weil Präsident Reagan sein Veto einlegen kann, das im Kongreß mit einer Zweidrittelmehrheit überstimmt werden muß. Darüber hinaus darf die Ablehnung der Reaganschen Zentralamerikapolitik von seiten der meisten Demokraten nicht als Sympathie für die Sandinisten oder revolutionäre Bewegungen mißverstanden werden. Die meisten Demokraten lehnen die Methoden, in wesentlich geringerem Maß aber die Ziele der Regierung Reagans ab. Für den Idealfall halten wahrscheinlich alle US-Politiker die Verhältnisse in Costa Rica. Ist eine ähnliche Entwicklung nicht möglich, ziehen auch die Demokraten das „Modell El Salvador" – d.h. die formale Demokratisierung ohne wirkliche Änderung von Machtverhältnissen und Versuch eines Entwicklungsmodells – realen Veränderungen wie in Nicaragua vor.

Ein gutes Beispiel für diesen Grundkonsens zwischen Republikanern und Demokraten ist der Plan, den Präsident Reagan und der demokratische Sprecher des Repräsentantenhauses Jim Wright am 5. August 1987 – einen Tag vor Beginn des zentralamerikanischen Präsidentengipfels – in Washington vorlegten. Dem Titel nach handelt es sich dabei zwar um einen Plan für Zentralamerika, inhaltlich bezieht er sich aber nur auf Nicaragua. Zunächst werden drei Grundsätze geäußert:
- Nicaragua darf keinem Land des Ostblocks die Einrichtung von Militärbasen erlauben;
- Nicaragua darf weder eine militärische Bedrohung für seine Nachbarstaaten darstellen noch Basis oder Rückzugsgebiet für die Subversion oder Destabilisierung „ordnungsgemäß gewählter" Regierungen der Hemisphäre sein;

– die nicaraguanische Regierung muß die grundlegenden Menschenrechte sowie die politischen Rechte, wie sie in der nicaraguanischen Verfassung dargelegt sind, respektieren.

Dann heißt es weiter:

„Darüber hinaus haben die USA kein Recht, die Identität politischer Führer in Nicaragua oder das soziale und wirtschaftliche System des Landes zu beeinflussen oder zu bestimmen."

Der Rahmen, innerhalb dessen sich die künftige Entwicklung Nicaraguas abzuspielen hat, ist damit abgesteckt. Bei den Vorschlägen zur Beendigung des Krieges nennt der Plan im wesentlichen einen Waffenstillstand zwischen Regierung und Contra, Verhandlungen im Bereich der Sicherheitspolitik mit allen zentralamerikanischen Staaten unter Beteiligung der USA und Forderungen für die innere Entwicklung in Nicaragua. Der Vorschlag schließt mit dem Angebot von „Zuckerbrot" – der Ankündigung, Nicaragua könne nach Erfüllung aller Bedingungen wieder in die regionalen Hilfsprogramme der USA einbezogen werden – und der Androhung von „Peitsche" – dem Hinweis, daß die USA bei Torpedierung der Verhandlungen mit der Contra durch die sandinistische Regierung „frei seien, solche Aktionen durchzuführen, die sie zur Sicherung der nationalen Interessen für notwendig erachten."

Der Reagan-Wright-Plan wurde allerdings beim zentralamerikanischen Präsidentengipfel nicht einmal diskutiert, was eine Niederlage für die US-Politik bedeutete bzw. die Abnahme der Einflußmöglichkeiten der USA zeigte. Die Tatsache, daß sich die fünf Präsidenten auf einen eigenen Plan einigten – eine Synthese aus Vorschlägen der Contadora-Gruppe und des Arias-Plans – vergrößerte die Niederlage der USA zusätzlich. Nach Unterzeichnung des Abkommens von Guatemala kam es schließlich in den USA zu Absetzbewegungen der Demokraten, die fast unverzüglich auf eine Unterstützung des regionalen Abkommens umschwenkten, das von der Reagan-Administration skeptisch bis ablehnend aufgenommen wurde.

3. Das Abkommen von Guatemala – die Theorie

Die dargestellte Schwächung der Reagan-Administration durch die Iran-Contra-Affäre war ein wesentlicher Faktor, der die Unterzeichnung des Abkommens ermöglichte. Die Regierungen El Salvadors und Honduras hatten im August offensichtlich erkannt, daß sich die Ära Reagan – die beiden einen Zuwachs der US-Hilfe auf das 25fache brachte – dem Ende zuneigte und sie sich darauf einstellen mußten, daß der nächste US-Präsident diese Politik mit hoher Wahrscheinlichkeit nicht fortsetzen würde. Zum anderen wurde die Unterzeichnung dadurch erleichtert, daß wesentliche Streitpunkte, z.B. der gesamte sicherheitspolitische Bereich, ausgeklammert wurden. Im folgenden sollen die einzelnen Elemente des Abkommens dargestellt werden, um anschließend die Umsetzung in den einzelnen Ländern Zentralamerikas zu überprüfen.

Nationale Versöhnung: Die Regierungen der zentralamerikanischen Länder, in denen Bürgerkrieg herrscht (El Salvador, Guatemala und Nicaragua) verpflichten sich, mit den *unbewaffneten* Oppositionsgruppen und denen, die sich der Amnestie unterziehen, einen nationalen Dialog zu beginnen. Ziel der Versöhnung soll die möglichst breite Beteiligung der Bevölkerung am politischen Prozeß in allen zentralamerikanischen Ländern sein. Amnestiedekrete sollen auch den bewaffneten Oppositionellen eine Beteiligung ermöglichen, wenn sie die Waffen niederlegen.

Diese Regelung kommt allen betroffenen Regierungen entgegen, die sich – ungeachtet ihrer sonstigen Meinungsverschiedenheiten – in diesem Punkt einig waren: Verhandelt wird mit den bewaffneten Gruppen allenfalls über die Konditionen eines Waffenstillstandes; politische Gespräche sollen erst dann stattfinden, wenn die Rebellen ihre Waffen niedergelegt haben. Eine sofortige Beteiligung dieser Gruppen an der Macht wird ausgeschlossen.

Beendigung der Kampfhandlungen: Die bewaffneten Gruppen werden im Abkommen von Guatemala aufgefordert, die Kampfhandlungen einzustellen. Die Regierungen verpflichten sich, innerhalb der jeweiligen Verfassung „alle notwendigen Aktionen" zu unternehmen, die zur Erreichung eines Waffenstillstandes nötig sind. Diese Bestimmung ist relativ schwammig und unpräzise, weil jede Regierung unter den „notwendigen Aktionen" etwas anderes verstehen kann.

Demokratisierung: Neben der Herstellung der absoluten Meinungsfreiheit, dem Zugang oppositioneller Gruppen zu den Medien und der Aufhebung von Notstands-, Ausnahme- oder Belagerungszuständen, soll die Rechtsstaatlichkeit in allen Ländern wiederhergestellt werden. Problematisch ist an diesen Bestimmungen zweierlei: Erstens ist die gesetzte Frist von 90 Tagen nach Unterzeichnung sehr kurz; in diesem Zeitraum können Demokratisierungsprozesse im günstigsten Fall eingeleitet, aber kaum abgeschlossen werden. Zweitens kann in den zentralamerikanischen Ländern – mit Ausnahme Costa Ricas – kaum von einer *Wieder*herstellung rechtsstaatlicher Verhältnisse gesprochen werden, da diese noch nie existiert haben. Die „Demokratisierung" in El Salvador, Guatemala und Honduras beruht im wesentlichen auf Wahlen, bei denen es nur sehr eingeschränkte Alternativen gab und deren Durchführung zum Teil, nach Aussagen internationaler Beobachter, nicht frei von Manipulationen waren. In allen drei Ländern hat das Militär zumindest ein Vetorecht, wenn es nicht sogar die Prinzipien der Politik aus dem „Hintergrund" bestimmt. In Nicaragua wurden die Grundrechte 1982 durch die Verhängung des Ausnahmezustandes eingeschränkt, der Anfang 1988 allerdings vollständig aufgehoben wurde; die Wahlen von 1984 waren dennoch – sowohl für nicaraguanische als auch für zentralamerikanische Verhältnisse – relativ „sauber".

Freie Wahlen: In allen Ländern Zentralamerikas soll die Demokratisierung zur Durchführung von freien, ehrlichen und pluralistischen Wahlen führen. Diese sollen erst zu den verfassungsmäßig vorgesehenen Zeitpunkten stattfinden, was bedeutet, daß die Legitimität aller jetzigen Regierungen Zentralamerikas anerkannt wird.

Beendigung der Unterstützung irregulärer Kräfte: Alle Regierungen innerhalb und außerhalb der Region werden aufgefordert, jedwede Unterstützung für aufständische Gruppen oder Bewegungen zu beenden. Die Gruppen sollen „in einem wahrhaft lateinamerikanischen Geist" keine Unterstützung mehr annehmen.

Schon die Formulierungen zeigen hier, daß es sich nur um Appelle handeln kann, weil die zentralamerikanischen Regierungen keinerlei Möglichkeiten haben, etwa die US-Hilfe für die Contra – nach wie vor die einzige nachgewiesene regierungsamtliche Unterstützung für Rebellen in Zentralamerika – zu unterbinden. Weder die Guerilla in El Salvador und Guatemala, noch die Contra haben außerdem Veranlassung, auf Appelle zu hören, die bei Verhandlungen abgegeben werden, an denen sie selbst nicht beteiligt sind.

Hier zeigt sich eine wesentliche Grenze des Abkommens von Guatemala: Die Bürgerkriege in El Salvador und Guatemala bzw. der Contra-Krieg gegen Nicaragua können nicht auf regionaler Ebene zwischen den zentralamerikanischen Regierungen beigelegt werden. Dies muß in Gesprächen zwischen *allen* Konfliktparteien, also unter Einbeziehung der Guerilla und den USA bzw. der Contra geschehen.

Verbot der Nutzung des eigenen Territoriums zum Angriff auf andere Staaten: Die fünf Regierungen verpflichten sich, die Nutzung des eigenen Territoriums zur Destabilisierung anderer Regierungen durch Personen, Gruppen oder Organisationen zu unterbinden, sowie militärische und logistische Unterstützung weder zu gewähren noch zu dulden.

Zweifelsohne ist Honduras am stärksten von dieser Regelung betroffen, weil es – bei Einhaltung dieser Verpflichtung – innerhalb von 90 Tagen ab Unterzeichnung, d.h. bis zum 5.11.87, die Basen der Contra hätte schließen und deren Unterstützung durch die USA hätte verhindern müssen.

Verhandlungen im Bereich der Sicherheit, Verifikation, Rüstungskontrolle und -begrenzung: Das Abkommen von Guatemala beschränkt sich hier auf die Absichtserklärung, die Verhandlungen über die betreffenden Punkte der Contadora-Akte fortzusetzen.

Flüchtlinge und Vertriebene: Die Regierungen kommen

überein, bei der Rückkehr von Flüchtlingen und Vertriebenen – etwa drei Millionen Menschen – in ihre Heimatländer zusammenzuarbeiten und den Flüchtlingskommissar der Vereinten Nationen und andere internationale Organisationen um Unterstützung zu bitten.

Zusammenarbeit, Demokratie und Frieden: Es wird vereinbart, daß die Länder bei der Förderung der Entwicklung der Region zusammenarbeiten.

Verifikation und internationale Überwachung: Die Überprüfung der Einhaltung des Abkommens soll durch eine internationale Kommission erfolgen, der neben den Außenministern der zentralamerikanischen Staaten die der Contadora- und der sog. Unterstützer-Gruppe (Argentinien, Brasilien, Peru, Uruguay) sowie die Generalsekretäre der UNO und der OAS angehören sollen.

Terminplan: Als wesentliche Termine für die Erfüllung des Abkommens wurden der 5.11. 87 (Amnestie, Waffenstillstand, Beendigung der ausländischen Unterstützung), der 5.12. 87 (erste Überprüfung durch die Kommission) und der 4.1. 88 (erneuter Präsidentengipfel) vereinbart.

4. Das Abkommen von Guatemala – die Praxis

Obwohl sich alle fünf zentralamerikanischen Staaten im Abkommen von Guatemala zur Erfüllung der vereinbarten Maßnahmen verpflichtet haben, hat sich das Interesse der internationalen Presse und Öffentlichkeit fast ausschließlich auf Nicaragua beschränkt. Vor allem der konservativ ausgerichtete Teil der US-amerikanischen Medien schien nur auf Fehler oder Vertragsverletzungen seitens der nicaraguanischen Regierung zu warten, um dieser sofort die Schuld für ein Scheitern des Friedensplans in die Schuhe schieben zu können. Infolge dieser einseitigen Aufmerksamkeit, die sich auch in der bundesdeutschen Presse beobachten ließ, rückten die Entwicklungen in den beiden anderen Bürgerkriegsländern El Salvador und Guatemala in den Hintergrund, blieb die von Honduras betriebene Obstruktionspolitik weitgehend unbeachtet.

El Salvador

In El Salvador läßt sich die politische Situation am besten durch den Begriff Polarisierung kennzeichnen. Im Verlauf des Jahres 1987 geriet die Regierung von Präsident Duarte zunehmend unter Druck und mußte innenpolitisch schwere Niederlagen hinnehmen. So erreichten der Verband der Privatunternehmer und andere Gruppen durch eine Verfassungsklage Anfang 1987 die Rücknahme einer „Kriegssteuer" (Steuer zur Verteidigung der Nationalen Souveränität), mit der die Regierung den Kampf gegen die Guerilla verstärken wollte. Gleichzeitig mobilisierten Gewerkschaften, Studenten und Volksorganisationen Massendemonstrationen, auf denen die Regierung zum politischen Dialog mit der Guerilla aufgefordert wurde.

Nach der Unterzeichnung des Friedensabkommens kritisierten sowohl die Guerilla als auch die Oppositionsparteien des rechten Spektrums die Unterzeichnung des Abkommens, wenn auch aus gänzlich unterschiedlichen Gründen. Die ARENA-Partei, der direkte Verbindungen zu den Todesschwadronen nachgesagt werden, meinte, das Abkommen begünstige Nicaragua und die Regierung wolle mit der Unterzeichnung nur von innenpolitischen Problemen ablenken. Die FMLN nahm den Friedensplan skeptisch auf, weil sie selber an den Verhandlungen nicht beteiligt war und ihre eigenen Forderungen nicht berücksichtigt worden waren. Duarte forderte, daß die Guerilla den Friedensplan vor Dialogbeginn öffentlich anerkennen sollte. Außerdem werde seine Regierung nur dann direkt mit der Guerilla verhandeln, wenn die nicaraguanische Regierung gleichzeitig direkte Gespräche mit der Contra aufnehme. Diese Koppelung konnte – angesichts der jahrelangen Weigerung der Regierung in Managua – nur einen Sinn haben: die Rechtfertigung für die eigene Untätigkeit. Mit dem Abkommen von Guatemala hatte dies jedenfalls nichts zu tun, weil dieses ausdrücklich nur den Dialog mit der unbewaffneten Opposition vorsieht, also weder mit der FMLN, noch mit der Contra.

Anfang Oktober erklärte sich Duarte schließlich doch bereit, den 1984 abgebrochenen Dialog mit der FMLN wieder aufzunehmen, was zum einen auf den innenpolitischen Druck, zum anderen auf die Vermittlungstätigkeit des Erzbischofs von San Salvador zurückzuführen sein dürfte. Die Ermordung des Vorsitzenden der unabhängigen Menschenrechtskommission, Herbert Anaya, durch rechte Todesschwadronen Ende Oktober beendete die Gespräche schon kurz darauf, weil die Guerilla den Dialog aussetzte. Seither hat sich die innenpolitische Lage in El Salvador weiter verschärft. Während der ersten zwei Monate des Jahres 1988 intensivierte sich der Bürgerkrieg. Die Armee versuchte in der „Operation Phönix" die Guerilla mit Hilfe von 45 000 Soldaten aus umkämpften Gebieten zu vertreiben. Die FMLN propagierte dagegen im Vorfeld der von ihr boykottierten Kommunal- und Parlamentswahlen den bewaffneten Kampf als „Alternative zur Wahlfarce" und legte mit einem dreitägigen Streik Ende Februar 90 Prozent des Verkehrs lahm.

Auch in seiner eigenen Partei (DC) hat Präsident Duarte zunehmend Probleme. Die Christdemokraten sind in Flügelkämpfe um die Nachfolge Duartes bei den 1989 anstehenden Präsidentschaftswahlen verstrickt. Die DC verlor mittlerweile einen Großteil ihrer Wählerschaft u. a. wegen Korruption und mangelndem Erfolg bei der Lösung der zentralen Probleme des Landes, was sich bei den Wahlen im März 1988 deutlich bemerkbar machte. Nicht nur die absolute Mehrheit im Parlament, sondern auch das Bürgermeisteramt von San Salvador, wo der Sohn Duartes kandidierte und die DC in den vergangenen 25 Jahren eine unumstrittene Vormachtstellung hatte, gingen verloren.

Zusammenfassend läßt sich sagen, daß El Salvador dem Frieden auch nach der Unterzeichnung des Abkommens von Guatemala nicht näher gekommen ist. Dies verwundert freilich nicht: Handelt es sich in El Salvador doch – anders als in Nicaragua – nicht um einen von außen gesteuerten Krieg. Zur friedlichen Regelung müssen sich die Vertreter von Guerilla, Regierung und Massenorganisationen zusammensetzen und sich über einen nationalen Konsens verständigen. Dazu muß die US-Administration wiederum ihr Einverständnis geben, weil sie bisher das Kräfteverhältnis in El Salvador – u.a. mit täglich zwei Mio. $ Wirtschafts- und Militärhilfe – stets zugunsten der Regierung und der konservativen Kräfte beeinflußt hat.

Guatemala

Die Entwicklung Guatemalas blieb noch weniger beachtet als die El Salvadors. Der Bürgerkrieg, der seit dem Sturz der reformorientierten Regierung Arbenz 1954 mit wechselnder Intensität stattfindet, unterscheidet sich in drei Aspekten grundlegend vom Krieg in El Salvador. Erstens findet er insofern auf einem niedrigeren Niveau statt, als die Guerilla durch die brutale Repressionsstrategie der verschiedenen Militärregierungen in den siebziger Jahren stark dezimiert wurde. Zweitens hat der Bürgerkrieg eine ethnische Komponente, weil 80 Prozent der Guerillakämpfer Indios sind, was auch ihrem Anteil an der Gesamtbevölkerung entspricht. Drittens konnte die Guerilla, die sich 1982 in der URNG zusammenschloß, im Gegensatz zur FMLN in El Salvador kaum internationale Anerkennung oder Unterstützung für ihren Kampf mobilisieren, was ein Grund für die geringe Beachtung des Bürgerkriegs in Guatemala in der westlichen Berichterstattung ist.

Anfang 1986 übernahm der Christdemokrat Vinicio Cerezo – nach 32 Jahren fast ununterbrochener Militärherrschaft – das Amt des guatemaltekischen Präsidenten. Die Militärs hatten sich zuvor noch für die begangenen Menschenrechtsverletzungen selbst amnestiert, ihr Einfluß auf wesentliche Politikbereiche, vor allem die „innere Sicherheit" und damit die Bekämpfung der Guerilla, blieb ungebrochen. Innenpolitisch stellte sich am Ende des zweiten Amtsjahrs von Cerezo allgemeine Enttäuschung ein, weil sich an der konkreten Situation der Bevölkerungsmehrheit nichts geändert hatte. Proteste gab es vor allem vom Grupo de Apoyo Mutuo (GAM), einer Organisation der Mütter und Angehörigen von Personen, die

„verschwunden" sind, sowie von verschiedenen Organisationen von Bauern und Landarbeitern wegen der – selbst für lateinamerikanische Verhältnisse – extrem hohen Konzentration des Landbesitzes in wenigen Händen. Ende Oktober protestierten die guatemaltekischen Unternehmer mit einem dreitägigen Generalstreik, der 90% des Geschäftslebens lahmlegte, gegen den Versuch der Regierung, die Steuermoral mit neuen Gesetzen zu verbessern.

Nach der Unterzeichnung des Abkommens von Guatemala erklärte die Regierung, daß sie nicht bereit sei, mit der Guerilla zu verhandeln, es sei denn, diese lege die Waffen nieder und gliedere sich in den politischen Prozeß ein. Die Guerilla bekundete dagegen Dialogbereitschaft, die Waffen wollte sie allerdings nur niederlegen, wenn vorher Maßnahmen zur Demokratisierung und Pazifizierung des Landes durchgeführt würden (u. a. Bestrafung der für Menschenrechtsverletzungen verantwortlichen Militärs, Auflösung der sog. Patrouillen zur zivilen Selbstverteidigung). Anfang Oktober vereinbarten Regierung und Guerilla dennoch einen Waffenstillstand und die Aufnahme von Gesprächen in Madrid, die allerdings zu keinen weiteren Ergebnissen führten und von der Regierung nicht fortgesetzt wurden. Verschiedene Aufrufe der Guerilla zum Waffenstillstand und Dialog im Dezember 1987 und Februar 1988 wurden von Regierung und Militär abgelehnt. Der Grund für die Weigerungen wird deutlich, wenn man sich Stellungnahmen des Militärs anhört, das behauptet, die Guerilla sei „nur noch lästig", stelle aber „keine Bedrohung" mehr dar. Warum, so muß dann aber gefragt werden, bombardiert die Armee Gebiete, die zwar als Guerilla-Hochburgen gelten, wo sie aber hauptsächlich die Zivilbevölkerung trifft?

Die fehlende Bereitschaft der Regierung Cerezo, mit der Guerilla zu verhandeln, verstößt nicht gegen den Wortlaut des Abkommens von Guatemala. Konsequenterweise agierte Cerezo vorsichtig in Bezug auf Stellungnahmen zum Dialog in Nicaragua. Er konnte von der dortigen Regierung kaum fordern, was er selbst nicht zu verwirklichen bereit war. Andererseits könnte er den Dialog – unterstellt, er wäre dazu bereit –

ohne die Billigung des Militärs keinesfalls durchführen. Auch in Guatemala gilt, daß die Demokratisierung von 1982 sich im wesentlichen auf die Durchführung von Wahlen beschränkt, an den realen Machtverhältnissen – insbesondere an der Rolle des Militärs – aber nichts geändert hat.

Nicaragua

Nicaragua ist das einzige der drei Bürgerkriegsländer, in dem zwischen Regierung und bewaffneter Opposition ein Waffenstillstand vereinbart wurde. Anfang November 1987 bekundete Präsident Ortega erstmals die Bereitschaft der Regierung, zumindest indirekt mit der Conta zu verhandeln. Gegenstand dieser Gespräche unter Vermittlung von Erzbischof Obando y Bravo sollten die Bedingungen für einen Waffenstillstand sein. Die Contra-Führung stimmte diesem Vorschlag zwar zu, wollte aber gleichzeitig die Diskussion politischer Forderungen – u.a. die Kontrolle über die Hälfte des nicaraguanischen Territoriums, Abschaffung der allgemeinen Wehrpflicht – durchsetzen. Die ersten beiden Gesprächsrunden am 3.12. und 21.12.87 in der Hauptstadt der Dominikanischen Republik endeten ergebnislos, was der SPD-Politiker Wischnewski, der mit zwei US-Amerikanern die nicaraguanische Regierung vertrat, darauf zurückführte, daß die Contra zu substantiellen Gesprächen nicht bereit war. Die Verhandlungen erhielten eine neue Qualität, als Präsident Ortega am Ende des Präsidentengipfels (15./16.1.88) die Bereitschaft seiner Regierung zu direkten Gesprächen mit der Contra bekanntgab. Am 28.1.88 saßen sich die beiden nicaraguanischen Bürgerkriegsparteien erstmals direkt in San José/Costa Rica gegenüber. Zu einer Einigung kam es dennoch nicht, weil die Contra die Entmachtung der Regierung zur Bedingung für einen Waffenstillstand machte. Erst am 24.März 1988, als sich die Kontrahenten erstmals auf nicaraguanischem Boden trafen, wurde – entgegen allen Erwartungen – ein 60-tägiger Waffenstillstand unterzeichnet.

Im wesentlichen wird darin festgelegt, daß offensive Militäroperationen vom 1.4. 88 an eingestellt werden, die Contra sich in den ersten beiden Aprilwochen in festgelegte Gebiete zurückzieht sowie nur noch humanitäre Hilfe von neutralen Organisationen entgegennimmt. Die Regierung wird die Amnestiegesetze auf Angehörige der Nationalgarde Somozas ausdehnen und die uneingeschränkte Meinungsfreiheit garantieren. Die Einhaltung des Abkommens soll von Erzbischof Obando y Bravo und dem Generalsekretär der OAS überwacht werden.

Was veranlaßte die beiden Kriegsgegner, jahrelange Forderungen aufzugeben und miteinander zu reden? Auf Seiten der Contra waren sicher zwei Faktoren von wesentlicher Bedeutung. Erstens spielten die Auswirkungen der Iran-Contra-Affäre auf die US-Zentralamerikapolitik eine wichtige Rolle, weil dadurch die vorbehaltlose Unterstützung der Reagan-Administration für die Contra eingeschränkt wurde. Außerdem konnte auch der Contra-Führung nicht verborgen bleiben, daß die nächste Regierung – unabhängig vom Ausgang der Präsidentenwahlen im November 1988 – diese Unterstützung einschränken würde. Die Unterzeichnung des Waffenstillstandes, die von der Reagan-Administration eher skeptisch aufgenommen wurde, zeigt somit, daß auch die Contra-Führung begann, sich auf die Zeit nach Reagan einzustellen, bzw. versuchte, noch während dessen Amtszeit ein möglichst gutes Ergebnis für sich zu erlangen. Ohne Unterstützung aus den USA würde die Contra militärisch keinerlei Kraft mehr darstellen, ihr Verhandlungsgewicht würde gegen Null tendieren. Zweitens gab es seit der Unterzeichnung des Abkommens von Guatemala und der damit zusammenhängenden Flexibilisierung der nicaraguanischen Regierungspolitik Auflösungserscheinungen in der Contra-Dachorganisation, was sich auf die Heterogenität der Contra zurückführen läßt. Die Contra hatte über die vergangenen Jahre zwar ein gemeinsames Feindbild, aber kein gemeinsames politisches Konzept für die Zeit nach Beendigung des Bürgerkriegs. Die Vorstellungen über die künftige Entwicklung in Nicaragua unterscheiden sich innerhalb dieser Gruppe mindestens genauso stark wie innerhalb der Front, die 1979 Somoza stürzte. Vor allem gemäßigtere Contra-Führer, die anfangs mit den Sandinisten zusammengearbeitet haben, wie Fernando Chamorro und Alfonso Robelo, kehren nach Nicaragua zurück oder verhandeln über ihre Heimkehr, mehrere regionale Contra-Führer legten im Oktober 1987 die Waffen nieder.

Auf Seiten der Regierung gab es schon lange Bestrebungen, den Contra-Krieg zu beenden, der das Land wirtschaftlich ausblutet und die soziale Lage der Bevölkerungsmehrheit von Jahr zu Jahr verschlechtert. Zwar ist die Unzufriedenheit mit der wirtschaftlichen Lage (noch) nicht in Protest gegen die Regierung umgeschlagen, aber niemand kann bestimmen, wann der „Umschlagpunkt" erreicht ist. Durch die Auseinandersetzungen innerhalb der Contra und die Schwächung der US-Administration befand sich die Regierung Nicaraguas zudem in einer relativ starken Verhandlungsposition. Von einer Zersplitterung der Contra, die mit Beendigung des Krieges eher zunehmen wird, profitiert die sandinistische Regierung. Sie hat mit dem Abkommen – so es eingehalten wird – neben dem Waffenstillstand zumindest ein weiteres Ziel erreicht: Die Contra hat sich verpflichtet, nur noch humanitäre Hilfe und diese nur von neutralen Organisationen anzunehmen. Allerdings sind in Bezug auf die Einhaltung dieser Verpflichtung schon seit Ende April 1988 Zweifel angebracht. Der US-Kongreß hat beschlossen, die Contra-Hilfe über die AID zu verteilen, eine Organisation, der die nötige Distanz zur US-Regierung nicht bescheinigt werden kann, da sie in Honduras nachweislich an der Beschaffung der Contra-Hilfe beteiligt war.

Honduras

Honduras ist – obwohl es dort (noch) keinen Bürgerkrieg gibt – stark vom Abkommen von Guatemala betroffen. Die zentrale Frage, die sich nach der Unterzeichnung des Abkommens von Guatemala stellte, war, ob – und wenn ja wie – Honduras die Basen der Contra in Honduras schließen und den Nachschub, den diese von den USA erhalten, unterbinden würde. Allerdings verfiel die honduranische Regierung in bezug auf die Contra in alte Verhaltensmuster, als sie deren Anwesenheit in Honduras leugnete. Gegenüber der internationalen Überwachungskommission erklärte sie dann, daß „angesichts der Charakteristika und der geographischen Ausdehnung der Grenzen" von der honduranischen Armee keine permanente Überwachung erwartet werden könne. Es sei deshalb durchaus möglich, daß bewaffnete Gruppen oder Flüchtlinge die Grenze ab und zu „unfreiwillig" überqueren. Als ob es so schwer sein könnte, einige tausend Contras, die ein Gebiet – honduranisches wohlgemerkt – von etwa 450 Quadratkilometern kontrollieren, „aufzuspüren" und ihren Abzug durchzusetzen. Sollte die Armee dazu wirklich nicht in der Lage sein, wäre dies zumindest kein Gütezeichen für deren Ausbildung in den USA und durch die gemeinsamen Manöver mit US-Truppen. An der Kompetenz der honduranischen Armee läßt allerdings auch der Zwischenfall an der honduranisch-nicaraguanischen Grenze von Mitte März 1988 zweifeln. Wenn einige tausend nicaraguanische Soldaten die Grenze zu Honduras wirklich überschritten haben – wie es die US-Regierung behauptet, was bisher aber von keiner anderen Seite bestätigt wurde –, und die honduranische Armee dies erst gemerkt hat, als Washington um ein Hilfeersuchen der honduranischen Regierung „bat", steht es wirklich nicht gut um die Fähigkeiten der Armee, das Land zu verteidigen. Wie sehr die extreme Abhängigkeit Honduras von den USA zunehmend zum innenpolitischen Problem wird, zeigen die anti-amerikanischen Ausschreitungen vor der US-Botschaft, bei denen am 7.4.88 fünf Honduraner ums Leben kamen.

Im Bereich der innenpolitischen Verpflichtungen des Abkommens von Guatemala weigerte sich die honduranische Regierung, eine nationale Versöhnungskommission zu bilden, wie sie u.a. von der kath. Kirche, den Privatunternehmern, der christdemokratischen Partei und Menschenrechtsorganisationen gefordert wurde. Erst nach massiven Protesten und dem Drängen u. a. des costaricanischen Präsidenten wurde die Kommission gegründet.

Costa Rica

Costa Rica wurde von den meisten innenpolitischen Verpflichtungen des Abkommens von Guatemala ausgenommen, weil die Auseinandersetzungen dort nicht in bewaffneter Form und – trotz einiger Militarisierungstendenzen – relativ gewaltlos stattfinden. In einem wesentlichen Punkt hat die Regierung das Abkommen erfüllt. Präsident Arias erklärte gegenüber Mitgliedern der Contra-Dachorganisation, daß sie entweder Costa Rica verlassen oder aber vom bewaffneten Kampf Abstand nehmen müßten, weil dieser von costaricanischem Boden aus nicht mehr geduldet würde.

Insgesamt läßt sich acht Monate nach Unterzeichnung des Abkommens von Guatemala zwar nicht feststellen, daß der Frieden in die Region eingekehrt ist, dennoch gibt es – vor allem seit der Unterzeichnung des Waffenstillstandes in Nicaragua – zumindest einen Hoffnungsschimmer. Das Abkommen in Nicaragua könnte – wofür es erste Anzeichen gibt – Auswirkungen auf die Bürgerkriege in El Salvador und Guatemala haben. Vor allem der Regierung El Salvadors wird es jetzt schwerfallen, Gespräche mit der Guerilla zu verweigern. Auch in Guatemala scheint – ebenfalls unter Vermittlung von Präsident Arias – Bewegung in die Fronten zu kommen. Die so entstehende „Friedensdynamik" wird zwar nicht die bestehenden Lebensverhältnisse für die Bevölkerungsmehrheiten von heute auf morgen verändern, sie könnte aber als erster Schritt zumindest dem Töten und Morden ein Ende bereiten und Möglichkeiten für die Partizipation breiterer Bevölkerungsgruppen eröffnen. Auch das wäre sicherlich schon ein Erfolg.

Sabine Kurtenbach (Institut für Politische Wissenschaft, Universität Hamburg)

Literaturhinweise

Gabriel, Leo, Aufstand der Kulturen. Konflikt-Region Zentralamerika: Guatemala, El Salvador, Nicaragua. Hamburg 1987.
Lateinamerika. Analysen-Daten-Dokumentation. Beiheft 3: Friedenssuche in Zentralamerika. Hamburg 1987.
Woodward, Bob, Geheimcode Veil: Reagan und die geheimen Kriege der CIA. München 1987.,

Panama und die USA:
Krise um einen General?

Am 25.2.1988 überraschte Panamas damaliger Staatspräsident Eric A. Delvalle seine Landsleute mit der Ankündigung, daß er den starken Mann der Streitkräfte, General Manuel Antonio Noriega, seines Amtes enthoben habe. Die Streitkräfte stellten sich hinter Noriega, der vorgesehene Nachfolger, Oberst Marcos Justines, lehnte ab. Die Kraftprobe zwischen zwei so ungleichen Gegnern endete am nächsten Tag durch eine zehnminütige Sondersitzung der Nationalversammlung: Präsident Delvalle (Republikanische Partei) und Vizepräsident Esquivel (Liberale Partei) wurden mit 38 von 67 Stimmen abgesetzt. Der bisherige Erziehungsminister, Manuel Solís Palma wurde zum vorläufigen Präsidenten bestimmt. Unmittelbare Reaktionen auf den einige Tage zuvor in Miami abgesprochenen „Staatsstreich" kamen von den USA. Sie protestierten scharf und erkannten die Entlassung Delvalles, obwohl formell gesehen legal, nicht an. Die Gruppe der Acht (Contadora- und Unterstützergruppe) hob, entsprechend den Prinzipien von Acapulco, Panamas Mitgliedschaft bis zur Wiederherstellung der demokratischen Verhältnisse auf. Die lateinamerikanischen Staaten verhielten sich unterschiedlich: ein Teil (z.B. Argentinien, Uruguay und Costa Rica) verurteilte die Absetzung Delvalles als einen Akt der Gewalt, andere (z.B. Brasilien, Ecuador oder Mexiko) hielten sich bedeckt. Allein Nicaragua und Kuba sprachen sich für das Verbleiben von Noriega und der Regierung Solís Palma aus. Delvalle, in den „Untergrund" der amerikanischen Militärstützpunkte abgetaucht, und die zivile Opposition riefen das Ausland zu wirtschaftlichen Sanktionen und die Bevölkerung zum Generalstreik auf.

Damit erreichte die Krise, die sich seit Juni 1987 zwischen dem Militär bzw. General Noriega, der zivilen Opposition und den USA aufgeschaukelt hatte, einen weiteren Höhepunkt. Trotz vielfacher Ankündigungen und Dementis, daß Noriega seinen Posten zur Verfügung stelle, sind die USA und speziell das State Department mit ihrer Strategie, die eher an eine Schmierenkomödie denn an seriöse Außenpolitik erinnert, bisher gescheitert. Selbst wenn General Noriega in Kürze dem sehr unterschiedlich motivierten internen und externen Druck weichen sollte, stellt sich vor allem in mittelfristiger Perspektive die Frage, ob es zur Wiederherstellung des vorherigen Zustands kommt, oder ob es gelingt, ein demokratisches System aufzubauen.

Die Krise in Panama hat sich, von Lateinamerikanisten, Politikern, Unternehmern und Medien weitgehend ignoriert, seit Ende der siebziger Jahre angebahnt. Mehr als zehn Jahre relativer politischer Stabilität und vordergründig erfolgreicher Entwicklung unter Führung von General Omar Torrijos hatten vergessen lassen, daß es sich dabei um ein historisch untypisches Zwischenspiel handelte; denn noch immer ist Panama ein Land, das von grundlegenden politischen, wirtschaftlichen, sozialen und kulturellen Deformationen geprägt ist, die im Verlaufe der Geschichte zu einer ganzen Reihe von Krisen geführt haben.

In Zusammenhang mit der jüngsten Krise ist die Behandlung folgender Fragen von Interesse: Um welche Art von Krise handelt es sich und welches sind die Ursachen? Welches sind die wichtigsten politischen Kräfte, ihre Interessenlagen und Rollen in dem Konflikt? Wie stellen sich die außenpolitischen Akteure in den USA zur Entwicklung der Panamakrise? Ist die Krise allein, wie die offizielle Lesart in Panama verbreitet, eine Verschwörung der USA und ein weiterer Meilenstein in der Auseinandersetzung mit diesem Land? Oder handelt es sich um eine vornehmlich intern verankerte Auseinandersetzung, geschürt und manipuliert von außen, um in dem Bemühen voranzukommen, über die internationale Perspektive des Kanals hinaus eine national-regionale Identität zu entwickeln? Oder ist die Krise, wie z. B. die linke Presse in Mexiko analysiert, Bestandteil eines breitangelegten Plans der USA, die

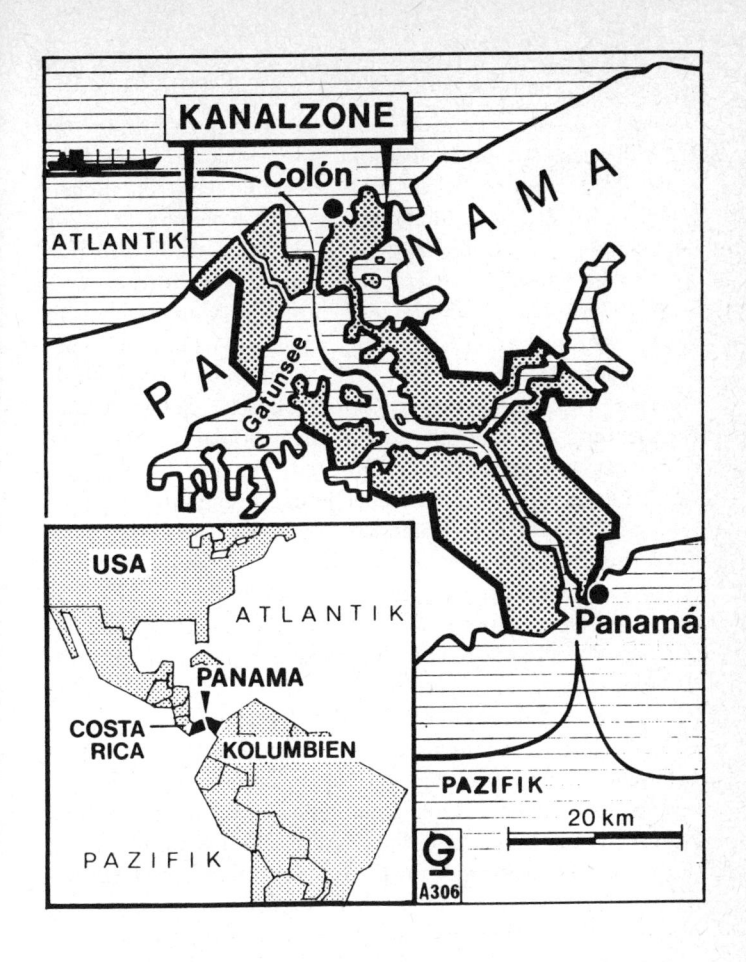

Konfrontation in und zwischen den lateinamerikanischen Ländern zu schüren? Dient sie, wie die am weitesten verbreitete Meinung lautet, von den USA inszeniert, dazu, eine Revision der Carter-Torrijos-Verträge vorzunehmen?

1. Die Krise als strukturelles Phänomen

Panama gehört mit rund 77 000 qkm, einer Bevölkerung von 2,2 Millionen und einem Bruttoinlandsprodukt von 5,6 Milliarden US$ zu den Kleinstaaten der mittelamerikanischen Landbrücke. Aufgrund der Bindungen an Kolumbien bis zur Unabhängigkeit, seiner besonderen Situation durch die Kanalverträge von 1903, ersetzt durch die Carter-Torrijos-Verträge 1979, sowie in jüngster Zeit durch die Mitgliedschaft in der Contadora-Gruppe und der Gruppe der Acht an der Seite der Regionalmächte, rechnet sich Panama nicht zu Zentralamerika. Allerdings dürften seine politische Stabilität und Entwicklung aufgrund der Lage im hegemonial belegten Einflußgebiet der USA und zum Teil ähnlicher struktureller und konjunktureller Krisenbedingungen eng mit den Konflikten in und um Zentralamerika verbunden sein. Ferner steht die Krise im Zusammenhang mit dem Niedergang abgewirtschafteter Herrschaftssysteme (Panama: links-populistische Variante der Doktrin der nationalen Sicherheit) und dem Scheitern der bisherigen Entwicklungsstrategien in ganz Lateinamerika.

Historisch-strukturell gesehen, sind alle größeren Krisen Panamas bisher auf direkte oder indirekte Auswirkungen ausländischer Durchdringung zurückzuführen. Ihre Wurzeln sind: a) verhinderte Nationenbildung bei gleichzeitig scharfem Nationalismus sowie einseitige Ausrichtung auf die USA durch die Kanalverträge von 1903; b) wirtschaftliche Denationalisierung durch den Dollar als Landeswährung und die dadurch bedingte Einschränkung der Wirtschaftspolitik; dazu starke Abhängigkeit vom Kanal als einem von der internationalen Konjunktur bestimmten Schiffahrtsweg, ab Anfang der siebziger Jahre verstärkt durch das von multinationalen Unternehmen beherrschte Finanz- und Handelszentrum; c) soziale Desintegration des Landes in mit der Kanalzone und dem Finanzzentrum verbündete Gruppen und die im ländlichen Bereich lebenden Kleinbauern und Landarbeiter; d) kulturelle Unterordnung, vor allem der Mittel- und Oberschicht, unter den „american way of life". Die Krisen entstanden in der Regel mit der Herausbildung oder Verstärkung nationalistischer Politiken oder Bewegungen, die gegen diese Deformationen gerichtet waren, wie z.B. in den dreißiger Jahren unter den Brüdern Harmodio und Arnulfo Arias. Letzterer wurde dreimal (1940, 1948/49, 1964) zum Staatspräsidenten gewählt und jedes Mal durch eine Allianz zwischen der Handelsoligarchie, der Polizei bzw. Nationalgarde und den USA bzw. der Kanalbehörde aus dem Amt „geputscht".

Die derzeitige Krise ist gemäß dem historischen Muster keine Ausnahme. Ihr struktureller Kern ist mit der Internationalisierung der Wirtschaft durch den Aufbau des Handels-, Finanz- und Dienstleistungszentrums unter der Regierung von General Omar Torrijos seit Anfang der Siebziger Jahre verbunden. Die expansive Entwicklung des Finanz- und Handelsplatzes ist auf den internationalen Schiffahrtsweg, die ausgebaute Infrastruktur, den Standort zwischen den beiden Subkontinenten, die sehr liberale, zum „Waschen von Fluchtkapital" einladende Bankengesetzgebung, die politische Stabilität in der Torrijos-Ära, die im Vergleich zu anderen internationalen Bankplätzen geringeren Kosten und die militärische Dauerpräsenz der USA zurückzuführen. Seit dem Tod von Torrijos hat eine schleichende Zersetzung des Bündnisses zwischen Militär und Teilen der Arbeiter, Bauern und Unternehmer stattgefunden. Der Widerspruch zwischen der „Torrijismo-Ideologie" und den Interessen der multinationalen und mit ihnen verbündeten nationalen Wirtschaftsinteressen ist immer offensichtlicher geworden. Ausbau und Verbesserung der Konkurrenzfähigkeit des Finanz- und Handelsplatzes sind nicht vereinbar mit einer starken organisierten Arbeiterschaft, die die (Illusionen der) Reformen von Torrijos (z.B. Landreform, Organisierung der Gewerkschaftsstruktur, Kollektivverhandlungen; Verbesserungen im Gesundheits- und Erziehungswesen; sozialer Wohnungsbau) verteidigen bzw. wiederbeleben wollen. Die Abdrängung Noriegas von der Macht ist entsprechend den strukturellen Ursachen der Krise als ein weiterer Schritt zu erklären, den die USA in Allianz mit der

Rechten Panamas unternehmen, um das Militär und seinen Nationalismus zu neutralisieren.

Die von den USA unterstützte Regimeveränderung ist auch in Abhängigkeit von ihrer eigenen außenpolitischen Stellung, ihrer Interessen und Strategien im karibisch-zentralamerikanischen Raum zu sehen, zu denen auch die schrittweise Übernahme des Kanals durch Panama gehört. Reibungsloser Kanalbetrieb und Erfüllung der Verträge vom operativen und sicherheitsmäßigen Standpunkt aus sind u. a. davon abhängig, ob in Panama die Auseinandersetzung zwischen Militär und ziviler Gesellschaft, die seit 1983 eskaliert, abgebaut wird. Die Intervention der USA in diesen Prozeß ist Bestandteil der Bestrebungen, Panama als Trumpfkarte in der Sicherheitspolitik für den großkaribischen Raum in der Hand zu behalten. Konfliktverschärfend sind in diesem Zusammenhang auch Panamas Mitgliedschaft in der Contadora-Initiative sowie die Beziehungen des Militärs bzw. Noriegas zu den linken Kräften der Region.

2. Konjunktureller Charakter der Krise

Die Erklärung der konjunkturellen Aspekte der Krise muß ebenfalls gesamtgesellschaftlich ansetzen und ihren Ablauf vor allem im Zusammenhang grundlegender Entscheidungen der Beteiligten analysieren.

Der Ursprung der derzeitigen Krisenkonjunktur liegt vor allem im politischen Bereich, verstärkt durch sozioökonomische Probleme aufgrund der Anpassungsmaßnahmen der IWF-Programme. Nach Abschluß der Kanalverträge hatte Torrijos, entsprechend seinem Regierungsprogramm, mit einem kontrollierten politischen Öffnungsprozeß begonnen. Dieser sollte von Militärs und Zivilisten gemeinsam getragen werden und in Stufen erfolgen: von der Rückkehr der Exilpolitiker über die Gründung der Revolutionären Demokratischen Partei (PRD) Ende der siebziger Jahre, die Wahl der Asamblea Nacional (Parlament: August 1978), die „Wahl" des ersten zivilen Präsidenten (Aristides Royo) auf Vorschlag von

Torrijos (Oktober 1978), über das Verfassungsreferendum (April 1983) bis zu den allgemeinen Präsidentschaftswahlen (Mai 1984). Nach dem Tod von Omar Torrijos, der 1981 vermutlich durch einen Terroranschlag ums Leben kam, der Übernahme der Präsidentschaft durch den Technokraten und Mitte-Rechts-Politiker, Ricardo de la Espriella, sowie der Einsetzung von General Noriega als Chef der Streitkräfte im August 1983 wurde der Übergang zur Demokratie unterbrochen. Der Betrug bei den ersten Präsidentschaftswahlen 1984 zu Gunsten von Nicolás Ardito Barletta und gegen den populistischen Führer Arnulfo Arias, der Mißbrauch der demokratischen Institutionen und Spielregeln sowie die Konzentration der Macht bei den Militärs schwächten den Prozeß. Der sich wieder verstärkenden Militarisierung, das heißt der Durchdringung und Beherrschung der gesellschaftlichen Strukturen durch das Militär, hatten die schwachen, in sich zerstrittenen und US-hörigen zivilen Kräfte nichts entgegenzusetzen.

Im militärischen Bereich fiel die grundlegende Entscheidung, die zur derzeitigen Krisensituation führte, nach dem Amtsantritt von General Noriega mit der Verabschiedung des Gesetzes 20 im September 1983. Danach werden die nunmehr als Verteidigungskräfte bezeichneten Militärs nicht allein aus der früheren Nationalgarde und den Sicherheitskräften, sondern auch durch wichtige Träger der Verwaltung gebildet. Das Gesetz und seine Reformen konzentrieren die Macht beim Militär bzw. seinem einzigen General, Manuel Antonio Noriega. Damit wird die Verselbständigung des Militärs als politischer Kraft, die unter Torrijos mit der Verfassung von 1972 begonnen hatte (Artikel 2 verpflichtet alle Regierungsinstitutionen zur harmonischen Zusammenarbeit mit der Nationalgarde; allein der Oberkommandierende hat die Kompetenz zu Personalentscheidungen in der Führungsspitze des Militärs) entscheidend ausgebaut. Gegenüber der zum Teil heftigen Kritik rechtfertigte man die Veränderungen und die Erhöhung der Streitkräfte von rund 10 000 auf 16 000 mit dem Mythos der Kanalverteidigung aufgrund der Carter-Torrijos-Verträge. In diesem Zusammenhang beanspruchte das Militär für institutionelle und persönliche Zwecke große Teile der an Panama zurückfallenden Kanalzone, was Unzufriedenheit im Privatsektor hervorrief.

Im Verhältnis zu den USA ist der Konflikt durch mehrere Entscheidungen entstanden und beeinflußt worden: durch Noriegas Ablehnung gegenüber Verteidigungsminister Poindexter, als Speerspitze für eine Invasion in Nicaragua zu dienen; durch die Manipulation von Informationen gegenüber Presse und Gerichten bezüglich Wahlbetrugs, möglicher Waffen-, Drogen- und Mordgeschäfte des Generals, und schließlich durch das „Geständnis" von Díaz Herrera Anfang Juni 1987, der Noriega auch für den Mord an Hugo Spadafora (Guerrillakämpfer, Arzt und ehemaliges Kabinettsmitglied unter Torrijos) verantwortlich machte. Entscheidungen über Wirtschaftssanktionen, die Entsendung von 1300 Mann Spezialtruppen sowie diplomatische Fehlleistungen haben den Konflikt zugespitzt.

In Funktion der Entwicklung des politischen Konflikts und als Folge der eingeengten Selbstbestimmung in der Wirtschaftspolitik geriet Panama 1987 in den Sog konjunktureller Finanzschwierigkeiten. Diesen zugrunde lagen Stagnationserscheinungen (Abnahme des Bruttoinlandsprodukts 1983 und 1984 um 0,5%) als Folge der Strukturkrise, die sich schon in den siebziger Jahren angebahnt hatte und die zu Beginn der achtziger Jahren durch die internationalen Rezession, die hohe Auslandsverschuldung Panamas (1987: 4,9 Milliarden US$) und das steigende Budgetdefizit verstärkt wurde. Das Bruttoinlandsprodukt pro Kopf ging 1987 um knapp 1% zurück (1983–84: insgesamt $-4,7\%$). Hauptprobleme waren 1987 die Kapitalflucht (geschätzter Betrag: rund 10 Milliarden US$) und, damit zusammenhängend, der Stand der internationalen Reserven. Er reichte nicht aus, um die Wirtschaft mit dem notwendigen Kredit zu versorgen und den Verpflichtungen aus der Auslandsschuld (rund 400 Millionen US$ an Tilgung und Zinsen) nachzukommen. Panama, bislang ein geschätzter Kunde, bekam 1987 aufgrund des Tilgungsmoratoriums (rund 200 Millionen US$) und der politischen Krise erstmalig die Zurückhaltung der ausländischen Privatbanken zu spüren. Ab der zweiten Jahreshälfte hatte der Bankensektor durch „Auslagerung" von internationalen Geldern und der Schließung einiger Banken spürbare Einbußen erlitten. Auch die Kanaleinnahmen waren aufgrund der internationalen Rezession sowie langfristiger technologisch bedingter Veränderungen im internationalen Transportsystem und im Handel sinkend.

Die Krise im wirtschaftlichen Bereich verschärfte sich – nach einer Beruhigung gegen Ende 1987 – im März 1988 dramatisch, als die USA als Reaktion auf die Weigerung General Noriegas, der Absetzung durch Staatspräsident Delvalle nachzukommen, die Wirtschaftssanktionen verschärften. Panama litt unter akutem Dollarmangel (die Federal Reserve Bank stellt den Dollarbedarf zur Verfügung), d.h. es waren aufgrund der Wirtschaftssanktionen der USA weder für die Binnen- noch die Außenwirtschaft ausreichend Zahlungsmittel vorhanden. Die Sanktionen waren in drei Stufen verhängt worden: zunächst Stop aller Wirtschafts- und Militärhilfe schon im Juni 1987; dann Einfrieren der panamaischen Guthaben in amerikanischen Banken und Druck auf die europäischen sowie japanischen Institute, weder als Kreditgeber noch als Transferinstitution zu dienen; Aussetzen der Zuckerquote; Überweisung der Kanalgebühren auf ein Sperrkonto; Aufhebung der Zoll-Präferenzen aus der Caribbean Basin Initiative und ab März 1988 Verbot für amerikanische Unternehmen und Privatpersonen, Zahlungen an den panamaischen Staat vorzunehmen. Sind, wie im März/April 1988, zu wenig Dollar im Umlauf (Anfang März mußten die Kreditinstitute auf Anweisung der Bankenkommission ihre Schalter schließen, um eine massive Kapitalflucht zu verhindern), können Bezüge an Staatsbedienstete und Rentner nur teilweise oder verspätet gezahlt werden; Betriebe schließen wegen Rohstoffmangels bzw. müssen Lohn- und Gehaltszahlungen aussetzen; Versorgungsengpässe treten auf; die Auslandsschuld kann nicht bedient werden. Von der Liquiditätskrise waren vor allem die einheimischen Banken sowie eine Minderheit der rund 120 ausländischen Finanzinstitute betroffen. Diese waren auch nicht bereit, das nationale Bankensystem durch Kredite flüssig zu halten. Normalerweise benötigt Panamas Wirtschaft einen durchschnittlichen Geldumlauf von rund 350 Millionen US$. Die von der Regierung an die Staatsbediensteten für Löhne und Gehälter ausgegebenen und wie Bargeld verwendbaren „Schecks" konnten das Problem kaum beeinflussen. Unter Anwendung einer stufenweisen Aufhebung der Beschränkungen haben die Banken Anfang Mai 1988 ihre Tätigkeit wieder aufgenommen. Die befürchtete Hortung von Dollars und der spekulative Transfer im großen Stil ins Ausland scheinen geringer gewesen zu sein als befürchtet. Wie groß die Verluste in Wirtschaft und Finanzplatz wirklich sind, läßt sich derzeit nur schwer schätzen. Wirtschaftsfachleute der Opposition gaben Ende April 1988 an, daß 50% der großen Industrieunternehmen bankrott seien, daß der Handel seit Jahresbeginn um 70% zurückgegangen sei, daß sich die Operationen in der Freihafenzone Colón um die Hälfte verringert haben. Arbeitslosigkeit und Unterbeschäftigung (Bausektor z. B. 14% bzw. 80%) sind stark steigend.

Folge der Probleme in der Versorgung, der Entlohnung der Staatsbediensteten und der Rentenzahlungen, der spekulativen Verteuerung und der Zahlungsmittelknappheit allgemein waren Streiks, Proteste und Demonstrationen der organisierten Arbeiter und Angestellten. Sie hatten nur zum Teil politischen Charakter. Die Aufrufe der Cruzada Civilista Nacional (Bürgerkreuzzug CCN) zu Generalstreiks, um den Rücktritt Noriegas zu erreichen, wurden von den Massenorganisationen nur teilweise befolgt. Die sozialen Kosten der Strukturkrise sowie der Anpassungsmaßnahmen, die das Einkommen der Unterschichten in Panama auf das Niveau Anfang der siebziger Jahre abgesenkt haben, wurden durch die konjunkturellen Auswirkungen der derzeitigen Krise verschärft.

3. Die Krisenakteure

Das Militär und seine Beziehungen zur zivilen Gesellschaft

General Omar Torrijos, dem charismatischen Führer der sog. panamaischen Revolution, war es gelungen, mittels einer Politikmischung, die zwar nicht von allen akzeptiert, aber geduldet wurde, eine Allianz aus Teilen der Arbeiter, Bauern, Studenten, der Fachkräfte aus der Mittelklasse und der Unternehmer zu schmieden. Damit konnte er den Bestand seines Regimes sichern. Während bei Torrijos Teil-Reformen eine Grundlage für die Unterstützung der Basis schufen, verstärkt durch eine antiimperialistische und nationalistische Rhetorik sowie die Eroberung der (wenn auch nur vordergründigen) Souveränität durch den Abschluß der Kanalverträge, sind bei Noriega, der sich als Erbe des „Torrijismo" propagiert, nationalistisch-populistische Gebärden vorwiegend Bestandteil seiner Strategie, die eigene Macht und die der Streitkräfte abzusichern. Diese wurden nach dem Tod von Torrijos durch interne Machtkämpfe erschüttert, verstärkt durch die 1983/84 besonders schwierige Wirtschaftssituation und die Intervention von IWF und Weltbank. Beide Institutionen forderten unverhohlen die Rücknahme der von Torrijos verfügten Reformen.

Grundlage der Macht der Militärs ist das Gesetz über die Neuordnung der Streitkräfte. Durch die Zusammenfassung von Militär und Sicherheitskräften wurden sie zunächst rein zahlenmäßig gestärkt. Die Eingliederung von Teilen der Verwaltung bewirkte einen entscheidenden Machtzuwachs. Führung und Kontrolle der Streitkräfte stützen sich auf eine Organisation, in der Noriega als einziger General an der Spitze eines Führungsstabs steht, der sich aus 18 Mitgliedern im Rang eines Obersten zusammensetzt. Außerdem hält Noriega möglichst mit allen Teilen der Streitkräfte Kontakt. Beförderungen dienen wie bei Torrijos zur Absicherung der Loyalität. Die meisten Offiziere, stammen wie Noriega selbst aus den unteren Einkommensschichten, sind vielfach Karibikneger, verdanken ihren sozialen Aufstieg der Armee und stehen der zivilen Oberschicht distanziert bis ablehnend gegenüber. Führungsstil, Herkunft, Schulbildung, Kontakte, vor allem mit der ländlichen Bevölkerung, durch zivile Entwicklungsprogramme, Fortbildung und Begegnung zwischen Offizieren und Soldaten, zivilen Fachkräften und Militärs auf der Akademie für politische Schulung sowie als grundlegendes einigendes Band eine nationalistisch-populistische Ideologie hatten unter Torrijos den starken Zusammenhalt der Streitkräfte verstärkt. Dieser spiegelt sich auch in der Tatsache wider, daß die Institution seit 1948 nur vier Oberkommandierende hatte, ein für Lateinamerika ungewöhnlicher Tatbestand. Interner Zusammenhalt allein erklärt jedoch nicht die relative Loyalität gegenüber Noriega. Vielmehr muß man diese auch im Zusammenhang mit der wirtschaftlichen Machtstellung sehen, die sich die Führungsschicht der Armee in den letzten Jahren aufgebaut hat. Zur Monopolisierung der politischen Macht kommt die wirtschaftliche Konkurrenz mit dem Privatsektor als weiterer Konfliktfaktor ins Spiel. Der mißglückte Putschversuch unter Führung des Polizeichefs von Panama-Stadt hat interne Differenzen und Loyalitätsverluste deutlich gemacht. Dabei dürfte auch die Rivalität zwischen Militär und Sicherheitskräften, vormals getrennt, eine Rolle gespielt haben. Jedoch ist dem Führungsstab klar, daß ein erzwungener und unehrenhafter Abgang Noriegas der gesamten Institution und ihrer eigenen Position schaden würde.

Die fünf zivilen Präsidenten seit 1978 dienten dem Militär als demokratische Fassade, als Prellbock gegenüber der Bevölkerung bei unpopulären Maßnahmen, als Verhandlungspartner für internationale Kredite und „Vorzeigedemokraten" gegenüber den USA, Europa und den lateinamerikanischen Ländern. Der durch Wahlfälschung 1984 an die Macht gekommene Günstling Noriegas und Washingtons, Nicolás Ardito Barletta, schien gute Voraussetzungen für eine reibungslose „Zusammenarbeit" zwischen Militär, Regierung und Unternehmerschaft mitzubringen: persönliche Integrität aufgrund seiner Außenseiterstellung als Präsidentschaftskandidat; Verhandlungsfähigkeit mit internationalen Finanzinstitutionen als ehemaliger Vizepräsident der Weltbank; als Verfechter eines neoliberalen Anpassungskonzeptes Gewährsmann für eine der Finanzelite und den Gläubigern genehme Wirtschaftspolitik, Ansehen in der Bevölkerung aufgrund seiner Kabinettszugehörigkeit unter Torrijos. Obgleich die USA vom Wahlbetrug (mit zwischen 25000 bis 30000 Stimmen gegen den eigentlichen Gewinner Arnulfo Arias) Kenntnis hatten, priesen sie die sich in Panama etablierende „Demokratie". Verunglimpft als proamerikanisch und IWF-hörig wuchs der Widerstand bei Gewerkschaften und Unternehmern gegen Ardito Barletta schnell. Soziale Unruhen aufgrund des dritten IWF-Abkommens im Juni 1985, die Forderung des Staatspräsidenten nach Einsetzung einer Regierungskommission zur Untersuchung des Mordes an Hugo Spadafora und seine Bemühungen, den eigenen Handlungsspielraum durch einen Pakt mit der Opposition zu erweitern, kosteten ihn Ende September 1985 den Posten. Nachfolger wurde Vizepräsident Eric Delvalle, Führer der Republikanischen Partei, einflußreicher Unternehmer und Erbe eines weitverzweigten Vermögens aus der Zuckerwirtschaft. Die Privatwirtschaft sah ihn als ihren Gewährsmann an. Noriega stützte ihn, als er 1986 im Rahmen der IWF-Absprachen Gesetze über den Abbau von Schutzzöllen, die Streichung von Subventionen in der Landwirtschaft und die Einführung von leistungsbezogenen Löhnen durchs Parlament bringen mußte. Die Opposition attackierte ihn wegen des „Ausverkaufs panamaischer Interessen", der linke Flügel der PRD und der Partido del Pueblo (PAPO) wegen „Verrats am Torrijismo". CONATO (Dachverband der Gewerkschaften) rief zum Generalstreik auf. Delvalles Stellung wurde nach Bekanntwerden der Beteiligung Noriegas am Wahlbetrug 1984, an Mord-, Drogen- und Waffengeschäften, nach der massiven Mobilisierung durch den „Bürgerkreuzzug" und die Oppositionsparteien in den darauffolgenden Monaten, nach Repression und Pressezensur und mit der zunehmenden Aggressivität gegen die USA, die den Abtritt Noriegas, freie Wahlen und Einhaltung der Menschenrechte forderte, immer schwieriger. Die beabsichtigte Absetzung des Generals muß als ein mißlungenes „Mannöver des letzten Augenblicks", auf Druck der USA zustandegekommen, angesehen werden.

In einer von Nationalismus geprägten Regierung hat die Außenpolitik einen besonderen Stellenwert. Durch die Aushandlung der Kanalverträge, seit Jahrzehnten Kernpunkt der Außenpolitik gegenüber den USA, hatte General Torrijos sich eine besondere, relativ unabhängige Position zu den USA aufgebaut. Sie wurde von den nachfolgenden Militärs und ihren Marionettenregierungen nicht weiterentwickelt. Vielmehr agierte Noriega in einem komplexen Netz von zweifelhaften Machenschaften und lukrativen Geschäften, in dem Partner wie CIA und Pentagon, Contras, Guerrilla und Drogenkartell zu finden waren. Obgleich die von den USA gegen Noriega in Szene gesetzten Anschuldigungen den US-Behörden seit Monaten bekannt waren, schwiegen sie so lange, wie es ihrer militärisch-strategischen, politischen und wirtschaftlichen Interessenlage in Zentralamerika entsprach. Hauptziel des Haltungswechsels war, eine willfährige und vorzeigbare Regierung in Panama einzusetzen, die die US-Interessen – Kanal, internationales Finanz- und Handelszentrum, Sicherheit im karibisch-zentralamerikanischen Raum – bei gleichzeitiger Einhaltung der demokratischen Spielregeln optimal umsetzen würde. Noriega reizte alle Karten aus. Obwohl sein Spielraum durch die Wirtschaftskrise, den inneren Druck und die außenpolitische Isolierung sehr eingeengt war, ist es ihm gelungen, die geringe Professionalität und Uneinigkeit der außenpolitischen Akteure in den USA zu nutzen und deren Forderungen mit einer unberechenbaren Politik der „Zusage bei gleichzeitiger Zurücknahme" zu beantworten. Intern gelang es ihm, durch Umbesetzungen in der Führungsspitze die Putschisten abzudrängen, die Kontrolle über die Institution zu erhalten und gleichzeitig die Spaltung der zivilen Kräfte voranzutreiben. Noriega hat in den letzten Wochen klar unterstrichen, daß er in Übereinstimmung mit allen politischen Kräften in Panama Zeitpunkt, Umstände und Art seines Abganges bei gleichzeitiger Wahrung der Integrität der Streitkräfte bestimmen wird.

Die Cruzada Civilista Nacional (CCN)

Der „Bürgerkreuzzug" entstand Mitte 1987 als Antwort auf die Enthüllungen von Ex-Oberst Díaz Herrera. Er ist ein Sammelbecken für die Organisation von Protestaktionen der Unternehmerverbände, der Standesvertretungen, des Rotary- und Lions-Club sowie der Oppositionsparteien gegen General Noriega bzw. die Militärs. Er wird auch von der Katholischen Kirche und von drei Banken unterstützt. Seine Führung liegt beim Präsidenten der Handelskammer.

Der Bewegung ist es nicht gelungen, Organisationen mit Massenbasis wie CONATO, FENASEP (Föderation der Gewerkschaften des staatlichen Sektors) oder COPP (Koordinierungsinstitution der Basisbewegungen) zu integrieren. Wenn auch die Forderung nach Rücktritt Noriegas eine Allianz auf Zeit möglich erscheinen läßt, sind die Unterordnung der CCN unter die Ziele der USA, ihre rechtslastige politische Position und ihre Klassenzugehörigkeit ein unüberwindliches Hindernis. Die entschiedene Ablehnung der Intervention Washingtons durch die Partei Auténtico Panamenista waren für ihren Führer Arnulfo Arias der Grund, sich von der CCN zu trennen. Die Forderungen der CCN nach Rücktritt Noriegas, Distanzierung von der „Achse Nicaragua-Kuba", Rückzug aus der Contadora-Initiative, Kampf gegen die Korruption und den aufgeblähten Staatsapparat bedeuten den Wunsch nach einer Regierung, die die Interessen der Unternehmer und vor allem der Finanzbourgeoisie vertritt. Auf der Jahrestagung der Unternehmer, „CADE 87", zu der man Noriega und seinen Führungsstab eingeladen hatte, soll die Unternehmerschaft gefordert haben: Übertragung der Durchführung zukünftiger Bauten am Kanal und am geplanten Hafenzentrum sowie der Betreibung des Kanals, einschließlich der Nutzung der von den USA zurückgegebenen Teile, an den Privatsektor; Verbleib des Südkommandos der USA in Panama; Privatisierung der staatlichen Versorgungsbetriebe und drastische Kürzung der Staatsausgaben. Mit diesen Forderungen liegt der Privatsektor, gestützt von den multinationalen Banken und Unternehmen, auf der Linie der USA. Bis April 1988 hatte sich die CCN durch ihre rigide Haltung bezüglich eines sofortigen Rücktritts von Noriega, durch die Ablehnung des Aufrufs der Regierung zum nationalen Dialog, durch interne Differenzen und die Abspaltung der Cruzada Civilista Popular (Gründung durch den Führer der Volkspartei, PAPO, Roberto Arosemena) ins Abseits manövriert. Weder Washington noch die panamaische Regierung berücksichtigten bei ihren letzten geheimen Verhandlungsrunden seit Mitte April 1988 die CCN als politische Kraft und als Gesprächspartner. Die Hierarchie der Katholischen Kirche, die die Forderungen der CCN unterstützt hat, steht seit ihrem mißlungenen Vermittlungsversuch der Bewegung kritischer gegenüber.

Obwohl sich gemäß einer Umfrage im August 1987 rund 75% der Befragten für den Rücktritt Noriegas aussprachen und davon wiederum mehr als die Hälfte auch die Ablösung Delvalles befürworteten, ist es bisher trotz großer Unzufriedenheit der organisierten Bevölkerung nicht zu einem Bündnis von Kapital und Arbeit gekommen. Organisationen wie CONATO oder FENASEP haben ihre unabhängige Position beibehalten und fordern u.a. die Nationalisierung der grundlegenden Sektoren der Wirtschaft, keine Bezahlung der Auslandsschuld und Abzug des Südkommandos der USA. Die Massenorganisationen, die die sozialen Kosten der Krise tragen müssen, machen kein Hehl aus ihrer Überzeugung, daß eine Regierung, die von der CCN unterstützt wird, ihre Forderungen niemals erfüllen wird.

Die Rolle der USA

Bis Ende der siebziger Jahre schien Panama in den Augen der USA noch ein Musterbeispiel dafür zu sein, wie ein Land politisch, wirtschaftlich und in seinen Außenbeziehungen zu führen sei. Selbst die Kanalverträge waren in den USA von einer Mehrheit begrüßt worden. Unter der Reagan-Administration gerieten die panamaischen Militärs und die Politik der Regierung Carter allerdings in Mißkredit. Ab 1981 machten sich in den USA unterschiedliche Interessen gegenüber Panama deutlich bemerkbar. Gegenläufige, sich vielfach neutralisierende Positionen und Maßnahmen von State Department, CIA, des Nationalen Sicherheitsrats, der Antidrogen-Behörde, Pentagon und Finanzministerium wurden von General Noriega, als dem „Gewährsmann aller", für seine Ziele geschickt benutzt. Als die geringe Effektivität der Zentral- bzw. Nicaraguapolitik der Reagan-Administration immer offensichtlicher wurde und selbst Noriega sich nicht zur Mithilfe bei der Invasion Nicaraguas gewinnen ließ, begann Washington die Trennung von seinem „Verbündeten" vorzubereiten. Erste Enthüllungen über Noriegas Wahlbetrug, seine Killer-, Waffen- und Drogengeschäfte sickerten an die Presse durch; sie wurden durch das Geständnis von Díaz Herrera, der kurz vorher aus der Armee Panamas ausgeschieden war, bestätigt. Seitdem versuchen die USA in einer konzept- und prinzipienlosen Strategie Noriega zum Rücktritt zu bewegen. Sämtliche außenpolitischen Instrumente, von der offiziellen Mission über Verleumdungskampagnen und Pressemanipulation, Gerichtsverfahren und Auslieferungsanträge, Streichung aller Arten von Hilfe, Wirtschafts- und Finanzboykott, Entsendung von Truppen sowie der Androhung einer militärischen Intervention, haben nicht den gewünschten Erfolg gehabt. Jede zusätzliche Verschärfung der Maßnahmen scheint die Stellung Noriegas und seinen Durchhaltewillen gegenüber der „Yankee-Provokation" gestärkt zu haben.

Die strategisch-militärischen, wirtschaftlichen und politischen Interessen der USA in Panama spielen, trotz des Bedeutungsverlustes des Kanals in den letzten Jahren, der (vordergründigen) Aufgabe an Einfluß durch den Abschluß der Kanalverträge, der Gründung des Off-Shore-Zentrums Miami und der Umstrukturierung im Transportkonzept, nach wie vor eine wichtige Rolle:

– Gemäß den Kanalverträgen, die die Übergabe des Kanals bis zum Jahre 2000 vorsehen, haben sich die USA das einseitige Recht vorbehalten, im Falle einer Bedrohung der Neutralität des Kanals mit militärischen Mitteln zu intervenieren. Sie haben also weiterhin die letzte Kontrolle, sich aber des Eigentums- und Betriebsrisikos entledigt.

– Das in Panama stationierte Südkommando mit rund 10000 Soldaten, verteilt auf 14 Militärstützpunkte, ist das wichtigste seiner Art in Lateinamerika. Es dient allgemeinen geostrategischen Aufgaben, der Guerrillabekämpfung, der Implementierung des „low-intensity-Konflikts" in Zentralamerika sowie der Ausbildung und Kooperation mit den lateinamerikanischen Militärs. Über das Verbleiben des Südkommandos herrscht bisher Uneinigkeit zwischen den USA und Panama. Ziel der USA dürfte sein, die derzeitige Präsenz auf unklaren rechtlichen Grundlagen und mit meist veraltetem Kriegsmaterial durch einen Militärvertrag mit Panama zu ersetzen. Dieser soll u.a. den Aufbau eines Marinestützpunktes mit Anlagen zur Luftabwehr sowie die Stationierung von Einsatzkommandos, die Blitzoperationen über den gesamten Isthmus durchführen können, umfassen.

– Im internationalen Finanz- und Handelszentrum dominieren nordamerikanische sowie multinationale Banken und Unternehmen. Die anhaltende Unsicherheit aufgrund des derzeitigen Regimes hat zur Überweisung von Einlagen nach Miami oder auf die Cayman-Inseln sowie zur Schließung von Banken geführt. Die sehr liberale Bankengesetzgebung, die Infrastruktur- und Kommunikationsanlagen, die den Standort attraktiv machen, können durch eine schwache Regierung, die weder bei Links noch Rechts Rückhalt hat, nicht dauerhaft garantiert werden.

– Die USA sehen mit Noriega und seinen Militärs hinter einer zivilen Fassade die Verfolgung ihrer Ziele in Panama gefährdet. Große Teile im Kongreß sind zudem der Meinung, daß der General ein Anachronismus in der fortschreitenden Demokratisierung Lateinamerikas sei. Die Duldung eines Mannes, der in das Drogenkartell von Medellín verstrickt ist, untergrabe den Kampf der USA gegen das Rauschgift. In der Menschenrechtsfrage ständen die Glaubwürdigkeit der Regierung und damit Wählerstimmen auf dem Spiel.

Über die Lösung des Konflikts herrschen besonders im Wahljahr bei den Akteuren unterschiedliche Vorstellungen. Pentagon und CIA haben von Anfang an ein schrittweises Vorgehen befürwortet, um aufgrund ihrer militärischen Interessen Noriega und seine Führungsspitze nicht zu provozieren. Die vom State Department zeitweilig angedeutete militärische Lösung wird von ihnen abgelehnt. Pentagon wie auch das Schatzamt haben sich kritisch zur Effektivität von wirtschaftlichen Sanktionen geäußert. Beim State Department erfolgte im April 1988 ein Kurswechsel, nachdem der geplante schnelle Rückzug von General Noriega durch wirtschaftlichen Druck nicht erreicht wurde. Diskretere und in der Form konziliantere Verhandlungen werden seit Mitte April 1988 unter Leitung von Michael Kozak vom State Department geführt. Alle Akteure sind sich einig, daß der Panamakonflikt so schnell wie möglich gelöst werden muß. Jedoch scheint man noch immer nicht akzeptiert zu haben, daß Noriega einen Abtritt nur ins Auge faßt, wenn dieser in Inhalt und Form seinen Vorstellungen entspricht. Entscheidende Kriterien dafür sind, daß er ohne Intervention der USA zustandekommt, daß die Regierung Solís anerkannt wird und daß die USA ihre militärische Präsenz abbauen.

Mechthild Minkner (Institut für Iberoamerika-Kunde, Hamburg)

Literaturhinweise

Priestley, George, Military Government and popular participation in Panama. The Torrijos Regime 1968–1975. Boulder/Colorado 1986.
Ropp, Steve, General Noriega's Panama, in: Current History, Jg. 85, No. 515, 1986, S. 421–424 und 431–432.
Süßdorf, Erich, Vom Nadelöhr der Weltschiffahrt zum internationalen Finanzzentrum, in: Nuhn, Helmut (RSG.), Krisengebiet Mittelamerika. Interne Probleme weltpolitische Konflikte, Braunschweig 1985.
Weeks, John, Panama: The roots of current political instability, in: Third World Quarterly, Jg. 9, No. 3, 1987, S. 763–787.

Chronik

4.11.1903	Unabhängigkeit der Provinz Panama von Kolumbien und diplomatische Anerkennung durch die USA
18.11.1903	Unterzeichnung der Isthmus-Konvention zwischen Panama und den USA: Gewährung zeitlich unbegrenzter Nutzung einer 16 km-Zone für den Kanal an die USA sowie aller Hoheitsrechte. Garantie der Unabhängigkeit Panamas durch die USA, Zahlung einer Entschädigung sowie Gebühren nach Fertigstellung des Kanals
15.8.1914	Eröffnung des Panamakanals
1948	Umwandlung der Polizei in Nationalgarde
3.11.1955	Studenten hissen Fahne Panamas in Kanalzone; gewalttätige Ausschreitungen
9.1.1964	„Flaggenstreit" zwischen Panama und USA mit schweren Unruhen; über 20 Tote
11.10.1968	Entmachung des 1964 zum dritten Mal zum Staatspräsidenten gewählten Arnulfo Arias; Militärjunta unter General Omar Torrijos übernimmt die Führung
1970	Reform der Bankengesetzgebung als Grundlage für internationales Finanzsystem
7.2.1974	Acht-Punkte-Abkommen zwischen USA und Panama über Ausarbeitung eines neuen Kanalvertrages
7.9.1977	Unterzeichnung der Carter-Torrijos-Verträge in Washington mit Anerkennung der Souveränität Panamas
1.10.1979	Kanalverträge treten in Kraft
31.7.1981	Tod General Torrijos bei einem Flugzeugabsturz
30.7.1982	Ricardo de la Espriella wird Staatspräsident
12.8.1983	Der bisherige Geheimdienstchef Manuel Antonio Noriega wird Chef der Nationalgarde
Sept.1983	Gesetz 20 über die Neuordnung der Streitkräfte (Fuerzas de Defensa)
6.5.1984	Wahlen, bei denen durch Wahlbetrug Nicolás Ardito Barletta Staatspräsident wird
27.9.1985	Rücktritt Ardito Barlettas; Vizepräsident Arturo Delvalle wird Nachfolger
10.3.1986	Generalstreik gegen Anpassungsmaßnahmen im Rahmen des IWF-Abkommens
6.6.1987	Ex-Oberst Días Herrera erhebt schwere Anschuldigungen gegen General Noriega wegen Beihilfe zum Mord, Drogen- und Waffengeschäften sowie Wahlbetrug
10.6.1987	Nationaler Notstand nach schweren Unruhen ausgerufen
25/26.2.1988	Präsident Delvalle setzt General Noriega ab. Nationalversammlung enthebt Delvalle und Vizepräsident Esqui-

	vel ihres Amtes. Manuel Solís Palma wird vorläufiger Präsident
4.3.1988	Bankenkommission läßt alle Banken schließen
16.3.1988	Putschversuch im Hauptquartier der Streitkräfte gescheitert
21.3.1988	Opposition ruft zum Generalstreik auf; eine Woche Unternehmerstreik
4.4.1988	USA entsenden Truppen und Hubschrauber. Intervention nicht mehr ausgeschlossen
15.4.1988	Geheime Gesprächsrunden zwischen State Department und Regierung Solís beginnen

Kolumbien im Griff der Gewalt

1. Zwischen Kokain und Kaffee

Im Windschatten mittelamerikanischer Bürgerkriege, südamerikanischer Militärdiktaturen und der Schuldenberge wächst in Kolumbien ein neuer Krisenherd heran, von dem die bundesdeutschen Medien kaum Notiz nehmen. Die Schlagzeilen zu Kolumbien schwanken zwischen Kokain und Kaffee. Seine beiden Hauptexportprodukte können allerdings ganz gut als Symbole zweier gegensätzlicher Entwicklungen dienen, die das Land derzeit bestimmen: wirtschaftliche Prosperität und gesellschaftliche Zerrüttung.

Der nach Brasilien größte Kaffeeproduzent der Welt befindet sich seit 25 Jahren auf stetigem Wachstumskurs, schreibt als einziges lateinamerikanisches Land seit 1980 positive reale Wachstumsraten, hat mit 15 Mrd. US$ verhältnismäßig geringe Auslandsschulden und ist reichhaltig mit Energie- und Rohstoffreserven ausgestattet. Außerdem verfügt Kolumbien neben Venezuela über die älteste Demokratie Lateinamerikas.

Kolumbien könnte als lateinamerikanischer Musterknabe gelten, wäre da nicht das Chaos der Gewalt, welches das Land in den Abgrund gesellschaftlicher Auflösung zu ziehen droht (vgl. Beitrag Kolumbien in Jahrbuch Dritte Welt 1985). Daran ist nicht allein das Kokain schuld, obwohl über Kolumbien drei Viertel des Welthandels abgewickelt wird. Drei organisierte Kräfte mit gegensätzlichen Zielsetzungen legen das staatliche Gewaltmonopol lahm: Drogenmafia, Guerilla und Todesschwadronen. Im vergangenen Jahr wurden in Kolumbien schätzungsweise 11 000 Menschen ermordet, davon die Hälfte aus politischen Motiven. Unter den Ermordeten befinden sich höchste Richter, Professoren, Priester und Journalisten genauso wie Gewerkschafter, Abgeordnete und Kommunisten. Der Aderlaß des demokratischen Kolumbien wird durch eine seit Mitte vergangenen Jahres ausgelöste „Exilwelle" noch verstärkt. Dadurch werden die Kräfte für den so dringend benötigten politischen und sozialen Strukturwandel des Landes geschwächt. Kolumbien, das in seiner einhundertjährigen Geschichte immer wieder von gewalttätigen Eruptionen erschüttert wurde, droht erneut in einem gesellschaftlichen Chaos zu versinken, das in scharfem Gegensatz zu den wirtschaftlichen Prosperitätstendenzen des Landes steht.

Diese beiden gegensätzlichen Charakteristika der kolumbianischen Gegenwart sollen im folgenden einer näheren Betrachtung unterzogen werden. Hierzu wird zunächst die ausgesprochen positive Wirtschaftsentwicklung des Landes kurz skizziert und der katastrophalen sozialen Situation gegenübergestellt.

2. Wirtschaftliche Entwicklung

Im Vergleich zu seinen lateinamerikanischen Nachbarn fällt Kolumbien vor allem wegen seines stetigen, nicht durch nennenswerte Schwankungen unterbrochenen wirtschaftlichen Wachstums auf. Zwischen 1970 und 1980 nahm das Bruttoinlandsprodukt (BIP) um jährlich ca. 5,6% zu. Selbst in den Rezessionsjahren 1981 bis 1983 wurden noch 1,3% Wachstum erzielt. Seit 1984 nehmen die Steigerungsraten wieder kräftig zu. Im vergangenen Jahr stieg das Bruttoinlandsprodukt um 5,6% (vgl. Tabelle) und auch für 1988 werden 5% Wachstum erwartet. Dabei werden über 90% des BIP von privaten Unternehmen erwirtschaftet.

Wichtigster Wachstumsmotor dieser stetigen Entwicklung war bisher die Exportwirtschaft, die 1986 erstmals seit vielen Jahren wieder durch eine steigende Inlandsnachfrage und zunehmende Investitionen unterstützt wurde. Vor allem in der verarbeitenden Industrie wird kräftig investiert.

Neben der verstärkten Inlandsnachfrage sorgte auch eine verbesserte kolumbianische Wettbewerbssituation auf den Weltmärkten in den vergangenen Jahren im verarbeitenden Gewerbe für Wachstumsimpulse, insbesondere in der textil- und lederverarbeitenden Industrie sowie in der Kunststoffin-

Wirtschaftsindikatoren Kolumbiens, 1970–1987
(Jährliche Durchschnitte)

	1970–75	1976–80	1981–83	1983	1984	1985	1986	1987
BIP-Wachstum in %	5,7	5,5	1,3	1,6	3,2	2,9	5,1	5,6
Export-Wachstum[1] in %	6,9	7,4	−5,2	−11,9	9,8	13,9	22,0	−
Import-Wachstum[1] in %	2,2	11,1	3,2	−8,4	−7,8	0,8	2,5	−
Inflationsrate in %	17,1	24,5	24,9	19,8	16,4	24,0	20,0	24,0
Schuldendienstquote[2]	22,7	14,7	31,1	36,9	37,2	38,2	34,0	−
Defizit der öffentlichen Hand in % des BIP	3,0	5,5	6,8	7,6	7,6	3,7	2,0	2,3

Quelle: Finanzierung und Entwicklung, 12/86:11 und The Economist vom 2. April 1988

Anmerkungen: [1] Güter und Nicht-Faktorleistungen; [2] Gesamter Schuldendienst in Prozent der Exporte von Gütern und Leistungen

dustrie und im graphischen Gewerbe. Die Diversifikation schreitet voran, wobei vor allem die „Verknüpfungen" zwischen Landwirtschaft und Nahrungsmittelindustrie genutzt werden.

Wichtigstes (legales) Exportprodukt ist jedoch nach wie vor Kaffee, der allerdings einem stark schwankenden Weltmarktpreis unterliegt. Während 1986 aufgrund eines durch Ernteausfälle in Brasilien ausgelösten Kaffeebooms 2,7 Mrd. US$ erwirtschaftet werden konnten, fiel der Gewinn 1987 wegen fallender Weltmarktpreise deutlich niedriger aus (1,5 Mrd. US$).

Diese Ausfälle werden allerdings immer stärker durch den Export von Bergbauprodukten aufgefangen. Vor allem dem kolumbianischen Gold soll zu neuem Glanz verholfen werden. Dabei knüpfen die Planer an alte Traditionen an. Im 17. Jahrhundert war Kolumbien mit einem Anteil von 40% der Welt größter Goldproduzent. Bis zum Ende des 19. Jahrhunderts war der Weltmarktanteil jedoch bereits auf 20% gesunken, um dann in der Folgezeit fast bis zur Bedeutungslosigkeit zu schwinden. Mit der Erkundung neuer Lagerstätten, insbesondere im Gebiet des Rio Orinoco, unweit der Grenzen zu Brasilien und Venezuela, wurden die Voraussetzungen für die Goldförderung mit modernsten Geräten geschaffen. Bisher werden noch 80% des Goldes von Klein- und Mittelbetrieben gewonnen (Exporterlös 1986: 460 Mio. US$). Bei einem angestrebten Exportvolumen von 100 Tonnen jährlich würde Kolumbien in die Reihe der größten Goldanbieter auf dem Weltmarkt aufrücken.

Neben Gold soll der Export von Kohle die Handelsbilanz von den Schwankungen des Kaffeepreises entlasten. Kolumbien verfügt über 70% aller bekannten Kohlevorräte Lateinamerikas. Obwohl auch hier die Förderung im großen Stil erst begonnen hat, wurde durch die Kohle 1986 ein Exporterlös von rund 212 Mio. US$ erwirtschaftet.

Als wichtigste Einnahmequelle neben dem Kaffeexport hat sich seit dem vergangenen Jahr der Verkauf von Erdöl und seinen Derivaten entwickelt. Die Produktion konnte von 167 000 Faß pro Tag im Jahr 1984 bis Ende 1986 verdoppelt werden. Aufgrund der niedrigen Kaffeepreise näherten sich die Exporterlöse aus dem Erdölgeschäft im vergangenen Jahr erstmals den Gewinnen aus dem traditionsreichen Kaffeexport (ca. 1 Mrd. US$). Mit diesem gelungenen Umbau der Exportstruktur hat sich Kolumbien endgültig aus der Abhängigkeit der Kaffeewirtschaft befreit. Zwar werden trotz des Aufschwungs von Industrie und Bergbau noch immer drei Viertel aller Exporterlöse von der Landwirtschaft erwirtschaftet, doch drängt der Export von Südfrüchten und Schnittblumen die Bedeutung des Kaffees immer weiter zurück. Noch deutlicher kommt der wirtschaftliche Strukturwandel an der Verschiebung der BIP-Anteile einzelner Wirtschaftsbereiche zum Ausdruck. Erstmals erwirtschaftete die verarbeitende Industrie Kolumbiens 1986 (mit 7,3% Wachstum) 21,7% des BIP. Die Landwirtschaft trägt 21,0%; Handel, Banken und Versicherungen 23,0% und das Transportwesen knapp 10% zum BIP bei.

Diese positive Skizze von der Wirtschaftsentwicklung Kolumbiens wird durch weitere Faktoren ergänzt: Während in manchen Nachbarstaaten die Preise dreistellig in die Höhe schießen, liegt die Inflationsrate in Kolumbien seit Jahren bei durchschnittlich 20%. Im Jahr 1986 konnte ein Leistungsbilanzüberschuß in Höhe von 529 Mio. US$ erzielt werden. Das Pro-Kopf-Einkommen ist auf 1250 US$ angestiegen (zum Vergleich Mexiko: 1850 US$). Die Sparquote ist mit etwa 20% überdurchschnittlich hoch. Bei der Auslandsverschuldung hebt sich Kolumbien ebenfalls deutlich von seinen meisten Nachbarstaaten positiv ab. Da stets eine maßvolle Finanzpolitik betrieben wurde, mußte nie umgeschuldet werden.

Wenn die wirtschaftliche Lage Kolumbiens im Vergleich zu vielen anderen lateinamerikanischen Ländern geradezu hoffnungsvoll stimmt, wie kann es dann zu einer gesellschaftlich so chaotischen Situation kommen?

3. Soziale Entwicklung

Mehrere Faktoren wirken hier zusammen: Eine Ursache liegt darin, daß über die Hälfte der kolumbianischen Bevölkerung vom wirtschaftlichen Aufschwung ausgeschlossen ist. Dies wird deutlich, wenn einige *Sozial- und Verteilungsindikatoren* herangezogen werden:

Die Kalorien pro Einwohner, die Lebenserwartung bei Geburt und die Zahl der Einwohner je Krankenhausbett liegen (teilweise deutlich) unter dem lateinamerikanischen Durchschnitt. Die medizinische Versorgung für den größten Teil der Bevölkerung ist vollkommen unzureichend, wobei erhebliche regionale Unterschiede bestehen. Unzureichende Ernährungs- und Wohnbedingungen sind die Hauptursachen für die weite Verbreitung von Tuberkulose, Malaria, Ruhr und Typhus.

Seit 1975 besteht eine fünfjährige Schulpflicht, doch kann diese schon allein wegen des Mangels an Schulen und Lehrkräften nicht überall durchgesetzt werden. Auf dem Lande besuchen die Kinder im Durchschnitt nicht länger als zwei Jahre, in den Städten im Durchschnitt höchstens vier Jahre die Schule. Dennoch konnte die Analphabetenquote zwischen 1973 und 1987 von knapp 20% auf unter 10% gesenkt werden.

Im Hinblick auf die Eindämmung des Bevölkerungswachstums war das nach Brasilien und Mexiko volkreichste Land Lateinamerikas (30 Mio. Einw.) einigermaßen erfolgreich. Während die Wachstumsrate 1965 noch bei 3,2% lag, ging sie von 1970 bis 1985 im Durchschnitt auf 2,1% zurück und lag 1986 bei nur noch 1,7% (zum Vergleich Mexiko: 2,2%).

Obwohl die Siedlungsgeschichte Kolumbiens zu mehreren Wirtschafts- und Wachstumszonen mit unterschiedlicher Ressourcenausstattung führte, herrschen große regionale Unterschiede. Noch ein Viertel der Bevölkerung lebt auf dem Lande. Die Hochebenen von Bogotá und Medellín, das Cauca-Tal um Cali und die Küstenzone um Barranquilla sind die bedeutendsten Industriezonen, in die die Menschen ohne Arbeit drängen. Arbeitslosigkeit und Unterbeschäftigung sind wie in den meisten Entwicklungsländern auch in Kolumbien ein zentrales Problem. Fast die Hälfte der Erwerbsbevölkerung ist ohne Arbeit oder unterbeschäftigt, nur 16% sind sozialversichert. Die offizielle Arbeitslosenrate von ca. 15% sagt wenig über die Realität aus. Ohne Zweifel sind große Teile der Bevölkerung vom wirtschaftlichen Fortschritt ausgeschlossen. Ca. 70% der Bevölkerung muß mit einem Pro-Kopf-Einkommen von unter 300 Dollar im Jahr auskommen. Selbst nach Einschätzung der Regierung leben 40% der Bevölkerung in absoluter Armut.

Die Agrarstruktur ist durch eine hohe Besitz- und Eigentumskonzentration geprägt. Nach dem letzten Agrarzensus bewirtschaften 8000 Großbetriebe mit mehr als 500 ha (0,7% aller Betriebe) 41% der Gesamtbetriebsfläche, während sich 700 000 Betriebe mit einer Größe von unter 5 ha (rund 60% aller Betriebe) eine Betriebsfläche von knapp 4% teilen. Fast die Hälfte der Landbevölkerung ist ohne jeden Grundbesitz.

Auch im Hinblick auf die Einkommensverteilung weist Kolumbien ein sehr hohes Maß an Konzentration auf. Unter 69 Staaten, die nach ihrem Ungleichheitsgrad in der Einkommensverteilung in eine Rangordnung gebracht wurden, nimmt Kolumbien den 61. Platz ein. Der Staat wird von einigen hundert „großen Familien" beherrscht, von denen viele bereits in der spanischen Kolonialzeit tonangebend waren. Bisher ist es zu keinen nennenswerten Umverteilungen des gesellschaftlichen Reichtums gekommen.

4. Die „neue Gewalt"

4.1 Typologie der Gewalt

Das Phänomen der Gewalt hat in Kolumbien eine lange Tradition, viele Ursachen und viele institutionelle Träger. Seit der Unabhängigkeit von Spanien (1819) verwüsteten 10 Bürgerkriege das Land. Dabei ging es zumeist um den Kampf von Liberalen und Konservativen um die Staatsmacht. Zu einem Exzeß der Gewalt kam es im letzten (unerklärten) Bürgerkrieg, schlicht „Violencia" genannt (1948–58), der über 200 000 Todesopfer forderte. Die Violencia wird im allgemeinen als ein Stellvertreterkonflikt interpretiert, in dem liberale und konservative Parteianhänger (vor allem Campesinos) als Verführte der Haßpropaganda ihrer parteipolitischen Caudillos für Machtinteressen mordeten und starben, die nicht ihre eigenen waren.

Seit 1945 sind in Kolumbien mehr Ermordete zu beklagen als in Chile, Argentinien, Uruguay, El Salvador, Guatemala und Nicaragua zusammen: nahezu eine halbe Million! Dabei scheint die Geschichte der Gewalt einem wellenförmigen Muster zu folgen. Immer wieder gibt es Phasen relativer Ruhe, denen um so schlimmere Ausschreitungen folgen. Derzeit treibt Kolumbien einem neuen Höhepunkt der Gewalt zu. Im vergangenen Jahr wurden ca. 11 000 Menschen ermordet. Mittlerweile ist in Kolumbien Mord die häufigste Todesursache bei Männern zwischen 15 und 45 Jahren.

Auch wenn Kolumbien in der gewalttätigen Austragung

von Konflikten jeglicher Art eine lange Tradition besitzt, so haben sich doch die Quellen, von denen die Gewalt ausgeht, verändert. Grob skizziert läßt sich folgende *Typologie der Gewalt* entwerfen:

1) Die *traditionellen politischen Gewaltakte,* die heute allerdings nicht mehr zwischen den Liberalen und Konservativen ausgetragen werden, sondern zwischen diesen, mittlerweile staatstragenden Parteien, und den *kommunistischen Guerilla-Bewegungen.* Um das Land nach der zwischen 1948 und 1958 tobenden „Violencia" wieder regierbar zu machen, hatten Liberale und Konservative eine „Frente Nacional", eine Art permanente Große Koalition gegründet und nach einem ausgeklügelten Proporzsystem alle politischen Positionen bis hinab auf die lokale Ebene unter sich aufgeteilt. Erst nach dem überragenden Wahlsieg der Liberalen im März 1986 fand man zum parlamentarischen Regierungs-Oppositionsschema zurück. Die Frente Nacional erwies sich zwar als ein wirksames politisches Instrument, um die Violencia zu überwinden, forderte aber, je länger sie andauerte, außerparlamentarischen Protest heraus, da dieser sich innerhalb des Parteiensystems nicht ausdrücken konnte. Die Versuche, die Guerillabewegungen in das Staatssystem einzubinden, sind bisher gescheitert.

2) *Faschistische Gewalt* geht von den *Todesschwadronen und Paramilitärs* aus, die die „Befriedungspolitik" der Regierung ablehnen und sie mit allen Mitteln bekämpfen. Die sie unterstützenden Militärs und Großgrundbesitzer wollen keinerlei Reformen dulden oder ihren Machtanspruch eingeschränkt sehen. Auf die Intensivierung der „Politik des nationalen Dialogs" haben sie mit einer zunehmenden Welle von Gewalttaten geantwortet und den parteipolitischen Ableger der Guerillabewegung FARC, die Unión Patriótica, physisch zu vernichten versucht.

3) Die *organisierte kriminelle Gewalt* resultiert aus den Aktivitäten einer profitgierigen *Drogenmafia,* die auch vor der Ermordung höchster Staatsrepräsentanten nicht zurückschreckt. Dabei versucht sie sich Staat und Gesellschaft mit Geld und Gewalt für ihre Ziele dienstbar zu machen.

4) Die *„profane" kriminelle Gewalt* existiert in einer Vielzahl von unterschiedlichsten Aktivitäten wie Vieh-, Kaffee-, Gold- und Smaragdschmuggel, Entführungen, Überfällen und anderen Verbrechen.

5) Die *staatliche Gewalt*, als einzige Form der legitimierten Gewalt, wird von Militär und Polizei ausgeübt. Dabei kommt es mitunter auch zu offenen Rechtsbrüchen, die vom Staat jedoch gedeckt werden.

Diese fünf Typen der Gewalt, die teilweise miteinander verschränkt sind, stellen ein Kräftefeld mit verschiedenen Zentren dar. Drei davon, die im wesentlichen für die *„neue Violencia"* verantwortlich sind, sollen im folgenden etwas näher untersucht werden.

4.2 Die Guerilla

Die Guerilla wendet sich gegen das herrschende System und tritt – ganz allgemein – für eine Verbesserung der Lebensbedingungen der armen Bevölkerung sowie für eine gerechtere Gesellschaft ein. Ihre Verankerung liegt vor allem in den ländlichen Gebieten. Sie ist in vier größere Verbände aufgespalten: Die Fuerzas Armadas Revolucionarias de Columbia (FARC), der 70 bis 80% aller Guerilleros angehören, ist die weitaus mächtigste Organisation und besitzt mit der kommunistisch orientierten Unión Patriótica (UP) auch einen legalen parteipolitischen Ableger. Daneben existieren noch die kubanisch orientierte Ejército de Liberación Nacional (ELN), die sich vor allem durch Anschläge auf die neugebaute Ölpipeline in der Provinz Arauca hervortut, die maoistische Ejército Popular de Liberación (EPL) sowie die sozialistisch-nationalistische M-19, die durch die Besetzung des kolumbianischen Justizpalastes international bekannt wurde, bei dessen Erstürmung in einem Blutbad 90 Menschen den Tod fanden.

Die einzelnen Verbände vertreten nur diffuse politische Programme und haben – auch vereint – derzeit nicht die Macht, die Regierung zu stürzen. Vielmehr beschränken sich die Guerilla-Gruppen auf die Kontrolle einzelner Landesteile.

Dabei betätigen sich die Verbände weitgehend in unterschiedlichen Regionen, so daß sie sich wenig ins Gehege kommen. Die Gebiete, die sie kontrollieren, haben sie allerdings fest in der Hand.

Es existiert vielfach eine unheilvolle Allianz zwischen den Guerillaverbänden und der Mafia. Da die Anbaugebiete und die Schmugglerwege in der Regel in den von der Guerilla kontrollierten Gegenden liegen, hat man Vereinbarungen getroffen. Die Guerilla schützt die Kokabauern und Schmuggler vor der Polizei und die Mafia revanchiert sich mit Dollars und Waffenlieferungen.

Während bisher keine Regierung ein Konzept zur Bekämpfung der Mafia entwickelte, wird versucht, die Guerilla zu befrieden und ihr den gesellschaftlichen Boden zu entziehen. Ex-Präsident Belisario Betancur eröffnete den Dialog und setzte mit einer weit gefaßten Amnestie für politische Gewalttaten im November 1982 ein deutliches Zeichen. Rund 250 politische Gefangene, darunter zahlreiche M-19 Führer, wurden aus dem Gefängnis entlassen. Dennoch nahm keine der kolumbianischen Guerillagruppen als Organisation die Amnestie an, bei der sogar auf Auslieferung der Waffen verzichtet worden war. Nur wenige nutzten den Straferlaß, um ins bürgerliche Leben zurückzukehren.

Darüberhinaus erwiesen sich die Entlassungen als durchaus zweischneidig. Ein Teil der Guerilleros tauchte prompt unter und nahm erneut den bewaffneten Kampf gegen die Regierung auf. Aber auch Militär und Polizei änderten ihre Taktik und machten nur noch selten Gefangene. Stattdessen erhöhte sich die Zahl der Toten und Verschwundenen.

Dennoch wurden die Friedensbemühungen fortgesetzt. Die Regierung versprach demokratische Reformen und verlangte dafür einen Waffenstillstand, der mit der FARC im April 1984 geschlossen wurde. Weitere Guerillaverbände folgten diesem Beispiel, allerdings nicht die ELN.

4.3 „Todesschwadronen" und Paramilitärs

Während die „Politik des nationalen Dialogs" die Guerillaverbände zumindest zu einer Reduzierung ihrer gewalttätigen Aktionen veranlaßte, förderte sie paradoxerweise ungewollt eine andere Quelle der Violencia. Rechtsradikale Kreise der Militärs und Großgrundbesitzer bekämpfen die Befriedungspolitik, da sie im sozialen und politischen Ausgleich eine Bedrohung ihrer eigenen Machtpositionen sehen. Deshalb wenden sie sich gegen alle, die das herrschende System auch nur kritisieren.

Nach Auskunft des Innenministers vor dem Parlament treiben derzeit 138 Todesschwadronen im Land ihr Unwesen. Sie treten für ein „sauberes" Kolumbien ein. Mit ihren Mordaktionen möchten sie Kolumbien von Kleinkriminellen, Homosexuellen, Prostituierten, Gewerkschaftern, „linken" Studenten, Arbeitern, Priestern, Dozenten, Abgeordneten und allen Andersdenkenden „säubern". Ihre anfänglich „nur" gegen die Guerilla gerichteten Aktivitäten sorgen mittlerweile für ein alle Grenzen sprengendes Morden, das sich im Vorfeld der Kommunalwahlen im März dieses Jahres vor allem gegen Mitglieder und Sympathisanten der Kommunistischen Unión Patriótica (UP) richtete, von denen in den letzten 24 Monaten über 550 ermordet wurden, ohne daß es zu Verhaftungen oder gar Verurteilungen gekommen wäre, nicht in einem einzigen Fall! Der Staat ist nicht in der Lage, den im Grunde gegen seine zentralen Reformbestrebungen gerichteten Schlag zu parieren. Im Gegenteil, durch die Legalisierung paramilitärischer Gruppen zur „Selbstverteidigung" im Juli vergangenen Jahres, ist das Karussell der Gewalt erst richtig in Schwung gekommen. Die öffentliche Demoralisierung, die dadurch bewirkt wird, ist groß. Offensichtlich auch bei Justizminister Arias, der unumwunden zugibt: „In Kolumbien gibt es kein Recht!" Schon allein die extrem niedrige Aufklärungsquote von 2% (!) bei Mordfällen läßt hieran keinen Zweifel aufkommen.

Die Guerillaorganisation FARC, aus der im Rahmen der demokratischen Öffnung als legitime politische Kraft die kommunistische UP hervorgegangen ist, will der gewaltsamen Dezimierung ihrer Mitglieder nicht mehr länger zusehen. Nachdem der Staat über Monate hinweg dieser Ausrottungskampagne nichts entgegensetzte, hat nun auch die FARC wieder den bewaffneten Kampf aufgenommen, womit der endgültige Zusammenbruch der Befriedungspolitik besiegelt ist.

Selbst die an Gewalt „gewöhnten" Kolumbianer überkommt bei dieser neuerlichen Eskalation des Terrors das Grauen. Jaime Pardo Leal, der Vorsitzende der Unión Patriótica, brachte dies noch kürzlich mit den Worten zum Ausdruck: „Dies ist ein Inferno!" Am 11. November 1987 fiel Leal, der vehement für die demokratische Öffnung Kolumbiens eingetreten war, selbst diesem Inferno zum Opfer, weil er vor der Presse die Zusammenarbeit von Todesschwadronen und Militärs enthüllt hatte.

Neben der Verflechtung von Todesschwadronen und Militärs gibt es auch eine Zusammenarbeit mit der Drogenmafia. Es ist kein Zufall, daß die rechtsextremistischen Terrorgruppen besonders gut im Mafia-Zentrum Medellín gedeihen.

4.4 Die Drogenmafia

Die Drogenmafia ist in der traditionell gewalterfüllten Geschichte Kolumbiens eine relativ neue Erscheinung. Aber es spricht einiges dafür, daß sie der virulenteste Träger der Gewalt ist. Die Drogenmafia schließt mit allen Partnern, die an dieser Spirale der Gewalt beteiligt sind, Bündnisse und durchdringt alle Gesellschaftsschichten. Es gibt wohl keinen Staat auf der Welt, in dem die Rauschgiftmafia so selbstherrlich und brutal „regieren" kann wie in Kolumbien. Die im Kokain-Geschäft verdienten Milliarden verleihen ihr diese Macht.

Vor drei Jahren unterbreiteten 40 prominente Mafia-Verbrecher der damaligen Regierung unter Betancur das Angebot, für die 12,5 Mrd. US$ Auslandsschulden aufzukommen, wenn man sie im Gegenzuge dafür in Ruhe ließe. Außerdem erklären sie sich bereit, ihr auf insgesamt 60 Mrd. US$ veranschlagtes Auslandsvermögen nach Kolumbien zurückzuholen und investiv einzusetzen. Die Tatsache, daß dieses Angebot ernsthaft im Parlament debattiert wurde, erlaubt einige Rückschlüsse auf das Rechtsverständnis der Abgeordneten und die Chancen, die bestehende Rechtsordnung zu schützen.

Diese grotesk anmutende Situation wird nur vor dem Hintergrund einer Verquickung von Staat, Wirtschaft und Mafia verständlich. Der Einfluß der Mafia ist schier unbegrenzt, weil die potentiell einsetzbaren Geldmengen nahezu unbegrenzt sind. Militär und Polizei gestehen offen, daß sie von der Mafia unterwandert sind.

Der kolumbianische Staat ist nicht in der Lage seine Bürger zu schützen, noch nicht einmal seine herausragenden Repräsentanten. Im April 1984 wurde Justizminister Rodrigo Lara ermordet, der für ein hartes Durchgreifen gegen die Mafia eingetreten war. Daraufhin setzte die Regierung ein Auslieferungsabkommen mit der USA in Kraft, das schon 1979 geschlossen worden war und die Aburteilung kolumbianischer Drogenhändler vor US-Gerichten ermöglicht. Justizminister Parejo González, der 16 Auslieferungen unterzeichnete, flüchtete, um sein Leben zu retten, ins Ausland. Obwohl der oberste Gerichtshof das Vertragsgesetz mit den USA mittlerweile schon als verfassungswidrig aufgehoben hatte, wurde González in Ungarn im Frühjahr 1987 niedergeschossen. Generalstaatsanwalt Carlos Mauro Hoyas, der nach legalen Möglichkeiten suchte, das außer Kraft gesetzte Auslieferungsabkommen wiederzubeleben, wurde im Januar 1988 ermordet. In einem Schreiben erklärte das Medellín-Kartell allen Befürwortern des Auslieferungsabkommens den „totalen Krieg".

4.5 Gesellschaftliche Auswirkungen

Die scheinbar uneingeschränkte Autonomie und völlige Straflosigkeit mit der die einzelnen Gruppierungen ihre Gewaltakte begehen, sind gesellschaftszerstörend. Die konkurrierenden Machtansprüche und die brutalen Strategien ihrer Durchsetzung wirken sich direkt auf das gesellschaftliche Gefüge Kolumbiens aus. An die Stelle legaler Justiz treten die „Volksgerichte" der Guerilla, die „Säuberungsjustiz" der Todesschwadronen und die „Ehrengerichte" der Mafia. Jede dieser Gruppierungen rechtfertigt ihre Gewaltakte mit einem eigenen Wert- und Normenkodex und verweist darüberhinaus noch zynisch darauf, daß die staatliche Justiz korrupt und völlig ineffizient arbeite.

In diesem Kräftedreieck Mafia-Guerilla-Paramilitärs verdampft die Legitimität staatlicher Gewalt und überläßt den Bürger nicht nur materiell sondern eben auch auf der Normen- und Wertebene schutzlos dem organisierten Terror dieser übermächtigen Gruppen. Mit der Ohnmacht des Staatsapparates geht zudem seine Funktion der gesellschaftlichen Integration verloren. Da selbst das Mittel der repressiven sozialen Kontrolle längst durch die konkurrierenden Monopolansprüche revolutionärer, antirevolutionärer und krimineller Organisationen ausgehöhlt wurde, verändern sich auch die individuellen Verhaltensmuster. Wer dem Staat nicht mehr zutraut, daß er ihn zu schützen vermag, sucht sich privaten Schutz. Dort, wo der Staat nicht mehr in der Lage ist, für die Durchsetzung des kodifizierten Rechts zu sorgen, beginnt das Faustrecht zu herrschen und trägt mit dazu bei, das staatliche Gewaltmonopol aufzulösen.

4.6 Wirtschaftliche Auswirkungen

Einerseits tragen die Aktivitäten der Drogenmafia zum wirtschaftlichen Aufschwung bei. Auch wenn nur ein Teil des aus dem Drogengeschäft erlösten Geldes in Kolumbien in legalen Unternehmungen reinvestiert wird, schafft die Mafia durch ihre Inlandstätigkeit Abeitsplätze: vor allem bei den Landarbeitern und Laborangestellten sowie im Bau- und Transportgewerbe. Darüberhinaus fließen die für Bestechungen eingesetzten Summen zumindest teilweise dem ordentlichen Wirtschaftskreislauf zu. Es wird geschätzt, daß jährlich ca. 1–2 Mrd. US$ aus dem Drogengeschäft auf diesen Wegen der kolumbianischen Wirtschaft zugeführt werden.

Andererseits kann die gesellschaftliche Zerrüttung langfristig nicht ohne Einfluß auf das Wirtschaftssystem bleiben. Die soziale Krise droht die wirtschaftlichen Erfolge zu ersticken, wenn kein Ausgleich gefunden wird und die Konflikte sich weiter verschärfen. Die prekäre Sicherheitslage wirkt sich schon jetzt vielfach negativ auf die wirtschaftliche Zukunft des Landes aus.

Insbesondere die Neigung zu Investitionen wird durch das Chaos der Gewalt gedämpft. In vielen Teilen des Landes, in denen die Guerilla taktisch die Macht ausübt, z.B. in den Bananenanbaugebieten im Nordwesten des Landes, geht die Produktion zurück und unterbleiben Investitionen, weil Grundbesitzer und Gewerbetreibende ihr Land bedroht sehen oder einfach nicht mehr in die Taschen der Guerilleros arbeiten wollen. Allein den Auswirkungen der terroristischen Bedrohung ist es zuzuschreiben, daß in verschiedenen Landesteilen die landwirtschaftliche Produktion deutlich zurückgeht und das fruchtbare Agrarland Kolumbien noch immer Grundnahrungsmittel einführen muß.

Außerdem unterbleiben Entwicklungsvorhaben von staatlicher Seite und noch mehr von Seiten der internationalen Entwicklungshilfe. Gegenden mit reichen Rohstoffvorkommen können nicht erschlossen werden, weil sie als zu gefährlich gelten. Anschläge auf Ölpipelines behindern die Förderung.

Dadurch wird in Kolumbien die Ungleichheit zementiert, die wesentlich zu den gewaltsam ausgetragenen Konflikten beiträgt. Indem der wirtschaftliche Erfolg nur auf wenige regionale Zentren und ausgewählte Teile der Gesellschaft beschränkt bleibt, driften diese Teile immer weiter auseinander. Während die einen, die am wirtschaftlichen Aufschwung teilnehmen, ihren Lebensstandard ständig erhöhen können, versinken die „Ausgeschlossenen" zumindest relativ immer tiefer in der Armut.

5. Reformen zur Ursachenbekämpfung der Gewalt

Die kolumbianische Regierung hat erkannt, daß die Auflösung der Rechts- und Gesellschaftsordnung die Basis des Staates zerstört, und versucht deshalb, mit einem ausgetüftelten Reformprogramm die Ursachen von Armut und Gewalt zu bekämpfen. Präsident Virgilio Barco weiß selber am besten, daß das Ende Januar diesen Jahres verabschiedete Antiterrorgesetz nur an den Symptomen kurieren wird. Das an europäischen Vorbildern orientierte „Statut zur Verteidigung der Demokratie" sieht für terroristische Gewalttäter Höchststrafen von bis zu 50 Jahren Haft vor. Neben Entführungen und Attentaten sollen künftig auch „Drohungen" und die Befürwortung von Gewalttaten strafbar sein. Fernmelde- und Postverkehr dürfen überwacht werden. Auch die Pressefreiheit wird eingeschränkt. Jede Berichterstattung, die die Identifizierung von Zeugen von Terrorakten ermöglicht, ist verboten. Rundfunk und Fernsehen dürfen keine Direktreportagen von Schauplätzen terroristischer Gewalttaten mehr übertragen, um den Tätern keine unerwünschte Resonanz in der Öffentlichkeit zu verschaffen. Obwohl das Gesetz seit Januar in Kraft ist, konnte es einen weiteren Anstieg der Gewaltakte nicht verhindern. Es ist klar, daß die Eindämmung der Gewalt langfristig nur durch die Beseitigung der Ursachen gelingen kann. D.h. es muß erstens ein sozialer und wirtschaftlicher Ausgleich herbeigeführt werden und zweitens ist durch eine demokratische Öffnung die Einbindung aller gesellschaftlichen Kräfte sicherzustellen. Auf diese beiden Problemkomponenten richtet sich auch die Reformpolitik der Regierung Barco.

Im Zentrum der sozialen und wirtschaftlichen Reformvorhaben steht der Kampf gegen die absolute Armut, die als Quelle der organisierten und kriminellen Gewalt ausgemacht wurde. Durch eine Entwicklung der sozio-ökonomischen Grundstrukturen soll der Sumpf der Gewalt ausgetrocknet werden. Dabei werden bewußt regionale Schwerpunkte in den besonders rückständigen Gebieten und den Slums der Städte gesetzt. Der Anteil öffentlicher Investitionen für den unterentwickelten ländlichen Raum wurde von 6% (1986) auf 15% (1987 u. 1988) gesteigert.

Der Plan sieht fünf Unterprogramme vor, die sich an den Grundbedürfnissen der Menschen orientieren: Bau von Billigwohnungen und Anschluß an Straßennetz und öffentliche Versorgung, Errichtung von Basisgesundheitseinrichtungen, Bereitstellung der lebensnotwendigen Güter und Mindestausbildung für alle Kolumbianer sowie Erhöhung des Arbeitsangebots durch die Privatwirtschaft und die öffentliche Hand.

Den entsprechenden Gesetzesvorstößen war bisher jedoch nur wenig Erfolg beschieden. Von drei „großen" Reformvorhaben – Stadt-, Land- und Steuerreform –, die Barco dem Parlament vorgelegt hatte, ist nur die Steuerreform (am US-amerikanischen Vorbild orientiert) im Dezember 1986 verabschiedet worden. Sie führte zu einer erheblichen Senkung des Spitzensteuersatzes, aber auch zu einem Abbau von Steuervergünstigungen. Die Doppelbesteuerung der Gewinne von Kapitalgesellschaften wurde abgeschafft. Die Regierung sieht sich durch die im vergangenen Jahr ausgelösten wirtschaftlichen Impulse in ihrem Reformwerk bestätigt.

Stadt- und Landreform, mit denen vor allem ein erleichtertes Enteignungsverfahren geschaffen werden sollte, sind im Parlament steckengeblieben. Wie schon so oft zeigt sich, daß die landbesitzende Oberschicht noch immer jede Bodenreform zu blockieren versteht. Doch ohne diese beiden grundlegenden Reformen kann kein Programm des sozialen Ausgleichs verwirklicht werden.

Auch das Reformvorhaben, einen öffentlichen Dienst zu schaffen, der auf Staats- und nicht wie bisher auf Parteiloyalität fußt, ist gescheitert, so daß weiterhin jeder Regierungswechsel von Massenentlassungen in den Ministerien und allen untergeordneten Behörden begleitet wird und dadurch jegliche Kontinuität, selbst in der einfachen Verwaltungsarbeit, unmöglich ist.

Der zweite Reformkomplex ist auf den demokratischen Ausgleich gerichtet. Viel Anlaß zur Hoffnung gab ein Reformvorhaben, für das schon im Vorfeld Hunderte von Menschen ermordet wurden: Die Direktwahl von 1009 Bürgermeistern durch das Volk im März 1988. Die Politik der „demokratischen Öffnung", von Präsident Betancur (Konservative Partei) eingeleitet, wurde durch die Regierung Barco (Liberale Partei) fortgesetzt und von einer breiten Parlamentsmehrheit gestützt.

Die Verwaltungsreform zielt nämlich darauf ab, Entscheidungskompetenzen möglichst auf die zentralen Gebietskörperschaften, d.h. Provinzen und Gemeinden, zu verlagern. Dies stellt eine radikale Abkehr von der bisherigen, stark zentralistisch geprägten Entscheidungs- und Verwaltungsstruktur dar. Künftig sollen die Entscheidungen da getroffen werden, wo die Probleme zur Lösung auch anstehen. Dies gilt für öffentliche Fragen der Infrastruktur und der öffentlichen Versorgung genauso wie für die Förderung der Stadtentwicklung oder der Landwirtschaft. Die Entscheidungswege sollen verkürzt und die Initiativen der örtlichen Gremien herausgefordert werden.

Die bisherige Praxis, die Bürgermeister zentral über die Gouverneure zu benennen, hatte zur Folge, daß diese „Übergangsbürgermeister" nur ihre politische Karriere, nicht aber unbedingt das Wohl der ihnen anvertrauten Gemeinden im Auge hatten. Durch die Direktwahl gelangten nun fest im Ort verwurzelte, ansässige Bürger, die mit den Problemen ihrer Gemeinde vertraut sind, ins Bürgermeisteramt. Diese Stärkung der kommunalen Entscheidungskompetenzen ist in einem Staat mit einer überbordenden, vielfach mit sich selbst beschäftigten Bürokratie gar nicht hoch genug einzuschätzen.

Die im Rahmen der Kompetenzverlagerung notwendige Stärkung der Finanzkraft der Kommunen wird über eine Neuverteilung des Mehrwertsteueraufkommens angestrebt. Gegenwärtig erhalten die Gemeinden 30% des Aufkommens. Bis 1992 soll der Anteil schrittweise auf 50% angehoben werden. Die zusätzlichen Gelder sind für die Aufstellung gemeindlicher Investitionshaushalte vorgesehen.

Die Befürchtungen der beiden Traditionsparteien (Liberale und Konservative), daß sie bei den Gemeindewahlen von der kommunistischen Unión Patriótica überflügelt werden könnten, haben sich nicht bewahrheitet. Der von der Regierung geduldete „Ausrottungsfeldzug" durch Todesschwadronen und Paramilitärs zeigte Wirkung. Viele Kandidaten der UP waren vor den Wahlen systematisch liquidiert worden. Dennoch ist das schlechte Abschneiden der UP eine Überraschung, sie erzielte noch nicht einmal 1% der Wählerstimmen. Die „versteinerten" politischen Strukturen Kolumbiens wurden um ein weiteres Mal bestätigt: Virgilio Barco Vargas' Liberale Partei besetzt mit 431 „alcaldes" die meisten Bürgermeisterposten, die Konservativen stellen 415 „alcaldes". Allerdings waren mehr als die Hälfte der 11 Millionen Wähler nicht zu den Urnen gegangen.

Die Guerilla sieht sich durch das Wahlergebnis in ihrer Überzeugung bestätigt, daß der Bürgerkrieg der einzige Weg zur Veränderung der Gesellschaft ist und der Marsch durch die Institutionen keine erfolgversprechende Strategie darstellt. Das Wahlergebnis hat eine demokratische Öffnung zumindest vorerst verhindert.

Als ein weiterer Demokratisierungsversuch ist die für den 9. Oktober 1988 zur Abstimmung stehende Verfassungsänderung zu werten, die der Bevölkerung stärkere politische Beteiligungsrechte einräumen soll. Die Möglichkeit des Volksentscheids soll in die Verfassung aufgenommen werden. Dadurch sollen die Arbeitnehmer mehr Mitbestimmungsrechte in den Unternehmen und leichteren Zugang zu Miteigentum erhalten. Außerdem sollen die Parteien verpflichtet werden, ihre Finanzen offenzulegen.

Ob der Plan Barcos, Kolumbien die soziale Befriedung durch erweiterte demokratische Mitwirkungsrechte und wirtschaftliche Reformen zu bringen, gelingen wird, hängt jedoch ganz wesentlich davon ab, ob der Staat den Teufelskreis der Gewalt zu durchbrechen vermag, um sein Gewaltmonopol zurück zu erlangen und die Auflösung der Rechts- und Gesellschaftsordnung zu stoppen.

Reinhard Stockmann (Universität Mannheim)

Literaturhinweise

Krumwiede, H. W., Politik und katholische Kirche im gesellschaftlichem Modernisierungsprozeß. Tradition und Entwicklung in Kolumbien. Hamburg 1980.
Lateinamerikanische Analysen und Berichte, Bd. 9: Vom Umgang mit Gewalt. Hamburg 1985.
Meschkat, K. u. a., Kolumbien. Berlin 1980.
Wolff, J. H., Bürokratische Politik: Der Fall Kolumbien. Berlin 1984.

Chronik

1886	Republik Kolumbien
1948–1958	Bürgerkrieg (Violencia)
1958–1986	Eine Art Große Koalition (Frente Nacional) zwischen Liberalen und Konservativen
1982	Regierung Betancur Cuartas (Konservative Partei)
Nov. 1982	Amnestie für politische Gefangene
Aug. 1984	Vereinbarung eines Waffenstillstands. Es beteiligen sich die Guerillabewegungen FARC, EPL und M-19. Beginn des „Nationalen Dialoges"
1986	Regierung Barco Vargas (Liberale Partei). Regiert allein, führt die Frente National nicht fort
1986–1987	Anzahl der politischen Morde nimmt drastisch zu. Alle Guerillaverbände kündigen nacheinander den Waffenstillstand auf
März 1988	Erste Direktwahl von 1009 Bürgermeistern
Okt. 1988	Verfassungsänderung zugunsten stärkerer politischer Beteiligungsrechte für die Bürger (geplant)

Burkina Faso in der Ära Sankara:
Eine Bilanz

Mit dem Tode des Präsidenten der Volksdemokratischen Republik Burkina Faso (Ober-Volta), Thomas Sankara, im Verlaufe eines blutigen Staatstreiches am 15.10. 1987, ging eines der interessantesten „politischen Experimente" des modernen Afrika zu Ende. Mit dem erst 37 Jahre alten Sankara starb aber auch gleichzeitig einer der populärsten Politiker Afrikas. Sein Regierungsstil und seine Politik hatten ihn im Verlauf seiner knapp vierjährigen Herrschaft weit über die Grenzen Burkina Fasos bekannt und zu einer Art Identifikationsfigur nicht nur für viele Afrikaner, sondern auch für eine Vielzahl von Nicht-Afrikanern gemacht, die sich der wirtschaftlichen und politischen Entwicklung dieses Kontinents und seiner Nationen verpflichtet fühlen. Burkina Faso wurde unter Thomas Sankara in mancherlei Hinsicht ein Beispiel für einen erfolgreichen und selbstbestimmten Entwicklungsprozeß. Dabei kann nicht übersehen werden, daß die Rahmenbedingungen Burkina Fasos hierfür keineswegs günstig waren und sind. Alle makro-ökonomischen Kennziffern, von der Kindersterblichkeit über die Lebenserwartung bis zum Pro-Kopf-Einkommen weisen das Land als eines der ärmsten der Welt aus. Eine unterentwickelte Landwirtschaft stellt das „Rückgrat" der Wirtschaft dar. Über 1,5 Millionen der 8 Millionen Bürger des Landes leben in den südlichen Nachbarstaaten Burkina Fasos, wo sie sich als Wanderarbeiter auf den cash-crop-Plantagen der Guinea-Zone, vor allem in der Elfenbeinküste, ihren Lebensunterhalt verdienen. Dies alles machte und macht Burkina Faso zu einem extrem abhängigen Staat: abhängig von den Nachbarländern, von den internationalen Firmen, die die Exporte des Landes abwickeln und kontrollieren, und abhängig vor allem vom ehemaligen Mutterland Frankreich, das bis heute ca. 40% des Staatshaushaltes des Landes finanziert.

Sankara selbst hatte am 4. August 1983 in einem unblutigen Staatsstreich die Macht in diesem „land short of everything except coups" übernommen. Zusammen mit den anderen Anführern des Putsches, den Offizieren Blaise Compaoré (dem heutigen Präsidenten), Henri Zongo und Jean-Baptiste Lingani bildete er den militärischen Kern der neuen Regierung, des „Conseil National de la Révolution" (CNR). Der Rest des CNR rekrutierte sich aus Vertretern der traditionell relativ starken, aber extrem zersplitterten politischen Linken des Landes.

Beobachter schilderten Sankara als intelligent, integer und von nicht unbeträchtlichem Charisma. Es wäre aber falsch, die Popularität Sankaras nur auf diese Eigenschaften zurückzuführen. Ausschlaggebend hierfür waren vielmehr die Konsequenz und Ernsthaftigkeit, mit der er in den vier Jahren seiner Regierung versuchte, die Probleme seines Landes zu lösen. Diese Politik soll im folgenden anhand einiger Beispiele geschildert werden. Es handelt sich dabei um Bereiche, die nicht nur für Burkina Faso von besonderer Bedeutung waren und sind, sondern die als Kernproblem der gegenwärtigen wirtschaftlichen, politischen und sozialen Krise des gesamten subsaharischen Afrika gelten können.

Aus dem umfangreichen Reformprogramm der Sankara-Administration sollen folgende Bereiche genauer betrachtet werden:

– das Problem der Partizipation der Bevölkerung an der Politik und der Entwicklung des Landes;

– die Frage der Sanierung des Staatsapparates und der staatlichen Ressourcenallokation;

– die Landwirtschaftspolitik.

1. Die Politik der Massenmobilisierung und -partizipation

Das Programme Populaire de Développement und die Comités pour la défense de la révolution

Das Sankara-Regime sah seine Hauptaufgabe in der Mobilisierung der Bevölkerung für eine großangelegte, auf Massenbeteiligung basierende Entwicklungsanstrengung des Landes. Innerhalb kurzer Zeit – binnen zweier Jahre – sollten eine Reihe wichtiger wirtschafts- und sozialpolitischer Maßnahmen durchgeführt werden. Schwerpunkt dieses *Programme populaire de développement* bildete die Schaffung einer elementaren sozialen Infrastruktur vor allem auf dem Lande. „Wir wollen", so Sankara im August 1984, „daß jede Provinz mindestens über eine Schule, ein Entbindungsheim, eine Poliklinik, einen Getreidespeicher und, warum nicht, über ein Kino und einen Tanzsaal verfügt. Dies alles können wir nur unter Mithilfe, das heißt der freiwilligen Arbeit der Bevölkerung realisieren."

Das soziale und politische Kernstück dieser Mobilisierungsstrategie bildeten die CDR (Comité pour la défense de la révolution), auf territorialer Grundlage – Dorf oder Stadtviertel – organisierte Bürgerkomitees. Galt als ihre unmittelbare Aufgabe die Verteidigung des Staatsstreichs (der „Revolution"), so sahen die mittel- und langfristigen Vorstellungen des CNR vor, die CDR als basisdemokratische Keimzellen einer politischen Massenbeteiligung zu etablieren. Neben dieser Rolle als *„Schule der Volkssouveränität"* oblag ihnen die Durchführung öffentlicher Arbeiten, vor allem im Rahmen des *Programme populaire de développement.* Daneben fungierten die CDR auch als politisch-ideologische Schulungszentren sowie als Kontroll- und Überwachungsorgane. Jeder Bürger eines Viertels oder eines Dorfes konnte sich an seinem lokalen CDR beteiligen. Abstimmungen erfolgten nach dem einfachen Mehrheitsprinzip.

Die CDR in den Dörfern

Eine besondere Qualität gewannen die CDR auf dem flachen Lande, wo über 90% der Bevölkerung leben. Dort wurde bis 1983 die politische Macht weitestgehend von den alten Stammesaristokratien und traditionellen Autoritäten – „Chefs" und Sippenältesten – ausgeübt. Dabei ist zu berücksichtigen, daß sich vorkoloniale politische und soziale Verhältnisse in Burkina Faso, das nur peripher – als Arbeitskräftereservoir für die Plantagenwirtschaft der Küstenregionen Westafrikas – in die koloniale Wirtschaftsstruktur integriert worden war, besonders stark gehalten hatten. Nach dem 4.8.1983 wurden den Häuptlingen alle Verwaltungskompetenzen entzogen und an die CDR überwiesen. Seit diesem Zeitpunkt hatten die CDR theoretisch alle wichtigen Funktionen auf den Dörfern inne. Die Durchsetzung von demokratischeren Verhältnissen entwickelte sich allerdings rasch zu einem Kampf gegen die traditionellen Familien- und Stammesoligarchien. Entsprechend dominierten in der Anfangsphase in den ländlichen CDR die Jugendlichen, die durch diese Institutionen schlagartig in die Lage versetzt wurden, Kompetenzen zu übernehmen, die sie unter den Bedingungen traditioneller feudaler und „gerontokratischer" Herrschaftsstrukturen nie oder erst sehr viel später hätten ausüben können. Die anfänglich strikte Ausgrenzung der alten Autoritäten war nicht zuletzt darauf zurückzuführen, daß die traditionelle „chefferie" als Bestandteil des vorrevolutionären Staatsapparates in hohem Maße mit dem Verfall der Lebensbedingungen der Landbevölkerung in den ersten zwei Jahrzehnten der Unabhängigkeit identifiziert worden war. Diese scharfe Ausgrenzung hat sich im weiteren Verlauf der Regierungszeit Sankaras allerdings ausgeglichen. Nachdem die traditionellen Dorfeliten nicht in der Lage waren, die CDR an ihrer Tätigkeit zu hindern, versuchten sie in zunehmendem Maße jüngere Vertraute und Verwandte in die Dorfkomitees zu entsenden. Parallel zu dieser Entwicklung wurden die Ältesten als politische und soziale Sondergruppe von der Regierung in verstärktem Maße akzeptiert. 1986 wurde eine nationale Alten-Organisation gegründet, deren Vorsitz der frühere Staatschef General Lamizana übernahm.

Die CDR in den Städten

In den urbanen Zentren Burkina Fasos wurden CDR auf zwei verschiedenen Ebenen geschaffen: in den Stadtvierteln und in den Betrieben und Ämtern.

Grundsätzlich erfüllte ein Viertel-CDR dieselben Aufgaben wie ein Dorf-CDR: Verwaltung, Durchführung öffentlicher Arbeiten, politische Mobilisierung und Kontrolle.

In der Verwaltung lag die Hauptaufgabe der CDR in der Bekämpfung der weitverbreiteten Korruption. Eine Bilanz ihrer Tätigkeit fällt zwiespältig aus: Einerseits ist die allgemein konzedierte neue Disziplin des Staatsapparates und der rapide Rückgang der Korruption in Burkina Faso unter Sankara auch ein Verdienst der in den „CDR des services" organisierten, zumeist kleinen und mittleren Angestellten. Andererseits wurde aber auch ein Klima der Denunziation und der Repression beklagt.

Die „Revolutionsgerichte"

Eine weitere vielbeachtete Einrichtung des Sankara-Regimes waren die „Tribunaux Populaires de la Révolution" (TPR). Dieser etwas martialisch klingende Name bezeichnete nichts weiter als die gerichtlichen Kompetenzen der CDR. Ursprünglich initiiert, um die Korruption der Verwaltungs- und Politikerkaste des „ancien régime" zu ahnden, entwickelten sich die TPR mit der Zeit zu Instrumenten der Disziplinierung der Staatsfunktionäre und -angestellten sowie zur Repression gegenüber politischen Gegnern jeglicher Couleur.

Die Organisation der Tribunale war denkbar einfach: das Gericht bestand – unter der Leitung eines hauptberuflichen Richters – aus einfachen CDR-Mitgliedern. Grundsätzlich konnte jedermann, der dies wollte, eine Aussage zur verhandelten Sache machen. Das Arsenal der Strafen war weitgehend beschränkt und reichte außer in schwersten Fällen nicht über Geldstrafen und Dienstsuspensionen hinaus.

Während diese Art von Gerichtsverfahren für westliche Beobachter relativ willkürlich erscheinen mußte, bleibt zu konstatieren, daß sie von der Bevölkerung des Landes als eine Möglichkeit begrüßt wurden, gegen die weitverbreiteten Übel der Korruption und des Amtsmißbrauchs vorzugehen. Dabei ist zu beachten, daß in einer weitgehend analphabetischen Gesellschaft ein Gerichtsverfahren nach europäischem Muster als mindestens ebenso willkürlich erscheinen muß. Das Verfahren der TPR, das stark auf den Aussagen Betroffener basierte, knüpfte dagegen an die Traditionen der afrikanischen Dorfgerichtsbarkeit an.

Allerdings instrumentalisierte das Regime die Tribunale auch zu politischen Zwecken. Klagen über Willkürurteile waren häufig und Sankara selbst mußte eingestehen, daß es sie gab.

Jedoch wurden interessante Versuche unternommen, für eine gewisse öffentliche Kontrolle zu sorgen. Wichtige Verfahren wurden regelmäßig live von Radio Ouagadougou übertragen, die Urteile der normalen Prozesse jeden Dienstagabend im Radio bekanntgegeben. Auch hier war eine pädagogische Absicht klar erkennbar: Das Volk sollte die Namen seiner „Feinde" kennen. Dabei galt der Kampf weniger einzelnen Individuen, sondern der „enrichez-vous"-Mentalität einer wenig skrupulösen Staatsklasse. Es ist bezeichnend für den außergewöhnlichen moralischen Rigorismus Sankaras, wenn er in dieser Hinsicht erklärte: „Für uns gibt es keine Bagatelle. Einen Franc oder hundert Millionen – beides zeugt von demselben Übel: Mangelnder Respekt vor dem Volk."

Die Tätigkeit der CDR beschränkte sich somit keineswegs auf lokale administrative Aufgaben. In der Prioritätenliste der CDR dominierten vielmehr Tätigkeiten gesellschafts- und wirtschaftspolitischer Natur. Die CDR organisierten einen Großteil der in den Jahren der Sankara-Herrschaft verwirklichten Projekte. Neben ihrem unmittelbaren ökonomischen Nutzen sollten sie einer Bevölkerung, die in zwanzig Jahren weitgehender staatlicher Passivität in politische Apathie versunken war, zeigen, daß es möglich ist, ihr Los selbst zu verbessern. Vor allem der Landbevölkerung sollte demonstriert werden, daß sich der individuelle Wunsch nach einem besseren Leben tatsächlich verwirklichen läßt, wenn er sich in kollektives Handeln umsetzt.

2. Die Politik gegenüber dem öffentlichen Dienst

Einen weiteren Schwerpunkt der Politik Sankaras bildete die Reform des öffentlichen Dienstes und des staatlichen Wirtschaftssektors. Dieses Problem hängt nicht nur eng mit der Frage der Entwicklungsstrategie zusammen, sondern betrifft auch eine der zentralen Fragen jeder Politik: die der Allokation der knappen staatlichen Ressourcen in den verschiedenen Sektoren der Wirtschaft.

Sankara hatte aus seiner negativen Einstellung gegenüber einem als parasitär empfundenen Staatsapparat nie ein Hehl gemacht. Seine Kritik im „Discours sur l'orientation politique" vom 2.10.1983, der eine Art politisches Grundsatzprogramm seiner Regierung darstellte, galt vor allem der *Staatsklasse,* den „Politicos und Bürokraten", die den Staatsapparat „genauso benutzten wie ein Kapitalist die Produktivkräfte". Diese Staatsklasse ihrer sozialen und ökonomischen Privilegien zu berauben, wurde ein erklärtes Ziel seiner Politik. Noch im August 1986 bekräftigte er anläßlich des dritten Jahrestages des Staatsstreiches: „Wir müssen diese Art von öffentlichem Dienst loswerden, der sich unsere echten Erwartungen nicht zu Herzen nimmt." Die Konsequenz, mit der die Sankara-Regierung daran ging, den allgemein als aufgebläht und ineffizient empfundenen Staatsapparat zu „sanieren", ist in der Geschichte des postkolonialen Afrika wohl ohne Vorbild.

Unmittelbare Maßnahmen galten der Bekämpfung der im Staatsapparat weit verbreiteten Korruption. Mit Hilfe der CDR in der Verwaltung und der TPR wurden Anti-Korruptions-Kampagnen gestartet, der Apparat von allzu korrupten Beamten gesäubert. Eine zweite Welle von Anti-Korruptions-Maßnahmen wurde im Februar 1987 in die Wege geleitet. Der CDR beschloß am 14.2.1987 die Schaffung einer entsprechenden Kommission. Laut Kommunique sollte vor dieser Kommission „(...) jede Person in einem öffentlichen Amt Fragen über ihren Lebensstil und ihren Wohlstand (...)" beantworten. Auch Thomas Sankara sagte vor diesem Ausschuß aus.

Die Ergebnisse dieser Anti-Korruptions-Kampagnen sind im großen und ganzen positiv zu beurteilen. Fast alle Berichte aus der Sankara-Ära heben den Wandel im Staatsapparat, das Klima von Ehrlichkeit und Korrektheit in Burkina Faso hervor.

Die Anti-Korruptions-Kampagne war allerdings nur ein Teilaspekt der Reform des öffentlichen Dienstes. Das grundsätzliche Anliegen bestand vielmehr darin, den öffentlichen Dienst weniger „budget-consuming" zu machen und damit Ressourcen für die Entwicklung des ländlichen Raumes freizumachen. Vor dem Jahr 1983 betrugen die Ausgaben für den öffentlichen Dienst ca. 70% der Staatsausgaben Ober-Voltas. Im Budgetvoranschlag für das Jahr 1987 waren für denselben Posten nur mehr 40% der Staatsausgaben – 45 Mrd. Francs CFA – ausgewiesen. Es ist klar, daß eine solche Reduzierung nicht ohne harte Einschnitte in die ökonomische Situation der Masse der Staatsangestellten erreicht werden konnte. Eine erste Maßnahmenwelle in dieser Richtung, unmittelbar nach dem 4.8.1983 eingeleitet, traf zunächst nur die Besserverdienenden. Während die ersten Austeritätsmaßnahmen – zum Teil flankiert von sozialen Ausgleichsleistungen – noch auf ein gewisses Verständnis stießen, wuchs die Unzufriedenheit im öffentlichen Dienst in dem Maße, wie die Kürzungen immer stärker auch die kleineren und mittleren Angestellten betrafen. Gleichzeitig nahm der Druck auf die Staatsangestellten zu, für diverse Aktionsprogramme zu spenden und kostenlose „freiwillige" Arbeit zu leisten. Schätzungen ergaben, daß die Einkommen der Staatsangestellten bereits vor weiteren Kürzungen im Jahre 1987 einen realen Kaufkraftverlust von 40% erlitten hatten. Berichte aus Ouagadougou schilderten eine weitverbreitete Unzufriedenheit bei den öffentlichen Angestellten und echte Furcht vor wirtschaftlicher Verarmung.

3. Agrarpolitik und ländliche Entwicklung

Die Prioritäten der Sankara'schen Wirtschaftspolitik zeigten sich besonders in der Politik gegenüber der Landwirtschaft. In diesem Bereich wich die Politik des CNR in den Jahren 1983–1987 in ausgeprägtem Maße von den afrikanischen Gepflogenheiten ab.

Die Förderung der Landwirtschaft und die Entwicklung des ländlichen Raumes genossen in der wirtschafts- und entwicklungspolitischen Konzeption des Sankara-Regimes absoluten Vorrang. Das wichtigste Ziel stellte dabei die Erreichung der Selbstversorgung des Landes mit Lebensmitteln dar. Dabei blieb jedoch das Volumen der Kapitalinvestitionen im landwirtschaftlichen Bereich niedrig. Die Agrarpolitik Sankaras basierte vielmehr auf der Aktivierung lokaler Ressourcen und auf der freiwilligen, unentlohnten Arbeit der Landbevölkerung bei der Durchführung von Entwicklungsprojekten. Der Schwerpunkt lag dabei auf Projekten, die dem Ziel der Produktionssteigerung der Kleinbauern dienten.

Bereits im „Discours sur l'orientation politique" hatte Sankara klargestellt, daß die Revolution vor allem den Bauern dienen sollte, den „Verdammten dieser Erde". „Vom zahlenmäßigen Gesichtspunkt her betrachtet ist diese Klasse die Hauptkraft der Revolution und mit Sicherheit ihr Hauptgewinner." Weiter erklärte er, daß sich die Regierung keine Illusionen über große, hochentwickelte Projekte mache. „Im Gegenteil, eine Vielzahl kleiner Projekte werden das ganze Land in ein einziges Feld, eine einzige große Aneinanderreihung von Bauerngehöften verwandeln (...) Eine faire Preispolitik und agro-industrielle Einheiten werden die Bauern schützen, indem sie ihnen das ganze Jahr über einen Markt sichern." Die vier Regierungsjahre Sankaras waren von einer politischen Praxis geprägt, die in überraschendem Einklang mit diesen programmatischen Versprechungen des Jahres 1983 stand.

Eine deutliche Erhöhung der Produzentenpreise war eine der ersten Maßnahmen des CNR nach der Machtübernahme.

Grundsätzlich wurde allerdings nicht versucht, das Ziel höherer Produzentenpreise über eine Marktregulierung zu erreichen. Vielmehr benutzte der CNR gezielte Marktinterventionen, um die Produzentenpreise auf einem gewünschten Niveau zu halten. Als im Herbst 1986 der Getreidepreis angesichts einer überdurchschnittlich guten Ernte stark zu sinken drohte, nahm die Regierung über das eiligst wiederbelebte „Office national des céréales" im Januar 1987 sechzigtausend Tonnen Getreide zum doppelten Marktpreis aus dem Handel. Die Schnelligkeit und Konsequenz, mit der diese Stützung der bäuerlichen Einkommen erfolgte, wurde allgemein als Ausdruck der Entschlossenheit der Regierung in der Agrarpolitik gewertet.

Durch die Einführung und Propagierung neuer bodenkonservierender und den Baumbestand schonender Produktionsmethoden sollte die rasch zunehmende Entwaldung vor allem in den nördlichen Gebieten des Landes gebremst werden. Im üblichen Stile der Massenmobilisierung und -aufklärung wurden die „Drei Kämpfe" gegen die Entwaldung in Angriff genommen. Sie richteten sich gegen die Buschfeuer, die Viehschäden und den wilden Holzeinschlag, besonders rund um die Großstädte Ouagadougou und Bobo-Dioulassou. Gleichzeitig wurde ein Wiederaufforstungsprogramm gestartet. Um die geplanten umfangreichen Bepflanzungsziele zu erreichen und die Sensibilität der Bevölkerung zu erhöhen, wurde auch zu unkonventionellen Maßnahmen wie „Baumpatenschaften" durch einzelne Familien gegriffen. So wurden zwischen 1983 und Ende 1985 sechs Mio. Bäume gepflanzt (10 Mio. waren geplant). Am 4.8.1986 erklärte Sankara, man habe in den letzten Jahren jährlich 8363 ha wiederaufgeforstet. Diese zweifelsohne beeindruckenden Ergebnisse reichten allerdings keineswegs aus, den Entwaldungsprozeß zu stoppen. Während jährlich ca. 30 000 m^3 Holz neu angepflanzt wurden, beträgt der Holzverbrauch des Landes ca. 4,5 Mio. m^3 Holz pro Jahr. Diesem enormen Holzverlust – vor allem als Feuerholz für die Zubereitung der Mahlzeiten – wollte die Regierung durch die Propagierung neuer energiesparender „Spezialfeuerstellen" und die Verbreitung von Biogas-Technik entgegentreten.

Bei der Verbesserung der Wasserwirtschaft wurde der Schwerpunkt auf die Errichtung von Kleinspeichern für den lokalen Bedarf angelegt. Die Planungen in diesem Bereich sahen vor, daß bis 1990 pro Kopf und Tag 20–30 Liter Wasser zur Verfügung stehen sollten. Die entsprechenden Aktivitäten nahmen in den vier Jahren der Revolutionsregierung beträchtlichen Umfang an. Sankara nannte anläßlich seiner Rede zum dritten Jahrestag der Machtübernahme die folgenden Zahlen: Errichtung von 102 Wasserstellen pro Jahr (statt 20 zwischen 1960 und 1983) und die Erweiterung der Wasserspeicherkapazitäten des Landes auf 62,4 Mio. Tonnen (ausgehend von einem vorrevolutionären Umfang von 8,7 Mio. Tonnen).

Neben produktionsorientierten Maßnahmen sah die Agrarpolitik des CNR aber auch soziale und politische Elemente vor, die als integraler und notwendiger Bestandteil einer ländlichen Entwicklungsstrategie verstanden wurden. So wurden Versuche unternommen, die Bauern in die politischen Strukturen des Landes einzubinden. Diesem Ziel dienten zum einen die CDR. Der im April 1987 gegründete Bauernverband sollte sich dagegen der Vertretung der wirtschafts- und sozialpolitischen Interessen der Bauern widmen. Auf der Ebene der staatlichen Institutionen fand dieses Anliegen ein organisatorisches Gegenstück in der Schaffung eines eigenständigen Ministeriums für Bauern-Angelegenheiten anläßlich des Regierungswechsels im August 1986.

Eine Bewertung der ländlichen Entwicklungspolitik fällt weitestgehend positiv aus: Die Betonung der ländlichen Entwicklung entsprach unmittelbar den Bedürfnissen der Landbevölkerung und damit 90% der Bevölkerung Burkina Fasos. Dabei blieb der Regierung in Ouagadougou angesichts der schlechten Infrastruktur und des weitgehenden Mangels an finanziellen und materiellen Ressourcen nur der Weg der Mobilisierung der Bevölkerung mit Hilfe der CDR. Der Großteil der im Rahmen des von den CDR durchgeführten *„Programme populaire de développement"* errichteten Projekte kam dem ländlichen Raum zugute. Im Rahmen dieses Programms sind 350 Schulen, 314 Kleinstapotheken und Entbindungsstationen, 2300 Brunnen und Wasserstellen, 274 Staubecken und 323 Getreidespeicher allein im Zeitraum zwischen Oktober 1984 und Dezember 1985 entstanden. Jedes der 7500 Dörfer des Landes verfügt heute angeblich über eine Gesundheitsstation mit einem Krankenpfleger und einer Hebamme.

Burkina Faso hat in den Jahren zwischen 1983 und 1987 das unmittelbare Hauptziel seiner Entwicklungsstrategie, die Selbstversorgung mit Lebensmitteln, erreicht und die Entwicklung von cash-crops in Angriff genommen (vgl. Tabelle).

Produktionszahlen für die wichtigsten landwirtschaftlichen Produkte 1982/83 bis 1985/86 (in 1000 t)

	82/83	83/84	84/85	85/86
Baumwolle	76	79	88	100
Mais	111	72	78	142
Mil u. Sorghum	1049	1039	1020	1426
Karite	24	67	2	40

Quelle: Marchés Tropicaux et Mediterranéens, Vol. 42, No. 2136 (17.10.1986), S. 2619.

4. Zusammenfassende Bewertung

Eine „Entwicklungsbilanz" der Ära Sankara in Burkina Faso fällt zweifelsohne positiv aus. Nicht nur die Entwicklung im landwirtschaftlichen und sozialen Bereich, sondern auch die gesamtwirtschaftliche Entwicklung dieser Jahre war positiv. Während der Regierungszeit Sankaras blieb das Wirtschaftswachstum über der Zuwachsrate der Bevölkerung. Gleichzeitig wurden nicht nur die staatlichen und parastaatlichen Betriebe einer strengen Rentabilitätskontrolle unterworfen, sondern unter dem Slogan „consomer burkinabè" auch Versuche unternommen, das Kleingewerbe und das traditionelle Handwerk zu fördern. Typisch für diese Politik ist die Verordnung aus dem Jahre 1987, die die Staatsangestellten verpflichtete, in Zukunft das traditionelle Gewand des Landes, den „faso dan fani", als Dienstkleidung zu tragen. Dies sollte dem traditionellen Textilhandwerk Auftrieb geben und die Verarbeitung der Baumwolle in Burkina Faso fördern. Während das traditionelle Textilgewerbe diesen Beschluß nachdrücklich begrüßte, führte er zu massiven Protesten von seiten der Staatsangestellten.

Diese widersprüchlichen Reaktionen zeigen - wenn auch nur anhand einer Bagatelle – bereits die Grenzen des „Modells Burkina Faso", namentlich im letzten Jahr der Herrschaft Sankaras. Besonders der Widerstand der Gewerkschaften – in der vor allem die urbane Schicht der Staatsangestellten organisiert ist – gegen die rigorose Sparpolitik Sankaras nahm immer heftigere Formen an. Sankaras Versuche, den gewerkschaftlichen Widerstand durch Repression – Verhaftung von Gewerkschaftsführern, Schließung der Gewerkschaftszentralen – zu brechen, scheiterten und bildeten das Vorspiel zu seinem Sturz durch Blaise Compaoré.

Auch auf einem anderen Gebiet erreichte Sankara sein Ziel nicht: bei dem Versuch, der Revolution ein stabileres politisches Gerüst zu geben. Sankara wollte durch die Schaffung einer Einheitspartei die Lücke zwischen den Basisstrukturen der CDR und dem nationalen Entscheidungszentrum CNR schließen und gleichzeitig den Einfluß der zivilen Linksgruppierungen beschneiden. Dieses Vorhaben scheiterte am Widerstand der zivilen Linksgruppierungen und der anderen militärischen Führer im CNR. Wie wichtig diese institutionelle Verankerung der „Revolution" gewesen wäre, zeigt sich erst jetzt in voller Klarheit. Zwar hat sich die „Volksfront-Regierung" Blaise Compaorés prinzipiell wiederholt zu einer Fortführung des unter Sankara eingeschlagenen Kurses bekannt. Auch die im Januar abgehaltene „National-Versammlung" der CDR bestätigte noch einmal das Bekenntnis zu wesentlichen Elementen der Politik Sankaras – Landreform und Politik des „produire et consommer burkinabè". Dennoch ist Skepsis angezeigt. Mit Sankara hat – darauf deuten fast alle Berichte aus Burkina Faso hin – die Revolution in diesem Land ihren Motor und Spiritus Rector verloren. Eine dauerhafte Institutionalisierung der „revolutionären" Politik ist nicht gelungen bzw. am Widerstand von Teilen der etablierten Machtzentren – Parteien, Gewerkschaften und Militär – gescheitert.

Die eingangs erwähnte Popularität Sankaras hatte natürlich noch andere Gründe als die oben angeführten. Sankara war auch ein großer Könner der populistischen Geste und des politischen Symbolismus. Der Verkauf der Mercedes-Benz-Limousinen der alten Regierung nach der Revolution und die Anschaffung von R5 Kleinwagen als „Staatskarossen" zählt in diesem Bereich ebenso wie sein spektakulärer Auftritt vor der Anti-Korruptions-Kommission im Frühjahr 1987, bei der er – durchaus glaubwürdig – als wertvollsten Besitz zwei Gitarren angab. In einem Kontinent, in dem die Korruption und die systematische Bereicherung der politisch Mächtigen zu einer endemischen, die Entwicklung der Länder nachhaltig beeinträchtigenden Erscheinung geworden ist, mußte ein solches Verhalten geradezu „automatisch" zu einer außergewöhnlichen Popularität führen.

Die Bedeutung Sankaras beschränkt sich aber nicht darauf, erfolgreiche Entwicklungspolitik betrieben und ein Beispiel eines nichtkorrupten Politikers gegeben zu haben. Sein Verdienst liegt auch auf einer anderen, wichtigeren Ebene. In einer Phase der Entwicklung Afrikas, in der immer mehr Staaten sich unter dem Druck der internationalen Finanzagenturen (IWF, Weltbank) rigiden, fremdbestimmten und letztlich außenorientierten Sanierungskonzepten unterwerfen, setzte Burkina Faso ein anderes Zeichen. Das Land hat in den letzten Jahren bewiesen, daß auch unter extrem ungünstigen Ausgangsbedingungen ein eigenständiger und auf die Bedürfnisse der Mehrheit der Bevölkerung ausgerichteter Entwicklungsweg möglich ist, wenn es gelingt, die Energie und den Enthusiasmus einer marginalisierten Landbevölkerung zu wecken, deren sehnlichster Wunsch es ist, dem Hunger, der Armut und der Rückständigkeit zu entkommen. Sankara versuchte das wichtigste ungenutzte Potential seines Landes – die Kreativität und Intelligenz der „Ressource Mensch" – zu mobilisieren, anstatt auf äußere, Abhängigkeiten schaffende „Hilfe" zu setzen. In dieser Hinsicht können die vier Jahre der Herrschaft Thomas Sankaras – trotz ihres tragischen Endes – durchaus als Beispiel und Vorbild für ganz Afrika gelten. Sankara selbst antwortete in seinem letzten Interview, elf Tage vor seinem Tod, auf die Frage nach den positiven Errungenschaften seiner Regierungszeit so: „Der größte Sieg ist die Veränderung des Geistes. Der Burkinabè hat heute Vertrauen in sich selbst. Er weiß, daß er die Realität, seine Lebensbedingungen, verändern kann (...)".

Ernst Hillebrand (Universität München)

Literaturhinweise

Labazée, Pascal, La voie étroite de la révolution burkinabè, in: Le Monde diplomatique, Nr. 2 (Februar 1985), S. 12–13.

ders., L'encombrant héritage de Thomas Sankara, in: Le Monde diplomatique, Nr. 11 (November 1987), S. 15.

Politique Africaine, Heft Nr. 20, Le Burkina Faso, Paris 1985.

Sankara, Thomas, The Political Orientation of Burkina Faso. Extracts from his Address to the Nation in Ouagadougou on October 2, 1983, in: Review of African Political Economy (ROAPE), Nr. 32 (April 1985), S. 48–55.

Schmitz, Erich, Thomas Sankara und die burkinabische Revolution. Ein Staatschef und eine Politik neuen Typs, in: Afrika-Spectrum (Vol. 22), Nr. 2/1987, S. 157–180.

Ziegler, Jean, Dans le Haute-Volta du Capitaine Sankara, in: Le Monde diplomatique, Nr. 3, März 1984, S. 10–11.

Eine ausführliche Studie zum Thema veröffentlichte der Autor unter dem Titel: Burkina Faso und die Ära Sankara: Versuch einer Bilanz, Stiftung Wissenschaft und Politik, SWP-AP 2550, Ebenhausen, Januar 1988.

Sri Lanka:
Frieden durch Intervention Indiens?

Die Situation, die im Frühjahr 1988 in Sri Lanka eingetreten war, drängte das Bild vom Zauberlehrling auf, der die Geister rief und sich dann verzweifelt der Geisterheerscharen zu erwehren suchte. Der als gewiefter Taktiker bekannte Präsident Jayewardene hatte wohl kaum mit einer so „wundersamen Vermehrung" der „indischen Geister" gerechnet, als er am 29. Juli 1987 das Abkommen mit Rajiv Gandhi unterzeichnete. Die in dem Abkommen vereinbarte Stationierung einer indischen „Friedenstruppe" löste eine staatlich gebilligte „Invasion" von indischen Truppen aus. Das anfängliche Kontingent von ca. 6000 Mann (Juli 1987) wuchs infolge des unerwartet hartnäckigen Widerstands von Prabhakarans LTTE auf schätzungsweise 100 000 Mann (April 1988) an, davon mindestens die Hälfte aktiv kämpfende Soldaten. Damit übertraf die indische „Friedenstruppe" die Gesamtstärke der srilankischen Armee.

Die Stärke der tamilischen Guerilleros dürfte zum augenblicklichen Zeitpunkt nicht mehr zu schätzen sein. Obwohl empfindlich geschwächt, konnten sie trotz ihrer geringen Zahl von wenigen tausend Mann nicht endgültig von der indischen Armeeübermacht aufgerieben werden. Eine Besonderheit von Guerillakriegen besteht darin, daß sich neue Guerilleros im Verlauf des Kampfes aus der Zivilbevölkerung rekrutieren. Ob das auch in diesem Konflikt geschehen ist oder geschehen wird, läßt sich noch nicht absehen.

Selbst wenn die direkten Kämpfe in absehbarer Zeit eingestellt werden und sich die indischen Truppen ganz oder teilweise aus Sri Lanka zurückziehen sollten, kann man wohl kaum von einer Konflikt„beilegung" sprechen, denn die politischen Langzeitfolgen der indischen „Invasion" – für alle Beteiligten – lassen sich derzeit nicht beurteilen.

1. Radikalisierung des Konflikts

Zwei Ereignisse im Juli 1983 provozierten eine Radikalisierung der Konfliktparteien und ließen dadurch die Auseinandersetzung in das Stadium einer militanten, bürgerkriegsähnlichen Konfrontation treten: die schweren anti-tamilischen Ausschreitungen sowie Präsident Jayewardenes konstitutionelles Vorgehen gegen Parteien, die einer sezessionistischen Haltung verdächtig wurden (vgl. Beitrag Sri Lanka, in: Jahrbuch Dritte Welt, 1984).

Die mehrtägigen Massaker an Tamilen vertieften den emotionalen Graben zwischen der tamilischen Minderheit und der singhalesischen Mehrheit. Die passive Haltung oder staatlichen Sicherheitsorgane (Polizisten und Soldaten beteiligten sich aktiv an Brandstiftung und Plünderung) sowie die abwartende Haltung der regierenden UNP-Politiker (der damalige UNP-Minister Cyril Mathew wurde als Drahtzieher der Juli-Massaker bezeichnet) ließen die tamilische Bevölkerung noch stärker an der politischen Glaubwürdigkeit der (singhalesischen) UNP-Regierung zweifeln. Zum offenen politischen Bruch kam es dann, als Präsident Jayewardene durch eine Verfassungsänderung die Parlamentarier zu einem Eid auf die Einheit des srilankischen Einheitsstaates zwang. Die 18 Abgeordneten der tamilischen Partei TULF verweigerten den Eid und wurden daraufhin aus dem Parlament ausgeschlossen.

Dem Erfahrungswert folgend, daß Gewalt Gegengewalt provoziert, wurde eine Entwicklung ausgelöst, deren wesentliche Strukturelemente sich so zusammenfassen lassen:

(1) Der Ausschluß der TULF-Abgeordneten beraubte die tamilische Minderheit ihrer parlamentarischen Sprecher und drängte ihre einzige, noch legal tätige politische Vertretung ebenfalls in den Untergrund. Dadurch erschwerte sich Präsident Jayewardene die Möglichkeit zu einer späteren politischen Konfliktlösung, fehlten ihm doch nun demokratisch legitimierte Verhandlungspartner. Wollte er nicht die illegalen Führer der Guerillagruppen als Verhandlungspartner akzeptieren, so blieb ihm als einziger „Lösungsweg" nur noch die

militärische Zerschlagung der tamilischen Guerilleros. Die „militärische Option" der UNP-Falken (insbesondere der drei Minister Cyril Mathew, Gamini Dissanayake und Lalit Athulatmudali) wurde dann auch ein wesentlicher Teil seiner Strategie. Ab 1984 rüstete er die schlecht ausgebildete srilankische Armee auf und ließ militärische „Säuberungsaktionen" in den tamilischen Gebieten durchführen.

(2) Die TULF-Parteispitze wich nach dem Parlamentsausschluß in das südindische Tamil Nadu aus und errichtete ihr neues Hauptquartier in Madras – dem Sitz der meisten tamilischen Untergrundgruppen. Zum einen büßten die TULF-Politiker dadurch ihr parlamentarisches Aktionsfeld ein und verloren das politische Vertrauen immer breiterer Kreise der tamilischen Bevölkerung. Zum anderen geriet die bisher eher gemäßigte TULF-Führung unter den Druck der radikalen Guerillaführer. Im Verlauf der sich gegenseitig verschärfenden Eskalation von staatlichen Militäroperationen und Überfällen der Guerillagruppen gewannen die Guerillaführer immer mehr Anhänger unter der radikalisierten tamilischen Zivilbevölkerung und behaupteten sich als die tatsächlichen Vertreter der tamilischen Interessen.

(3) Da ab 1983 der gesamte tamilische Widerstand von indischem Territorium aus organisiert wurde, war die indische Zentralregierung zumindest indirekt in den Tamilenkonflikt hineingezogen. Trotz der offiziellen indischen Haltung, daß der ethnisch-politische Konflikt ein internes Problem des srilankischen Staates sei, hatte der Konflikt nun eine zwischenstaatliche Komponente erhalten.

Gleichzeitig drohten die Aufrüstungspläne der UNP-Regierung, den Konflikt zu „internationalisieren". Als Gegengewicht gegen die verdeckte südindische Unterstützung für die Guerilleros bemühte sich Präsident Jayewardene nämlich, Militärberater und Waffen von Staaten zu erhalten, die nicht zu Indiens „Freunden" zählten. Die Spekulationen über Umfang und Herkunft der geheimgehaltenen Militärhilfe weichen stark voneinander ab. Als sicher gelten kann eine Unterstützung seitens britischer, israelischer und pakistanischer Militärs.

Entscheidend an dieser Konfliktausweitung in Hinblick auf die derzeitige Situation war jedoch, daß sich ein Interessenkonflikt entwickelte zwischen Jayewardenes außerregionalen Internationalisierungsversuchen und dem Bestreben der indischen Zentralregierung, den Konflikt unter eigener, bilateraler Kontrolle zu halten, also Indiens Rolle als regionale Ordnungsmacht in Südasien zu demonstrieren.

Differenziert man dieses Konfliktmuster, das von Mitte 1983 bis Dezember 1986 bestimmend war, anhand der Konfliktbeteiligten weiter, so lassen sich zwei aktive interne Konfliktparteien und eine indirekt beteiligte ausländische Partei identifizieren.

(1) Auf singhalesischer Seite sah Präsident Jayewardene seine Handlungsfreiheit durch die gegensätzlichen Standpunkte der verschiedenen politischen Gruppierungen eingeengt, deren Spektrum von einer bedingten Kompromißbereitschaft bis hin zur alleinigen Forderung nach militärischer Zerschlagung der tamilischen „Terroristen" reichte.

(2) Auf tamilischer Seite gewannen die Extremisten ab 1983 die Oberhand. Sie setzten sich aus ca. 20 Gruppen zusammen, unter denen zunächst Prabhakarans LTTE und Maheswarans PLOT dominierten. Weder konnten sich die verschiedenen Gruppen auf eine Strategie noch auf dauerhafte Allianzen einigen. – Obwohl die TULF zusehends an Rückhalt in der Zivilbevölkerung verlor, sicherte ihr ihr konstitutioneller Status als einzige gewählte Tamilenvertretung doch ein gewisses Gewicht bei den nachfolgenden Verhandlungsrunden.

(3) Die indische Konfliktbeteiligung war indirekter Natur und wurde durch zwei gegensätzliche Lager bestimmt. Auf der einen Seite unterstützten Politiker und Bevölkerung in Tamil Nadu die Extremisten und übten Druck auf die indische Zentralregierung aus. Auf der anderen Seite stand das Regierungszentrum in New Delhi, dessen wechselhafte Haltung nicht nur durch die unterschiedlichen politischen Temperamente von Indira Gandhi und ihrem Sohn Rajiv geprägt wurden, sondern auch den Einfluß der jeweils dominierenden innerindischen Lobby spiegelte.

Die Radikalisierung auf tamilischer Seite, sichtbar an der wachsenden Zahl der Guerillaanschläge, wurde begleitet von der Rivalität zwischen den verschiedenen Gruppen und der stufenweisen Konsolidierung der LTTE als der entscheidenden Führungsgruppe. Im Rückblick lassen sich die Stationen des LTTE-Aufstiegs angeben, doch scheint es fraglich, daß dieser Entwicklung eine im voraus geplante, detaillierte Strategie zugrundelag.

Der erste Schritt bestand darin, daß infolge der Juli-Ereignisse nicht mehr die gemäßigte Forderung der TULF-Politiker nach einer größeren, konstitutionell verankerten Autonomie der beiden tamilischen Provinzen Unterstützung in der tamilischen Zivilbevölkerung fand, sondern die radikale Forderung der Guerillagruppen nach einem unabhängigen Tamil Eelam. Ein Tamil Eelam konnte nur durch die Zerschlagung des bisherigen srilankischen Staates erzwungen werden. Das einzig erfolgversprechende Mittel war die militärische Zermürbung des singhalesischen Gegners, so daß sich also auch auf tamilischer Seite die „militärische Option" einer Konfliktbeendigung durchsetzte.

Der zweite Schritt war ein taktischer Erfolg, den die Guerillaführer durch ihre Teilnahme an dem Vermittlungsversuch im Sommer 1985 in Thimpu/Bhutan errangen. Bei den dreiseitigen Verhandlungen saßen sich eine srilankische Regierungsdelegation (unter Leitung von Jayewardenes Bruder Hector), die TULF-Führung und erstmals auch Vertreter der Guerillagruppen gegenüber. Bislang hatte sich Jayewardene strikt geweigert, Gespräche mit den tamilischen „Banditen" zu führen. Zwar verlief die Vermittlungsaktion ergebnislos, doch wurden die Guerillagruppen politisch aufgewertet. Ihre Teilnahme war auf Druck der neuen indischen Regierung unter Rajiv Gandhi erfolgt und spiegelte die politische Anerkennung der faktischen Machtverhältnisse wider, speziell in der tamilischen Nordprovinz um Jaffna.

In einem dritten Schritt begann Prabhakaran, seinen Führungsanspruch beim Kampf um Tamil Eelam (und damit in dem zukünftigen Tamilenstaat) gewaltsam durchzusetzen. Im

April 1986 löschte seine LTTE die Führungskader der rivalisierenden Gruppe TELO fast völlig aus, und im Dezember 1986 erfolgte ein ähnlicher Schlag gegen die Gruppe EPRLF. Ab Oktober begann Prabhakaran, in der Region Jaffna eine Selbstverwaltung durch die LTTE vorzubereiten, wechselte im Dezember heimlich nach Jaffna über und ließ die LTTE ab Januar 1987 zivile Verwaltungsaufgaben übernehmen. Durch diese Maßnahmen provozierte er jedoch Ängste der indischen Zentralregierung, die einen Auftrieb für die sezessionistischen Bestrebungen im eigenen Staat (Punjab!) befürchtete und deshalb zum Jahresende 1986 ihre Sri Lanka-Politik einer Revision unterzog.

Auf singhalesischer Seite führte der Machtkampf zwischen „Falken" und „Tauben" zu einem Vorgehen, das Jayewardene im Juni 1986 als Doppelstrategie bezeichnete: einerseits alle Möglichkeiten für eine politische Lösung ausschöpfen, andererseits den Terrorismus durch eine militärische Aktion bekämpfen, wie es jede gesetzmäßige Regierung in einer solchen Situation von Gesetzlosigkeit und Gewalt tun würde.

Das Problem bestand jedoch für Jayewardene darin, daß er keine der beiden Strategien aus einer Position der Stärke konsequent durchführen konnte. Vielmehr war er zu einem ständigen Taktieren gezwungen, indem er je nach den augenblicklichen Gegebenheiten mehr auf die militärische oder mehr auf die politische Strategie setzte.

Der militärische Lösungsweg, für den die radikalen nationalistisch-singhalesischen Gruppierungen optierten, stieß auf mehrfache Hindernisse. Das grundsätzliche Handicap – der schlechte Zustand der fast ausschließlich aus Singhalesen rekrutierten Armee – wurde nach den Juli-Unruhen 1983 schrittweise behoben. Aufrüstung und Training konnten mit Rücksicht auf die Empfindlichkeit der indischen „Ordnungsmacht" nur verdeckt durchgeführt werden und wurden außerdem durch die häufigen Angriffe durch Guerilleros und die „Säuberungsaktionen" in den tamilischen Gebieten behindert. Der mehrmonatige Waffenstillstand im Sommer und Herbst 1985, von Jayewardene als politisches Entgegenkommen angesichts der Verhandlungsrunde in Thimpu erlassen, bot eine willkommene Ruhepause, um das Training zu intensivieren.

Ebenfalls nachteilig auf die militärische Effizienz der Armee wirkte sich der Umstand aus, daß die Guerilleros – von der tamilischen Bevölkerung wohlwollend „boys" genannt – breite Sympathie und damit Unterstützung in der Zivilbevölkerung fanden. Inwieweit die „Bruderkämpfe" zwischen der LTTE und ihren Rivalen 1986 das Wohlwollen in der Zivilbevölkerung abschwächten, ist schwer feststellbar. Rein militärisch gesehen mußte das wachsende Übergewicht der LTTE, der am straffsten organisierten und am besten motivierten Kampfgruppe, den Wirkungsgrad der Armee erheblich schwächen.

Schließlich war noch zu berücksichtigen, daß Indien – sowohl New Delhi wie auch Madras – eine rein militärische Lösung völlig ablehnte. Sobald Nachrichten nach Tamil Nadu drangen, daß die „Säuberungsaktionen" der Armee zu viele Opfer in der Zivilbevölkerung gekostet hatten, wurde dort die Forderung nach einer indischen Invasion zur Rettung der tamilischen Zivilisten laut. Ob jemals, besonders während Indira Gandhis Regierungszeit, ernsthafte Invasionspläne bestanden, mag fraglich sein. In jedem Fall wurde diese südindische Forderung als Druckmittel eingesetzt, um eine Verhandlungslösung zu erzwingen.

Die ergänzende Strategie, durch politische Verhandlungen den Guerillakampf zu beenden, konzentrierte sich auf den zentralen Punkt, eine Kompromißformel für die Provinzverwaltungsreform zu finden. (Die verschiedenen Reformvorschläge werden unten diskutiert.) Die Verhandlungsaktionen, die Jayewardene unter dem Druck der indirekten oder direkten indischen Vermittlung unternahm, offenbarten den enormen Widerstand der radikalen Vertreter auf tamilischer wie auf singhalesischer Seite.

Von den vielfältigen Gruppierungen innerhalb des singhalesischen Lagers können hier nur die wichtigsten dargestellt werden. Den Kern der „Falken" bildeten die orthodoxen buddhistischen Mönchsorganisationen, deren religiös-politisch-nationalistische Ideologie den Fortbestand des singhalesischen Buddhismus an den alleinigen politischen Herrschaftsanspruch der singhalesischen Rasse gebunden sah. Ihrer Ideologie zufolge würde jegliche Konzession an die Tamilen die politische Vorherrschaft der Singhalesen schmälern und damit die Religion gefährden.

Unterstützt wurde diese Ideologie von singhalesischen Wirtschaftsführern, die sich von einer singhalesischen politisch-wirtschaftlichen Dominanz die Ausschaltung unliebsamer Wirtschaftskonkurrenten versprachen (vornehmlich der tamilischen Händler/Unternehmer, aber auch der wirtschaftlich einflußreichen moslemischen Händler).

Auf dem parteipolitischen Flügel dieser singhalesischen Interessenallianz konkurrierten radikale UNP-Politiker (wie die oben genannten drei Minister und der Premierminister Premadasa) gegen Sirimavo Bandaranaikes Partei SLFP. Beide Parteien hatten ihr entscheidendes Wählerpotential unter den Singhalesen und ihre jeweiligen Politiker richteten ihr Verhalten bereits auf die 1989 anstehenden National- und Präsidentschaftswahlen aus. Innerhalb der UNP wurde unterschwellig zwischen Premadasa und Athulatmudali der Machtkampf um die Präsidentschaftsnachfolge des 81jährigen Jayewardene geführt, beides Falken, die Jayewardenes Kompromißversuchen ablehnend gegenüberstanden, um nicht Wählerstimmen der radikalen Allianz zu verlieren.

Frau Bandaranaike hatte am 1. Januar 1986 ihre Bürgerrechte wiedererlangt, würde also 1989 wählbar sein. Sie sah keinen politischen Nutzen für ihre Partei in einer Unterstützung von Jayewardenes Vermittlungsaktionen, da allein die UNP aus einem erfolgreichen Ausgang politisches Kapital schlagen würde. Ihre Ablehnung verband sie gleichzeitig mit dem nicht unbegründeten Vorwurf, daß das Wählermandat aus den 1977 letztmalig durchgeführten Nationalwahlen nicht mehr gültig sei (1982 umging Jayewardene die fälligen Wahlen durch ein Referendum). Erst sollten rechtskräftige Wahlen durchgeführt und dann eine politische Lösung des Tamilenkonfliktes ausgehandelt werden.

Zum radikal-singhalesischen Spektrum gehörte schließlich

noch die extremistische Untergrundgruppe JVP. Sie war für den linksorientierten Aufstand 1971 verantwortlich gewesen. Seitdem hatte sich jedoch ihre Führung geändert. Ihr wird immer noch eine linksextremistische Ideologie nachgesagt. Jedoch reichen die Informationen nicht aus, um ihre neuen, im Untergrund geknüpften Kontakte und Allianzen detaillierter darzustellen. Spekulationen – die aber mit Skepsis zu werten sind – weisen sogar auf eine geheime Kooperation mit der LTTE hin, um durch einen Umsturz einen sozialistischen Staat zu errichten.

Um einen politischen Kompromiß auszuhandeln, mußte Jayewardene sowohl die tamilischen Extremisten als auch die singhalesischen Radikalen ausmanövrieren oder auf seine Seite ziehen. Wie schwierig diese taktische Gratwanderung war, zeigten die drei fehlgeschlagenen Vermittlungsaktionen: die All-Parteien-Konferenz (AKP) 1984, die dreiseitigen Thimpu-Gespräche 1985 und die Politische Parteien-Konferenz (PPK) 1986. Hinzu kamen noch Vermittlungsgespräche, die zwischen UNP-Politikern und Beauftragten der indischen Zentralregierung, zwischen New Delhi und den Tamil Nadu-Politikern, zwischen New Delhi und dem TULF-Büro in Madras sowie zwischen Tamil Nadu-Politikern und den Guerillaführern in Madras geführt wurden. Naturgemäß wurden über diese Gespräche möglichst wenig Informationen verbreitet.

Auf die drei Vermittlungsaktionen soll hier nur kurz eingegangen werden. Die APK zog sich mit 37 Sitzungen über das ganze Jahr 1984 hin. TULF und SLFP nahmen zunächst teil, boykottierten aber später die Sitzungen. Obwohl auf indischen Druck hin einberufen, war die APK ein innersrilankischer Lösungsversuch, an dem Jayewardene ein breites Spektrum von politischen Parteien, religiösen Organisationen verschiedener Richtungen und Gewerkschaften zu beteiligen suchte. Der Versuch scheiterte sowohl an der Kompromißlosigkeit der tamilischen und singhalesischen Radikalen als auch an der Tatsache, daß sich Jayewardene nicht rechtzeitig eine Rückendeckung für seine Kompromißformel unter gemäßigten singhalesischen Gruppierungen gesichert hatte.

Die Thimpu-Gespräche standen unter der direkten Vermittlung der indischen Zentralregierung, die entscheidenden Einfluß auf die Verhandlungsposition der TULF ausübte. Die Gespräche scheiterten an der unnachgiebigen Haltung der sechs Guerillagruppen.

Die PRK war schließlich ein zögernder Versuch, zumindest unter den singhalesischen Parteien eine Übereinstimmung zu erzielen. Die TULF verweigerte die Teilnahme mit dem Argument, es handle sich um eine rein singhalesische Aktion. Die SLFP boykottierte ebenfalls die Verhandlungen, so daß ein Erfolg von Anbeginn an kaum möglich war.

Schließlich sei noch die Rolle der dritten, indirekt beteiligten Konfliktpartei erwähnt. Der wesentlichste Unterschied zwischen Indira Gandhi (ermordet am 31. Oktober 1984) und Rajiv Gandhi bestand darin, daß Rajiv Gandhi erheblich glaubwürdiger an einer politischen Lösung interessiert war als seine Mutter. Zumindest in seinem ersten Amtsjahr 1985 verfügte er über ein ausreichendes innenpolitisches Ansehen, um dem Druck der Tamil Nadu-Politiker (insbesondere des Chief Minister M. G. Ramachandran, der die LTTE unterstützte) widerstehen zu können. Es scheint, daß die sechs Guerillagruppen primär aus taktischen Gründen (politische Aufwertung) und nicht mit ernsthaften Kompromißabsichten an den Thimpu-Gesprächen teilnahmen. Der massive indische Druck und die polizeilichen Durchsuchungen und Waffenbeschlagnahmen in den Tamil Nadu-Basen der Guerillagruppen, die Jayewardene zur Vorbedingung für seine Teilnahme am SAARC-Gipfel in Bangalore im November 1986 machte, kamen zu spät. Eine derartige Einschüchterungsaktion hätte Rajiv Gandhi sinnvollerweise vor den Thimpu-Gesprächen durchführen sollen, aber offenbar schätzte New Delhi damals das Gefahrenpotential von Prabhakarans LTTE noch nicht so hoch ein.

2. Vorschläge für eine Provinzreform

Seit 1978 ist Sri Lanka eine Präsidialrepublik mit nur einer Parlamentskammer. Es hat eine Einheits-staatliche Verfassung und ist gegenwärtig in 9 Provinzen mit 24 Distrikten unterteilt. In 7 Provinzen bildeten die Singhalesen die Mehrheit. Im Zentrum der Kontroverse steht die zukünftige Verwaltungsform der beiden restlichen Provinzen im Norden und Osten der Insel.

In der Nordprovinz (4 Distrikte) stellten 1981 die Sri Lanka-Tamilen 51,3% der Bevölkerung, in der Ostprovinz (3 Distrikte) dagegen nur 21,3%. Hinzu kamen die Indien-Tamilen und die ebenfalls tamilisch-sprachigen moslemischen Moors. Während die Indien-Tamilen den politischen Kampf der Sri Lanka-Tamilen unterstützten, wurden die Moors (vor allem in der Ostprovinz) sowohl von tamilischer wie singhalesischer Seite umworben.

Die tamilischen Guerilleros, vor allem die LTTE, kämpften für einen unabhängigen Staat (Tamil Eelam), der die Nord- und Ostprovinz von dem jetzigen srilankischen Staat abspalten würde. Die TULF war bereit, im jetzigen Staatsverband zu bleiben unter der Bedingung, daß die Nord- und Ostprovinz zu einer neuen gemeinsamen Provinz zusammengefaßt würden, die dann weitgehende Autonomie erhalten sollte. Die politischen Interessen der tamilischen Minderheit in der Ostprovinz sollten durch das tamilische Übergewicht in der Nordprovinz aufgewertet und geschützt werden. Genau das war aber der Streitpunkt, gegen den die singhalesischen Radikalen agitierten. Ihr Argument lautete, daß dann die singhalesische und moslemische Bevölkerung nur noch einen Minderheitsstatus hätte und ihre Interessen nicht mehr wirkungsvoll durchsetzen könnte.

Wollte Jayewardene eine Kompromißformel durchsetzen, mußte er eine Dezentralisierung vornehmen, die für den gesamten Staat gültig sein würde. Mit diesem Schachzug könnte er den Autonomieforderungen der TULF entgegenkommen, ohne in den Augen der singhalesischen Radikalen den Eindruck zu erwecken, sich völlig den tamilischen Interessen gebeugt zu haben.

Die Reformvorschläge, die auf der APK, in Thimpu und auf der PPK diskutiert wurden, beinhalteten Varianten einer Dezentralisierung. Noch eine weitere Variante, bekannt als „Vorschläge vom 19. Dezember 1986", schloß sich an. Letztere sah vor, den Distrikt Amparai (1981: 42,5% Moors, 37,6% Singhalesen) aus der Ostprovinz herauszulösen.

Allen Alternativformeln bis Ende 1986 war gemeinsam, daß sie einen Zusammenschluß der beiden Provinzen ablehnten. Jayewardene waren in diesem Punkt die Hände gebunden, da er zum damaligen Zeitpunkt befürchten mußte, ein derartiges Entgegenkommen nicht gegen die singhalesischen Radikalen durchsetzen zu können. Allerdings bot er von Formel zu Formel immer größere Autonomie auf der Distriktebene an, so daß sich die einzelnen Varianten mit den Machtbefugnissen der Distrikträte und Provinzregierungen befaßten. Außerdem schlug er die Errichtung einer zweiten Parlamentskammer vor, um den Provinzregierungen mehr parlamentarische Mitsprache einzuräumen.

Erst im Abkommen vom Juli 1987 rang sich Jayewardene zu der entscheidenden Konzession des Provinzzusammenschlusses durch. Nur ließ er sich im Abkommen eine Hintertür offen. Der Zusammenschluß sollte erst dann dauerhaft gültig sein, wenn sich die Bevölkerung in der Ostprovinz in einem Referendum dafür ausgesprochen hätte. Daß der Ausgang des Referendums angesichts der gemischten Bevölkerungszusammensetzung ungewiß sein würde, kalkulierte Jayewardene bewußt ein.

Allen Reformformeln war ein Charakteristikum gemeinsam. Die indische Vermittlertätigkeit konzentrierte sich nämlich darauf, bei den Entwürfen aktiv mitzuarbeiten. Die indische Zielvorstellung bestand darin, das indische System eines föderativen Staates mit relativ autonomen Bundesstaaten (verwaltet durch einen vom Zentrum eingesetzten Gouverneur und einen von der Bevölkerung gewählten Chief Minister) auch in Sri Lanka einzuführen. Die TULF-Vorschläge näherten sich dem indischen Vorbild weitgehend an. Jayewardene akzeptierte dieses Modell aber erst im Juli-Abkommen für die neu zu schaffende tamilische Provinz.

3. *Das Abkommen vom Juli 1987 und seine Folgen*

Die Wende im Verhalten aller Konfliktbeteiligten trat zum Jahresbeginn 1987 ein. Auslösendes Moment für die nachfolgende Eskalation war die teilweise Übernahme der Selbstverwaltung in Jaffna durch die LTTE am 1. Januar. Prabhakaran schien sich seiner militärischen Überlegenheit so sicher zu sein, daß er glaubte, nun an die politische Vorbereitung des zukünftigen Tamil Eelam gehen zu können.

Die UNP-Regierung reagierte in zwei Schritten. Am 2. Januar verhängte sie ein Treibstoffembargo über die Nordprovinz und unterbrach die Kommunikationsverbindungen. Damit wollte sie die Beweglichkeit der LTTE-Guerilleros einschränken, legte aber zwangsläufig auch den zivilen Transport und den Lebensmittelnachschub lahm. Gleichzeitig bereitete sie eine militärische Großaktion vor. Seit 1983 war die Armee von ca. 15 000 auf 40 000 Mann verstärkt worden. Am 26. Mai wurde die „Operation Befreiung" in der Nordprovinz eröffnet, die bald einige Gebiete unter Armeekontrolle brachte.

Da von beiden Maßnahmen die Zivilbevölkerung betroffen war, brach ein Sturm der Entrüstung in Tamil Nadu aus mit der Folge, daß sich die indische Zentralregierung zum Eingreifen gezwungen sah. Auf Drängen New Delhis wurde am 16. März das Ölembargo und am 10. Juni die „Operation Befreiung" abgebrochen. Die Krise hatte sich so zugespitzt, daß wieder die alte südindische Forderung nach einer Entlastungsinvasion laut wurde. In dieser bis auf das Äußerste gespannten Situation provozierte New Delhi einen Eklat. Am 3. Juni lud die Zentralregierung die internationale Presse zur Beobachtung der „humanitären Mission" nach Südindien ein. Auf Fischerbooten sollten Lebensmittel und Medikamente an der Nordküste Sri Lankas angelandet werden, doch der srilankische Küstenschutz fing die Fischerboote in der Meerenge der

Palk Strait ab. Darauf drang die indische Luftwaffe am 4. Juni in srilankisches Hoheitsgebiet ein und warf die Güter im Norden und Osten Sri Lankas ab. Obwohl der indische Übergriff international verurteilt wurde, verfehlte die indische Einschüchterungsaktion nicht ihre Wirkung, wie bald deutlich wurde.

Nach diesem Eklat mußte der Lösungsversuch, den Jayewardene gemeinsam mit Rajiv Gandhi in Form des bilateralen Abkommens vom 29. Juli 1987 wagte, umso überraschender kommen. Die entscheidende Klausel in dem Abkommen sah vor, daß Indien als Garantiemacht eingesetzt wurde, sich für die Entwaffnung der Guerilleros und für den Schutz der tamilischen Zivilbevölkerung verbürgte und zu diesem Zweck eine „Friedenstruppe" nach Sri Lanka entsandte.

Angesichts der mehrschichtigen Rolle, die indische Politiker in Madras und New Delhi in der militanten Phase des Tamilenkonfliktes spielten, lag eine gewisse Logik darin, Indien in eine Konfliktbeilegung einzubinden. Daß für beide Regierungschefs mit dem Abkommen ein erhebliches Risiko verbunden war, war offensichtlich. Doch konnte wohl niemand mit der Entwicklung rechnen, die ab September 1987 einsetzte.

Im August schien Prabhakaran noch gewillt zu sein, sich durch eine Beteiligung an der neuen Provinzregierung in die politische Verantwortung einbinden zu lassen. Im September nahm er jedoch den bewaffneten Kampf wieder auf, sein Aktionsfeld war die Ostprovinz, deren politisch-strategische Funktion für das im Abkommen vorgesehene Referendum eine Klärung der Machtverhältnisse nahelegte. Seine Versuche, rivalisierende Guerillagruppen in der Ostprovinz auszuschalten, zwangen die lange tatenlos zusehende indische „Friedenstruppe" zum militärischen Gegenangriff. Am 10. Oktober starteten die indischen Einheiten eine Großoffensive auf Jaffna, das sie unter erheblichen Verlusten auf allen Seiten einnahmen. Doch Prabhakaran und die LTTE-Führung konnten immer wieder den laufend verstärkten indischen Truppen entkommen.

Im April 1988 sah die Lage folgendermaßen aus: Mindestens 400 indische Soldaten waren im Verlauf der seit Oktober andauernden Kämpfe gefallen und schätzungsweise 1400 als Guerilleros verdächtigte Tamilen. Die Zahl der zivilen Opfer ist nicht bekannt. Die Nordprovinz wurde inzwischen weitgehend von indischen Truppen kontrolliert, doch hielten die Kämpfe in der Ostprovinz weiter an. Die LTTE wurde zwar empfindlich geschwächt und in die Dschungelgebiete zurückgedrängt, doch wurde sie bislang weder als militärische noch als politische Kraft ausgeschaltet.

Durch den Tod des Chief Minister von Tamil Nadu, M.G. Ramachandran, am 24. Dezember 1987 erhielt der Konflikt eine neue politische Komponente. Die internen Machtkämpfe um die Nachfolge von Ramachandran eröffneten für Prabhakaran unerwartete Möglichkeiten, erneut Bundesgenossen in Tamil Nadu zu finden. Im April 1988 sprachen sich alle drei Nachfolgekonkurrenten in Tamil Nadu gegen eine Zerschlagung der LTTE aus. Ob die monatelangen schweren Kämpfe durch eine Suche nach einem politischen Arrangement abgelöst werden sollten, läßt sich noch nicht mit Sicherheit sagen.

Citha D. Maass (Freising)

Literaturhinweise

Hellmann-Rajanayagam, Dagmar, The Tamil „Tigers" in Northern Sri Lanka: Origins, Factions, Programmes, in: Internationales Asienforum, Jg. 17, 1986, Nr. 1/2, S. 63–85.
Maaß, Citha D., Das indisch-srilankische Abkommen vom Juli 1987: Eine skeptische Beurteilung der Erfolgschancen, in: Europa-Archiv, Folge 21/1987, 10.11.1987, S. 623–632.

Südkorea 1987/88:
Der schwierige Weg zur Demokratie

1. „Drei Wochen im Juni": Die Demokratisierung von 1987

Das Jahr 1986 brachte die schwersten Konflikte zwischen Regierung und Opposition seit dem Militärputsch Chun Doo-Hwans von 1980. Die Fronten waren unverändert: Chun und seine Regierungspartei Democratic Justice Party (DJP) wollten entweder eine indirekte Wahl des Präsidenten nach Chuns Ausscheiden im Februar 1988, oder aber eine durchgreifende Verfassungsänderung zur „Entmachtung" des Präsidentenamtes und zur Einführung eines Kabinettsystems; die oppositionelle New Korea Democratic Party (NKDP) wie auch die harte Dissidentenbewegung und ihr Kern, die radikalisierten Studenten, beharrten auf Direktwahl des Präsidenten, um das plebiszitäre Element voll ausschöpfen zu können, das zweifellos einem der beiden prominentesten Oppositionsführer Kim Dae-Jung oder Kim Young-Sam zugute gekommen wäre, wenn nur einer von ihnen kandidiert hätte.

Beide Positionen setzten also eine Verfassungsänderung voraus: Als Konzession Chuns begannen Mitte 1986 in einem Sonderausschuß der Nationalversammlung Verhandlungen zwischen DJP und NKDP über eine mögliche Revision der Verfassung, aber beide Seiten verharrten auf ihren Extrempositionen, und es kam zu keinem Kompromiß. Im April 1987 fand die Verfassungsdiskussion ihr abruptes Ende, als Präsident Chun bekanntgab, daß es vor Ende 1988 keine Verfassungsreform geben werde; sein Nachfolger sollte nach dem Verfahren der Verfassung von 1980 gewählt werden, also indirekt durch ein Wahlmännergremium. Der Abbruch der Verfassungsdiskussion löste neue schwere Unruhen aus, deren Ausmaß erstmals auch die Olympischen Spiele von 1988 zu gefährden schien.

Am 10. Juni 1987 nominierte die südkoreanische Regie-

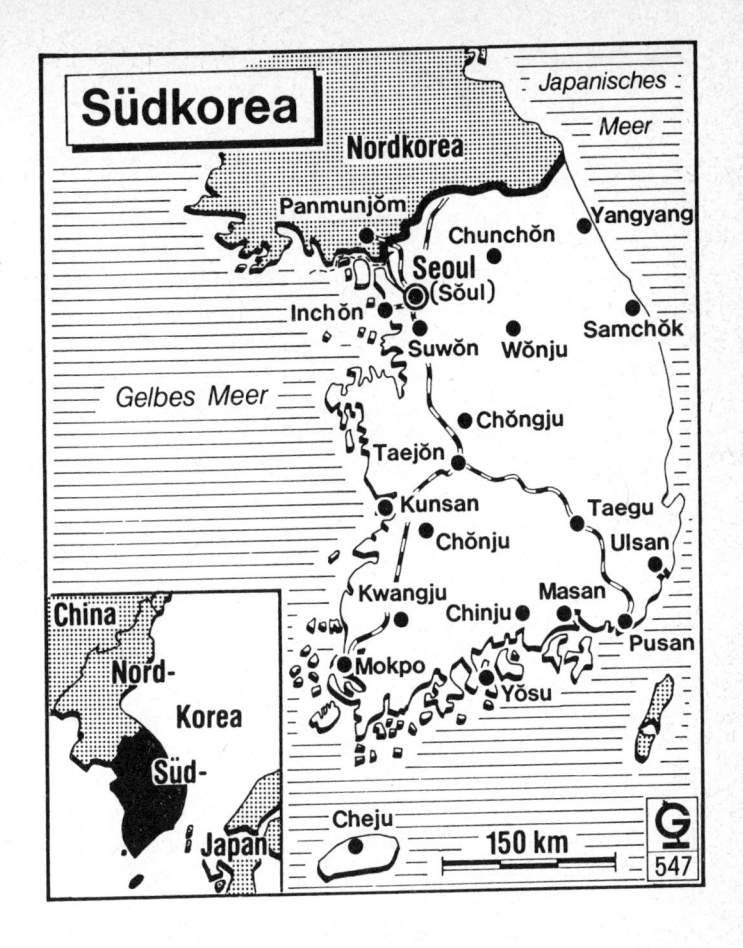

rungspartei DJP ihren Vorsitzenden Roh Tae-Woo zum Präsidentschaftskandidaten und Nachfolger des regierenden Präsidenten Chun Doo-Hwan. Die Nominierung löste die heftigsten Demonstrationen und Unruhen in der jüngsten Geschichte Koreas aus. Sie dauerten etwa drei Wochen an. Verglichen mit früheren Demonstrationen wiesen die Ereignisse vom Juni 1987 jedoch einige Besonderheiten auf:
– Unter den Augen der Weltöffentlichkeit erfaßte die offene

Widerstandsbewegung mehr Universitäten als je zuvor; weit mehr Studenten als früher beteiligten sich an den Demonstrationen.
- Die Unruhen breiteten sich von Seoul, Pusan und Kwangju auch auf andere Provinzstädte aus.
- Vor allem aber: Überall nahmen Arbeiter und Angestellte offen Partei gegen die Sicherheitskräfte – der Mittelstand begann, sich mit seinen Söhnen und Töchtern in den Universitäten gegen das Regime zu solidarisieren.
- Mit Blick auf die Olympischen Spiele und in Sorge um eine weitere Verschlechterung ihres internationalen Ansehens konnte und wollte die Regierung nicht die volle Wucht ihrer Sicherheitsapparate einsetzen; ohne Verhängung des Kriegsrechts mußte die Bereitschaftspolizei die Konfrontation auffangen.

Während noch in den Straßen der südkoreanischen Städte Tränengasschwaden hingen und die Polizei den Demonstranten Straßenschlachten lieferte, bereitete DJP-Chef Roh Tai-Woo seinen Überraschungsangriff auf die Opposition vor: Am 29. Juni stimmte er überraschend vorbehaltlos allen Forderungen der Opposition zu. Wenig später bekräftigte Präsident Chun diese Zusagen Rohs in einer Grundsatzrede. Die Konzessionen Rohs, die zugleich auch die wesentlichen Grundlagen der späteren Verfassungsänderung von 1987 bildeten: 1. Änderung der Verfassung mit dem Ziel einer Direktwahl des Präsidenten, um für 1988 einen friedlichen Präsidentenwechsel sicherzustellen; Roh bekräftigte jedoch, daß er ein Kabinettsystem (Vorschlag der DJP von 1986) einem Präsidialsystem vorziehe. 2. Novellierung der Gesetze für die Wahl des Präsidenten, um ungehinderte Kandidaturen und einen freien Wahlkampf zu gewährleisten. 3. Amnestie für den Oppositionspolitiker Kim Dae-Jung und Wiederherstellung seiner Bürgerrechte, „ohne Rücksicht darauf, was er früher getan hat". Freilassung aller politischen Häftlinge mit Ausnahme derjenigen, die wegen Verrat und Gewalttaten einsitzen. 4. Garantie der Grundrechte, vor allem Schutz gegen willkürliche Verhaftungen und Inhaftierung ohne Verfahren. 5. Garantierte Pressefreiheit durch radikale Neufassung des Presserechts: Zeitungen sollen in Zukunft Korrespondenten in der Provinz stationieren dürfen, die Seitenzahl wird nicht mehr beschränkt, und die Lizenzierung von Journalisten durch „Pressekarten" wird aufgehoben. 6. Garantie lokaler Autonomie, Wahl und Einsetzung von Gemeinde- und Stadträten, Selbstverwaltung für die Universitäten. 7. Gründungsfreiheit und ungehinderte Betätigung für alle politischen Parteien, soweit sie sich an die Gesetze halten. 8. Weitreichende soziale Reformen mit dem Ziel, Kriminalität und tiefsitzende Korruption auszumerzen.

Dieses völlig unerwartete Einlenken Roh Tae-Woos und seine Rückendeckung durch den Präsidenten schufen über Nacht eine völlig neue Situation, in der die meisten Akteure der politischen Szene Südkoreas mühsam ihre Position neu bestimmen mußten. Das galt insbesondere für Opposition und Dissidentenbewegung, die von der Entscheidung Roh Tae-Woos völlig überrascht wurden und tagelang nach angemessenen Reaktionen suchten.

Mitte Juli 1987 legte Präsident Chun die Präsidentschaft der DJP nieder und trat aus der Partei aus, um seine „Überparteilichkeit" zu unterstreichen. Der Forderung der Opposition, ein wirklich „neutrales, überparteiliches und pan-nationales Kabinett" zu ernennen, kam er aber nicht nach.

Auch für die Regierungspartei kam der Schritt Rohs völlig überraschend; noch kurz zuvor war laut darüber nachgedacht worden, den eigenen Präsidentschaftskandidaten fallenzulassen. Roh selbst hatte sein Einlenken gegenüber der Opposition mit der Drohung an die Adresse seiner Partei und an den Präsidenten selbst verbunden, von sich aus Kandidatur und Parteiämter abzugeben, wenn sie sich nicht hinter seinen Schachzug stellten. Wie auch die Opposition mußte die DJP jetzt in aller Eile an Verfassungsreformen arbeiten. Die jetzt in Aussicht gestellte Demokratisierung stärkte die Einflußmöglichkeiten der Parteimitglieder auf ihre Spitzenpolitiker; insbesondere die Rolle von DJP-Abgeordneten aus städtischen Wahlkreisen ist gegenüber der traditionell ländlichen Basis der DJP seit Juni 1987 deutlich gestärkt worden. In Gesprächen mit ihnen ist Roh signalisiert worden, wie fest inzwischen der Widerstand gegen das autoritäre Regime Chuns in den Städten Fuß gefaßt hatte, eine Information, die Rohs Schritt ebenfalls beeinflußt haben dürfte. Roh suchte im Gegensatz zu Chun den Kontakt zu allen Gruppen der Bevölkerung, er hat in zahlreichen Gesprächen als DJP-Chef guten Einblick in die politische Stimmung des Landes gewonnen, und er zeigte sich als weitaus flexibler als Präsident Chun.

2. Die Präsidentschaftswahlen vom Dezember 1987

Zum erstenmal in der jüngeren Geschichte Südkoreas sollte es schließlich am 16. Dezember 1987 eine freie Präsidentschaftswahl geben. Die revidierte Verfassung ermöglichte wieder die Direktwahl des südkoreanischen Präsidenten, und so richtete sich die Aufmerksamkeit der koreanischen Öffentlichkeit wie auch ausländischer Beobachter auf Wahlkampfaussagen und Wahlkampftaktik der einzelnen Kandidaten. Bis Anfang November 1987, also fast bis zum offiziellen Beginn der Wahlkämpfe, war es offen, wie viele Kandidaten um die Präsidentschaft letztlich antreten würden. Jedermann stellte die Frage: Kann sich die Opposition geschlossen hinter einen Kandidaten stellen und geeint kämpfen? Als gemeinsamer Oppositionskandidat kam nur einer der beiden Kims (Kim Young-Sam oder Kim Dae-Jung) in Frage, wobei es bis in den Oktober hinein schien, als stünde die Mehrheit der Opposition, also „Reunification and Democracy Party" (RDP) unter Kim Young-Sam und die außerparlamentarischen Dissidentengruppen hinter Kim Dae-Jung. Bald aber zeigte sich, daß die beiden Kims schon im Vorfeld des eigentlichen Wahlkampfes gegeneinander zu polemisieren begannen. Kim Dae-Jung, anfangs nur „ständiger Berater" der RDP, war Anfang September 1987 in die RDP eingetreten und hatte zugleich seinen Anspruch auf alleinige Kandidatur angemeldet. Kim Dae-Jung setzte dabei geschickt das gesamte Instrumentarium eines populistischen Politikers ein: Er erinnerte an seinen aufopfernden Kampf gegen die südkoreanische Militärdiktatur, er verwies auf seine Erfolge in den Präsidentschaftswahlen von 1971, als er in einer massiv manipulierten Präsidentschaftswahl nur knapp dem damaligen autoritären Präsidenten Park Chung-Hee unterlegen war, er rief die Wahlerfolge der Opposition in den Parlamentswahlen von 1985 in Erinnerung und behauptete schließlich, daß „das Volk ihn zu einer Kandidatur gedrängt" habe. Der Parteipräsident der RDP, Kim Young-Sam, hielt dagegen, daß eine Kandidatur Kim Dae-Jungs die traditionellen regionalen Antipathien wiederbeleben würde und die Einheit der Opposition leiden müßte; Kim Dae-Jung würde alle politische Kräfte des Landes polarisieren.

Die unüberbrückbare Kluft zwischen dem Taktiker Kim Young-Sam und der Märtyrergestalt Kim Dae-Jung führte zu einem unvermeidlichen Ergebnis: Im November 1987 trat Kim Dae-Jung aus der RDP aus und gründete seine eigene Partei, die „Party for Peace and Democracy" (PPD). Von den Abgeordneten der RDP entschieden ca. 40 in ihrer Partei zu bleiben, während 26 Abgeordnete sich Kim Dae-Jung anschlossen und zur PPD überwechselten; die restlichen Abgeordneten wählten die politische Neutralität. Trotz seines Hinweises auf den „Ruf des Volkes" konnte kein Zweifel daran bestehen, daß Kim Dae-Jung sein feierliches Versprechen von 1986 gebrochen hatte, nicht zu kandidieren, wenn die Direktwahl des Präsidenten wieder zugelassen würde.

Am 16. Dezember 1987 stellten sich also vier Kandidaten den Wählern, jeder von ihnen Repräsentant einer der vier Großregionen Südkoreas. Der Präsidentschaftskandidat der Regierungspartei „Democratic Justice Party" (DJP), Roh Tae-Woo, sah sich schließlich sogar „drei Kims" als Herausforderer gegenüber, nämlich Kim Dae-Jung, Kim Young-Sam und Kim Jung-P'il. Der Letztere war fast ein politisches Fossil aus der Park-Ära, als er unter dem früheren autoritären Präsidenten Chef des KCIA, des koreanischen Geheimdienstes, Ministerpräsident und Parteichef war; Kim Jong-P'il war zwar bekannt als Vertreter der autoritären Politik Parks, aber trotzdem konnte er sich in seiner Heimatregion, nordwestliches Südkorea, auf eine feste heimatliche Basis stützen. Ein Sieg war für ihn unmöglich, aber er konnte dazu beitragen, den Stimmenblock der Opposition weiter zu zerbröckeln.

Bei dem stark personalisierten Wahlkampf waren die Sachaussagen der einzelnen Kandidaten von eher untergeordneter Bedeutung, beleuchteten aber Selbsteinschätzung und politische Zielvorstellungen. Roh Tae-Woo bezeichnete sich selbst als einen „gewöhnlichen Bürger", er gelobte, alle Reste autoritärer Herrschaftsform zu beseitigen und künftig das Militär aus der Politik fernzuhalten; er versprach, die Lebensumstände der „normalen Bürger" zu verbessern. Dabei zielte er besonders auf die Staatsbediensteten, die Beamten, denen er eine Angleichung ihrer Gehälter an die Beschäftigten in Staatsbetrieben in Aussicht stellte. Das Pensionsalter wollte er von 58 auf 61 Jahre erhöhen, was für viele Beamtenfamilien eine erhebliche wirtschaftliche Verbesserung bedeuten würde. Weiter sagte er zu, daß unter seiner Regierung die Tradition beendet würde, daß Absolventen der Militärakademien als mittlere Beamte in den Staatsdienst eintreten. Zentrale wirtschaftliche Vision seines Wahlkampfes war die Ausweitung des Handels mit China, dafür soll die Westküste weiter entwickelt werden – die Heimatregion Kim Dae-Jungs – Hilfe für die Bauern, Hilfe für die Klein- und Mittelindustrie, Wohnungsbau usw., alles verlockende Ziele. Roh warnte schließlich auch nachdrücklich vor der Wahl eines Oppositionskandidaten, weil jeder der Kims die politischen Kräfte des Landes polarisieren würde.

Kim Young-Sam betonte in seinen Wahlkampfaussagen den Kampf gegen die Korruption, er sagte die Freilassung aller politischen Häftlinge zu, stellte Kompensation für die Angehörigen der Opfer des Kwangju-Aufstandes in Aussicht und versprach umfangreiche Hilfsmaßnahmen für Bauern und städtische Arme. Ein weiterer zentraler Punkt seiner Wahlkampfaussagen war entsprechend dem Namen seiner Partei die Politik einer Wiedervereinigung von Süd- und Nordkorea; Aussöhnung und Annäherung zwischen beiden Koreas bildeten seine Kernforderung.

Die Wahlkampfaussagen Kim Dae-Jungs zielten in dieselbe Richtung, aber er ging noch einen konkreten Schritt weiter: Zum Abbau der Spannungen auf der koreanischen Halbinsel stellte er in Aussicht, daß unter seiner Präsidentschaft beide Koreas gleichzeitig die Aufnahme in die UN beantragen würden.

Kim Jong-P'il und seine im Oktober 1987 gegründete „New Democratic Republican Party" (NDRP) konzentrierten sich in ihren Wahlkampfaussagen auf Entlastungsmaßnahmen für hochverschuldete Bauern und Fischer; Kim Jong-P'il wollte darauf hinwirken, daß für diese Bevölkerungsgruppen umfangreiche Umschuldungsmaßnahmen ergriffen würden und die Zinsen für Agrarkredite deutlich gesenkt würden.

In den Wahlkämpfen unterstrich Kim Dae-Jung immer wieder, daß er bereit sei, im letzten Moment zugunsten Kim Young-Sams zurückzutreten, wenn sich in der allgemeinen Stimmung ein Sieg des Regierungskandidaten Roh Tae-Woo abzeichnen würde; zugleich aber betonte er stets, daß er überall bestätigt gefunden habe, „unangefochten in Führung zu liegen". Immer wieder auch betonte Kim Dae-Jung kategorisch, daß ein Wahlsieg Roh Tae-Woos „nur durch massiven Wahlbetrug" zustande kommen könne. Ähnlich äußerte sich auch Kim Young-Sam, womit beide Spitzenkandidaten der Opposition zugleich Realitätsverlust und Arroganz gegenüber einer autonomen Wählerentscheidung erkennen ließen.

Die koreanische Öffentlichkeit war über die Ziele der vier Kandidaten wahrscheinlich besser informiert als in allen vorangegangenen Präsidentschaftswahlen: Wie nie zuvor setzten die Bewerber um das höchste Staatsamt die elektronischen Medien zur Selbstdarstellung ein; auch in die abgelegensten Dörfer brachte das südkoreanische Fernsehen die Bilder der vier Kandidaten, ob Kim Dae-Jung in traditioneller koreanischer Tracht oder Roh Tae-Woo, wenn er bei seinen Auftritten den „normalen Bürger" darstellte. Der höhere Informationsstand in der südkoreanischen Bevölkerung über politische Zielsetzungen der einzelnen Kandidaten, der durch die Medien erreicht worden war, änderte jedoch nichts an der Tatsache, daß keiner der Bewerber über die Grenzen seiner regionalen Hochburgen hinaus entscheidende Zugewinne verzeichnen konnte: Nach anfänglich schwachem Zulauf konnte der Kandidat der Regierungspartei, Roh Tae-Woo, in seiner Heimatstadt Taegu (Provinz Nord-Kyongsang) den größten Erfolg verzeichnen, sein Hauptkontrahent Kim Young-Sam konnte mit eindrucksvollen Massenkundgebungen in seiner Heimatstadt Pusan (Provinz Süd-Kyongsang) im Südosten Koreas seine Wählerbasis demonstrieren; schwerer hatte es da schon Kim Dae-Jung, von seiner Heimatprovinz Süd-Cholla (Hauptstadt Kwanju), in die benachbarten südkoreanischen Regionen vorzustoßen, wo man traditionell der Region Cholla gegenüber feindlich eingestellt war. Der dritte Kim fand seine Basis in seiner Heimatprovinz Süd-Chungchong, aber er war letztlich nur Zählkandidat; in Interviews machte er kaum einen Hehl daraus, daß er zur Wahl nur angetreten war, um alte Rechnungen zu begleichen, d.h. in erster Linie dem Kandidaten Roh Stimmen wegzunehmen, um sich an Chun Doo-Hwan zu rächen, der ihm 1980 „Berufsverbot" als Politiker erteilt hatte. Ohnehin war der Wahlkampf vor den Präsidentschaftswahlen im Dezember 1987 ein „Kampf der alten Männer", denen es um die Begleichung alter Rechnungen, die Befriedigung lange schwelender Haßgefühle und Genugtuung für langjährige Unterdrückung ging. Die Bewältigung der Vergangenheit war in den Wahlkampfauseinandersetzungen wichtiger als politische Zielsetzungen für die Zukunft, zumindest bei den beiden „Oppositions-Kims", die immer wieder die Verstrickung des DJP-Kandidaten Roh Tae-Woo in das Massaker von Kwanju beschworen. Natürlich kamen dennoch die Versprechungen für eine rosige Zukunft bei allen Kandidaten nicht zu kurz; die Folge war eine überstarke Erwartungshaltung, die von allen vier Bewerbern im Verlauf des Wahlkampfes geschürt wurde. Wer immer die Präsidentschaftswahl letzten Endes gewinnen würde – und einen klaren Sieger konnte es nicht geben –, mußte mit dieser hohen Erwartungshaltung leben.

Zweifellos hat während der Wahlkämpfe die Regierungs-

partei massiv ihre Startvorteile genutzt und bei der Opposition bittere Klagen ausgelöst. Die DJP und ihre Regierung
- nutzte die Zusage öffentlicher Bauvorhaben als werbewirksame Propagandacoups für DJP-Bewerber Roh Tae-Woo;
- drängte die Beamtenschaft des Landes, für den DJP-Kandidaten Roh Tae-Woo zu arbeiten und übte offensichtlich auch auf die Armeeangehörigen Druck aus, für den Ex-General Roh zu stimmen.
- Nach Ansicht der Opposition manipulierte die Regierung auch die Börse des Landes, mit höheren Notierungen auf die Geld- und Wirtschaftspolitik der Regierung zu reagieren.
- Großunternehmen wurden massiv „angehalten", mit Geldspenden und in anderer Form (z. B. Bereitstellung von Bussen für Wahlkampfhelfer) die Sache Roh Tae-Woos zu unterstützen.
- Die Regierungskontrolle über die elektronischen Medien des Landes schließlich ermöglichte nach Auffassung der Oppostion dem Regierunsgskandidaten Roh eine positive Selbstdarstellung bei tendenziell abwertender Präsentation der Oppositionskandidaten.

Mit Ausnahme der letzten Behauptung, die durch eigene Anschauung zu belegen ist, lassen sich die anderen Anschuldigungen der Opposition kaum beweisen; insbesondere die Behauptung, Soldaten der Armee würden fast zwangsläufig für die Regierung, also für Roh Tae-Woo stimmen, ist letztlich weder zu beweisen noch zu widerlegen, da Briefwahl-Stimmen nicht gesondert ausgezählt werden.

Die Präsidentschaftswahlen im letzten Dezember waren nicht nur nach ihrem verfassungsrechtlichen Rahmen die demokratischsten Wahlen, die Südkorea je erlebte, sondern in Erinnerung an die Präsidentenwahlen auf den Philippinen wohl auch die am schärfsten kontrollierten Wahlen. Einheimische Oppositionsgruppen und amerikanische Bürgerrechtler überwachten Stimmabgabe und Stimmauszählung, und selbst schärfste Kritiker des südkoreanischen Regimes mußten nach dem Wahlgang zugeben, daß die traditionellen Wahlmanipulationen nur in einigen spektakulären Ausnahmefällen vorgekommen sind. Allerdings gibt es keinen Zweifel, daß es solche Vorfälle gegeben hat, jedoch liegen Zahl und Umfang dieser Manipulation offenbar weit unterhalb dessen, was bisheriger koreanischer Tradition entsprach.

Der Wahlausgang widerlegte alle selbstbewußten Prognosen der Oppositionskandidaten, aber auch die Voraussagen vieler ausländischer Beobachter: Roh Tae-Woo konnte mit seinem Stimmenblock an den beiden Kims vorbeiziehen, die durch ihre persönlichen Rivalitäten, die Spaltung der Opposition, eine solide Zwei-Drittel-Mehrheit des Widerstandes gegen Roh in eine Niederlage durch Zersplitterung verwandelt hatten. Roh erhielt 36,6% der Stimmen, Kim Young-Sam 28%, Kim Dae-Jung 17% und selbst Kim Jong-P'il erreichte noch 8% der Stimmen. Roh-Tae-Woo hat also die Wahlen nicht gewonnen, sondern die beiden Kims haben sie verloren – wenn wir einmal von Kim Jong-P'il absehen. Die Stimmenverteilung für alle vier Kandidaten bestätigte einerseits die erwartete Verteilung auf die persönlichen Hochburgen, andererseits entfielen nicht, wie erwartet wurde, deutliche Stimmenmehrheiten in den städtischen Ballungszentren auf einen der beiden Kims. Roh erhielt insgesamt 8,28 Mio. Stimmen, Kim Young-Sam 6,33 Mio. und Kim Dae-Jung 6,11 Mio. Stimmen, auf Kim Jong-P'il entfielen 1,82 Mio. Stimmen. Besonders in Seoul gab es einen weit knapperen Ausgang, als vorausgesagt worden war: Hier erhielt Roh 1,68 Mio., Kim Young-Sam 1,63 (!) Mio. Stimmen und Kim Dae-Jung 1,83 Mio. Stimmen (vgl. Tabelle).

Roh führte also mit 2 Mio. Stimmen Abstand vor seinem schärfsten Rivalen Kim Young-Sam; selbst die massivste Manipulation hätte nicht zu einem solchen Ergebnis führen können, überdies hätte eine gut geplante Manipulation in der Vorbereitung nicht das Risiko einer Stimmenmarge für Roh unterhalb der 50%-Marke eingehen dürfen.

Die Hauptgründe für die schwere Niederlage der Opposition lagen auf der Hand:

– Wut und Resignation in der Bevölkerung über die Zer-

Stimmverteilung bei den Präsidentschaftswahlen Dezember 1987

	Roh Tae-Woo	Kim Young-Sam	Kim Dae-Jung	Kim Jong-P'il
Gesamtzahl d. Stimmen	8 282 738	6 337 581	6 113 375	1 823 067
Seoul	1 682 824	1 637 347	1 833 010	460 988
Pusan[1]	640 622	1 117 011	182 409	51 663
Taegu[2]	800 363	274 880	29 831	23 230
Kwangju[3]	22 943	2 471	449 554	1 111
Chollanam-do[4]	119 229	16 826	1 317 990	4 831
Kyongsangbuk-do[5]	1 108 035	470 189	39 756	43 227

Anm.: [1] abgegeb. Stimmen in Pusan: 2 024 716, Heimat Kim Young-Sams
[2] abgegeb. Stimmen in Taegu: 1 146 868, Heimat Roh Tae-Woos
[3] abgegeb. Stimmen in Kwangju: 481 565, Heimat Kim Dae-Jungs
[4] abgegeb. Stimmen in Chollanam-do: 1 498 834, Provinz, Heimat Kim Dae-Jungs
[5] abgegeb. Stimmen in Kyonsangbuk-do: 1 709 591, Provinz, Heimat Roh Tae-Woos

strittenheit der Oppisition. Beide Kims taten alles, um die verbreitete Enttäuschung über ihren Streit noch zu vertiefen, indem sie sowohl verbal wie auch durch Aktionen gegeneinander Wahlkampf führten (so verteilten z. B. Wahlhelfer Kim Young-Sams in Chollanam-do gefälschte Flugblätter, die einen Verzicht Kim Dae-Jungs auf die Kandidatur bekanntgaben...)

– Der häufig unterschätzte Wunsch nach Stabilität in der Mittelschicht; gewalttätige Studentendemonstrationen und die dunklen Warnungen der beiden Kims vor „einem Chaos, wenn Roh gewinnt", hatten viele städtische Wähler abgeschreckt. Die Sorge vor einem Eingreifen des Militärs bei einem Sieg einer der beiden Kims war weniger entscheidend als das Mißtrauen gegenüber der Wirtschaftspolitik, für die beide standen.

Roh Tae-Woo ist nicht der Präsident einer Mehrheit der südkoreanischen Bevölkerung, zwei Drittel der Bürger haben gegen ihn gestimmt; mit diesem Handicap ging Roh in eine schwierige fünfjährige Amtszeit. Jedoch hat er eine große

Chance, sich in einer frühen Phase breite Sympathien zu verschaffen: Glanzvolle Olympische Sommerspiele, die mit ähnlicher Effizienz wie die Asienspiele von 1986 ablaufen, würden Südkorea international hohes Ansehen verschaffen, von dem auch Roh innenpolitisch profitieren könnte.

Er „pokerte" mit dieser Chance, als er auf einer Wahlkundgebung bekanntgab, sich nach den Spielen einem Volksentscheid zu stellen. Nach der unerwarteten Niederlage der DJP in den Wahlen zur Nationalversammlung (s.u.) deuteten jedoch dunkle Andeutungen aus der Regierungspartei darauf hin, daß Roh dieses „Vertrauensvotum" umgehen möchte, obwohl er bei seiner Vereidigung im Februar 1988 die Erfüllung aller Wahlversprechen bekräftigt hatte. Die Opposition aber hat seine Zusage zu einem Wahlkampfthema gemacht, und ein Bruch seines Versprechens würde nicht wieder gutzumachenden Gesichtsverlust für ihn bedeuten.

Eine weitere schwere Hypothek ist die Aufarbeitung der Umstände des Massakers von Kwangju 1980, denn das „Erbe von Kwangju" ist keineswegs vergessen, vielmehr wird sich Roh während seiner Amtszeit immer wieder mit Forderungen nach restloser Aufklärung der Vorfälle konfrontiert sehen, die Schatten der Toten werden gerade heute, nach den Wahlerfolgen vom April 1988, immer wieder von den Oppositionsführern beschworen.

3. Neues Wahlrecht für die Nationalversammlung – Eindrucksvolle Wahlerfolge für die Opposition

Nach langwierigen Verhandlungen, die am Ende zusammenbrachen, peitschte die regierende DJP schließlich am 8. März 1988 ohne parlamentarische Aussprache eine umfassende Wahlrechtsreform durch. Das „Abstimmungsverfahren" entsprach koreanischer Tradition: Nach Schlägereien zwischen Oppositionsabgeordneten und DJP-Parlamentariern im hohen Haus wurden die Wahlrechtsänderungen mit den Stimmen der DJP-Abgeordneten verabschiedet. Mit diesem Verfahren hatte die Regierungspartei den hinhaltenden Widerstand der Oppositionsparteien überrollt und die Kluft zwischen Regierung und Opposition noch weiter vertieft.

Das neue Wahlrecht ersetzte die bisher 92 Wahlkreise (WK) mit je zwei Abgeordneten durch 224 Einer-WK; weitere 75 „indirekte" Mandate werden seither nach einem Verhältnisschlüssel auf jene Parteien verteilt, die mindestens 5 Direktmandate errungen haben, dabei wird die Reihenfolge der errungenen direkten Mandate zugrundegelegt, so daß eine Mehrheit für die relativ stärkste Partei sichergestellt ist. Erreicht jedoch keine Partei mit der Gesamtzahl ihrer direkten und indirekten Mandate die absolute Mehrheit, so erhält die Partei mit den meisten Direktmandaten zwei Drittel oder 50 der indirekten Mandate, die übrige 25 indirekten Mandate werden nach dem erwähnten Schlüssel der Direktmandate unter den übrigen Parteien aufgeteilt. Mit dem System der Einer-WK hat die DJP den Forderungen der größten Oppositionspartei RDP entsprochen, diese hatte einen entsprechenden Entwurf im August 1987 vorgelegt, wollte darin jedoch verhindern, daß die stärkste Partei mehr als zwei Drittel der Mandate bekommen kann. Es bleibt unerfindlich, warum RDP und auch PPD Einer-WK verlangt hatten, denn dieses System mußte in Südkorea die Regierungspartei in Vorteil setzen: Gewählt wird nach bekanntem Gesicht und nachweislicher Interessenvertretung regionaler Sonderforderungen in Seoul; dabei würden prominente Vertreter der beiden Kims zwar in den Hochburgen der Opposition und wohl auch in einigen Städten gewählt werden, aber die Bevölkerungsmehrheit dürfte sich ganz pragmatisch für einflußreiche Interessenvertreter entscheiden, d.h. für DJP-Kandidaten mit Zugang zur Macht.

Der Ausgang der Wahlen zur Nationalversammlung am 26. April 1988 verblüffte auch die besten Kenner der politischen Lage in Südkorea: Die Regierungspartei „Democratic Justice Party" (DJP) büßte ihre parlamentarische Mehrheit ein, erstmals stellen die drei größten Oppositionsparteien die Mehrheit der Mandate – Präsident Roh Tae-Woo muß mit einer parlamentarischen Minderheit seiner Partei leben, zum ersten Mal in der südkoreanischen Nachkriegsgeschichte kontrolliert damit die Regierungspartei nicht das Parlament.

Neben der „Democratic Justice Party" (DJP) stellten sich die „Party for Peace and Democracy" (PPD, Kim Dae-Jung), die „Reunification and Democracy Party" (RDP, gegr. von Kim Young-Sam), die „New Democratic Republican Party" (NDRP, Kim Jong-P'il) sowie eine Reihe von Unabhängigen. Die Ergebnisse im Überblick siehe Tabelle.

Eindeutiger Gewinner war also die PPD Kim Dae-Jungs, die alle 34 Mandate in seiner Heimat Cholla-do (Hauptstadt Kwangju, hier gewann die PPD 36 von 37 Mandaten) und in Seoul 17 von 42 Sitzen gewann. Die RDP fiel auf den dritten Platz zurück, da ihre Kandidaten – offenbar resigniert – lustlos Wahlkampf machten; nur in Pusan, Kim Young-Sams Heimat, schnitt die RDP besser ab. Die DJP konnte in Taegu (Heimat Rod Tae-Woos), in den Provinzen Kyongsang,

Wahlen zur Nationalversammlung am 26. April 1988

	DJP	PPD	RDP	NDRP	Sonstige	Gesamt
Seoul	10	17	10	3	2	42
Pusan	1	–	14	–	–	15
Taegu	8	–	–	–	–	8
Inchon	6	–	1	–	–	7
Kwangju	–	5	–	–	–	5
Kyonggi-do	16	1	4	6	1	28
Kangwon-do	8	–	3	1	2	14
Chungchongbuk-do	7	–	–	2	–	9
Chungchongnam-do	2	–	2	13	1	18
Chollabuk-do	–	14	–	–	–	14
Chollanam-do	–	17	–	–	1	18
Kyongsangbuk-do	17	–	2	2	–	21
Kyongsangnam-do	12	–	9	–	1	22
Cheju-do	–	–	1	–	2	3
	87	54	46	27	10	224
Proportional vergebene Mandate	38	16	13	8		75
Mandate gesamt	125	70	59	35	10	299

Kangwon-do, Chungchongbuk-do und Kyonggi-do sichere Erfolge verbuchen. Kin Jong-P'il, der eine alte Rechnung mit Roh Tae-Woo zu begleichen hat (politisches „Berufsverbot" 1980), siegte mit seiner NDRP sicher in seiner Heimat Chungchongnam-do. Überraschend war die vergleichsweise niedrige Wahlbeteiligung mit 75,8% (1984: 84,2%), die in Seoul sogar nur 69,3% erreichte – offensichtlich Ausdruck der Resignation bei vielen Wählern nach dem Eindruck der Präsidentschaftswahlen. Die niedrigere Wahlbeteiligung hat der DJP geschadet, die sich mit ihrer Siegessicherheit selbst geschadet hat.

Wieder waren die Wahlen von dem traditionellen Regionalismus geprägt: Der Südwesten fiel an Kim Dae-Jung und die PPD, der Nordosten an die DJP, der Südosten entschied sich für Kim Young-Sams RDP und im Nordosten schließlich dominierten Kim Jong-P'il und die NDRP. Dieser Regionalismus, der begleitet wird durch ausgeprägte wechselseitige regionale Antipathien, könnte in Zukunft ein destabilisierendes Element bilden, wenn nicht alle politischen Kräfte auf eine Überwindung der traditionellen Rivalitäten hinarbeiten.

Manfred Pohl (Institut für Asienkunde, Hamburg)

Literaturhinweise

Kim, Jong-min, Politik in Südkorea zwischen Tradition und Fortschritt. Frankfurt/Bern 1983.
Machetzki, Rüdiger, Manfred Pohl (Hrsg.), Korea. Stuttgart 1988.
Sung M. Pae, Testing Democratic Theories in Korea. Lanham/New York/London 1986.

Chronik

1640–1880	Abschließung des Landes nach außen
1876	Japan erzwingt die Öffnung Koreas, es folgen verschiedene Handelsverträge mit anderen Nationen
1894	„Tonghak"(= Östliche Lehre)-Aufstand; chinesische Hilfstruppen für die koreanische Regierung stoßen mit japanischen Interventionstruppen zusammen; die Folge:

1894/95	Chinesisch-japanischer Krieg
1895	Nach einer verheerenden Niederlage in diesem Krieg muß China die „Unabhängigkeit" Koreas anerkennen
1897	Gestützt auf eine Volksbewegung, proklamiert der König das „Kaiserreich Tae Han", er selbst hält sich in der russischen Botschaft auf
1905	Nach dem russisch-japanischen Krieg (1904/05) wird Korea japanisches Protektorat
1910	Endgültige Annexion Koreas durch Japan. Das Land wird als Generalgouvernement japanische Kolonie
1919	„Erste-März-Bewegung" für die koreanische Unabhängigkeit löst blutige Unterdrückungsmaßnahmen der japanischen Kolonialmacht aus
bis 1945	Als japanische Kolonie wird Korea erst Reislieferland, dann auch Bestandteil der japanischen Kriegswirtschaft. Viele Koreaner werden als Zwangsarbeiter nach Japan verbracht oder müssen in der japanischen Armee dienen
1945–1947	Im Süden amerikanische Militärregierung (USAMGIK), im Norden etabliert die Sowjetunion Kim Il-Sung. Grenzverlauf beider Besatzungszonen, später der beiden Staaten: der 38. Breitengrad
1948	Gründung der Republik Korea unter Präsident Syngman Rhee, nachdem von der UNO beschlossene Wahlen nur in Südkorea abgehalten worden waren. Gründung der „Demokratischen Volksrepublik Korea" unter Kim Il-Sung
1950–1953	Korea-Krieg (Waffenstillstand: 27.7. 1953, der 38. Breitengrad wird Grenze zwischen Nord- und Südkorea). Zwölf Jahre regiert Syngman Rhee Südkorea als autokratischer Präsident
1960	Sturz Syngman Rhees nach heftigen Studentenunruhen
1960/61	„Demokratisches Zwischenspiel" unter Chang Myon: Entmachtung des Präsidenten, Kabinettsystem
1961	Militärputsch unter Führung Park Chung-Hees
1963–1972	„Dritte Republik" unter der Präsidentschaft Park Chung-Hees
1965	Aufnahme voller diplomatischer Beziehungen zwischen Japan und der Republik Korea, schwere Studentenunruhen
1972	Durch eine neue Verfassung („Yushin"-Verfassung) kann Park Präsident auf Lebenszeit werden (unbegrenzte Wiederwahl nach sechs Jahren Amtszeit). Fortan indirekte Wahl des Präsidenten durch ein Wahlmännergremium („National Unification Council", NUC, über 2000 Mitglieder)
1978	Wiederwahl Parks durch den NUC
1979	26. Oktober: Ermordung Park Chung-Hees

1979/80	Übergangsregierung Choi Kyu-Ha
1980	Ein Volksaufstand für mehr Demokratie in Kwangju wird blutig niedergeschlagen
1981	Neue Verfassung. Chun Doo-Hwan wird Präsident
1986	Die „Asienspiele" in Seoul werden zu einem großen internationalen Erfolg für Südkorea
1987	Im Juni beginnt nach heftigen Demonstrationen eine Phase der Demokratisierung, die von Roh Tae-Woo, einem engen Vertrauten Chuns, eingeleitet wird. Die beiden Kims, Symbole der Opposition, können sich fortan ungehindert politisch betätigen. Die Verfassung wird mit dem Ziel einer Direktwahl des Präsidenten erneut geändert
1988	Erste freie Wahlen zur Nationalversammlung; die Opposition erringt die Mehrheit der Sitze

Industriewirtschaftliche Reformen in der VR China

1. Einleitung

Auf dem XIII. Parteitag der Kommunistischen Partei Chinas erstattete der Generalsekretär der Partei, Zhao Ziyang, am 25.10.1987 einen Bericht, der programmatischen Charakter für eine in das nächste Jahrtausend reichende Zukunft hat. Er sprach von der Entwicklung der Warenwirtschaft, von einer exportorientierten Außenwirtschaftsstrategie, forderte intensives (anstatt wie früher extensives) Wirtschaftswachstum sowie die Trennung von Eigentumsrechten und Wirtschaftsverwaltungskompetenzen in den volkseigenen Betrieben. Nur etwa 30% der chinesischen Wirtschaft würden in den nächsten zwei bis drei Jahren noch Gegenstand zentraler Planung sein. Aus den „Sturmwogen der Marktkonkurrenz" sollten viele tüchtige und wagemutige Unternehmer hervorgehen.

Vergleicht man diese programmatischen Aussagen mit der Terminologie gegen Ende der „Kulturrevolution" (1976), so erkennt man leicht die gewaltigen Veränderungen, die sich in der Zwischenzeit ergeben haben. Hätte ein chinesischer Wirtschaftspolitiker vor 1976 auch nur andeutungsweise solche wie von Zhao Ziyang nun genannten Neuerungen gefordert, so wäre er unweigerlich in das Kreuzfeuer scharfer Kritik der orthodoxen Maoisten geraten. Gegen Ende der „Kulturrevolution" befand sich die chinesische Wirtschaft indes in einem kritischen Zustand; eine Änderung der Wirtschaftsweise hätte nicht mehr lange hinausgeschoben werden können.

Die Wirtschaftsreform begann in der Landwirtschaft (1978). Die strikte Planung im Rahmen von Volkskommunen wurde aufgegeben und ein Pachtsystem chinesischer Prägung wieder eingeführt (vgl. Beitrag Wirtschaftsformen in der VR China, Jahrbuch Dritte Welt 1985). Das Eigeninteresse der Bauern, das sich nun voll entfalten konnte, führte zusammen mit der Beseitigung der größten Defekte des alten Systems zu einem gewaltigen Aufschwung in der Landwirtschaft, den jeder, der in China reist, selbst beobachten kann. In der Industriewirtschaft war jedoch durch wenige ordnungspolitische Änderungen keine Abhilfe zu schaffen; zu starr waren die Verhältnisse – vor allem in den großen staatlichen Betrieben. Im folgenden werden einige Probleme der Industriewirtschaft erörtert.

2. Statistische Daten über den Wandel

Vergleicht man die wichtigsten wirtschaftlichen Indikatoren des 4. Fünfjahresplanes, der noch unter der Vor-Reformära abgeschlossen wurde (1971–1975), mit jenen des 6. Fünfjahresplanes, also der ersten Planperiode der Reformära (1981–1985), die mit dem Jahre 1978 beginnt, so wird der Wandel auch statistisch deutlich.

Wichtige Wirtschaftsindikatoren der 4. und 6. Fünfjahrespläne
(Vergleich der durchschnittlichen jährlichen Wachstumsraten)

	4. Plan 1971–1975	6. Plan 1981–1985
Gesellschaftliches Gesamtprodukt	7,3	10,8
Bruttoproduktionswert von Industrie u. Landwirtschaft	7,7	10,9
darunter:		
– Landwirtschaft	4,0	11,4
– Industrie	9,1	10,8
• Leichtindustrie	7,7	12,0
• Schwerindustrie	10,2	9,6
Nationaleinkommen	2,7	9,8

Quellen: Errechnet nach Angaben in Zhongguo Tongji Nianjian 1985 (Statistisches Jahrbuch Chinas 1985), Beijing 1985; Xinhua, 28.2.1986, zit. nach Summary of World Broadcasts (SWB), FE/8197/C/1–9, 3.3.1987.

Überraschend ist die Entwicklung des Wachstums des Nationaleinkommens, das eine Summierung der Nettoproduktionswerte der fünf wichtigsten Sektoren der chinesischen Volkswirtschaft, nämlich Landwirtschaft, Industrie, Bauwesen, Transport und Handel, darstellt und das Realwachstum besser wiedergibt als Bruttoproduktionswerte. Während in der Periode des 4. Plans das durchschnittliche jährliche Wachstum des Nationaleinkommens nur 2,7% betrug, stieg es in der Periode des 6. Plans sehr schnell auf 9,8% an.

Eine bemerkenswerte Veränderung ergab sich hinsichtlich der Investitionen. Während der 4. Periode betrug das Verhältnis der produktiven zu den nichtproduktiven Investitionen 75,5%:24,5%. In der 6. Planperiode war fast eine Gleichverteilung erreicht: 51%:49%. Dies spiegelte die wachsende Bedeutung wider, die man dem sog. nichtproduktiven Sektor einzuräumen bereit ist. Dieser Sektor, den man im wesentlichen mit dem Dienstleistungssektor gleichsetzen kann, spielt eine beträchtliche Rolle, vor allem für das Leben der städtischen Bevölkerung. Mußte man zuvor viel Zeit aufwenden, um Haushaltsarbeiten zu erledigen, so ist in der letzten Zeit eine Verbesserung insofern zu verspüren, als Dienstleistungsunternehmen das Leben angenehmer machen. Auch ideologisch ist der Dienstleistungssektor vom Ruch des Nutzlosen befreit worden.

3. Langfristige Reformziele

Im Dezember 1981 verkündete Zhao Ziyang erstmals das Ziel der Vervierfachung des Bruttoproduktionswertes von Industrie und Landwirtschaft zwischen 1980 und 2000. Dieses Ziel wurde auch von anderen Politikern immer wieder genannt. Angesichts der Vagheit der Kennziffer kann hier von einem in eine Quantität übersetzten Politslogan gesprochen werden, der nichts anderes aussagt, als daß die chinesische Volkswirtschaft sich schnell entwickeln müsse.

Hu Yaobang hatte 1985 erklärt, daß China bis zum Jahre 2049 – 100 Jahre nach Gründung der Volksrepublik – zu den reichsten und mächtigsten Staaten der Erde gehören werde, und zwar als ein moderner und starker sozialistischer Staat.

Wesentlich bescheidener war Zhao Ziyang, als er in seiner Programmrede anläßlich des XIII. Parteitages am 25. Oktober 1987 erklärte, das Bruttosozialprodukt pro Kopf solle Mitte des nächsten Jahrhunderts den Stand der mittleren entwickelten Länder erreichen. Das Volk solle dann in ziemlich guten Verhältnissen leben und die Modernisierung im wesentlichen vollendet sein.

Zhao erklärte in seiner Programmrede auch, der Aufbau des Sozialismus in einem großen, rückständigen Land des Ostens wie China sei eine neue Aufgabe in der Entwicklung des Marxismus. Der Parteichef kam zu dem Schluß, daß sich die Volksrepublik im „Anfangsstadium des Sozialismus" befinde. Es handle sich im Falle Chinas um ein spezifisches Stadium beim Aufbau des Sozialismus unter den Bedingungen der rückständigen Produktivkräfte und der unterentwickelten Warenwirtschaft. Vom Beginn der 1950er Jahre bis zur wesentlichen Verwirklichung der sozialistischen Modernisierung benötige China wenigstens einhundert Jahre. Dieser Zeitabschnitt, endend etwa im Jahre 2050, gehöre zum Anfangsstadium des Sozialismus.

Mit dieser Einordnung der gegenwärtigen Etappe ist Freiraum geschaffen worden für viele Experimente, die von orthodoxen Marxisten möglicherweise als regimewidrig angesehen werden. Ideologisch dürfte es wenig Schwierigkeiten geben, in Zukunft Methoden zu versuchen, die andernorts als revisionistisch oder kapitalistisch bezeichnet werden.

4. Probleme der Industriewirtschaft

4.1 Reformbeschluß

Die Notwendigkeit einer Reform der Industriewirtschaft ergab sich auch daraus, daß viele Industriearbeiter die Erfolge in der Landwirtschaft mit Interesse verfolgten und Vergleiche anstellten. Verstärkt wurde der Druck dadurch, daß die gute Situation auf dem Lande ihren Niederschlag in steigender Kaufkraft und entsprechender Nachfrage in verschiedenen

Sektoren der Industriewirtschaft (z. B. Baumaterialien, landwirtschaftliche Produktionsmittel, elektronische Unterhaltungsgeräte) fand. Hinzu kam, daß die Verantwortlichkeitssysteme auf dem Lande die zuvor versteckte in eine offene Arbeitslosigkeit verwandelten. Es gebe, so der stellvertretende Ministerpräsident Yao Yilin, gegenwärtig in den ländlichen Gebieten 300 Mio. Arbeitskräfte, doch lasse sich die Landarbeit von nur 100 Mio. erledigen, so daß die restlichen 200 Mio. frei wären für die Arbeit in der Industrie, im Verkehr- und Transportwesen sowie im städtischen Dienstleistungssektor.

Der am 20. Oktober 1984 einstimmig angenommene „Beschluß des Zentralkomitees der KPCh über die Reform des Wirtschaftssystems" befaßt sich trotz seines Titels fast ausschließlich mit der Industriewirtschaft. Die Sprache des Dokuments sowie einige andere amtliche Verlautbarungen, die zum Verständnis der Industriereform mit herangezogen werden müssen, lassen darauf schließen, daß ein Kompromiß der unterschiedlich orientierten Fraktionen innerhalb der chinesischen Führung gefunden wurde. Nimmt man den Text zum Nennwert, so kann in der Tat von einem Abschied von der zentralen Planwirtschaft sowjetischer Prägung gesprochen werden. Eine genauere Analyse ergibt jedoch, daß die Richtung, in der sich die Industriewirtschaft zu bewegen hat, keineswegs eindeutig festgelegt ist.

Das neue Wirtschaftsmodell wird „sozialistische geplante Warenwirtschaft" genannt, doch können daraus noch keine konkreten Charakteristika abgeleitet werden. Mit dem Begriff „Warenwirtschaft" wird das Wertgesetz als gültiges Steuerinstrument anerkannt. Aber offen bleibt, in welchem Umfange, auf welcher Ebene und nach welchem Typus in den einzelnen Bereichen geplant werden soll.

4.2 Dezentralisierung der Entscheidungsbefugnisse

Die Unternehmen im urbanen Sektor stehen im Mittelpunkt der Reformbemühungen. Insbesondere die großen und mittelgroßen Betriebe im Volkseigentum seien der Schlüssel zur Umstrukturierung der Volkswirtschaft. Keine staatliche Institution könne die komplizierten Verflechtungen zwischen den Betrieben vollständig übersehen und sich rechtzeitig um alles kümmern. Unter der Bedingung, daß sie den staatlichen Plänen folgen und sich der staatlichen Kontrolle unterwerfen, erhielten die Betriebe die Befugnisse, flexible Betriebsformen zu wählen; Produktion, Versorgung und Vermarktung selbst zu planen; über die ihnen zustehenden Fonds selbst zu verfügen; nach den geltenden Bestimmungen ihre Mitarbeiter einzustellen oder zu entlassen; über die Einstellung und den Einsatz der Arbeitskräfte, über Löhne und Vergütungen selbst zu entscheiden; im Rahmen der staatlichen Vorschriften die Preise für ihre Produkte festzulegen usw. Die Unternehmen sollen also zu relativ unabhängigen Wirtschaftseinheiten werden, die eigenverantwortlich und als juristische Person mit gewissen Rechten und Pflichten agieren.

Der Problembereich „Zentralisierung versus Dezentralisierung" ist in einer Planwirtschaft im Prinzip auf die sog. laufenden Entscheidungen, also beispielsweise Volumen und detaillierte Struktur der Gesamtproduktion eines Industriesektors oder eines Unternehmens, Versorgungs- und Absatzpolitik, Form und Methoden der Entlohnung, beschränkt. Da Entscheidungen nun von der zentralen Ebene auf die Ebene der Unternehmen verlagert werden, haben wir es mit Dezentralisierung zu tun. Erfolg kann eine solche Umstrukturierung jedoch nur dann haben, wenn auch die Rahmenbedingungen für die Unternehmen umgestaltet werden. Eine wichtige Rahmenbedingung in diesem Sinne ist das System der Planung.

4.3 Planungssystem

Die volkswirtschaftliche Planung werde, so das Reformdokument, noch eine beträchtliche Zeitspanne nur annähernd genau und flexibel sein. Über wichtige Bereiche der Volkswirtschaft könne mittels der Regulierung durch ökonomische Methoden eine wirksame Kontrolle ausgeübt, für weniger wichtige Bereiche jedoch Flexibilität zugelassen werden. Das bedeutet nicht notwendigerweise die Vorherrschaft der Befehlsplanung. Auch die Indikativplanung ist eine spezifische Form der Planwirtschaft, die nach und nach einen größeren Raum gegenüber der Befehlsplanung einnehmen soll.

Die Befehlsplanung soll auf wichtige Produkte angewendet werden, die eine strategische Bedeutung für die Volkswirtschaft und den Lebensstandard der Menschen haben und die deshalb durch den Staat zugeteilt oder verteilt werden müssen. In diesem Sinne werden in der Industrie zentral weiterhin geplant: Kohle, Erdöl, Walzstahl, NE-Metalle, Bauholz, Zement, Elektrizität, industrielle Basischemikalien, Kunstdünger, wichtige Maschinen und elektrische Ausrüstungen, Chemiefasern, Zeitungspapier und Rüstungsgüter.

Nach dem Prinzip der separaten Verwaltung können Ministerien, Provinzen, Autonome Regionen und Städte ihre eigenen Befehlspläne für einige wichtige Industrieprodukte, die nicht in den staatlichen Plänen enthalten sind, in ihren Bereichen aufstellen. Die lokalen Verwaltungseinheiten sollten die Verantwortung für die Schaffung der Voraussetzungen zur Produktion dieser Güter übernehmen. Große Betriebe, die die staatlichen Pläne auszuführen haben, müssen sich an die Planquoten halten und sollten diese nicht anheben, falls die Produktionsaufgaben an andere vergeben werden.

Die Indikativ- oder Leitplanung gilt für einen mittleren Bereich wichtiger Güter; sie bedient sich vorwiegend der sog. ökonomischen Hebel. Mittels spezifischer Zinssätze für Kredite, Steuern und Anreizmechanismen soll erreicht werden, daß auf den Märkten ein Ausgleich stattfindet. Die hier zur Verfügung stehenden Instrumente haben sich bislang als unscharf erwiesen, denn die Voraussetzungen für ihr Funktionieren lagen noch nicht vor. Nur wenn ein Bewußtsein für Wirtschaftlichkeit und ein Denken in Kostenkategorien existieren, wird es möglich sein, daß makroökonomische Daten als Signale aufgenommen und nach unten weitergegeben werden.

Ein dritter Bereich der Volkswirtschaft wird bereits durch marktwirtschaftliche Methoden gesteuert. Es handelt sich vorwiegend um den Dienstleistungssektor und den Kleinhandel. Hier steuern Angebot und Nachfrage die Preise, und die früher völlig unzureichend angebotenen Dienstleistungen haben sich zum Nutzen der Konsumenten erheblich verbessert. Zwar werden die privaten Restaurants und Handwerksbetriebe von ihren staatlichen Konkurrenten argwöhnisch betrachtet, doch haben sie sich trotz administrativer Auflagen schnell ausdehnen können. Offiziell können bis zu acht Angestellte in den Privatbetrieben beschäftigt werden, doch sind bereits höhere Angestelltenzahlen bekannt geworden.

Staatliche Verwaltungsbehörden haben teilweise eine beträchtliche Flexibilität hinsichtlich der ihnen unterstellten Betriebe entwickelt. Immer mehr nimmt das Leasing staatlicher Unternehmen an Private zu. Angesichts eines spektakulären Falles entstand in diesem Zusammenhang eine heftige Diskussion in den Medien, die in der Frage gipfelte, ob Leasing noch sozialistisch sei. Guan Guangmei, die Leiterin einer Produktionsgruppe mit 340 Arbeitskräften, kontrolliert heute acht Betriebe in der Lebensmittelbranche mit Hilfe einer Holding-Gesellschaft und beschäftigt insgesamt über 1000 Arbeiter und Angestellte. Die von Guan geführten Betriebe konnten aufgrund des straffen Managements ihre Umsätze schnell erhöhen, sie selbst verdiente in zwei Jahren mehr als 44 000 Yuan.

Die Befürworter dieses Reformexperimentes sind in der Überzahl. Sie argumentierten beispielsweise, daß die Bildung von Handelskonsortien einschließlich jener auf der Grundlage des Leasing, ein unverzichtbares Element im Rahmen der laufenden Handelsreformen in der Volksrepublik sei. Frau Guans Unternehmen habe insofern eine Rolle gespielt, als gemeinsame Einkäufe und getrennte Verkäufe innerhalb der Unternehmen möglich seien, was zu gegenseitigen Anpassungen der Güter, zur zentralisierten Lagerung, zum zentralisierten Transport und anderen Einrichtungen geführt habe. Solche Konsortien wiesen überlegene Charakteristika in bezug auf die Verbesserung wirtschaftlicher Resultate auf, förderten den Umlauf von Kapitalien unter den Mitgliedsfirmen, erhöhten die Kapazität, Risiken zu tragen, usw. Das Leasing-System in diesem Konsortium stelle kein kapitalistisches Handelsmonopol dar, sondern stimuliere im Gegenteil die Entwicklung der Produktivkräfte.

Unter den gegenwärtigen Bedingungen bleibt die Aufteilung der verschiedenen Planungsbereiche und die Vermittlung zwischen ihnen eine schwierige Aufgabe. Eine zu schnelle Auflösung des Planungssystems könnte nach Meinung konservativer Kritiker zum Chaos führen, weil die grundlegende Einheitlichkeit der Lebensbedingungen in China sehr schnell verloren ginge. Wirtschaftlich starke Gebiete könnten noch stärker werden, und die aus den Ungleichheiten sich ergebenden Unruhen könnten das politische System gefährden.

4.4 Preissystem

Dreh- und Angelpunkt der Reform eines zentralgeplanten Wirtschaftssystems ist die Reform des Preissystems. Auch das Reformdokument vom 20. Oktober 1984 und nachfolgende Dokumente enthalten Aussagen bzw. Vorschriften über die Preisreform. Die Preise sollten die Warenwerte reflektieren sowie gleichermaßen den Angebots- und Nachfrageverhältnissen entsprechen. Es gebe aber, so die Reformer, in diesem Bereich teilweise irrationale Verhältnisse. Qualitätsunterschiede bei gleichartigen Waren und die Relationen zwischen unterschiedlichen Warenkategorien seien bislang nicht oder nicht hinreichend berücksichtigt worden. Besonders schlimm seien die Verhältnisse im Bereich der mineralischen Rohstoffe, deren Preise vergleichsweise immer noch zu niedrig sind, und bei Agrar- und Nebenerwerbsprodukten, wo es Differenzen zwischen den (hohen) staatlichen Ankauf- und den (niedrigen) Abgabepreisen gibt, was zu Spekulationsgeschäften anregte.

Hinsichtlich des Preissystems treffen wir auf ein besonderes Dilemma der Wirtschaftsreform. Müßte man den Zustand des chinesischen Binnenmarktes kurz charakterisieren, so würde man von einem Verkäufermarkt sprechen. Das heißt, die Nachfrage ist in vielen Sektoren größer als das Angebot; infolgedessen können die Anbieter weitgehend die Bedingungen des Marktes selbst festsetzen. Es ist nun extrem schwierig, in einer solchen Situation eine Preisreform durchzuführen. Wollte man beispielsweise Preise sich bilden lassen, die auf relativen Knappheitsverhältnissen beruhen, so könnte dies nach dem Prinzip der Gewinnmaximierung im freien Spiel der Kräfte geschehen. In der Situation eines Verkäufermarktes würden sich dann aber monopolartige Gewinne erzielen lassen.

Nur in der Situation eines Käufermarktes, in dem das Angebot die Nachfrage übersteigt, könnten weitgehend „rationale" Preisverhältnisse hergestellt werden. Das Dilemma kann also wie folgt formuliert werden: Eine wirkliche Preisreform kann nur in der Situation eines Käufermarktes durchgeführt werden. Es liegt aber ein Verkäufermarkt vor; die Preisreform in der Situation eines Verkäufermarktes führt jedoch zu unerwünschten Ergebnissen. Das Land kann aber nicht darauf warten, daß ein Käufermarkt hergestellt wird, sondern muß aus der gegebenen Situation heraus handeln.

4.5 Inflationsprobleme

Am Rande des XIII. Parteitages wurden Pressekonferenzen über die wichtigsten wirtschaftlichen und gesellschaftlichen Problembereiche abgehalten. Ein Thema, das die Journalisten immer wieder interessierte, war die Inflationsrate bzw. die Preisreform. Die Antworten der jeweiligen chinesischen Experten waren indes sehr allgemein und manchmal ausweichend.

Gao Shangquan, stellvertretender Minister der Kommission

zur Umgestaltung des Wirtschaftssystems, antwortete auf eine entsprechende Frage, daß man mit der Preisreform fortfahre, daß man jedoch in stetiger Weise vorgehe, um die grundlegende Stabilität der Preise aufrechtzuerhalten. Auf die Frage nach der höchsten noch zu verkraftenden Inflationsrate antwortete Gao, daß die kombinierten Werte des wirtschaftlichen Wachstums und der Preiserhöhungen im wesentlichen der Zunahme der Geldvermehrung entsprechen müßten.

Nach Aussagen von Yuan Mu, einem Sprecher des Staatsrates, betrug der Anstieg der Einzelhandelspreise im April 1987 (gegenüber dem Vergleichsraum des Vorjahres) 6,5%, im Mai 7,6% und im Juni 7,8%. Der durchschnittliche Anstieg des 1. Halbjahres 1987 gegenüber dem entsprechenden Vorjahreszeitraum habe 6,3% betragen. Die Preisanstiege in den mittelgroßen und großen Städten waren indes höher als sonstwo. So stieg der Einzelhandelspreisindex in 29 mittleren und großen Städten im ersten Halbjahr 1987 um 9,1%. Die Preise von Zusatznahrungsmitteln in den Städten stiegen gar um 13,9% insgesamt, die Gemüsepreise verzeichneten einen Anstieg von 17,8% und die Preise für Fleisch, Geflügel und Eier 10,9%.

Die Preisanstiege werden zum einen mit den gestiegenen Getreidepreisen erklärt, die die Produktionskosten für Fleisch, Geflügel und Eier erhöht hätten. Zum anderen wird aber zur Erklärung auch die Ausweitung der Geldmenge genannt. Im ersten Halbjahr 1987 sei das Nationaleinkommen um ca. 10% gestiegen, doch habe die Zuwachsrate der Investitionen staatseigener Einheiten in den Investbau 21% betragen, das gesamte Lohnvolumen sei um 14,1% gestiegen.

Angesichts dieser Entwicklung sah sich der Staatsrat genötigt, mittels eines Rundschreibens Anordnungen zu treffen, die zur Stabilisierung der Preise beitragen sollen. Es sind dies übliche Maßnahmen, die man auch schon aus der Vergangenheit kennt. Die Überwachung der Privatunternehmen soll verstärkt werden; entschlossene Aktionen sollen durchgeführt werden, um den nicht-lizenzierten Handel und die nicht-lizenzierten Händler zu bannen; die Überwachung der staatlichen und kollektiveigenen Unternehmen soll intensiviert werden; landwirtschaftliche und Nebenerwerbsprodukte sollen zu ausgehandelten Preisen angekauft oder verkauft werden; für wichtige Produkte sollen Höchstpreise festgesetzt werden.

Interessant ist die Begründung für die vom Staatsrat angeordneten Maßnahmen. Es heißt dort, mit der Entwicklung der wirtschaftlichen Tätigkeit seien auch die Unregelmäßigkeiten angewachsen. Den staatlichen Regelungen zuwiderhandelnd hätten viele nicht-lizenzierte Händler und Privatunternehmen die Warenpreise erhöht, indem sie begehrte Waren, an denen Mangel herrsche, aufgekauft und weiterverkauft hätten. Diese Kreise monopolisierten den Markt, entzögen sich der Überwachung und organisierten sich in Gruppen. Gewisse staatliche und kollektive Unternehmen hätten Gewinne erzielt, indem sie Preise illegal entweder offen oder versteckt erhöht hätten.

Festzuhalten bleibt, daß wir es wiederum mit einem Dilemma der chinesischen Wirtschaftspolitik zu tun haben. Der Markt soll nach den offiziellen Verlautbarungen die Betriebe leiten und damit auch die Preise bestimmen. Es gelingt der Wirtschaftspolitik aber nicht, die volkswirtschaftlichen Größen in der gewünschten Weise zu kontrollieren.

Beispielsweise wurde durch große Investitionsprojekte, die erst mit einer Verzögerung Erträge bringen, und relativ hohe Lohnerhöhungen die den Konsumenten zur Verfügung stehende Geldmenge ausgeweitet. Ein großer Teil dieser Geldmenge drängt in den Konsumbereich. Da dieser Geldmenge keine ausreichende Gütermenge gegenübersteht, steigen die Preise sehr schnell an. Mögliche, aus zu starken Preiserhöhungen rührende Unruhen veranlassen die Zentrale sehr schnell, die Preise mit den genannten administrativen Mitteln zu stabilisieren bzw. wieder zu senken.

4.6 Investitionen

Im neuralgischen Bereich der Investitionspolitik kam es im Gefolge der Wirtschaftsreform nach 1976 zu Fehlentwicklungen und Unzulänglichkeiten. So sah sich die Führung genötigt, harte Kritik zu üben. Im Kommuniqué über die Ausführung des Planes für die volkswirtschaftliche und gesellschaftliche Entwicklung für 1982 heißt es beispielsweise: „Die Investitionen in den Investbau wurden nicht konzentriert verwendet. Die Kontrolle über die nicht vom Staatsbudget gedeckten Geldmittel war unzureichend, und die Mittel für den Bau einer Anzahl von Schwerpunktabteilungen konnten nicht garantiert werden (...) Der Umfang des Investbaus war zu groß, und die Investitionen waren übertrieben. In einigen Fällen waren die Projekte nicht von dem staatlichen Budget abgedeckt, was auf Kosten der im Budget eingeschlossenen Projekte ging."

Die auch in der Folgezeit immer wieder festzustellende Überdehnung der Investitionen kann auf eine Dezentralisierungsmaßnahme zurückgeführt werden. Die mittlere administrative Entscheidungsebene (Sektor- bzw. Provinzebene) hatte das Recht erhalten, selbst über Investitionsprojekte zu entscheiden. Die Folge davon war, daß Investitionsprojekte geplant wurden, die gesamtwirtschaftlich gesehen nicht mehr rentabel waren. Chinesische Kritiker sprechen von „blinden" Investitionen. Damit ist gemeint, daß unabhängig von der Gesamtstruktur Projekte errichtet wurden, die sich vielfach als überflüssig erwiesen und nur aufgrund des Provinzegoismus zustande kamen.

Eine Neuerung im Zuge der Wirtschaftsreform bestand darin, die Gewinnabführungen der Betriebe zugunsten von Steuerzahlungen abzuschaffen. Allgemeine Praxis vor der Reform war es, daß die Betriebe alle erzielten Gewinne an den Staat abführen mußten und dann von ihm Zuweisungen für die Investitionsfonds und andere Fonds erhielten. Effizient arbeitende Betriebe konnten in diesem System keine Vergünstigungen erzielen; umgekehrt trugen Betriebe, die Verluste machten, auch keine Verantwortung dafür. Letzteres war jedoch in manchen Fällen deswegen gerechtfertigt, weil auch effizient arbeitende Betriebe aufgrund z.B. der irrationalen Preisstruktur in der Verlustzone blieben.

Die neue Regelung sieht die Einführung von Steuerzahlungen vor. Der nach Steuern einbehaltene Gewinn kann nach den Wünschen der Betriebsleitungen verwendet werden, z.B. für Investitionen der verschiedensten Art. Von 1985 an können Investbauprojekte auch durch Kredite finanziert werden.

5. Die außenwirtschaftliche Öffnung

5.1 Änderung der außenwirtschaftlichen Doktrin

Bis zum Ende der „Kulturrevolution" fiel der Außenwirtschaft der VR China die Rolle zu, Überschüsse, vor allem aber Defizite der Binnenwirtschaft auszugleichen. Waren z.B. Fehlmengen an Getreide zu beschaffen, so wurde eigens dafür ein Exportprogramm aufgelegt, um die nötigen Devisen zum Einkauf von Getreide im Ausland zu erwirtschaften. Bei solchen Programmen wurden die in Frage kommenden Exportgüter oft zu Preisen angeboten, die unter den Weltmarktpreisen lagen.

Im Rahmen der Wirtschaftsreform wurde immer wieder die Öffnung hin zum Ausland betont; China wolle am Weltmarkt teilnehmen und mit allen Völkern einen Austausch von Gütern und Dienstleistungen zum gemeinsamen Nutzen betreiben. Angesichts der neuen Modernisierungserfordernisse wurde die außenwirtschaftliche Doktrin verändert. Sie beinhaltet heute zwar weiterhin die Ausgleichsfunktion – vor allem Engpässe sollen mittels Importen beseitigt werden –, hinzu kam aber das, was die Chinesen selbst „Hebelfunktion" der Außenwirtschaft nennen. Der Außenwirtschaft fällt nun die Rolle zu, die Modernisierung der chinesischen Binnenwirtschaft voranzutreiben, den gesamten Produktionsapparat sozusagen auf eine höhere technologische Ebene zu hebeln. Die Importe moderner Maschinen, Ausrüstungen und Verfahren sollen unmittelbar zu einer Modernisierung und Rationalisierung der chinesischen Produktion beitragen. Aber auch aus den Exporten sollen positive Wirkungen für die gesamte Wirtschaft erzielt werden. Die von der Volksrepublik auf dem Weltmarkt angebotenen Güter müssen, sollen sie abgesetzt werden, bestimmten Qualitätsanforderungen entsprechen. Dies wiederum erfordert fortgeschrittene Produktionsverfahren. Die auf diese Weise von außen kommenden Anforderungen können an die Binnenwirtschaft weitergegeben werden, so daß sich auch hier das Niveau erhöht.

Die Öffnungspolitik ging einher mit einer Veränderung der regionalen Wirtschaftspolitik. Schließlich mußten bestimmte Gebiete, die die Exportgüter herzustellen hatten, schneller entwickelt werden als andere. Der Wandel begann mit dem sechsten Fünfjahresplan (1981–1985). Noch Mao hatte eine ausgeglichene Entwicklung aller Gebiete verfolgt; zu diesem Zeitpunkt waren neue Industriebetriebe über das ganze Land verteilt worden ohne Rücksicht auf infrastrukturelle Gegebenheiten und Kosten-Nutzen-Erwägungen. Die neue Führungsschicht brach mit dieser Politik und formulierte eine Strategie des ungleichgewichtigen Wachstums. Der sechste Fünfjahresplan sah vor, daß die Küstenprovinzen aufgrund ihrer guten infrastrukturellen Ausstattung schneller wachsen sollten als die Inlandsprovinzen, denen die Rolle zufiel, Rohstoffe und Energie für die Küstengebiete zu liefern. Dahinter stand der Gedanke, daß die Investitionen in den Küstengebieten größere Erträge erbringen würden als anderswo. Die Modernisierungserfolge der Küstengebiete sollen in einem späteren Stadium an die Hinterlandgebiete weitergegeben werden.

5.2 Sonderwirtschaftszonen

Seit etwa 1980 wurde in den Südprovinzen Fujian und Guangdong mit dem Ausbau von vier Sonderwirtschaftszonen begonnen. Im Norden von Hongkong liegt die größte dieser Zonen, nämlich Shenzhen. Nördlich an Macau schließt sich Zhuhai an. Die beiden übrigen Zonen sind Shantou und Xiamen. In diesen Zonen, die gegenüber dem übrigen chinesischen Territorium relativ dicht mittels grenzartiger Anlagen abgeschottet sind, werden den Ausländern Vorzugsbedingungen für Investitionen und andere Formen der Wirtschaftskooperation geboten.

Die Gründung der Sonderwirtschaftszonen mußte ideologisch begründet werden; viele ältere Chinesen erinnerten sich noch recht gut an die Konzessionsgebiete, die den Ausländern im 19. Jahrhundert überlassen werden mußten und die von den Kommunisten als Instrumente der Ausbeutung verdammt worden waren. Sollten in den Zonen überhaupt Erfolge erzielt werden, so war klar, daß den Ausländern Anreize geboten werden mußten, die mindestens so günstig wie an alternativen Standorten in anderen Gebieten Südost- und Ostasiens waren.

Die von Xu Dixin, ideologisch zuständig für die Sonderwirtschaftszonen, gegebene Begründung ließ denn auch an Deutlichkeit nichts zu wünschen übrig. „Die Ausbeutung der Mehrwertrate in den Wirtschaftssonderzonen ist eine objektive Tatsache, die im Widerspruch zu unserer sozialistischen Gesellschaftsordnung steht. Aber die Abschöpfung des Mehrwertes zu erlauben, ist auch eine Art unserer Entschädigungspolitik". Entschädigungspolitik ist ein Begriff für Gewinne, die man den Ausländern für ihre Investitionen oder Kooperationsleistungen zugestehen muß.

Die Chinesen verfolgen in den Sonderwirtschaftszonen im wesentlichen drei Ziele. Zum einen sollen sie dem Devisenerwerb dienen; zu diesem Zweck sollen mindestens drei Viertel der Produktion exportiert werden. Zum anderen soll moderne Technologie über diese Zonen ins Land kommen. Das dritte Ziel ist mit dem zweiten eng verbunden: Chinesische Arbeiter und Wirtschaftskader sollen mit modernen Produktions- und Verwaltungsverfahren vertraut gemacht werden. Diese Ziele standen und stehen in einem gewissen Widerspruch zu den allgemeinen Interessen der ausländischen Investoren.

Bislang beträgt die Exportquote in den Sonderwirtschaftszonen nur ca. 30%. Nur in der Industriezone Shekou, die ein Sondergebiet innerhalb von Shenzhen darstellt, erreichte die

Exportquote ca. zwei Drittel der gesamten industriellen Produktion. In den ersten Jahren standen vor allem Investitionen in den Bereichen Immobilien, Handel sowie Dienstleistungen im Vordergrund. Der überwiegende Anteil der Investitionen kam aus Hongkong, das vor allem die ihr angelagerte Sonderwirtschaftszone Shenzhen als Erweiterungsgebiet für eigene Produktions- und andere Geschäftstätigkeiten betrachtet.

Die im Bereich der Produktion eingesetzte Technologie ist eher als mittlere oder einfache Technologie zu charakterisieren. Ein Grund dafür ist sicherlich darin zu suchen, daß die ausländischen Investoren angesichts der erklärten Exportorientierung der Zonen nicht ihre modernste Technologie transferieren, um sich nicht selbst auf den südost- und ostasiatischen Märkten Konkurrenz zu machen. Um die Ausbildung möglichst vieler Arbeiter und Manager zu gewährleisten, hatte die chinesische Seite ein Rotationsverfahren eingeführt, nach dem das Personal nach erfolgter Einarbeitung wieder abgezogen und durch neues ersetzt wurde. Die ausländischen Wirtschaftspartner wehrten sich jedoch dagegen; inzwischen hat man sich auf mittlere Arbeitszyklen geeinigt.

5.3 Vierzehn Küstenstädte

Den Sonderwirtschaftszonen erwuchs eine neue Konkurrenz, als mit dem Plan ernstgemacht wurde (Beschlußfassung am 6. April 1984), auch vierzehn Küstenstädte in besonderer Weise für das Ausland zu öffnen. Bereits Sun Yatsen hatte sich in den 1920er Jahren in seinem Entwicklungsprogramm für China mit dem Ausbau von leistungsfähigen Häfen befaßt. Das Ziel war damals, die Verflechtung mit dem Ausland, die als notwendig für die Modernisierung Chinas angesehen wurde, zu erleichtern, ja gerade die infrastrukturellen Voraussetzungen dafür zu schaffen.

Gu Mu, der für die Außenwirtschaft zuständige Staatskommissar, erklärte, ausländisches Kapital solle in den Städten zur technischen Umgestaltung bestehender und zum Bau neuer Fabriken verwendet werden. Während in den Sonderwirtschaftszonen, so Gu Mu weiter, die ausländischen Investoren praktisch in allen Bereichen tätig werden könnten, sollen in den Entwicklungszonen der Küstenstädte hauptsächlich produktive Betriebe und Forschungsinstitute errichtet sowie neue Technologien, neue Produkte und neue Industriezweige entwickelt werden. Tianjin und Shanghai erhielten das Recht, über Investitionsprojekte im produktiven Bereich bis zu einer Höhe von 30 Mio. US$ selbst zu entscheiden, die entsprechende Ziffer für Dalian und Guangzhou beträgt 10 Mio. US$ und für alle anderen Städte 5 Mio. US$.

Etwa Mitte 1985 stellte sich aber heraus, daß die Entwicklungsmöglichkeiten der vierzehn Städte überschätzt worden waren. Deshalb wurde der Beschluß gefaßt, zunächst nur den vier Städten Tianjin, Shanghai, Dalian und Guangzhou Priorität einzuräumen, da dort gute infrastrukturelle Voraussetzungen für ausländische Investitionen bestünden. In den anderen Städten mangele es an diesen Voraussetzungen, so daß das Investitionstempo gedrosselt werden sollte. Ausdrücklich hieß es aber, bei der Tempodrosselung handele es sich nur um ein „zeitweiliges Problem".

Hinsichtlich der Küstenstädte stießen die außenwirtschaftlichen Planer bald an jene Grenzen, die sich schnell auch in den Sonderwirtschaftszonen als hemmend bemerkbar gemacht hatten: die fehlende Infrastruktur. Es mangelte vor allem an Elektrizität, Wasser, Verkehrsverbindungen und Telekommunikationseinrichtungen. Zunächst muß also der Staat, d.h. vor allem die zentralen Behörden in Beijing, beträchtliche Mittel für den Ausbau der Infrastruktur bereitstellen.

5.4 Neue Formen der Wirtschaftskooperation

Um die neuen Ziele der Außenwirtschaftspolitik erreichen zu können, mußten neue Formen der Wirtschaftskooperation zugelassen bzw. entwickelt werden. Nur mit dem traditionellen Außenhandel hätten die bislang erreichten Erfolge nicht realisiert werden können. Genutzt werden heute alle in der Weltwirtschaft üblichen Kooperationsformen, also beispielsweise

Joint Ventures, Gemeinschaftsproduktion, Kompensationshandel, Weiterverarbeitungsgeschäfte, Tausch- oder Bartergeschäfte.

Die Joint Ventures werden von den Chinesen bevorzugt; in diesem Bereich gingen sie auch weiter als fast alle Ostblockstaaten. Grundlage für diese Kooperationsform bildet das „Gesetz über Gemeinschaftsunternehmen" vom 1.7.1979. Dieses Rahmengesetz enthält recht vage Bestimmungen über die Kapitalanteile der Partner (der ausländische Anteil soll nicht weniger als 25% des Gesamtkapitals betragen), über die zu transferierende Technologie, über die Leitungsgremien der neuen Unternehmen usw. Eine Reihe von später hinzugekommenen Ausführungsbestimmungen konkretisierte die zunächst festgelegten Grundsätze, wobei zu erkennen ist, daß die Bedingungen für die ausländischen Partner immer günstiger ausgestaltet wurden.

Typisch für ein Joint Venture ist, daß die chinesische Seite den Grund und Boden für den neuen Betrieb, die Gebäude und die Arbeitskräfte zur Verfügung stellt. Der ausländische Partner bringt Kapital in Form von Maschinen, Ausrüstungen sowie technisches und wirtschaftliches Wissen ein. Gewöhnlich wird langwierig über die Bewertung der Kapitalanteile verhandelt. Der Vorstandsvorsitzende des neuen Unternehmens ist in aller Regel ein Chinese, während der Geschäftsführer vom ausländischen Partner gestellt wird. Diese Regelung hat sich bewährt, weil der Vorstandsvorsitzende das neue Unternehmen in der Volksrepublik zu vertreten, der Geschäftsführer aber das notwendige technische und kaufmännische Wissen mitzubringen hat. Die ersten Joint Ventures hatten mit Schwierigkeiten zu kämpfen, die sich unter anderem daraus ergaben, daß Ausländer Eigentum auf chinesischem Boden erwarben. Mittlerweile sind aber aufgrund der pragmatischen Ausführungsbestimmungen die meisten Hemmfaktoren beseitigt worden.

Bis Ende 1985 betrug der in den über 2000 Joint Ventures investierte ausländische Anteil insgesamt 1,5 Mrd. US$. Die meisten ausländischen Joint Ventures-Partner kamen zunächst aus Hongkong, den USA sowie den südostasiatischen Staaten. Japanische Unternehmen hielten sich anfangs zurück; bis Ende 1983 waren sie nur an 12 Joint Ventures beteiligt. 1984 änderte sich jedoch die japanische Einstellung; in diesem Jahr wurden 47 solcher Unternehmen gegründet, die Zahlen für das Jahr 1985, 1986 und 1987 sind ähnlich. Die Gründe dafür sind einmal darin zu sehen, daß Joint Ventures nun ihre Produkte auch in stärkerem Umfange auf dem chinesischen Binnenmarkt absetzen können. Ursprünglich war die Exportorientierung vorgeschrieben, nur in ganz bestimmten, durch Engpässe bestimmten Fällen konnte ins Inland geliefert werden. Auch bei der anzuwendenden Technologie haben die Chinesen Konzessionen gemacht; heute ist auch mittlere Technologie zugelassen. Damit entfällt weitgehend die Befürchtung vieler Investoren, die chinesischen Joint Ventures würden ihnen auf Drittmärkten Konkurrenz machen.

Die mittels Joint Ventures realisierten ausländischen Investitionen erschienen den Wirtschaftsplanern zu gering. Deswegen gingen sie einen Schritt weiter und ließen auch hundertprozentige Direktinvestitionen zu. Zu diesem Zweck wurde am 12.4.1986 ein „Gesetz der Volksrepublik China über Unternehmen, die ausschließlich mit ausländischem Kapital betrieben werden" erlassen. Ende 1985 gab es 120 Unternehmen im alleinigen Eigentum von Ausländern in China, das investierte Kapital belief sich auf ca. 500 Mio. US$.

5.5 Finanzierung und Verschuldung

Mit dem Beginn der Wirtschaftsreform seit etwa 1979 ging die Volksrepublik auch auf die internationalen Finanzmärkte, und zwar sowohl in den Bereich der internationalen Finanzinstitutionen als auch auf die kommerziellen Finanzmärkte. Im Zeitraum von 1979 bis 1985 wurden ca. 20 Mrd. US$ aufgenommen, für den siebten Fünfjahresplan (1986–1990) ist ein Kapitalbedarf bis zu 30 Mrd. US$ eingeplant. Die Schuldendienstrate (Zinsen und Rückzahlungen im Verhältnis zu den Exporterlösen) betrug gegen Ende 1986 ca. 8%. Die Volksrepublik befindet sich im Vergleich zu vielen Entwicklungsländern, die hochverschuldet sind, in einer komfortablen Situation. Nach einer dem Internationalen Währungsfonds gegenüber abgegebenen Erklärung wollen die Chinesen die Schuldendienstrate nicht über 15% ansteigen lassen.

Die vorsichtige Politik im Außenwirtschaftsbereich kann auf zwei Gründe zurückgeführt werden. Zum einen wirkt sicherlich die Furcht der Chinesen weiter, in ein starkes Abhängigkeitsverhältnis zum Ausland insgesamt oder zu einzelnen Ländern im besonderen zu geraten. Der andere Grund ist in der begrenzten Absorptionskapazität des Landes zu suchen.

5.6 *Ausbildungsprobleme*

Die Ausbildungslücke, die während der Kulturrevolution entstanden ist, sowie die damit einhergehenden fehlenden internationalen Erfahrungen machen sich heute schmerzlich bemerkbar. Die Probleme sind erkannt worden; gewaltige Anstrengungen werden gegenwärtig unternommen, um im In- und Ausland das fehlende Wissen wieder zu erwerben. Ausbildungsprogramme benötigen jedoch Zeit, und erst allmählich rücken nach modernen westlichen Methoden ausgebildete Techniker und Manager in breiterem Umfang in die entsprechenden Positionen vor. Sie werden es in ihren Arbeitsbereichen nicht leicht haben, denn für neu in den Weltmarkt eintretende Länder wird die Situation angesichts scharfer Konkurrenz und einer gewissen Bedarfssättigung viel schwieriger als noch vor zehn bis fünfzehn Jahren.

6. *Abschließende Bemerkung*

Während die Reform der Landwirtschaft – zumindest in der ersten Phase – relaiv reibungslos durchgeführt werden konnte und schnell durchschlagende Erfolge erzielte, stießen die wirtschaftspolitischen Entscheidungsträger bei der Reform der Industriewirtschaft auf gravierende Hemmnisse. Die Verhältnisse in der Industriewirtschaft sind komplex. Die großen staatlichen Betriebe waren und sind in vielfältiger Weise direkt mit dem Staatsapparat verbunden; zudem war die Industriewirtschaft mit der Außenwirtschaft, die als Modernisierungsmotor wirken soll, zu verknüpfen.

Eingriffe oder ordnungspolitische Veränderungen an bestimmten Stellen führen in einem solchen vernetzten System in den meisten Fällen zu manchmal kritischen Situationen an – oft vielen – anderen Stellen. Als Beispiel sei die Inflation genannt, die vor allem die städtische Bevölkerung – ganz besonders die Intelligenz – trifft. Den Entscheidungsträgern bleibt in solchen Lagen nichts anderes übrig, als zu intervenieren. Einem auf den Markt ausgerichteten Reformprozeß sind auf solche Weise enge Grenzen gesetzt, zumindest wenn die zeitliche Dimension betrachtet wird. Selbstverständlich wirken auch die Restriktionen des Weltmarktes auf den chinesischen Binnenmarkt und erzwingen eine bestimmte Ausformung vieler Reformmaßnahmen.

Erhard Louven (Institut für Asienkunde, Hamburg)

V. AKTUELLE SÜD-SÜD-EREIGNISSE

Afrika

25-jähriges OAU-Jubiläum: Bekräftigung der Ziele bei anhaltenden Konflikten und Wirtschaftsproblemen

Am 25. Mai 1988 konnte die „Organisation der Afrikanischen Einheit" (OAU) in der äthiopischen Hauptstadt Addis Abeba den 25. Jahrestag ihrer Gründung an gleichem Ort feiern. Die großen panafrikanischen Hoffnungen einiger der Gründungsväter von 1963 sind längst verflogen und haben einer Ernüchterung über die tatsächlichen Möglichkeiten dieser gesamtafrikanischen Organisation Platz gemacht, zu deren wichtigstem Prinzip die Anerkennung der aus der kolonialen Grenzziehung hervorgegangenen einzelnen Nationalstaaten gehört. Trotz aller Kritik an der mangelnden konkreten Durchsetzungsfähigkeit der OAU kann allein die nun über ein Vierteljahrhundert gewahrte Existenz dieser zahlenmäßig größten Regionalorganisation auf der Welt als ein – wenigstens relativer – Erfolg angesehen werden. Insgesamt fiel der Rückblick bei der Jubiläumsveranstaltung, an der eine Rekordzahl von 29 Staats- bzw. Regierungschefs aus den insgesamt 50 Mitgliedsstaaten persönlich teilnahm, eher nüchtern aus. In einer besonderen „Erklärung von Addis Abeba" wurden die ursprünglichen Gründungsziele der OAU erneut bekräftigt und die Begriffe „Einheit, Solidarität, Befreiung und Entwicklung" als Leitlinien für alle Aktivitäten in den kommenden zwei Jahrzehnten benannt.

Bei der anschließend vom 26.–28. Mai abgehaltenen regulären 24. Gipfelkonferenz übernahm der Staatschef von Mali, Moussa Traoré, den OAU-Vorsitz von Zambias Präsidenten Kenneth Kaunda, nachdem das hinter den Kulissen erneut deutlich werdende Interesse des ägyptischen Präsidenten Mubarak nicht genügend Unterstützung fand. Die Konferenz selbst verlief ohne besondere herausragende Ereignisse. Die wichtigste politische Entwicklung fand sozusagen am Rande statt, als Libyens Staatschef Khadhafi in Tripolis völlig überraschend die Beilegung des jahrelangen Konflikts mit dem Tschad, die Anerkennung der tschadischen Regierung von Präsident Hissen Habré und die Bereitschaft zur Wiederaufbauhilfe im Norden des Tschad als ein „Geschenk" an die OAU bekanntgab. Damit entfiel auch die Basis für das vorgesehene Zusammentreten des Ad-hoc-Komitees der OAU unter Vorsitz von Gabuns Präsidenten Bongo, das eine Lösung des libysch-tschadischen Konflikts herbeiführen sollte. Die OAU-Versammlung nahm diese neueste Entwicklung mit Überraschung zur Kenntnis und gratulierte Khadhafi zu seinem Schritt; lediglich Tschads Präsident Habré blieb skeptisch, da in der libyschen Entscheidung der Streit um den die Grenze bildenden Aouzou-Streifen mit keinem Wort erwähnt wurde. Trotz der kurz zuvor erfolgten Aussöhnung und Wiederaufnahme diplomatischer Beziehungen zwischen Algerien und Marokko gab es dagegen für den anderen langanhaltenden Territorialkonflikt, den Streit um die Westsahara, noch immer keine erkennbare Lösung; Marokko blieb daher auch weiterhin (nach seinem 1984 erfolgten Austritt) außerhalb der OAU. Erstmals nach elf Jahren nahm dagegen der somalische Präsident Siad Barre wieder persönlich an einem OAU-Gipfel in Addis Abeba teil, nachdem wenige Wochen vorher eine vertragliche Regelung der beiderseitigen Beziehungen der seit dem Ogadenkrieg von 1977/78 verfeindeten Nachbarn Äthiopien und Somalia gelungen war.

In den üblichen Resolutionen zur Unterstützung des Befreiungskampfes in Südafrika und Namibia und zur Solidarisierung mit den von der südafrikanischen Destabilisierung betroffenen Frontlinienstaaten wurde die Kritik an den westlichen Industriestaaten wegen ihrer Zusammenarbeit mit Südafrika nur noch wesentlich zurückhaltender zum Ausdruck gebracht, als es in den Vorjahren der Fall gewesen war. Die veränderte Haltung der USA zu Moçambique wurde sogar besonders positiv bewertet. Einen kleineren Eklat gab es dagegen innerhalb der OAU selbst, da in einem Bericht des OAU-Befreiungskomitees vier Staaten (Äquatorial-Guinea, Komoren, Mauritius, Seychellen) entgegen bisheriger Praxis namentlich genannt und wegen ihrer Handels- und sonstigen Beziehungen zu Südafrika kritisiert worden waren. Der Außenminister von Mauritius verließ daraufhin unter Protest die Abschlußsitzung der Gipfelkonferenz. Seltsamerweise waren gerade nur diese kleinen Inselstaaten benannt worden, während bekanntermaßen auch sehr viele andere größere Staaten Afrikas (einige Nachbarstaaten aufgrund faktischer Abhängigkeiten, andere ohne besondere Notwendigkeit) Wirtschaftsbeziehungen mit Südafrika unterhalten.

Erstmals thematisiert und offiziell von der OAU verurteilt wurden die in jüngster Zeit auf breiter Front sichtbar gewordenen Bemühungen westlicher Firmen, giftigen Industriemüll und auch Atommüll in afrikanischen Ländern loszuwerden. Mehrere afrikanische Staaten (vorläufig bekanntgeworden waren u. a. Abkommen mit Äquatorial-Guinea, Benin, Guinea, Guinea-Bissau und Kongo) waren offensichtlich den Verlockungen der angebotenen Bezahlungen erlegen, ohne selbst eine angemessene Kontrolle und Überwachung des angelieferten Giftmülls gewährleisten zu können. Bezüglich der schon seit 1985 von der OAU geforderten und zunächst für Ende 1988 vorgesehenen Einberufung einer internationalen Konferenz zur Behandlung der afrikanischen Verschuldungssituation stellte sich trotz intensiver Bemühungen im Vorfeld des Gipfels heraus, daß die Gläubigerländer und -institutionen noch immer nicht von der Nützlichkeit einer solchen Konferenz überzeugt werden konnten, so daß diese vorläufig um ein weiteres Jahr verschoben werden mußte.

Im Vorjahr hatte die OAU ausnahmsweise sogar zwei Gipfeltreffen abgehalten, neben dem regulären 23. Jahresgipfel vom 27.–30. Juli 1987 noch ein Sondertreffen zur Schulden- und Wirtschaftskrise vom 30. Nov.–1. Dez. 1987, das ursprünglich schon für September vorgesehen worden war, aber dann wegen mangelnder Vorbereitung verschoben werden mußte. Beide Treffen erhielten nur eine relativ begrenzte internationale Aufmerksamkeit; sie waren – im Vergleich zu manchen Vorjahren – auch weitgehend frei von besonderen Konfrontationen zwischen verschiedenen Lagern von Mitgliedsstaaten. Die Zahl der anwesenden Staats- bzw. Regierungschefs fiel bei beiden Treffen deutlich niedriger aus als bisher üblich gewesen war. Daraus wurde von manchen Beobachtern ein nachlassendes Interessse und eine skeptische Einschätzung der Nützlichkeit der OAU-Konferenz abgeleitet. Der OAU-Vorsitz ging vom kongolesischen Präsidenten Denis Sassou-Nguesso auf Zambias Präsidenten Kenneth Kaunda über, einen der wenigen noch verbliebenen Staatschefs aus der Gründerphase der frühen 1960er Jahre (allerdings kein OAU-Gründungsmitglied, da Zambia 1963 noch nicht unabhängig war). Die Wahl Kaundas wurde wesentlich mit seiner Führungsrolle und Seniorität im südlichen Afrika (u. a. Vorsitz der Frontlinienstaaten) begründet, nachdem im Vorfeld über Ambitionen von Ägyptens Präsident Hosni Mubarak und Nigerias Staatschef Ibrahim Babangida auf den OAU-Vorsitz spekuliert worden war. Wesentliche Themen des regulären OAU-Gipfels waren die anhaltende Wirtschafts- und Verschuldungskrise des Kontinents (wobei eine vertiefte Debatte auf das spätere Sondertreffen verschoben wurde), Bemühungen um eine Aufrechterhaltung der OAU-Vermittlungsanstrengungen im Konflikt zwischen dem Tschad und Libyen (Gabuns Präsident Bongo bot seinen Rücktritt als Vorsitzender des Ad-hoc-Komitees an, übernahm dann aber doch ein neues Mandat für ein auf die Ebene der Staatschefs angehobenes Komitee) sowie – eindeutig im Mittelpunkt stehend – die internationale Dimension des Südafrika-Konflikts. Besonders die USA, Großbritannien und die Bundesrepublik Deutschland wurden dafür kritisiert, im April 1987 im UN-Sicherheitsrat ein Veto gegen die Verhängung verbindlicher umfassender Wirtschaftssanktionen gegen Südafrika eingelegt zu haben, die USA außerdem für die Verknüpfung der Namibia-Frage mit der Anwesenheit kubanischer Truppen in Angola.

Die Abschlußresolution verdammte die Apartheid und forderte in allgemeiner Form Wirtschaftssanktionen, dennoch wurden aber keine eigenen, für die OAU-Mitgliedstaaten verbindlichen Maßnahmen beschlossen.

Afrikas weiter wachsende Verschuldung und anhaltende Wirtschaftskrise standen im Mittelpunkt des Sondergipfeltreffens der OAU Ende November und einer internationalen Konferenz der ECA (UN Economic Commission for Africa) Mitte Juni 1987 in Nigerias neuer Hauptstadt Abuja. Bei beiden Gelegenheiten kam die starke Enttäuschung über das Ausbleiben einer spürbaren internationalen Unterstützung für die in den meisten Ländern vorgenommenen Reformmaßnahmen deutlich zu Ausdruck. Trotz aller Absichtserklärungen bei der UN-Sondergeneralversammlung über Afrikas Wirtschaftsprobleme im Mai 1986 (vgl. Jahrbuch Dritte Welt 1987, S. 208 ff.) ist bisher praktisch kein realer Zuwachs des Ressourcentransfers nach Afrika zustandegekommen; ein vom UN-Generalsekretär im September 1987 vorgelegter Zwischenbericht über den Fortschritt des UN-Aktionsplans für Afrikas Wirtschaftserholung gelangte zu einer ausgesprochen pessimistischen Einschätzung bezüglich der von außen zur Verfügung stehenden Unterstützung. Schon Anfang April 1987 hatte der UN-Generalsekretär eine internationale Beratungsgruppe zur Behandlung der Finanzprobleme der afrikanischen Länder eingesetzt, deren Ergebnisse im Februar 1988 der Öffentlichkeit vorgelegt wurden. Danach benötigen die Staaten südlich der Sahara (ohne Nigeria) zusätzliche externe Finanzmittel von mindestens $ 5 Mrd. im Jahr, um die seit Beginn der 80er Jahre eingetretene dramatische Verschlechterung ihrer Finanzsituation zu kompensieren, die Schuldenbedienung wenigstens einigermaßen handhabbar zu erhalten und eine bescheidene Ankurbelung des Wirtschaftswachstums zu ermöglichen. Noch Anfang Dezember 1987 ergriff auch die Weltbank eine wichtige neue Initiative bei einer Geberkonferenz in Paris, bei der Einverständnis über ein internationales Sonderprogramm für verschuldete Niedrigeinkommensländer in Afrika mit einem Volumen von etwa $ 2,9 Mrd. zusätzlicher Mittel für die Jahre 1988-90 erreicht wurde. Entgegen manchen Erwartungen war die Abschlußresolution des OAU-Sondergipfels, bei dem enttäuschenderweise nur zehn Staats- bzw. Regierungschefs anwesend waren, ausgesprochen gemäßigt; die bestehenden Schuldenverpflichtungen wurden durchaus als gültig anerkannt, von einer einseitigen Schuldenverweigerung war nicht die Rede. Die wichtigsten Empfehlungen beinhalteten die Einberufung einer internationalen Afrika-Schuldenkonferenz 1988, ein zehnjähriges Moratorium für den gesamten Schuldendienst, Umschuldungen für mindestens fünf Jahre mit Rückzahlungsfristen von 50 Jahren, Umwandlung aller bilateralen Kredite in verlorene Zuschüsse und erhebliche Erleichterungen bei der Inanspruchnahme von IWF-Mitteln.

Rolf Hofmeier (Institut für Afrika-Kunde, Hamburg)

Orient

Arabische Liga und Golfkrieg

Die Jami'at al-Duwal al-Arabiya (Liga der Arabischen Staaten/AL), gegr. 1945, hat 22 Mitglieder. Es sind: Ägypten, (Mitgliedschaft seit 1979 suspendiert), Algerien, Bahrain, Dschibuti, Irak, Jordanien, Kuwait, Libanon, Libyen, Marokko, Mauretanien, (Nord)Jemen, Oman, Palästina/PLO, Qatar, Saudi-Arabien, Somalia, Sudan, (Süd)Jemen, Syrien, Tunesien, VAE.

Die Ziele der AL: Die Stärkung der Beziehungen zwischen den arabischen Staaten, die Koordinierung ihrer Politik, die Sicherung ihrer Unabhängigkeit und Souveränität und die Verwirklichung einer erfolgreichen Zusammenarbeit auf allen Gebieten.

Aktivitäten 1987

Eine außerordentliche Außenministerkonferenz (AK) fand im August in Tunis statt, an der 19 Außenminister teilnahmen. Beratungsgegenstand war die Haltung Irans zur UNO-Sicherheitsratsresolution Nr. 598 vom 20. Juli, durch die die kriegführenden Staaten Iran und Irak zur sofortigen Beendigung des Krieges aufgefordert wurden. Im Gegensatz zum Irak, der seine Bereitschaft zur Einstellung der Kriegshandlungen verkündete, hatte Iran abgelehnt, der UNO-Aufforderung nachzukommen, solange der UNO-Sicherheitsrat nicht den Irak als Aggressor verurteile. Die AK forderte Iran ultimativ auf, bis zum 20. September die UNO-Sicherheitsresolution anzunehmen. Anderenfalls wolle man, wie der Generalsekretär der AL verlauten ließ, den Abbruch der diplomatischen Beziehungen mit Teheran in Erwägung ziehen. Diese Drohung stand aber nicht im Abschlußkommuniqué. Der Grund dafür war der Widerstand Syriens und Libyens, aber auch seitens Omans und der VAE, die vom Abbruch diplomatischer Beziehungen keine positive Wirkung erwarteten. Ebensowenig gelang es Saudi-Arabien, Zustimmung für die Wiederbelebung des fast in Vergessenheit geratenen „Arabischen Verteidigungsrats" der AL von 1950 zu mobilisieren, wonach ein Angriff auf einen arabischen Staat als ein Angriff auf alle arabischen Staaten gewertet und beantwortet werden muß. Man fand sich lediglich dazu bereit, Iran wegen der Unruhen während der Pilgerfahrt nach Mekka, die am 31. Juli zu Zusammenstößen zwischen den demonstrierenden Iranern und den saudischen Sicherheitskräften und zum Tod von über 400 Pilgern führte, zu verurteilen. Kritisiert wurden ferner iranische Drohungen gegen einzelne arabische Staaten und die Übergriffe auf die Botschaften Kuwaits und Saudi-Arabiens in Teheran. Die ordentliche Sitzung der AK fand am 20. September in Tunis statt, um über das weitere Vorgehen gegen Iran zu beraten und die gemeinsame Haltung der Mitgliedstaaten für die Debatte in der UNO-Generalversammlung festzulegen. Wieder einmal konnte keine einheitliche Meinungsbildung in Sachen Sanktionen gegen Iran zustande kommen. Die Entscheidung darüber wurde einer außerordentlichen Gipfelkonferenz (GK) am 8. November überlassen, deren Einberufung sich Syrien, Libyen und Südjemen widersetzten. Sie waren dafür, daß diese Frage von einer ordentlichen GK behandelt werden soll. Syrien lehnte die vorgeschlagene Tagesordnung der GK ab, weil dort über den Golfkrieg und nicht über die Frage der israelischen Aggression und die Möglichkeiten, ihr zu begegnen, als wichtigste arabische Frage gesprochen werden sollte. Syriens Ansinnen wurde nachgegeben, damit die außerordentliche GK überhaupt zustande kam und ein Scheitern der AK vermieden wurde.

Die Einberufung der außerordentlichen GK war ein Erfolg für die gemäßigten arabischen Staaten. Sie wußten genau, daß eine einheitliche Politik in Sachen Abbruch diplomatischer Beziehungen zu Iran nicht zustande kommen könnte. Widerstand war, wie es sich dann tatsächlich zeigen sollte, nicht nur von seiten der seit 1979 Iran freundlich gesonnenen Regime

Syriens und Libyens, sondern auch von Algerien und einigen Golfstaaten zu erwarten gewesen. Den Befürwortern der Einberufung ging es darum, den Beschluß zur Aufhebung der Mitgliedschaft Ägyptens in der AL aufzuheben. Die außerordentliche GK fand vom 8.–11. November in Amman statt, an der 15 Staats- und fünf Regierungschefs teilnahmen. Ägyptens Rückkehr in die AL erwies sich als schwierig, obwohl neben Saudi-Arabien, Jordanien, Tunesien, Marokko und den Golfstaaten auch der Irak, auf dessen Betreiben und in dessen Hauptstadt 1979 der Beschluß gegen Ägypten gefaßt worden war, sich dafür einsetzten. Am Ende einigte man sich auf eine Kompromißlösung. Man verzichtete darauf, gegen Iran wirtschaftliche Boykottmaßnahmen zu ergreifen oder die diplomatischen Beziehungen abzubrechen. Dafür waren die Gegner einer Rückkehr Ägyptens in die AL bereit, einzelnen arabischen Staaten zuzugestehen, diplomatische Beziehungen mit Ägypten wiederaufzunehmen. Somit wahrten beide Seiten ihr Gesicht, und jeder konnte mit einem halben Erfolg die GK verlassen. Erneut erging an Iran der Appell, die UNO-Sicherheitsratsresolution 598 anzunehmen und den Krieg zu beenden. Die GK versicherte dem Irak ihre Solidarität und verurteilte die Besetzung irakischer Gebiete durch Iran. Die iranischen Angriffe gegen Kuwait wurden verurteilt und Kuwaits Maßnahmen zum Schutze seiner Handelsschiffe (Umflaggung) wurden ausdrücklich gutgeheißen. Ebenso wurde Saudi-Arabien das Recht zuerkannt, mit allen Mitteln in den Pilgerorten für Sicherheit und Ordnung zu sorgen. Iran wurde für die Unruhen in Mekka vom Juli verantwortlich gemacht und verurteilt. Die GK unterstützte die Abhaltung einer internationalen Nahostkonferenz unter einer gleichberechtigten Beteiligung der PLO.

Munir D. Ahmed (Deutsches Orient-Institut, Hamburg)

Asien

Ethnische Konflikte und Flüchtlingsprobleme im Grenzgebiet zwischen Indien und Bangladesch

Während das Unrecht, das Indianern und australischen Ureinwohnern widerfuhr, mittlerweile bekannt, wenn auch nicht berichtigt ist, vollzieht sich heute ein ähnliches Schicksal von der Weltöffentlichkeit fast unbemerkt: Die Stammesbevölkerung der Chittagong Hill Tracts (CHT) in Bangladesch (BD) wird seit rund zwei Jahrzehnten von der Bevölkerungsmehrheit der Bengalen systematisch aus ihrem traditionellen Siedlungsgebiet verdrängt. Sowohl von seiten des bewaffneten Widerstandes als auch und vor allem durch Angehörige der Streitkräfte, durch paramilitärische Einheiten, bewaffnete Polizei und Volkswehr werden in den CHT Menschen entführt, vergewaltigt, zu Tode gefoltert und erschlagen. Nach Schätzung der Gesellschaft für bedrohte Völker haben zwischen 1970 und 1987 200 000 Menschen auf diese Weise den Tod gefunden. Um diesem zu entgehen, fliehen viele der Stammesangehörigen in die indischen Bundesländer Tripura und Mizoram; zur Jahreswende 1987/88 sollen sich rd. 50 000 dieser Flüchtlinge in den dortigen Lagern befunden haben. Ihre Gegenwart belastet die ohnehin gespannten Beziehungen zwischen Indien und BD weiter.

1. Geographische Gegebenheiten und Bevölkerung

Die CHT sind ein fruchtbares, bewaldetes Bergland an der Grenze zu Indien und Birma; an Rohstoffen sind abbauwürdige Quantitäten von Erdöl, Erdgas, Kohle, Kupfer und Uran bekannt.

Bei einer Fläche von 13 038 qkm machen die CHT etwa 10% der Gesamtfläche BDs aus, werden aber nur von 0,6% der Gesamtbevölkerung des Landes bewohnt. Die rd.

600 000 Bewohner der CHT gehören 13 Stämmen an, deren wichtigste die Chakma (etwa 50%), die Marma und Trippera sind. Sie sind Teil der sino-tibetischen Völkerfamilie, großenteils Buddhisten, aber auch Hindus und Christen. Da sie Brandhackbau praktizieren, benötigen sie eine relativ große Bodenfläche. In allen wichtigen Lebensbereichen unterscheiden sich die Bewohner der CHT damit von der ungewöhnlich homogenen Bevölkerungsmehrheit BDs: 98% der 104 Mill. Einwohner BDs sind Bengalen, sprechen die indo-europäische Sprache Bengali, bekennen sich zu fast 90% zum Islam und betreiben Naßreisanbau, der sehr hohe Bevölkerungdichten erlaubt (710 Einw./qkm).

2. Historischer Rückblick

Die Besiedlung der CHT

Die CHT wurden von Birma aus zwischen dem 16. und der Mitte des 19. Jahrhunderts bevölkert; die am frühesten zugewanderten Stämme waren die Chakmas, die sich zunächst im Chittagong Flachland niederließen, sich jedoch bald vor landhungrigen Bengalen in das Bergland zurückzogen. In den CHT bewohnen Chakmas, Marma und Trippera die Täler, während Bawm, Mru und Khumi an den Berghängen leben.

Die CHT in der Kolonialzeit (1860–1947)

Die Annektierung der CHT durch Großbritannien erfolgte 1860 u. a. zum Zweck des Schutzes der britischen Teeplantagen in der Region: das Gebiet wurde direkt dem Governor-General-in-Council of India unterstellt. Auf lokaler Ebene waren alle Verwaltungsbeamten, auch Mitglieder der Polizeitruppe, Stammesangehörige. Den Häuptlingen der drei wichtigsten Stämme oblag es, Steuern einzuziehen und Recht zu sprechen. Die Einwanderung in das Gebiet war praktisch unmöglich, weil an die Erfüllung zahlreicher, schwer zu erfüllender Bedingungen geknüpft. Auch innerhalb der CHT wurde die Migration beträchtlich erschwert, angeblich, um die Lokalisierung jedes Stammes um seinen Anführer zu erhalten, wahrscheinlich aber wohl eher, um die Steuereinziehung zu erleichtern.

Die im Jahre 1900 verabschiedete „Chittagong Hill Tracts Regulation" bestätigte den besonderen, d.h. begrenzten Selbstverwaltungsstatus der CHT und die Abgrenzung von Bengalen. Auch der Government of India Act von 1935 bekräftigte wiederum Einwanderungsverbot und gesonderte Verwaltungs- und Steuerstruktur der CHT: sie wurden zum völlig von den Provinzen Bengalen und Assam abgetrennten Gebiet erklärt.

Die CHT als Teil von Pakistan (1947–1971)

Die Teilung Britisch-Indiens in Indien und Pakistan erfolgte generell nach dem Prinzip der Religionszugehörigkeit der Bevölkerung, doch im Falle der CHT wurde davon in verhängnisvoller Weise abgewichen: Der Radcliffe-Award schlug im Ausgleich für Gebiete im Punjab, die an Indien fielen, die CHT Pakistan zu. Der Antrag der Stammesvertreter, die CHT in einen eigenständigen Staat umzuwandeln oder sie zumindest zum Teil einer Konföderation mit andere Stammesbevölkerungen aufweisenden Gebieten Nordostindiens zu machen, wurde ignoriert: Die CHT wurden Bestandteil Ostpakistans. Nach Protesten und Aufständen im Bergland und ihrer rigorosen Niederschlagung flohen rund 40000 Personen nach Indien. Formell blieb der Sonderstatus der CHT zunächst erhalten, in der Praxis ließen sich jedoch vermehrt bengalische Händler und Geldverleiher in den CHT nieder. Die seit 1881 bestehende einheimische Polizeitruppe wurde bereits 1948 aufgelöst und durch reguläre ost-pakistanische Polizei ersetzt. Nachdem ein erster Versuch, die CHT politisch und verwaltungsmäßig Ost-Pakistan einzugliedern, 1955 am Widerstand der Stämme und der Zentralregierung in Karachi gescheitert war, schaffte die „Basic Democracies Order" von 1959 die restlichen Selbstverwaltungsorgane in den CHT ab, zugleich wurde das Bergland bengalischen Geschäftsinteressen geöffnet. Eine Änderung der pakistanischen Verfassung von 1962 hob 1964 auch formell den Sonderstatus der CHT auf und beendete den Zuwanderungsstopp. Die Verwaltung der CHT war nunmehr Sache des bengalischen Ost-Pakistan.

Die Fertigstellung des durch amerikanische Hilfe finanzierten Kaptei-Stausees am Karnaphuli-Fluß 1963 – errichtet um die Energieversorgung der wachsenden Industrien im Flachland um Chittagong zu sichern – versetzte der Stammesbevölkerung der CHT zugleich einen weiteren Schlag: 40% des besten Ackerlandes der CHT wurde überflutet, über 100 000 Personen – fast alle ohne Schadensausgleich – verdrängt. Der Zuzug vieler vertriebener Talbauern in die umliegenden Berge hatte katastrophale Folgen für das labile ökologische Gleichgewicht: Lagen früher 10–15 Brachejahre zwischen dem Anbau, mußten die Felder jetzt alle 2–3 Jahre bebaut werden. In diesem kurzen Zeitraum können sich die kargen Bergböden nicht regenerieren; erschöpfte Böden, Erosion und Entwaldung sind die Folge.

Die CHT als Teil von Bangladesch (ab 1971)

Der blutige Bürgerkrieg, der zur Entstehung BDs führte, war dadurch ausgelöst worden, daß Pakistan bengalische Sprache und Identität nicht respektierte. Das unabhängige BD verhielt sich seinen eigenen Minderheiten gegenüber jedoch nicht nur genauso repressiv, sondern verfolgte sogar eine gezielte Vertreibungs- und Ausrottungspolitik: Da die neue Verfassung von 1972 wiederum keinen Sonderstatus für die CHT vorsah und zugleich die seit 1964 legale Bengalen-Zuwanderung zunahm, wandte sich im Februar 1972 eine Delegation von Vertretern der Bergvölker unter Führung von Manabendra Narayan Larma an Premierminister Mujibur Rahman mit dem Antrag, den CHT die Autonomie zurückzugeben, die Bestimmungen der CHT-Regulation von 1900 in der Verfassung festzuschreiben und die Ansiedlung von Nicht-Stammesangehörigen zu unterbinden. Diese Forderungen wurden als sezessionistisch angesehen und abgelehnt; den Stammesführern erklärte Mujibur Rahman: „Geht nach Hause, vergeßt eure ethnische Identität und werdet Bengalen." Kurz darauf wurden die CHT von der Luftwaffe bombardiert und die militärische Infrastruktur in den CHT ausgebaut.

Die Bergbevölkerung zog ihre Konsequenzen: Noch im Februar 1972 gründete Manobendre Narayan Larma (früheres Mitglied im ost-pakistanischen Parlament) zusammen mit seinem Bruder Bodhi Priyo Larma die Parbottya Chattagram Jana Sanghati Samity (Solidaritätsvereinigung der Bevölkerung der CHT, kurz JSS). Diese einzige, von allen Stämmen gestützte Partei der CHT geht auf Ursprünge in Studentenorganisationen in der Kolonialzeit zurück. Ihr Programm beruht auf den Prinzipien Demokratie, Säkularismus und Gleichheit und erkennt allen Gemeinschaften ein gleiches Recht auf Erhaltung ihrer Identität, Sprache, Kultur und Religion, auf Entwicklung und politische Betätigung zu. Von den fünf beteiligten Organisationen gehören zwei zum waffenführenden Flügel: Die *Shanti Bahini* („Friedenskämpfer") sind die eigentliche, im Widerstand tätige Kampftruppe (heute wahrscheinlich 5000 Mann stark), während eine *Miliz* für den Schutz der Dörfer sorgte. Auf Dorfebene betreibt die JSS das *Gram Panchayat* (Dorfrat), zu dessen Aufgaben Dorfverwaltung, Entscheidung in Rechtsfragen und Steuereinziehung gehörten, das *Juba Samiti* (Jugendforum) und *Mahila Samiti* (Frauenorganisation). Die Forderungen der JSS sind bei geringfügigen Änderungen seit 1972 gleichgeblieben:

– Abzug aller bengalischer Neusiedler aus den CHT und Rückgabe des nach 1970 vereinnahmten Bodens;

– Rückzug aller Streitkräfte und der Polizeitruppe;

– Wiederinkraftsetzung der „CHT Regulation" von 1900 und in der Verfassung festgeschriebene Garantie ihrer Unveränderbarkeit;

– Autonomie der CHT mit eigener Legislative und eigenen Ordnungskräften;

– Einsatz einer UN-Friedenstruppe in den CHT und Durchführung der genannten Maßnahmen unter UN-Aufsicht.

Da nun die Stammesbevölkerung eine politische Oragnisation besaß, die gegenüber der Regierung Forderungen äußern und gegen Übergriffe in den CHT aktiv werden konnte, kam es zu rasch zunehmenden Gewalttätigkeiten: Auf intensive Besiedlungs- und Landerschließungsversuche der Regierung antworteten die Shanti Bahini seit 1975 mit Angriffen auf militärisches und paramilitärisches Personal und bengalische Siedler; Ordnungskräfte und Neusiedler wiederum verübten Vergeltungsschläge, die ganze Landstriche leerten und damit der Neubesiedlung öffneten.

1979/80 wurde auf höchster Ebene ein umfangreiches Besiedlungsprogramm für die CHT entwickelt: In drei Phasen sollten aus der übervölkerten Tiefebene 850 000 landlose Bengalen im Schutz des Militärs angesiedelt werden. Die besonderen Landbesitzverhältnisse in den CHT machen die Landnahme aus der Sicht BDs durchaus legal: In den CHT ist der Boden Gemeinbesitz und wird großenteils gemeinschaftlich bebaut. Für Bengalen aus der Ebene, die nur individuellen Landbesitz kennen, schien nicht individuell bearbeitetes, jahrelang brachliegendes Land frei verfügbar.

Offensichtlich mit Bezug auf die Situation in den CHT wurde gleichzeitig mit dem Besiedlungsbeginn 1980 das sog. Gesetz über Unruhegebiete eingebracht, das militärischem und paramilitärischem Personal und der Polizei erlauben sollte, bei bloßem Verdacht auf die öffentliche Ordnung gefährdende Handlungen ohne Vorwarnung auf Personen zu schießen oder sie ohne Haftbefehl unbegrenzt zu inhaftieren. Ob dieser von der Opposition scharf verurteilte Gesetzesentwurf auch wirklich verabschiedet worden ist, bleibt unklar, aber auch die seit 1962 gültige „Verordnung über Sondervollmachten in Unruhegebieten" räumt Polizei und Militär sehr weitgehende Vollmachten ein.

Wieweit die Planziele des Besiedlungsprogramms im einzelnen erfüllt werden konnten, ist mangels veröffentlichter statistischer Erfassung nicht festzustellen; belegt ist jedoch, daß der Prozentsatz der bengalischen Bevölkerung in den CHT von 2% 1947 bis 1982 bereits auf 39% gestiegen war und die

Bengalen derzeit eine knappe Bevölkerungsmehrheit darstellen. In einer Bilanz des Besiedlungsprogramms dürfen 200 000 Tote der Stammesbevölkerung nicht fehlen, die zwischen 1970 und 1987 Opfer von Militär, Polizei und bewaffneten bengalischen Siedlern wurden.

3. Heutige Lage

Anfang 1986 versuchten Sicherheitskräfte verstärkt, die Stammesangehörigen in sog. „protected villages" in den nördlichen CHT anzusiedeln. Diese Dörfer, 1964 entwickelt, um die Bergbewohner seßhaft zu machen, sind ab etwa 1977 durch die Anwesenheit benachbarter Armee-, Grenzschutz- und Polizeilager zu bewachten Dörfern geworden, in denen jede politische Betätigung unterbunden wird. Sicherheitskräfte BDs sollen im ersten Halbjahr 1986 immer wieder Gewalt angewendet haben, um die widerstrebenden, umsiedlungs-unwilligen Stammesangehörigen dorthin zu bringen. Auf Terrorakte der Shanti Bahini im gleichen Zeitraum antworteten die Ordnungskräfte mit zahlreichen unrechtmäßigen Verhaftungen, Folterungen von Inhaftierten und Zivilisten in den Dörfern und rechtswidrigen Tötungen. Ab Jahresmitte 1987 sollen diese Menschenrechtsverletzungen jedoch erheblich zurückgegangen sein.

Die Angst vor Übergriffen wie auch die begründete Furcht, ins Kreuzfeuer zwischen Ordnungskräften und Shanti Bahini zu geraten, haben viele Bewohner der CHT zur Flucht nach Indien veranlaßt. Ihre genaue Zahl ist schwer zu ermitteln, da viele Menschen auf der Flucht umgekommen sind, viele vom indischen Grenzschutz zurückgeschickt werden, einige aber auch sofort bei Verwandten und Bekannten im indischen Grenzland unterschlüpfen. Die sechs Flüchtlingslager in Tripura (ein siebtes kam im April 1987 dazu) und die beiden Lager in Mizoram hatten Mitte 1986 einen solchen Ansturm zu verzeichnen, daß sich Indien und BD schließlich zu Gesprächen über die Flüchtlingsproblematik gezwungen sahen. Im Dezember 1986 wurde in Sabrum in Süd-Tripura ein Abkommen unterzeichnet, in dem sich BD bereit erklärte, 24 353 geflüchtete Stammesangehörige mit bengalischer Staatsangehörigkeit wieder aufzunehmen. Die Repatriierung sollte am 15. Januar 1987 mit der Rückführung von täglich 100 Familien an drei ausgewählten Grenzübergangspunkten beginnen.

Ehe diese Rückwanderung eingeleitet werden konnte, trafen in Indien weitere Flüchtlinge ein: Indische Zeitungen sprechen von 13 000 Personen allein im Januar 1987. Ende Februar 1987 erfaßte die Landesregierung von Tripura bereits insgesamt 44 050 Flüchtlinge und im März 1987 nannte der indische Staatsminister für Inneres dem indischen Unterhaus bereits 45 000 Stammesflüchtlinge. BD bestreitet allerdings diese Zahlen und bezeichnet diesbezügliche Meldungen als „aufgebauscht" und „politisch motiviert". Die Zahl der Flüchtlinge betrage 24 369, die Lage in den CHT sei ruhig, die Repatriierung der Flüchtlinge sei aufgrund eines Schußwechsels zwischen den Grenzschutztruppen beider Länder verschoben worden. Nach wie vor sei BD bereit, die angegebene Zahl von Flüchtlingen zurückzunehmen und bei der Wiedereingliederung Hilfe zu leisten.

Tatsächlich war es zur Zeit der geplanten Rückführung in den Lagern zu bewegenden Szenen gekommen, als die Flüchtlinge die Lagerverwaltung anflehten, sie nicht zur Rückkehr in die CHT zu zwingen, da sie dort Folter und Tod erwarteten. Überdies sei das einmal verlassene Land längst an neue bengalische Siedler vergeben und die Flüchtlinge somit heimatlos. Die Forderung der Stammessprecher, eine Delegation, bestehend aus indischen Regierungsmitgliedern, Vertretern internationaler Medien und internationaler Organisationen, solle sich von der Sicherheitslage in den CHT überzeugen und die Rückwanderung überwachen, lehnte die bengalische Regierung mit der Begründung ab, die Flüchtlingsfrage sei eine interne Angelegenheit.

Die Lage der rd. 50 000 Flüchtlinge in den Lagern ist besorgniserregend: Tripuras Aufwendungen für die Flüchtlinge beliefen sich allein zwischen Mitte 1986 und März 1987 auf 22,5 Mio. Rupien – dennoch herrschen in den Lagern Trinkwassermangel, schlechte Sanitäreinrichtungen und Behausungen, unzureichende Ernährung und ungenügende medizinische Versorgung. Die Resultate sind Epidemien und hohe Sterblichkeitsraten. Nicht nur die Staatskasse Tripuras belastet die Gegenwart der Flüchtlinge: der erhöhte Brennholzbedarf hat zu kritischen Abholzungen im weiten Umkreis der Lager geführt. Nachfrage und Preise bei Konsumgütern in Tripura sind kräftig gestiegen; viele Flüchtlinge drängen auf den lokalen Arbeitsmarkt und verschärfen bereits vorhandene Beschäftigungsprobleme.

Bengalische Medien greifen die verzweifelte Lage der Lagerinsassen häufig auf und zitieren Berichte zurückgekehrter Chakmas über Hunger und Elend. Auch sollen etliche Stammesangehörige bei ihrer Rückkehr in BD ausgesagt haben, sie seien in „KZ-ähnlichen" Lagern vom Wachpersonal und/oder Shanti Bahini gegen ihren Willen festgehalten, eingeschüchtert und mißhandelt worden und schließlich geflohen – Angaben, die Indien energisch bestreitet. Berichten BDs zufolge kehren immer wieder kleine Gruppen von Flüchtlingen nach BD zurück; zuverläßige Zahlenangaben sind aber nicht vorhanden.

Die Zahl der Flüchlinge, Bedingungen und Modus der Rückführung waren Gegenstand zahlreicher Gespräche zwischen Indien und BD; u.a. wurden im April 1987 die Distriktkommissare von Khagrachari (BD) und Südtripura mit der Rückführungsfrage betraut. Ihre Treffen wie auch die Gespräche zwischen Präsident Ershad und Stammesabordnungen im Okt.1987, Dez.1987 und Jan.1988 führten zu keiner Lösung. Eine im Aug.1987 eingesetzte Nationale Kommission arbeitet nun an der Analyse der Situation in den CHT und an Empfehlungen für die Regierung.

Eine Lösung der Flüchtlingsfrage scheint aber noch in weiter Ferne zu liegen, da die Grundpositionen der Beteiligten weit auseinanderklaffen. So betonte der bengalische Staatssekretär für Informationswesen im April 1987 die Bereitschaft der Regierung zu Gesprächen mit den Shanti Bahini, unter der Voraussetzung, daß die Autonomie der Region nicht Verhandlungsthema sein könne. Dies aber gehört zum Katalog der Grundforderungen der JSS. Ohne eine Änderung im Status der CHT und eine Freigabe des von den bengalischen Siedlern in Besitz genommenen Bodens ist die Rückkehr der Flüchtlinge nicht zu erwarten und nicht zumutbar.

Angelika Pathak (Deutsches Übersee-Institut, Hamburg)

VI. ANHANG

Chronik der wichtigsten Dritte-Welt-Ereignisse Januar 1987–Juni 1988

16.1.1987	Geiselnahme des Präsidenten Ecuadors, Febres Cordero
26.–29.1.	Gipfelkonferenz der Islamischen Konferenz
2.2.	Volksabstimmung über die neue Verfassung auf den Philippinen
7.2.	Großdemonstrationen gegen die Regierung in Südkorea
15.2.	Gipfelkonferenz der fünf mittelamerikanischen Staaten in San José
6.4.	Vorgezogene Parlamentswahlen in Ägypten
6.–10.4.	Frühjahrstagung von Weltbank und IWF
15.–19.4.	Militärrevolte in Argentinien
23.4.	Parlamentswahlen in Indonesien. Sieg der Regierungspartei
11.5.	Der Pandschab wird erneut der Direktverwaltung des indischen Präsidenten unterstellt und die Landesregierung abgesetzt
12.5.	Erste Parlamentswahlen auf den Philippinen unter der Regierung Aquino
14.5.	Militärputsch auf den Fidschi-Inseln
16.5.	Gesetz über den Befehlsnotstand in Argentinien
26.–31.5.	Afrika-Sonderkonferenz der UNO in New York
1.6.	Der libanesische Ministerpräsident Karame kommt bei einem Attentat ums Leben
8.–10.6.	Gipfelkonferenz der sieben führenden westlichen Industriestaaten in Venedig
9.–11.6.	Außerordentliche Ministerkonferenz der Blockfreien über die Süd-Süd-Zusammenarbeit
10.6.	Ausnahmezustand in Panama nach zweitägigen Unruhen
12.6.	Neuer Cruzado-Plan der brasilianischen Regierung
Ende Juni	Demonstrationen und Straßenschlachten in Südkorea; am 29. Juni stellt sich der Kandidat der Regierungspartei für die Nachfolge des Präsidenten, Roh Tae Woo, hinter die Forderung der Opposition nach Direktwahl
25.–27.6.	81. OPEC-Ministerkonferenz in Wien

9.7.–3.8.	UNCTAD VII in Genf
20.7.	Die Resolution des Sicherheitsrates der Vereinten Nationen zum Golfkrieg fordert zur Einstellung der Feindseligkeiten und zum Rückzug auf die anerkannten Grenzen auf
21.7.	Beginn der amerikanischen Geleitschutzoperationen im Golf
28.7.	Verordnung über die Landreform auf den Philippinen
27.–29.7.	Gipfelkonferenz der Staats- und Regierungschefs der OAU
28.7.	Verstaatlichung der Banken in Peru
29.7.	Unterzeichnung des Friedensvertrages in Colombo zur Bildung einer autonomen Regierung im Norden und Osten Sri Lankas
31.7.	Blutige Zusammenstöße zwischen iranischen Demonstranten und saudiarabischen Sicherheitskräften in Mekka
7.8.	Abkommen zur Einleitung der Befriedung und Demokratisierung Zentralamerikas (Arias-Plan)
28.8.	Putschversuch auf den Philippinen
6.9.	Wahlen zum argentinischen Abgeordnetenhaus
11.9.	Waffenstillstand zwischen Libyen und dem Tschad
27.9.	Beginn der Unruhen in Tibet
29.9.–1.10.	Jahrestagung von IWF und Weltbank in Washington
15.10.	Der Präsident von Burkina Faso, Thomas Sankara, wird bei einem Militärputsch getötet. Neuer Führer wird Blaise Campoaré
6.–18.10.	Tagung des Exekutivrates der UNESCO und Wahl eines neuen Generalsekretärs
13.–17.10.	Gipfelkonferenz der Commonwealth-Länder in Vancouver
1.11.	XIII. Parteitag der KP Chinas
7.11.	Amtsenthebung des tunesischen Staatspräsidenten Habib Bourgiba, Amtsübernahme durch den bisherigen Ministerpräsidenten Ben Ali
7.–27.11.	23. Generalkonferenz der FAO in Rom
8.–11.11.	Gipfelkonferenz der Arabischen Liga in Amman
27.–29.11.	Gipfelkonferenz der Gruppe der Acht (Rio-Gruppe) in Acapulco
29.11.	Parlamentswahlen in der Türkei. Sieg der Mutterlandspartei Ministerpräsident Özals
30.11.	Die Große Versammlung Afghanistans billigt den Entwurf der neuen Verfassung und wählt Staats- und Parteichef Najibullah zum Präsidenten des Landes
30.11.–1.12.	Gipfelkonferenz der OAU zur Schuldenproblematik

2.–4.12.	Treffen zwischen Prinz Sihanouk und dem kambodschanischen Ministerpräsidenten Hun Sen zu Gesprächen über die Zukunft des Landes in Frankreich
8.12.	Beginn der Unruhen in den von Israel besetzten Gebieten
13.1.1988	Tod des taiwanesischen Präsidenten Chiang Ching-kuo und Vereidigung des Nachfolgers Li Teng-hui
15.–16.1.	Gipfelkonferenz der fünf mittelamerikanischen Staaten in San José
17.1.	Allgemeine Wahlen in Haiti, Wahlboykott der Mehrheit des Volkes, am 7. Februar Amtsantritt des neuen Präsidenten Leslie Manigat
28.1.	Inkrafttreten des neuen Gesetzes gegen den Terrorismus in Kolumbien
30.1.	Allgemeine Wahlen in Ecuador
5.2.	Parlamentsauflösung durch Präsident Moi in Kenia
8.2.	Generalsekretär M. Gorbatschow kündigt sowjetischen Truppenrückzug aus Afghanistan an
10.2.	Gescheiterter Militärputsch in Bophuthatswana
14.2.	Präsidentschafts- und Parlamentswahlen in Paraguay, Alfredo Stroessner als Präsident wiedergewählt
26.2.	Staatspräsident Delvalle von Panama entläßt den Chef der Nationalgarde, General Noriega, und wird in der Nacht in einer Sondersitzung des Parlaments selbst seines Amtes enthoben
7.4.	Neues wirtschaftliches Notprogramm in Brasilien
14.4.	Afghanistan-Abkommen in Genf unterzeichnet
16.4.	Abu Jihad, der zweite Mann der PLO, in Tunis ermordet
19.4.	40. Unabhängigkeitstag Israels
26.4.	Parlamentswahlen in Korea. Verluste der Regierungspartei
15.5.	Beginn des Truppenabzugs der UdSSR aus Afghanistan
26.–28.5.	(Jubiläums-)Gipfelkonferenz der OAU (25 Jahre)
29.5.	Der pakistanische Präsident Zia ul-Haq entläßt die Regierung des Premiers Junejo
7.6.	Außerordentliche arabische Gipfelkonferenz zur Palästinafrage
18.6.	Mißlungenes Attentat auf den türkischen Ministerpräsidenten Turgut Özal
20.6.	Militärputsch in Haiti. General Namphy ruft sich zum Präsidenten aus
21.6.	Ernennung von Do Muoi zum nueun vietnamesischen Ministerpräsidenten

GESAMTREGISTER 1983–1989

(Die Jahreszahlen 1983 und 1984 beziehen sich auf die Jahrbücher 1 und 2)

Äthiopien
  (Karte 1985, 196)
  Zehn Jahre Revolution 1985, 184

Afghanistan
  (Karte 1989, 119)
  Afghanistan 1978–1988. Zehn Jahre Revolution, Konterrevolution und Krieg 1989, 117

Afrika
  (Karten 1986, 150, 151)
  Hunger in Afrika 1985, 164
  Regionale Konfrontation und Kooperation im Südlichen Afrika 1985, 224
  Politische Systeme und Politische Entwicklung in Afrika 1984/85. 1986, 143
  UNO-Sondergeneralversammlung über Afrikas Wirtschaftskrise 1987, 208
  22. Gipfelkonferenz der OAU 1987, 213

Argentinien
  Argentinien und der Krieg im Südatlantik 1983, 134
  Dauerkrise als Normalzustand? 1985, 119

Asien
  (Karte 1987, 92)
  Politische Systeme und politische Entwicklung in Asien 1985/1986. 1987, 84
  South Asian Association for Regional Cooperation (SAARC) 1987, 227

Bangladesch
  Ethnische Konflikte und Flüchtlingsprobleme im Grenzgebiet zwischen Indien und Bangladesch 1989, 327

Beschäftigung
  Beschäftigung und Migration in der Dritten Welt 1985, 101

Bevölkerung
  Bevölkerungswachstum und Entwicklung 1985, 41

Bolivien
  Brüchige Demokratie im Strudel wirtschaftlicher Strukurkrisen 1986, 166

Brasilien
  Die Zerschlagung des Modells 1984, 170
  Brasiliens Neue Republik 1986, 188

Burkina Faso
  Burkina Faso in der Ära Sankara: Eine Bilanz 1989, 248

Chile
  Zehn Jahre Militärdiktatur und Neoliberalismus 1984, 159

China
  Wirtschaftsreformen in der VR China 1985, 212
  Industriewirtschaftliche Reformen in der VR China 1989, 296

Demokratie
  Vormarsch der Demokratie in der Dritten Welt? 1986, 63

Dritte Welt
  Die Dritte Welt im Berichtsjahr 1983, 11; 1984, 11; 1985, 11; 1986, 11; 1987, 11; 1989, 11
  Frieden – Ökologie – Entwicklung 1983, 20
  Dritte Welt und Weltfrieden 1987, 25
  Ethnische Konflikte in der Dritten Welt 1987, 69
  Sozialismus in der Dritten Welt 1989, 53

Entwicklungspolitik
  Reaganism und Dritte Welt: Neue Rhetorik oder entwicklungspolitische Wende? 1983, 73
  Wende in der deutschen Entwicklungspolitik? 1984, 73
  Zur Kritik von Entwicklungshilfe und zur Denunzierung von Entwicklungshilfekritik 1986, 24
  Welthandel, GATT, Protektionismus und die Entwicklungsländer 1987, 62
  Sowjetische Dritte-Welt-Politik unter Gorbatschow 1989, 33

Ernährung
  Hunger in Afrika 1985, 164
  Landwirtschaft und Ernährung 1984, 61

Flüchtlinge
  (Karte 1985, 68)
  Die Dritte Welt als Flüchtlingslager 1985, 58
  Asylrecht gegen Flüchtlinge 1987, 96

Frauen
  Frauen und Entwicklung 1986, 49

Ghana
  (Karte 1987, 191)
  Ghana: Aufschwung mit IWF- und Weltbankhilfe? 1987, 177

Haiti
  Haiti: Politik und Armut 1987, 165

Indien
  (Karte 1985, 153)
  Die Krise im Punjab – Zerreißprobe für die Indische Union? 1985, 138

Industrialisierung
  Industrieproduktion in der Dritten Welt 1984, 65
  Technologie und Dritte Welt 1989, 101
  Industriewirtschaftliche Reformen in der VR China 1989, 296
  Neue Multis 1985, 114
  Wirtschaftsreformen in der VR China 1985, 212

Irak
  Der iranisch-irakische Konflikt: Krieg am Persisch/Arabischen Golf 1983, 119
  Ausweitung des Golfkrieges? 1985, 154
  Flottenaufmarsch am Golf 1989, 138

Iran
  Der iranisch-irakische Konflikt: Krieg am Persisch/Arabischen Golf 1983, 119
  Ausweitung des Golfkrieges? 1985, 154
  Flottenaufmarsch am Golf 1989, 138

Jemen
  (Karte 1987, 137)
  Die Krise im Südjemen 1987, 124

Kambodscha
  (K)eine Lösung für Kambodscha? 1983, 185

Kolumbien
  (Karte 1985, 211)
  Frieden in Kolumbien? 1985, 199
  Kolumbien im Griff der Gewalt 1989, 228

Krieg
  Frieden – Ökologie – Entwicklung 1983, 20
  Der Krieg im Libanon und die Entstehung der Zweiten Libanesischen Republik 1983, 101
  Der iranisch-irakische Konflikt: Krieg am Persisch/Arabischen Golf 1983, 119

Kein Friede in Nahost 1984, 99
Ausweitung des Golfkrieges? 1985, 154
Frieden in Kolumbien? 1985, 199
Kriege in der Dritten Welt 1986, 88
Südafrika im Bürgerkrieg 1986, 94
Atomwaffenfreie Zone im Südpazifik 1986, 201
Dritte Welt und Weltfrieden 1986, 25
Afghanistan 1978–1988. Zehn Jahre Revolution, Konterrevolution und Krieg 1989, 117
Flottenaufmarsch am Golf 1989, 138

Landwirtschaft
Landwirtschaft und Ernährung 1984, 61

Lateinamerika
Krisenanpassung in Ostasien und Lateinamerika 1985, 87
Das lateinamerikanische Schuldnerkartell kommt nicht zustande 1985, 236

Libanon
Der Krieg im Libanon und die Entstehung der Zweiten Libanesischen Republik 1983, 101

Libyen
Der Konflikt um Libyen 1987, 110

Meeresordnung
Die neue Weltmeeresordnung 1983, 57

Menschenrechte
Vereinte Nationen, Menschenrechte und Dritte Welt 1986, 83

Mexiko
Wirtschaftlicher Kollaps in Mexiko 1983, 170
Mexiko 1986: Das politische System unter dem Druck der Wirtschaftskrise 1987, 153

Migration
Beschäftigung und Migration in der Dritten Welt 1985, 101

Nahost
Kein Friede in Nahost 1984, 99
Westbank und Gazastreifen: Hintergründe des Aufruhrs 1989, 157
Politische Systeme und politische Entwicklung im Nahen Osten 1989, 171

Nicaragua
(Karte 1984, 95)
Nicaragua – ein zweites Grenada? 1984, 85

Nigeria
 (Karte 1984, 182)
 Ende der Demokratie? 1984, 178

Nord-Süd-Dialog
 Ruhe vor dem Sturm 1985, 28

Ölmarkt
 Von der Verknappungskrise zur Ölschwemme 1983, 30
 Neuorientierung auf den Weltölmärkten und die Rolle der OPEC 1986, 75

Organisationen
 Afrika-Karibik-Pazifik (AKP)-Staaten (Karte) 1985, 86
 Arabische Liga 1986, 205; 1989, 324
 Association of South-East Asian Nations (ASEAN) 1985, 233; 1986, 201
 Bandung-Konferenz 1986, 191
 Blockfreie 1984, 37 (Karte 38)
 Der Blockfreien-Gipfel in Harare: von der Rhetorik zur Aktion? 1987, 51
 Contadora Gruppe 1984, 215
 Golf-Kooperationsrat 1985, 243; 1986, 205
 Lomé-Abkommen 1985, 71
 Islamische Konferenz 1984, 213; 1985, 243; 1986, 205
 Organisation der Afrikanischen Einheit (OAU) 1983, 221; 1984, 220; 1985, 224; 1986, 195; 1989, 318
 Regional Co-operation for Development 1985, 243
 South Asian Regional Cooperation (SARC) 1984, 218
 UNCTAD 1984, 51
 Krise und Reform der UNESCO 1989, 72
 Vereinte Nationen 1986, 37, 83
 Wirtschaftsgemeinschaft Zentralafrikanischer Staaten 1984, 218

Orient
 Islamische Konferenz / Arabische Liga / Golf-Kooperationsrat 1987, 232

Ostafrika
 Neuansätze regionaler Kooperation in Ostafrika 1984, 219

Ostasien
 Krisenanpassung in Ostasien und Lateinamerika 1985, 87

Panama
 (Karte 1989, 209)
 Panama und die USA: Krise um einen General? 1989, 207

Peru
  (Karte 1986, 165)
  Wende in Peru? 1986, 152

Philippinen
  Abenddämmerung des Marcos-Regimes? Die Krise in den Philippinen 1984, 130
  Der Zusammenbruch des Marcos-Regimes und die Regierung Aquino 1987, 193

Rüstung
  Neue Richtlinien für den Waffenexport aus der Bundesrepublik Deutschland in die Dritte Welt 1983, 87
  Rüstung in der Dritten Welt 1985, 107
  Atomwaffenfreie Zone im Südpazifik 1986, 201
  Abrüstung und Entwicklung 1989, 110

Sri Lanka
  (Karte 1984, 147)
  Verfolgung der Tamilen auf Sri Lanka 1984, 143
  Sri Lanka: Frieden durch Intervention Indiens? 1989, 263

Sudan
  (Karte 1986, 128)
  Ende der Numeiri-Ära 1986, 107

Südafrika
  (Karte 1984, 122; 1986, 96)
  Südafrikas unerklärter Krieg 1984, 116
  Südafrika im Bürgerkrieg 1986, 94
  Südafrika: Paria der internationalen Gemeinschaft 1987, 36

Südkorea
  (Karte 1989, 279)
  Südkorea 1987/88: Der schwierige Weg zur Demokratie 1989, 278

Tanzania
  „Entwicklungsmodell" oder Entwicklungsbankrott? 1983, 204

Tschad
  (Karte 1984, 199)
  Rekolonisierung des Tschad 1984, 193

Uganda
  (Karte 1986, 142)
  Der Putsch in Uganda: Neue Köpfe, Alte Probleme 1986, 129

Umwelt
  Frieden – Ökologie – Entwicklung 1983, 20
  Umweltkrise in den Entwicklungsländern 1984, 24

Verschuldung
  Verschuldungskrise der Dritten Welt? 1983, 30
  Verschuldung der Dritten Welt 1984, 69
  Das lateinamerikanische Schuldnerkartell kommt nicht zustande 1985, 236
  Schuldenkrise ohne Ende 1989, 89

Zentralamerika
  (Karte 1987, 225)
  Krisenherd Zentralamerika 1983, 150
  Frieden in Zentralamerika? Die Contadora – Initiative 1987, 139
  Millionen Menschen auf der Flucht 1987, 217
  Zentralamerika: Frieden in Sicht? 1989, 187

Buchanzeigen

Jahrbuch Dritte Welt

Aus dem Inhalt der bisher erschienenen Bände:

Jahrbuch Dritte Welt 1983 (1)

Frieden, Ökologie, Entwicklung – Verschuldungskrise der Dritten Welt? – Von der Verknappungskrise zur Ölschwemme – Die neue Weltmeeresordnung – Reaganism und Dritte Welt – Waffenexport – Der Krieg im Libanon – Krieg am Persisch/Arabischen Golf – Krieg im Südatlantik – Krisenherd Zentralamerika – Wirtschaftlicher Kollaps in Mexiko – (K)eine Lösung für Kambodscha? – Tanzania – OAU am Scheideweg?

Jahrbuch Dritte Welt 1984 (2)

Umweltkrise – Pragmatismus der Blockfreien – UNCTAD VI – Landwirtschaft und Ernährung – Industrieproduktion – Verschuldung – Wende in der Entwicklungspolitik? – Nicaragua – Kein Friede in Nahost – Südafrikas unerklärter Krieg – Die Krise in den Philippinen – Tamilen auf Sri Lanka – Chile – Brasilien – Nigeria – Tschad – SARC – ASEAN – Islamische Konferenz/Golfrat – Contadora Gruppe – Wirtschaftsgemeinschaft Zentralafrikanischer Staaten/Regionale Kooperation in Ostafrika/OAU

Jahrbuch Dritte Welt 1985 (3)

Nord-Süd-Dialog – Bevölkerungswachstum – Flüchtlingsnot – Lomé-Abkommen – Ostasien und Lateinamerika – Beschäftigung und Migration – Rüstung – Die neuen Multis – Argentinien – Punjab – Golfkrieg – Hunger in Afrika – Äthiopien – Kolumbien – Wirtschaftsreformen in der VR China – OAU/Konfrontation und Kooperation im Südlichen Afrika – ASEAN – Lateinamerikanisches Schuldnerkartell – Islamische Konferenz/RCD/Golf-Kooperationsrat

Jahrbuch Dritte Welt 1986 (4)

Kritik der Entwicklungshilfe – UN und Dritte Welt – Frauen und Entwicklung – Vormarsch der Demokratie? – Neuorientierung auf den Weltölmärkten – Menschenrechte – Kriege – Südafrika – Sudan – Uganda – Politische Systeme in Afrika – Peru – Bolivien – Brasilien – 30 Jahre Bandung-Konferenz – Wirtschaftsgipfel der OAU – ASEAN/Atomwaffenfreie Zone im Südpazifik – Islamische Konferenz/Arabische Liga/Golf-Kooperationsrat – Chronik der wichtigsten Dritte-Welt-Ereignisse 1982–1985

Jahrbuch Dritte Welt 1987 (5)

Dritte Welt und Weltfrieden – Südafrika – Blockfreien-Gipfel – Welthandel, GATT, Protektionismus – Ethnische Konflikte – Politische Systeme in Asien – Asylrecht – Libyen – Südjemen – Contadora-Initiative – Mexiko – Haiti – Ghana – Philippinen – UNO über Afrikas Wirtschaftskrise – OAU – Flüchtlinge in Zentralamerika – SAARC – Chronik der wichtigsten Dritte-Welt-Ereignisse 1986

Ein *Gesamtregister* zu den bisherigen Jahrbüchern findet sich am Ende dieses Bandes.

Politische Lexika in der Beck'schen Reihe

Politisches Lexikon Afrika

Herausgegeben von Rolf Hofmeier und Matthias Schönborn
4., neubearbeitete Auflage. 1988
531 Seiten mit einer Karte und 2 Graphiken
Paperback. BsR 810

Politisches Lexikon Asien und Südpazifik

Herausgegeben von Werner Draguhn, Rolf Hofmeier und Mathias Schönborn. 1980. 415 Seiten mit 2 Karten. Paperback. BsR 226

Politisches Lexikon Europa

Herausgegeben von Robert K. Furtak
Band 1: Albanien bis Luxemburg
1981. 272 Seiten mit 1 Übersichtskarte. Paperback. BsR 236
Band 2: Malta bis Zypern
1981. 292 Seiten mit 1 Übersichtskarte. Paperback. BsR 237

Politisches Lexikon Lateinamerika

Herausgegeben von Peter Waldmann unter Mitarbeit von Ulrich Zelinsky
2., neubearbeitete Auflage. 1982. 433 Seiten mit 3 Karten
Paperback. BsR 221

Politisches Lexikon Nahost

Herausgegeben von Udo Steinbach, Rolf Hofmeier und Mathias Schönborn
2., neubearbeitete Auflage. 1981
411 Seiten mit 1 Karte. Paperback. BsR 199

Verlag C. H. Beck München

Probleme der Dritten Welt

Volker Matthies
Kriegsschauplatz Dritte Welt
1988. 234 Seiten mit 4 Schaubildern und 13 Tabellen Paperback
Beck'sche Reihe Band 358

Peter J. Opitz (Hrsg.)
Das Weltflüchtlingsproblem
Ursachen und Folgen
1988. Etwa 240 Seiten mit 3 Tabellen und 3 Karten. Paperback
Beck'sche Reihe Band 367

Manfred Wöhlcke
Umweltzerstörung in der Dritten Welt
1987. 123 Seiten mit Karten, Übersichten und Tabellen Paperback
Beck'sche Reihe Band 331

Peter von Blanckenburg
Welternährung
Gegenwartsprobleme und Strategien für die Zukunft
1986. 249 Seiten mit 15 Schaubildern und 27 Tabellen. Paperback
Beck'sche Reihe Band 308

Wolfgang S. Heinz
Menschenrechte in der Dritten Welt
1986. 158 Seiten. Paperback
Beck'sche Reihe Band 305

Klemens Ludwig
Bedrohte Völker
Ein Lexikon nationaler und religiöser Minderheiten
1985. 174 Seiten mit 10 Abbildungen. Paperback
Beck'sche Reihe Band 303

Verlag C. H. Beck München

821005